AO NOVO CÓDIGO FLORESTAL

COMENTÁRIOS
AO NOVO
CÓDIGO FLORESTAL

PAULO DE BESSA ANTUNES

COMENTÁRIOS AO NOVO CÓDIGO FLORESTAL

LEI Nº 12.651/12

ATUALIZADO DE ACORDO COM A LEI Nº 12.727/12

2ª EDIÇÃO

SÃO PAULO
EDITORA ATLAS S.A. – 2014

© 2012 by Editora Atlas S.A.

1. ed. 2012; 2. ed. 2014

Capa: Leonardo Hermano
Composição: Entexto – Diagramação de textos

Dados Internacionais de Catalogação na Publicação (CIP)
(Câmara Brasileira do Livro, SP, Brasil)

Antunes, Paulo de Bessa
Comentário ao novo código florestal / Paulo de Bessa Antunes.
– 2. ed. – atual. de acordo com a Lei nº 12.727/12.
São Paulo: Atlas, 2014.

Bibliografia.
ISBN 978-85-224-8942-8
ISBN 978-85-224-8943-5 (PDF)

1. Florestas – Leis e Legislação – Brasil I. Título.

12-14163
CDU-347.243.8(81)(094.46)

Índices para catálogo sistemático:

1. Brasil: Leis: Comentários: Código florestal 347.243.8(81)(094.46)
2. Leis: Comentários: Brasil: Código florestal 347.243.8(81)(094.46)

Depósito legal na Biblioteca Nacional conforme Lei nº 10.994, de 14
de dezembro de 2004.

Impresso no Brasil/*Printed in Brazil*

Editora Atlas S.A.
Rua Conselheiro Nébias, 1384
Campos Elísios
01203 904 São Paulo SP
011 3357 9144
atlas.com.br

NOVO CÓDIGO FLORESTAL

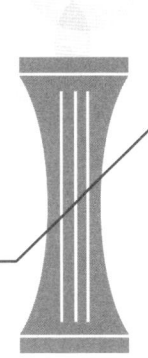

"A História do Direito Florestal é, pois, a história econômica da madeira – a sua crise e a sua abundância."

(Osny Duarte Pereira)[1]

"A ordem constitucional dispensa tutela efetiva ao direito de propriedade."

(Ministro Celso de Mello)[2]

"O surgimento da insensatez independe de época ou lugar; é intemporal, universal, embora hábitos e crenças de eras e regiões específicas determinem a forma de que se revestirá."

(Barbara W. Tuchman)[3]

"A confusão era geral."

(Machado de Assis)[4]

[1] PEREIRA, Osny Duarte. Direito florestal brasileiro (Ensaio). Rio de Janeiro: Borsoi, 1950. p. 8.

[2] Supremo Tribunal Federal. Recurso Extraordinário nº 134297, 1ª Turma, 13.6.1995.

[3] TUCHMAN, Barbara W. A marcha da insensatez (de Troia ao Vietnã). 6. ed. (Tradução de Carlos Oliveira Gomes). Rio de Janeiro: José Olympio, 2003. p. 6.

[4] MACHADO de ASSIS. Obra Completa. Rio de Janeiro: Nova Aguilar, 2008. v. 1, p. 1054.

Sumário

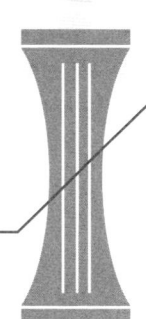

ÍNDICE SISTEMÁTICO DO CÓDIGO FLORESTAL

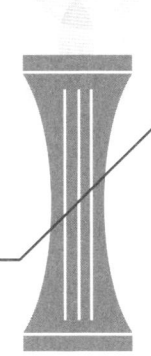

PREFÁCIO À 2ª EDIÇÃO

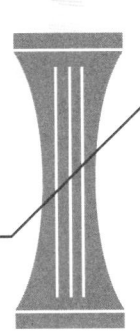

Chegamos à 2ª edição dos *Comentários ao Novo Código Florestal* em tempo exíguo. Mais uma vez agradecemos ao público leitor que tem prestigiado nossos trabalhos e demonstrado enorme generosidade com críticas sempre úteis e que servem de importante estímulo para que continuemos a trabalhar e prestar nossa colaboração à construção de um direito ambiental moderno e capaz de servir de instrumento para a proteção ambiental e o necessário desenvolvimento econômico, humano e social de nosso país.

O autor

ADVERTÊNCIA

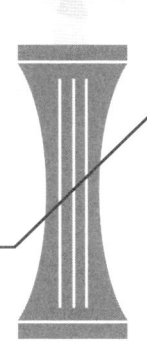

A revogação da Lei nº 4.771/1965 (Código Florestal) é matéria que foi submetida a enorme polêmica e, principalmente, instabilidade legislativa. Assim, a Lei nº 12.651, de 25 de maio de 2012, foi modificada pela Medida Provisória nº 571/2012, publicada no mesmo dia de publicação da lei. Em seguida, foi editada a Lei nº 12.727/2012, resultante da conversão da Medida Provisória nº 571/2012, a qual também contém alguns vetos. Fato é que na data de hoje (23/10/2012), não há qualquer garantia no sentido de que as normas ora vigentes permanecerão como tal.

O presente livro busca apresentar ao leitor todas as alterações legislativas processadas nesse minúsculo espaço de tempo. Optou-se pela apresentação de todos os textos legais que vigeram, ou ainda estejam vigentes, de forma que o leitor possa ter acesso a todo o material legislativo referente ao tema. Dado que as mudanças foram mais aparentes do que reais, manteve-se o texto básico da Lei nº 12.651/2012, com pequenas observações quando necessário.

INTRODUÇÃO

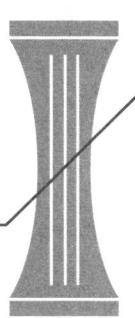

O presente livro tem por objeto comentar, artigo por artigo, a Lei nº 12.651, de 25 de maio de 2011, que "dispõe sobre a proteção da vegetação nativa; altera as Leis nºˢ 6.938, de 31 de agosto de 1981, 9.393, de 19 de dezembro de 1996, e 11.428, de 22 de dezembro de 2006; revoga as Leis nºˢ 4.771, de 15 de setembro de 1965, e 7.754, de 14 de abril de 1989, e a Medida Provisória nº 2.166-67, de 24 de agosto de 2001; e dá outras providências", também conhecida como Novo Código Florestal. O texto legal a ser comentado revogou a Lei nº 4.771, de 15 de setembro de 1965, e diversas outras normas que dispunham sobre a proteção das florestas e outras formas de vegetação nativas.

O Novo Código Florestal é lei que nasceu marcada pela polêmica e por fortes e acalorados debates, nem sempre com a necessária isenção e análise. A lei tem sido considerada como um instrumento que afirma várias "conquistas da agricultura", contudo, as alterações não foram tantas como se poderia pensar inicialmente.

O intenso debate demonstra que o grau de explosividade do tema é muito elevado e que, em tal contexto, a racionalidade e estudo em relação ao documento legal em vigor é mercadoria escassa. Fato é que no calor dos debates e na virulência de posturas preconcebidas poucos leram a Lei e poucos, de fato, sabem o que nela está contido. Guardadas as devidas proporções e as diferenças do *Zeitgeist*,[1] as palavras de Osny Duarte Pereira[2] sobre o Código de 1934 ainda guardam imensa atualidade:

---

[1]   *Zeitgeist* é um termo alemão cuja tradução significa espírito da época, espírito do tempo ou sinal dos tempos. O *Zeitgeist* significa, em suma, o conjunto do clima intelectual e cultural do mundo, numa certa época, ou as características genéricas de um determinado período de tempo, in: <http://pt.wikipedia.org/wiki/Zeitgeist>. Acesso em: 07 de julho de 2012.

[2]   PEREIRA, Osny Duarte. *Direito Florestal Brasileiro (Ensaio)*. Rio de Janeiro: Borsoi, 1950. p. 145.

"Não é, entretanto, possível considerar indefinidamente o Código Florestal, como o meteóro de Bendengó, recolhendo-o ao museu, para ser visto, sob redôma. Enquanto isto a seiva, a própria vida se esvai. O Código terá de ser o envólucro do remédio salvador. Da inteligência de seus dispositivos, nós, juristas, estamos no dever de preparar as doses do medicamento destinado a extinguir as larvas que devastam nosssos recursos florestais. Essa preparação reclama estudo, exame comparativo, concentração científica, desmembramento, análise da qual surge a autonomia, a especialização, enfim, o Direito Florestal."

Os comentários feitos neste livro demonstram que, de fato, a tônica do Novo Código Florestal é o reconhecimento e a aceitação de fatos consumados que foram se acumulando ao longo dos anos, frutos da inércia das autoridades encarregadas de fiscalizar a aplicação do Código Florestal revogado, pela ousadia de diferentes setores que, cientes de sua força política e econômica, simplesmente desatenderam as normas legais vigentes, bem como de uma esquizofrenia legislativa que, por sucessivas mudanças na Lei nº 4.771, de 1965, foi criando novas e maiores exigências ambientais, sem qualquer preocupação com a observância das normas então vigentes. O que se viu e vê é uma radicalização pueril e a enorme dificuldade de construção de um diálogo produtivo capaz de conciliar a proteção daquilo que, efetivamente, deve ser protegido, com a produção do que deve ser produzido. Assim, a Lei nº 4.771/1965 foi uma lei tecnicamente bem elaborada, fruto de uma intervenção modernizadora da atividade florestal, em linha de coerência evolutiva com o antigo Código de 1934 porém, assim como o seu antecessor, melancolicamente incapaz de se impor à Lavoura Arcaica que tornou-o absolutamente ineficaz, sem viço, de fogo morto.

O Texto legal comentado é ruim como técnica jurídica, inseguro e falho em seus conceitos, excessivamente abrangente e, portanto, contraditório. Produzido para ser uma *lei geral*, é lei detalhista, minuciosa, excessiva, pecando, *ab initio*, por ultrapassar a competência federal estabelecida pelo artigo 24 de nossa Constituição que é a de produzir leis gerais. Peca, também, por invadir a autonomia dos Estados e Municípios, peca por estabelecer "delegações legislativas" para o Executivo, o que não encontra abrigo em nossa Lei Fundamental. A lei ora comentada, igualmente, desnatura conceitos sedimentados e tradicionais do Direito Civil e do Direito Administrativo brasileiros, não por trazer inovações e conceitos mais modernos: ao contrário, nos imprime a forte impressão de desconhecimento básico do nosso sistema jurídico, muitas vezes limitando-se a reproduzir textos de decretos e outras normas de menor hierarquia jurídica, geradas para acudir circunstâncias e conjunturas específicas, sempre más conselheiras para o legislador, sem a vocação para o futuro, como deve ser o bom texto normativo.

Enfim, a Lei nº 12.651, de 2012, é um anticlímax. *"Parturiunt montes, nascetur ridiculus mus"* (Horácio)

1.1 Abrangência do Novo Código Florestal

A Lei nº 12.651, de 25 de maio de 2012, tem um campo de abrangência bem menor do que o Decreto nº 23.793, de 23 de janeiro de 1934, que aprovou o nosso primeiro Código Florestal e do que a Lei nº 4.771, de 15 de setembro de 1965, que o substituiu. Isso se deve ao fato de que entre o nosso primeiro Código Florestal e a lei hoje vigente muitas leis especiais foram sendo criadas e, devido ao princípio da especialização, assumiram o papel de principal texto normativo para as áreas por eles reguladas.

As "belezas naturais" cuja proteção foi determinada pela Constituição de 1934[3] e foram resguardadas pelo Código de 1934;[4] da mesma forma ocorreu com o Código de 1965.[5] As "belezas naturais", desde a edição da Lei nº 9.985, de 18 de julho de 2000, que instituiu o Sistema Nacional de Unidades de Conservação de SNUC, estão submetidas a regime jurídico próprio. As Florestas Nacionais, assim como as Unidades de Conservação, estão sujeitas a regime jurídico próprio estabelecido pela lei nº 11.284, de 2 de março de 2006 que *"dispõe sobre a gestão de florestas públicas para a produção sustentável; institui, na estrutura do Ministério do Meio Ambiente, o Serviço Florestal Brasileiro – SFB; cria o Fundo Nacional de Desenvolvimento Florestal – FNDF; altera as Leis nºs 10.683, de 28 de maio de 2003, 5.868, de 12 de dezembro de 1972, 9.605, de 12 de fevereiro de 1998, 4.771, de 15 de setembro de 1965, 6.938, de 31 de agosto de 1981, e 6.015, de 31 de dezembro de 1973; e dá outras providências"*. Por sua vez, a chamada Mata Atlântica, na qual se encontra a maior parte da população brasileira e da atividade produtiva, mereceu lei própria para regular a sua proteção que atualmente se faz conforme os ditames estabelecidos pela Lei nº 11.428, de 22 de dezembro de 2006, que *"dispõe sobre a utilização e proteção da vegetação nativa do Bioma Mata Atlântica,*

---

[3] Art. 10 – Compete concorrentemente à União e aos Estados: [...] III – proteger as belezas naturais e os monumentos de valor histórico ou artístico, podendo impedir a evasão de obras de arte.

[4] Art. 9º Os parques nacionaes, estaduaes ou municipaes, constituem monumentos publicos naturaes, que perpetuam em sua composição floristica primitiva, trechos do paiz, que, por circumstancias peculiares, o merecem. § 1º É rigorosamente prohibido o exercicio de qualquer especie de actividade contra a flora e a fauna dos parques.

[5] Art. 5º O Poder Público criará: a) Parques Nacionais, Estaduais e Municipais e Reservas Biológicas, com a finalidade de resguardar atributos excepcionais da natureza, conciliando a proteção integral da flora, da fauna e das belezas naturais com a utilização para objetivos educacionais, recreativos e científicos; b) Florestas Nacionais, Estaduais e Municipais, com fins econômicos, técnicos ou sociais, inclusive reservando áreas ainda não florestadas e destinadas a atingir aquele fim. Parágrafo único. Fica proibida qualquer forma de exploração dos recursos naturais nos Parques Nacionais, Estaduais e Municipais. Parágrafo único. Ressalvada a cobrança de ingresso a visitantes, cuja receita será destinada em pelo menos 50% (cinquenta por cento) ao custeio da manutenção e fiscalização, bem como de obras de melhoramento em cada unidade, é proibida qualquer forma de exploração dos recursos naturais nos parques e reservas biológicas criados pelo poder público na forma deste artigo. (Redação dada pela Lei nº 7.875, de 13.11.1989) (Revogado pela Lei nº 9.985, de 18.7.2000).

e dá outras providências". O estabelecimento de regras próprias para as diferentes situações é louvável e permite uma gestão mais adequada dos diferentes biomas, contudo, há, em contrapartida, um esvaziamento do Código Florestal, tal como originalmente concebido.

Contraditoriamente, a legislação geral de proteção às florestas e demais formas de vegetação nativa foi avançando em direção às cidades, com o estabelecimento de inúmeras regras que, na sua aplicação prática, tem significado dificuldades relevantes para a gestão do solo urbano que, em nosso regime constitucional, é uma prerrogativa do poder público municipal. As décadas de 80 e 90 do século XX tiveram a característica de endurecimento da legislação "florestal--urbana", ainda que o Congresso Nacional tenha aprovado o chamado Estatuto das Cidades, materializado pela Lei nº 10.257, de 10 de julho de 2001, que "regulamenta os arts. 182 e 183 da Constituição Federal, estabelece diretrizes gerais da política urbana e dá outras providências". Por outro lado, a Lei nº 12.651, de 25 de maio de 2012, estabeleceu um conjunto de normas que estão mais voltadas para a proteção dos recursos e regimes hídricos que mais se parece com um código de águas deslocado do que com lei de florestas. Isso sem esquecer a quantidade de normas e dispositivos voltados para a atividade agrícola, a ocupação de áreas urbanas, zona costeira e tantas outras que tornam difícil identificar qual é a verdadeira natureza de seu objetivo normativo.

1.1.1 *Principais características de Leis Florestais de países estrangeiros*

A título de subsídio para que o leitor possa entender as peculiaridades da legislação nacional, julgo importante apresentar a síntese feita pelo Senado Federal de algumas leis florestais adotadas no exterior:[6]

Argentina	A Lei de Inversão para Bosques Cultivados (1998) contempla incentivos para produtores individuais e cooperativas. Estudos de impacto ambiental são realizados por profissionais e empresas independentes. Autoridades estaduais, com apoio técnico, realizam estudos de impacto ambiental para projetos com 100 hectares. Plantações menores que 10 hectares não exigem estudo. Estima--se que em 2025 poderá haver extinção das matas argentinas.

---

[6]   Disponível em: <http://www.senado.gov.br/NOTICIAS/JORNAL/EMDISCUSSAO/codigo-florestal/organizacao-nacoes-unidas-para-agricultura-alimentacao-fao>. Acesso em: 08 de julho de 2012.

Austrália	O país experimentou rápido desmatamento, devido à pecuária, à estrutura fundiária e ao manejo impróprio. Entre os objetivos da política nacional, aprovada em 1992, está manter uma floresta nativa extensa e permanente, gerenciá-la de forma ecologicamente sustentável e incentivar melhor a gestão de florestas nativas privadas. A coordenação é nacional, mas cabe aos estados gerir o manejo da terra dentro de suas fronteiras, com códigos e agências próprios.
Canadá	Legislação de 2008 prevê áreas semelhantes às APPs brasileiras, embora menores e com a possibilidade de manejo sustentável em sua maior parte. O tamanho dessas áreas é definido pelas características do curso d'água, pela sua importância para a fauna silvícola e aquática e para a proteção contra o assoreamento. A lei define seis classes de faixas de florestas às margens dos rios, prevê zonas de manejo nas margens dos lagos (quatro classes) e define áreas de charco (cinco classes).
Chile	Subsidia produtores rurais que querem implantar atividades florestais em áreas com topografia inclinada ou morros. Valor pode chegar a US$ 2 mil por hectare. Florestas nativas ocupam só 22% do país, devido à política florestal de 1974, que incentivava o uso de verbas públicas para expandir a agricultura. Com a privatização das florestas plantadas e fábricas de celulose estatais, o ritmo de destruição das florestas nativas mais que dobrou até 1995.
China	O crescimento populacional e o econômico ao longo das últimas décadas levaram a um aumento dramático no consumo de madeira no país. Em resposta, em 1984, o governo lançou amplo programa de reflorestamento, que tornou a China o país com o maior incremento anual em florestas plantadas. Todas as florestas são estatais e o governo central administra uso, manejo e supervisão do setor. As florestas não devem ser usadas para projetos de mineração e infraestrutura. Em casos extremos, é preciso obter autorização e pagar uma taxa de restauração florestal.
Estados Unidos	A competência na questão ambiental é, em geral, dos estados, mas há leis federais a serem seguidas no que diz respeito à proteção da natureza e da vida selvagem. O Serviço Florestal (federal) não tem competência sobre terras privadas. Florestas às margens dos rios e lagos, áreas íngremes e ao redor de pântanos são de preservação permanente. São comuns programas para subsidiar e ajudar produtores rurais a melhorar o manejo de suas atividades agrícolas e florestais em áreas próximas às margens dos rios.

Finlândia	A legislação dá ao público direito de livre acesso às florestas, mesmo as privadas. Não exige que o proprietário florestal tenha plano de manejo, mas 80% têm, pois isso permite obter financiamentos. Florestas às margens de rio são consideradas importantes para a biodiversidade e para a proteção da qualidade das águas em rios e lagos, e o manejo ao longo dos cursos d'água deve preservar as suas características naturais. Lei afirma que "ninguém tem o direito de converter suas florestas sem primeiramente obter uma autorização administrativa". Proprietários precisam fazer estudo de impacto ambiental quando querem permissão para modificar ou derrubar florestas, especialmente se a área for maior que 25 hectares. Florestas públicas não podem ser modificadas ou suprimidas sem autorização administrativa. O país recebe fundos da União Europeia para subsidiar os proprietários de terras na preservação da biodiversidade.
Portugal	O regime florestal português divide-se em Regime Florestal Total, aplicável às florestas públicas, e Regime Florestal Parcial, aplicado às matas e aos terrenos de particulares. O país tem um fundo florestal permanente para investir na gestão e no ordenamento florestais e promover atividades ecológicas, sociais e culturais nos espaços florestais, complementando os financiamentos oferecidos pela União Europeia.
Congo	As florestas são propriedade do Estado, mas a lei detalha procedimentos de uso pela população e concessionários privados. O Código Florestal, de 2002, ainda não completamente implementado, visa assegurar que a floresta cumpra seu papel social e ecológico, prevê que a administração da floresta contribua para o desenvolvimento nacional e faz da população local parte ativa no manejo florestal.
Tanzânia	Um dos países africanos com maior cobertura florestal é também um dos com mais altas taxas de desmatamento. A terra é propriedade do Estado e só pode ser arrendada, por período de tempo e atividade específicos. Florestas são geridas pelo governo central, sem envolvimento das comunidades locais. Legislações recentes conseguiram diminuir a exploração ilegal de recursos florestais e também melhoraram a biodiversidade e a vida das comunidades que vivem perto das florestas.

LEI Nº 12.651, DE 25 DE MAIO DE 2012

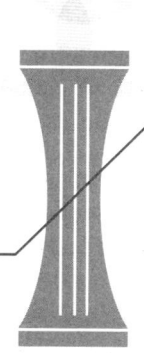

Dispõe sobre a proteção da vegetação nativa; altera as Leis nos 6.938, de 31 de agosto de 1981, 9.393, de 19 de dezembro de 1996, e 11.428, de 22 de dezembro de 2006; revoga as Leis nos 4.771, de 15 de setembro de 1965, e 7.754, de 14 de abril de 1989, e a Medida Provisória nº 2.166-67, de 24 de agosto de 2001; e dá outras providências

A PRESIDENTA DA REPÚBLICA Faço saber que o Congresso Nacional decreta e eu sanciono a seguinte Lei:

CAPÍTULO I
DISPOSIÇÕES GERAIS

Art. 1º (VETADO).[1]

O Veto ao artigo 1º

---

[1]   "Art. 1º Esta Lei estabelece normas gerais sobre a proteção da vegetação, dispõe sobre as áreas de Preservação Permanente e as áreas de Reserva Legal, define regras gerais sobre a exploração florestal, o suprimento de matéria-prima florestal, o controle da origem dos produtos florestais e o controle e a prevenção dos incêndios florestais e prevê instrumentos econômicos e financeiros para o alcance de seus objetivos." **Razão do veto:** "O texto não indica com precisão os parâmetros que norteiam a interpretação e a aplicação da lei. Está sendo encaminhada ao Congresso Nacional medida provisória que corrige esta falha e enumera os princípios gerais da lei."

Assim como outra importante lei de proteção ao meio ambiente, a Lei nº 9.605, de 12 de fevereiro de 1998, a lei ora comentada, é inaugurada com o veto ao seu artigo 1º, o que em meu ponto de vista é péssimo, pois indica uma falta de coerência do texto legal e, simbolicamente, é extremamente depreciador da imagem que uma lei deve passar para a coletividade. A mensagem de veto parte da ideia de que a redação original do artigo não indicava com precisão os parâmetros para a interpretação e a aplicação da lei. Não me parece que tal motivo seja suficiente para a aposição de veto a texto legal.

Ponto que merece destaque é que a Lei ora comentada foi publicada no Diário Oficial da União aos 28 de maio de 2012, sendo certo que a Medida Provisória nº 571, de 25 de maio de 2012, foi publicada aos 28 de maio de 2012, assim chegou-se ao paroxismo da instabilidade legislativa e da capacidade de produção solitária de instrumentos legais. Curiosamente, o regime democrático, em matéria de legislação florestal, tem dado tratamento ao tema mediante Medidas Provisórias que, muito embora previstas na Constituição Federal, devem ser usadas de forma minimalista, sob pena de desequilíbrio entre os poderes da República, com hipertrofia do Executivo e esvaziamento da vida democrática.

A Medida Provisória nº 571, de 25 de maio de 2012, significou profunda alteração no projeto de lei oriundo do Congresso Nacional, muito embora a sua versão final fosse bastante modificada em relação ao texto objeto de acordo no Senado Federal; de toda forma, a Câmara dos Deputados tinha e tem a prerrogativa constitucional de dar forma final aos projetos de lei – de sua iniciativa – que tenham passado por alterações no Senado Federal. Os vetos presidenciais – prerrogativa inalienável do Executivo –, somados com a Medida Provisória, mudaram inteiramente o projeto de lei, gerando uma lei substancialmente diversa daquela que se poderia esperar da conversão do projeto em lei. Enfim, essa é a realidade que deu base a uma lei que já nasceu sob o símbolo da controvérsia e cujo futuro parece bastante incerto. No ano de 2013 estabeleceu-se uma polêmica política em relação a todos os vetos presidenciais não apreciados pelo Congresso Nacional, sendo a Lei nº 12.651/12 uma das importantes moedas de troca entre as diferentes forças políticas com representação no parlamento brasileiro.

Ressalte-se que na Exposição de Motivos da Medida Provisória nº 571, a Chefe do Executivo Federal assim se pronunciou:

> "A Lei nº 12.651, de 2012, é resultado de um amplo processo de debate no Poder Legislativo, iniciado ainda em 1999 e que contou com a efetiva participação de vários setores da sociedade brasileira. A sanção do texto por Vossa Excelência, com vetos parciais, decorreu de clara orientação democrática, ao valorizar o processo legislativo e reconhecer a legitimidade do Parlamento e da participação social na construção de acordos durante os debates da matéria. Levou-se

em conta, ainda, o reconhecimento da necessidade de atualizar a legislação sobre a proteção e o uso sustentável das florestas e demais formas de vegetação nativa."

Há que se registrar, com pesar, que não houve um pré-projeto elaborado por uma comissão de técnicos e juristas que pudesse servir de base para as discussões congressuais e, assim, partindo do estado do conhecimento jurídico e técnico sobre a matéria, permitir um nível de discussão mais produtivo para a sociedade brasileira.

1 – Breve história do direito florestal brasileiro

A Lei nº 12.651 de 25 de maio de 2012, é a 4ª lei [norma jurídica] federal de grande porte voltada para disciplinar a utilização das florestas brasileiras. A primeira norma federal relevante foi o (i) Decreto nº 4.421, de 28 de dezembro de 1921, que criou o Serviço Florestal Brasileiro; (ii) posteriormente, o Decreto nº 23.793, de 23 de janeiro de 1934, aprovou o Código Florestal de 1934 e (iii) em 1965 foi editada a Lei nº 4.771, de 15 de setembro de 1965 (Código Florestal), que após a chamada Nova República passou por alterações importantes que o descaracterizaram inteiramente, transformando-o em uma colcha de retalhos sem qualquer coerência interna e sistematização, que é o que caracteriza a codificação.

No entanto, as normas acima mencionadas não foram isoladas, antes se constituíram como parte de um processo de evolução legislativa que remonta ao direito reinol. Osny Duarte Pereira[2] informa que a primeira legislação portuguesa destinada à proteção de árvores *"fora do caso de incêndio"* foi a Carta Régia de 1442. Tal norma foi baixada com o objetivo de proteger as florestas com vistas a assegurar madeira para a construção de navios militares e comerciais.

O terremoto de Lisboa, ocorrido no ano 1755, bem como o incremento das atividades comerciais de Portugal, fizeram com que a demanda por madeiras brasileiras aumentasse de forma notável.

> *"Tantas requisições do precioso produto iam progressivamente extinguindo as selvas da faixa marítima, em toda a costa atlântica. Já no século XVIII, para extrair madeiras se tornava necessário penetrar rios a dentro, subir às cabeceiras e usar diferentes tipos de embarcações, pela diversidade do calado das vias a percorrer."*[3]

---

2   PEREIRA, Osny Duarte. *Direito florestal brasileiro*. Rio de Janeiro: Borsoi, 1950, p. 49.

3   PEREIRA, Osny Duarte. *Direito florestal brasileiro*. Rio de Janeiro: Borsoi, 1950, p. 91.

Cerca de 40 anos após o terremoto de Lisboa, a preocupação com o desflorestamento se fazia presente no Conselho de Ministros, conforme apontado por José Augusto Pádua:[4]

> *"O tema do desflorestamento também ocupava a atenção de Sousa Coutinho. No famoso discurso por ele apresentado ao Conselho de Ministros de 1798, onde defendeu explicitamente a tese da federalização do Império, o problema da conservação florestal apareceu com clareza. Ao tratar das mudanças necessárias na legislação que definia a concessão de sesmarias e datas, determinou que um dos objetivos prioritários a ser atingido era o de 'regular a conservação dos nossos bosques, matas e arvoredos, seja dos que servem para o combustível e trabalho das minas e fundições'. O esforço de promover a navegação dos rios Paraíba do Sul, Doce, São Francisco, Tocantins, Tapajós, Madeira, Branco e Negro por outro lado, fundamental para a vivificação da agricultura no país, não deveria significar uma abertura dos estoques de madeira contidos nas suas margens para a exploração dos particulares. Esses estoques deveriam ser guardados 'para as Cortes Reais', já que a extração ordenada dos mesmos, com o escoamento através de jangadas, seria de grande proveito para a Fazenda e a Marinha reais."*

A legislação de proteção às florestas, tanto no passado, como no presente, tem sofrido muitas alterações, o que foi muito bem observado diversas vezes pelo referido Osny Duarte Pereira, *"a repetição e as frequentes modificações nas ordens governamentais eram a prova da desobediência reiterada"*.[5] Palavras perfeitamente válidas para os nossos dias. Vejamos algumas das normas sobre as florestas e madeiras brasileiras:

---

[4]   PÁDUA, José Augusto. *Um sopro de destruição*: pensamento político ambiental no Brasil escravista (1786 – 1888), Rio de Janeiro: Jorge Zahar Editor, 2002. p. 58.

[5]   PEREIRA, Osny Duarte. *Direito florestal brasileiro*. Rio de Janeiro: Borsoi, 1950, p. 94.

Algumas Normas de Proteção às Florestas e Madeiras[6]	
Norma	**Objetivo**
Carta Régia de 13 de março de 1797	Declara a propriedade da Coroa sobre todas as matas e arvoredos à borda da costa, ou rios que desemboquem diretamente no mar e por onde se possam conduzir madeiras cortadas até a praia; criou cargos de juízes conservadores
Regimento de 11 de julho de 1799	Corte de madeira
Ordenações Filipinas, L. V. Tít. 85	Fogo posto
Carta Régia de 8 de julho de 1800	Obrigatoriedade de conservar as madeiras reais em distância de até 10 léguas da costa
Alvará de 30 de janeiro de 1802	Exigência de ordem escrita para venda de madeira para particulares e para queimadas e cortes
1º de julho de 1802	Instruções para reflorestamento na Costa e no Coutos de Lavos
28 de janeiro de 1808	Abertura dos portos, exceto "pau-Brasil ou outros notoriamente estancados".
11 de janeiro de 1813, confirmado o Alvará de 12 de dezembro de 1605	Retirado dos magistrados o poder para autorizar o corte de árvores
1825	Confirmado o monopólio do estado sobre o pau-Brasil
11 de junho de 1829	Proibição de roçar matas em terras devolutas
Código Criminal de 1830	Proibido o corte ilegal de madeira
Lei nº 3.811, de 14 de outubro de 1866	Incêndio florestal (crime)

O Decreto nº 4.421, de 28 de dezembro de 1921

Modernamente, a proteção das florestas começa com o estabelecimento de um regime federal de proteção das florestas no Brasil, com a edição do Decreto nº 4.421, de 28 de dezembro de 1921, que criou o *Serviço Florestal do Brasil*, no

---

6   Informação conforme Osny Duarte Pereira, Direito Florestal Brasileiro, Rio de Janeiro: Borsoi, 1950. passim.

âmbito do Ministério da Agricultura, e que tinha por escopo a *conservação, beneficiamento, reconstituição, formação* e *aproveitamento* das florestas. Indiscutível, portanto, que à base da criação do *Serviço Florestal* estava o que atualmente chamamos de *manejo* para o desenvolvimento sustentável. Aliás, isso fica muito claro com a simples leitura do artigo 1º do decreto em questão, pois nele está firmemente estabelecido que o termo florestas não se restringe às áreas "*atualmente cobertas de vegetação de alto e médio porte,*" mas, também, àquelas nas quais se pretenda desenvolver tal tipo de vegetação "*para defesa da salubridade e aumento da riqueza pública*". Sem dúvida, o conceito empregado naquela época se adapta perfeitamente aos nossos dias.

Para fins de gestão do patrimônio florestal, o decreto em questão definiu diferentes categorias de florestas, com destaque especial para as chamadas *florestas protetoras*.

> "*Art. 3º Ao Serviço Florestal incumbe:*
>
> *I – Promover e auxiliar a conservação, criação e guarda das florestas protetoras, isto é, das que servem para:*
>
> *§ 1º Beneficiar a higiene e a saúde pública.*
>
> *§ 2º Garantir a pureza e abundância dos mananciais aproveitáveis à alimentação;*
>
> *§ 3º Equilibrar o regime das águas correntes que se destinam não só às irrigações das terras agrícolas como também as que servem de vias de transporte e se prestam ao aproveitamento de energia.*
>
> *§ 4º Evitar os efeitos danosos dos agentes atmosféricos; impedir a destruição produzida, pelos ventos; obstar a deslocação das areias movediças como também os esbarrocamentos, as erosões violentas, quer pelos rios, quer pelo mar.*
>
> *§ 5º Auxiliar a defesa das fronteiras.*"

É fácil perceber que as florestas protetoras são antecedentes diretos das áreas de preservação permanente atualmente existentes em nosso direito. É importante observar que, na forma da tradição legal brasileira, admitia-se que, nas florestas protetoras, nos casos em que houvesse "grande vantagem" para a riqueza nacional, fosse permitida a exploração econômica de seus produtos, mas "sempre com a obrigação de replantio". O espírito e o texto da norma demonstram que o legislador de então tinha clara a necessidade de conciliação entre a "grande vantagem", isto é, a atividade econômica relevante e a obrigação de replantio da vegetação suprimida em razão da atividade econômica. Essa característica acompanha a legislação florestal brasileira desde então.

As florestas protetoras que não estivessem sob o regime de domínio público deveriam ser identificadas pelo poder público para fins de declaração de utilidade ou necessidade pública, tornando-se passíveis de desapropriação. Em tais casos, os proprietários deveriam ser notificados e, pelo período de um ano, tinham a obrigação de manter intactas as florestas até que se providenciasse o ato de desapropriação. Aqui há uma diferença fundamental com o regime atualmente vigente que considera não indenizáveis as áreas de preservação permanentes. Tal mudança teve início, como veremos adiante, com o Código Florestal de 1934, editado na vigência do chamado "nacional estatismo", que marcou os anos 30 do século XX, nos quais "parecia não haver lugar para os liberais".[7]

Observe-se que havia um prazo para que a desapropriação fosse efetivada:

> "Se, no prazo de um ano, contado da data da notificação, não for ultimado o processo de desapropriação e indenização, poderão os proprietários usar, gozar e dispor livremente dos bens declarados imprescindíveis, ficando-lhes ainda salvo o direito de indenização pelo tempo em que a sua propriedade estava gravada."

Além das florestas protetoras, o decreto estabeleceu outras categorias que, hodiernamente, poderiam ser chamadas de unidades de conservação, tais como: (i) hortos florestais, (ii) florestas-modelo,[8] (iii) reservas florestais e (iv) parques nacionais. Assim, como se vê, a criação do serviço florestal brasileiro, do ponto de vista jurídico, foi bastante abrangente; chegou-se à instituição de uma polícia florestal voltada para a defesa das florestas protetoras e de estatísticas próprias para as atividades florestais.

Grande destaque deve ser dado ao chamado Regime Florestal estabelecido pelo Decreto nº 4.421. Por tal regime se buscava a "conservação metódica das florestas e a perpétua exploração das mesmas". No particular, ressalte-se que o regime florestal era obrigatório para todos os terrenos do domínio da União, in verbis:

> "Art. 58. O regime florestal será obrigatório para todos os terrenos do domínio da União, administrados por qualquer ministério."

No regime estabelecido pelo Decreto em exame, todo e qualquer terreno da União estava submetido ao chamado regime florestal, ou seja, deveria ser utilizado economicamente, desde que observadas as cautelas devidas. E mais, mesmo as chamadas florestas protetoras poderiam ser submetidas ao regime de exploração

---

7   FAUSTO, Bóris. Getúlio Vargas. São Paulo: Companhia das Letras, 2006. p. 69.

8   Florestas plantadas, não necessariamente unidades de conservação modernas, antes áreas para exploração comercial.

econômica sempre que delas resultassem *ganhos efetivos para a nação*. Assim, pelo que se pode perceber da norma, o administrador estava obrigado a ponderar os diferentes aspectos envolvidos na possível desafetação de uma floresta protetora, levando em conta critérios ambientais e econômicos. Em sua essência, trata-se de um mecanismo ainda vigente em nosso ordenamento jurídico, muito embora a terminologia empregada tenha sofrido significativa alteração. Manejo e sustentabilidade eram vocábulos inexistentes em 1921, mas, certamente, os conceitos abstratamente considerados já tinham a sua gênese no texto normativo.

1.1 – Código Florestal de 1934

As normas estabelecidas pelo Decreto nº 4.421, de 28 de dezembro de 1921, vigeram até o advento do Código Florestal aprovado pelo *Decreto nº 23.793, de 23 de janeiro de 1934*. É relevante considerar que o regime de 1891 foi caracterizado, até a reforma constitucional, por um exacerbado individualismo e por uma tentativa de estabelecimento de um regime descentralizado extremamente centrífugo e quase que anárquico. As tendências centralizadoras rapidamente se reagruparam e o modelo político, tal qual estava concebido, ruiu em 1930, como nos dá conta Maria Helena Capelato:[9]

> *"A década de 1930, [...] foi um Período de grandes mudanças no país. Depois da 'Revolução', abriu-se um leque de possibilidades de caminhos e vários setores sociais propunham medidas diferentes para solucionar a crise que se abatera sobre o país. O setor agrário, após o crack da bolsa de Nova York, debilitou-se muito. Amplo debate se estabeleceu em torno da questão do desenvolvimento do país e sobre o melhor percurso a ser trilhado para a superação, não só da crise, mas também do 'atraso' em relação aos países capitalistas avançados."*

O combate ao "atraso" foi feito com base na superação da ideologia liberal e com a prevalência de um "estado forte". Marco Antonio Villa[10] faz o seguinte comentário sobre a aspiração por um estado forte:

> *"O culto do estado forte é típico do período. Os Estados Unidos não eram mais o modelo. A inspiração vinha da Europa, do totalitarismo.*

---

[9]   CAPELATO, Maria Helena. O Estado Novo: o que trouxe de novo? In: FERREIRA, Jorge; DELGADO, Lucília de Almeida Neves. *O Brasil Republicano*: o tempo de nacional-estatismo. Rio de Janeiro: Civilização Brasileira, 2003. p. 113-114.

[10]   VILLA, Marco Antônio. *A história das constituições brasileiras*: 200 anos de luta contra o arbítrio. São Paulo: Leya, 2011. p. 49.

> *Todos atacavam as ideias liberais, consideradas anacrônicas. O escritor e ex-deputado Gilberto Amado comentou que 'não havia lugar para os liberais'."*

Uma das expressões mais marcantes do novo modelo foi o Código Florestal que se constituiu em instrumento de intervencionismo "moderado", haja vista a manutenção do modelo de propriedade privada. Efetivamente, com a queda da República Velha, o Brasil entrou em um estágio no qual a intervenção estatal no domínio econômico passou a ser feita de forma mais intensiva e sistemática, transformando-se no principal instrumento de promoção econômica. Para que o novo modelo intervencionista pudesse ser operacional foi necessária uma grande mudança nos marcos legais até então existentes no país, com uma ampla modernização normativa. É nesse contexto que surgem o *Código de Águas*, o *Código de Minas* e o próprio Código Florestal, cuja edição se tornou politicamente factível, ante o enfraquecimento econômico e político das elites agrárias, em função das dificuldades enfrentadas pelo modelo agrário exportador.

A característica que unifica e estabelece uma forte identidade entre os referidos diplomas legais é: criar condições legais e institucionais para o desenvolvimento da infraestrutura brasileira. Em resumo podemos dizer que o Código de Águas foi criado para produzir energia elétrica, o Código de Minas, para expandir a mineração, e o Código Florestal para estimular a produção madeireira e de produtos florestais. Tudo isso dentro de um contexto que buscava assegurar o acesso perene aos recursos naturais em contexto de nacional-desenvolvimentismo.

O elemento que, inicialmente, chama mais a atenção do Código e que denota de forma cabal o seu conteúdo intervencionista é o artigo 1º do referido diploma legal. De fato, pelo artigo 1º fica bastante claro que as florestas existentes no território nacional, independentemente de seu regime jurídico, *são bens de interesse comum a todos os habitantes do país, ficando o exercício dos direitos de propriedade com as limitações das leis do Brasil, especialmente do próprio Código Florestal.*[11] O conceito de interesse, categoria mais "fraca" que direito, permite que o Poder Público possa exercer uma intervenção no direito de propriedade, com vistas a assegurar que ele seja exercido de forma a beneficiar toda a coletividade, mediante a manutenção da boa qualidade das florestas e, consequentemente, dos benefícios ambientais gerados para todos.

O Código Florestal de 1934 manteve a antiga categoria das *florestas protetoras* e estabeleceu outras. Assim, ele contemplava as seguintes categorias flo-

---

[11] Art. 1º As florestas existentes no territorio nacional, consideradas em conjuncto, constituem bem de interesse commum a todos os habitantes, do paiz, exercendo-se os direitos de propriedade com as limitações que as leis em geral, e especialmente este codigo, estabelecem.

restais: *(i) protetoras, (ii) remanescentes, (iii) modelo e (iv) de rendimento.*¹² O
Código reconhecia, também, a existência dos parques nacionais, estaduais e municipais, que eram considerados monumentos públicos naturais, sendo vedada
qualquer atividade que neles pudesse causar danos à flora e à fauna. *Florestas
de rendimento* eram todas aquelas que não fossem classificadas como protetoras,
remanescentes ou modelo. Isto é, o Código estabeleceu um amplo regime de
permissão de exploração florestal com finalidades econômicas, salvo em relação
às florestas *tipicamente* definidas. O que resulta evidente é que, *na inexistência
de proibição expressa, o critério era a possibilidade de exploração econômica do
bem florestal,* assim como havia sido em toda a legislação precedente. Isso tanto
mais se evidencia quando se examina o artigo 8º do Código que, expressamente,
determinou a inalienabilidade e a perenidade com as quais estavam gravadas as
florestas protetoras e as remanescentes, salvo se os proprietários e os adquirentes se obrigassem por si e por seus sucessores a mantê-las sob o regime legal em
questão.

2 – Especialização do Direito de proteção à diversidade biológica

A partir de 1981, ano da edição da Lei Federal nº 6.938, que cuida da Política Nacional do Meio Ambiente, o ordenamento jurídico brasileiro incorporou
uma grande quantidade de leis voltadas para a proteção do meio ambiente. Em
1988, com o advento na nova Constituição Federal, o meio ambiente e as políticas ambientais passaram a ocupar local de destaque na nossa ordem jurídica. O
artigo 225 de nossa Constituição estabeleceu um complexo normativo que, rapidamente, foi replicado pelas Constituições estaduais e leis orgânicas municipais.
Da mesma forma ocorreu com as leis ordinárias federais relacionadas à proteção
ambiental. Esse fenômeno legislativo gerou um conjunto de normas que necessita
ser adequadamente compreendido, sob pena de inviabilizar o exercício de ativi-

---

12   Art. 4º Serão consideradas florestas protectoras as que, por sua localização, servirem conjuncta
ou separadamente para qualquer dos fins seguintes: a) conservar o regimen das aguas; b) evitar a
erosão das terras pela acção dos agentes naturaes; c) fixar dunas; d) auxiliar a defesa das fronteiras, de modo julgado necessario pelas autoridades militares; e) assegurar condições de salubridade publica; f) proteger sitios que por sua belleza mereçam ser conservados; g) asilar especimens
raros de fauna indigena. Art. 5º Serão declaradas florestas remanescentes: a) as que formarem os
parques nacionaes, estaduaes ou municipaes; b) as em que abundarem ou se cultivarem especimens preciosos, cuja conservação se considerar necessaria por motivo de interesse biologico ou
estetico; c) as que o poder publico reservar para pequenos parques ou bosques, de gozo publico.
Art. 6º Serão classificadas como floresta modelo as artificiaes, constituidas apenas por uma, ou por
limitado numero de essencias florestaes, indigenas e exoticas, cuja disseminação convenha fazer-se na região. Art. 7º As demais florestas, não compreendidas na discriminação dos arts. 4º a 6º,
considerar-se-ão de rendimento.

dades legítimas e, ao mesmo tempo, ser ineficaz para oferecer a tutela desejada e necessária.

Não há um estudo sistematizado capaz de informar o número total de normas voltadas para a proteção ambiental no Brasil, seja no âmbito federal, seja no âmbito dos estados e dos municípios; entretanto, é possível dizer que a quantidade é muito grande e tende a crescer em ritmo acelerado. É evidente que tal circunstância é uma fonte de conflitos de leis, tanto no tempo, como no espaço. Como se sabe, as competências constitucionais em matéria ambiental, do ponto de vista legislativo, são concorrentes e, do ponto de vista da implementação administrativa são comuns, conforme estabelecido pelos artigos 23 e 24 de nossa Constituição Federal.

2.1 – Competências Constitucionais: previsão de Lei Especial para a criação de Unidades de Conservação

O artigo 24 da Constituição Federal estabelece a competência legislativa concorrente entre a União e os Estados para diferentes temas, dentre os quais (i) florestas e (ii) conservação da natureza. No caso específico da conservação da natureza, o próprio artigo 225, § 1º, III, estabeleceu a obrigação de criação de espaços territoriais a serem *"especialmente protegidos", daí resulta claro que o regime jurídico florestal não se confunde com o regime jurídico das áreas merecedoras de proteção especial.* O ordenamento jurídico brasileiro, especialmente no nível da legislação geral federal, possui normas próprias tanto para uma como para outra hipótese, no caso, (i) a Lei nº 12.651/2012 e (ii) a Lei nº 9.985/2000.

Normas Federais	
Constituição Federal: Art. 24 – Compete à União, aos Estados e ao Distrito Federal legislar concorrentemente sobre: **VI – florestas...**	Constituição Federal: Art. 24 – Compete à União, aos Estados e ao Distrito Federal legislar concorrentemente sobre: **VI – ... conservação da natureza...**
	Constituição Federal: Art. 225, § 1º ... III – ... espaços territoriais... a **serem especialmente** protegidos... vedada qualquer utilização que comprometa a **integridade dos atributos que justifiquem sua proteção.**
Lei nº 12.651/2012	Lei nº 9.985/2000

Como já foi ampla e reiteradamente decidido pelo Supremo Tribunal Federal,[13] a Constituição é um todo e deve ser interpretada de forma a assegurar a compatibilidade entre todos os seus comandos, haja vista que a Constituição não pode ser tida como um conjunto caótico de normas: *"Mas, é lugar comum que o ordenamento jurídico e a Constituição, sobretudo, não são aglomerados caóticos de normas; presumem-se um conjunto harmônico de regras e de princípios"* (Ministro Sepúlveda Pertence). A orientação do STF reflete velha concepção doutrinária que pode ser encontrada em um dos maiores hermeneutas brasileiros e ex-Ministro do Supremo Tribunal Federal, Carlos Maximiliano:[14]

> *"O Direito não é um conglomerado caótico de preceitos; constitui vasta unidade, organismo regular, sistema, conjunto harmônico de normas coordenadas, em interdependência metódica, embora fixada cada uma em seu lugar próprio."*

Em meu ponto de vista, existem dois sistemas de proteção ambiental, distintos, previstos na Constituição e materializados pela legislação ordinária, (i) o primeiro voltado para a generalidade dos ecossistemas e biomas, expresso pelo Código Florestal e o (ii) segundo especificamente voltado para áreas merecedoras de proteção especial, o qual se materializa na Lei do Sistema Nacional de Unidades de Conservação, como se demonstrará, ambos não podem ser aplicados simultaneamente sobre um mesmo território, prevalecendo a lei especial sempre que o Poder Público tenha, regularmente, instituído uma Unidade de Conservação, qualquer que seja a sua categoria.

Com efeito, repita-se, a Constituição Federal expressamente reconhece a existência de dois marcos legislativos bastante distintos no que tange à proteção do meio ambiente. O (i) primeiro diz respeito à proteção ambiental genérica e o (ii) segundo diz respeito à proteção ambiental de áreas que sejam julgadas merecedoras de tutela especial. Leitura atenta do artigo 24 da Constituição Federal demonstra que o Constituinte originário estabeleceu a obrigação para o legislador ordinário legislar sobre (i) *florestas* e (ii) sobre *conservação da natureza*.

Como assentado pelo Supremo Tribunal Federal[15] *"A lei, sabemos, não contém palavras inúteis"* (Ministra Cármem Lúcia), com muito mais razão o legislador constituinte não se utiliza de palavras inúteis no Texto Constitucional. De fato,

---

[13]   Supremo Tribunal Federal, RE 344882/BA – BAHIA, RECURSO EXTRAORDINÁRIO, Julgamento: 7/4/2003, Tribunal Pleno, *DJU* 6/8/2004. p. 22.

[14]   MAXIMILIANO, Carlos. *Hermenêutica e aplicação do direito*. 9. ed. Rio de Janeiro: Forense, 1981. p. 128.

[15]   Supremo Tribunal Federal. RE 716270/RS - RIO GRANDE DO SUL, RECURSO EXTRAORDINÁRIO, Julgamento: 7/12/2012, DJe-24, divulgação 13/12/2012.

o Constituinte quis estabelecer e estabeleceu regime próprio para as UCs, o qual não se confunde com o regime geral de proteção ambiental. A concepção jurídica adotada pelo documento ora examinado, incidência concomitante de normas jurídicas voltadas para finalidades diversas, implicaria em consequências jurídicas graves para o (i) Estado, que se veria privado do seu poder-dever de organizar o território – juntamente com o Município – mediante a adoção de políticas públicas de ocupação do solo e proteção ao meio ambiente e para o (ii) particular que seria engolfado em um contexto normativo que esvaziaria por completo o conteúdo econômico de sua propriedade, sem qualquer compensação como lhe é devido pela Constituição.

2.2 – A solução de conflitos entre leis

Os conflitos entre leis, e mesmo entre artigos constitucionais, devem ser solucionados segundo critérios legais que, no direito brasileiro, estão principalmente – mas não só – estabelecidos pela chamada Lei de Introdução às Normas do Direito Brasileiro, instituída pelo Decreto-lei nº 4.657, de 4 de setembro de 1942, conforme redação dada pela Lei nº 12.376, de 2010. É importante ressaltar que o Decreto-lei nº 4.657/1942 foi editado como "lei de introdução ao Código Civil", muito embora ele fosse entendido pela doutrina jurídica mais abalizada como uma norma de aplicação de normas de direito em geral, motivo pelo qual se justificou a sua mudança de nome.

Conforme disposto na Lei de Introdução às Normas do Direito Brasileiro, "*não se destinando à vigência temporária, a lei terá vigor até que outra a modifique ou revogue*", "*a lei posterior revoga a anterior quando expressamente o declare, quando seja com ela incompatível ou quando regule inteiramente a matéria de que tratava a lei anterior*". E mais: "*a lei nova, que estabeleça disposições gerais ou especiais a par das já existentes, não revoga nem modifica a lei anterior*". Uma norma especial tem aplicação preferencial em relação à norma geral, como é pacífico na doutrina e nas jurisprudências nacionais e internacionais.

Justifica-se a caracterização jurídica da Lei do SNUC como lei específica a ser aplicada preferentemente às leis gerais de proteção ao meio ambiente, seja pelos aspectos puramente de hermenêutica jurídica, seja pelos aspectos históricos da evolução legislativa da matéria. Com efeito, já a Constituição de 1934 determinava a proteção das chamadas "*belezas naturais*". Tal norma foi cumprida pelo legislador ordinário que, ao aprovar o Código Florestal, estabeleceu a possibilidade da criação de parques, com vista a proteção das belezas naturais. No mesmo sentido andou o Código Florestal estabelecido pela Lei nº 4.771, de 15 de setembro de 1965, que em seu artigo 5º determinava ao Poder Público fossem criadas diferentes unidades de conservação.

Constituições Federais				
1934	1937	1946	1967	1988
Art. 10 – Compete concorrentemente à União e aos Estados: ... III – proteger as belezas naturais e os monumentos de valor histórico ou artístico, podendo impedir a evasão de obras de arte;	Art. 134 – Os monumentos históricos, artísticos e naturais, assim como as paisagens ou os locais particularmente dotados pela natureza, gozam da proteção e dos cuidados especiais da Nação, dos Estados e dos Municípios. Os atentados contra eles cometidos serão equiparados aos cometidos contra o patrimônio nacional.	Art. 175 – As obras, monumentos e documentos de valor histórico e artístico, bem como os monumentos naturais, as paisagens e os locais dotados de particular beleza ficam sob a proteção do Poder Público.	Art. 172 – O amparo à cultura é dever do Estado. Parágrafo único – Ficam sob a proteção especial do Poder Público os documentos, as obras e os locais de valor histórico ou artístico, os monumentos e as paisagens naturais notáveis, bem como as jazidas arqueológicas.	Art. 225... § 1º – Para assegurar a efetividade desse direito, incumbe ao Poder Público: ... III – definir, em todas as unidades da Federação, espaços territoriais e seus componentes a serem especialmente protegidos, sendo a alteração e a supressão permitidas somente através de lei, vedada qualquer utilização que comprometa a integridade dos atributos que justifiquem sua proteção.

Evolução Legislativa			
Decreto nº 4.421, de 28 de dezembro de 1921	Código Florestal de 1934	Código Florestal de 1965	Lei do SNUC
Art. 37 Opportunamente serão creados parques nacionaes em locaes caracterizados por accidentes topographicos notaveis, grandiosos e bellos e enerrando florestas virgens typicas, que serão perpetuamente conservadas. Art. 38. O estabelecimento dos parques será feito em pontos de facil accesso, relativo, e mediante disposições previamente estabelecidas pelo Congresso Nacional.	Art. 9º Os parques nacionaes, estaduaes ou municipaes, constituem monumentos publicos naturaes, que perpetuam em sua composição floristica primitiva, trechos do paiz, que, por circumstancias peculiares, o merecem. § 1º É rigorosamente prohibido o exercicio de qualquer especie de actividade contra a flora e a fauna dos parques. Ver o art. 86. § 2º Os caminhos de accesso aos parques obedecerão a disposições technicas, de fórma que, tanto quanto possivel, se não altere o aspecto natural da paisagem. Art. 10. Compete ao Ministerio da Agricultura classificar, para os effeitos deste codigo, as varias regiões e as florestas protectoras e remanescentes, localizar os parques nacionaes, e organizar florestas modelo, procedendo para taes fins, ao reconhecimento de toda a area florestal do paiz.	Art. 5º O Poder Público criará: a) Parques Nacionais, Estaduais e Municipais e Reservas Biológicas, com a finalidade de resguardar atributos excepcionais da natureza, conciliando a proteção integral da flora, da fauna e das belezas naturais com a utilização para objetivos educacionais, recreativos e científicos; b) Florestas Nacionais, Estaduais e Municipais, com fins econômicos, técnicos ou sociais, inclusive reservando áreas ainda não florestadas e destinadas a atingir aquele fim. Parágrafo único. Fica proibida qualquer forma de exploração dos recursos naturais nos Parques Nacionais, Estaduais e Municipais. Parágrafo único. Ressalvada a cobrança de ingresso a visitantes, cuja receita será destinada em pelo menos 50% (cinquenta por	Art. 60. Revogam-se os arts. 5º e 6º da Lei nº 4.771, de 15 de setembro de 1965; o art. 5º da Lei nº 5.197, de 3 de janeiro de 1967; e o art. 18 da Lei nº 6.938, de 31 de agosto de 1981.

	Paragrapho unico. A competencia federal não exclue a acção suppletiva, ou subsidiaria, das autoridades locaes, nas zonas que lhes competirem para os mesmos fins, acima declarados, observada sempre a orientação dos serviços federaes, e ficando a classificação de zona e de florestas sujeita à revisão pelas autoridades federaes. Quanto á formação de parques e de florestas modelo, ou de rendimento, de accôrdo com este codigo, a acção das autoridades locaes é inteiramente livre.	cento) ao custeio da manutenção e fiscalização, bem como de obras de melhoramento em cada unidade, é proibida qualquer forma de exploração dos recursos naturais nos parques e reservas biológicas criados pelo poder público na forma deste artigo. (Redação dada pela Lei nº 7.875, de 13.11.1989) (Revogado pela Lei nº 9.985, de 18.7.2000).	

É imperioso que se observe que a evolução e consequente especialização da matéria se deu com a Constituição de 1988, a qual determinou fossem demarcadas áreas, em todos os Estados da federação, merecedoras de especial proteção em razão de seus atributos ambientais. Surgiu daí a Lei do SNUC que, em seu artigo 60, revogou expressamente os artigos 5º e 6º da Lei nº 4.771/1965, o que significa que a matéria ficou inteiramente regulada pela lei especial. Assim, parece evidente que tanto o legislador constituinte, quanto o legislador ordinário determinaram um regime jurídico especial para as áreas protegidas (UCs) e deliberadamente excluíram a incidência do Código Florestal sobre elas.

2.3 – Lei da Mata Atlântica (Lei nº 11.428/2006) e Novo Código Florestal (Lei nº 12.651/2012)

A Lei da Mata Atlântica é lei especial e, em tal condição, deveria, em tese, aplicar-se preferencialmente ao Código Florestal, como tem sido sustentado neste trabalho. Todavia, a Lei da Mata Atlântica, expressamente, determina que *"a conservação, a proteção, a regeneração e a utilização do Bioma Mata Atlântica, patrimônio nacional, observarão o que estabelece esta Lei, bem como a legislação ambiental vigente, em especial a Lei no 4.771, de 15 de setembro de 1965"* (artigo

1º). Dessa forma, é indiscutível que o legislador integrou a proteção da Mata Atlântica no sistema estabelecido pelo Código Florestal revogado pela Lei ora comentada.

Todavia, a Lei nº 4.771/1965 foi revogada e, em minha opinião, não poderia permanecer vigente apenas para os fins de sua aplicação à Mata Atlântica, quando fosse o caso. Parece ser evidente que a Lei nº 4.771/1965 tinha aplicação especialmente para os casos de (i) reserva legal, (ii) áreas de preservação permanente e (iii) produção e transporte de produtos florestais. Curiosamente, a Lei nº 12.651/2012 promoveu alterações na Lei da Mata Atlântica, como é o caso da nova redação dada ao artigo 35:

Artigo 35 (Lei da Mata Atlântica)	
Redação original	Redação dada pela Lei nº 12.651/2012
Art. 35. A conservação, em imóvel rural ou urbano, da vegetação primária ou da vegetação secundária em qualquer estágio de regeneração do Bioma Mata Atlântica cumpre função social e é de interesse público, podendo, a critério do proprietário, as áreas sujeitas à restrição de que trata esta Lei ser computadas para efeito da Reserva Legal e seu excedente utilizado para fins de compensação ambiental ou instituição de cota de que trata a Lei nº 4.771, de 15 de setembro de 1965.	Art. 35. A conservação, em imóvel rural ou urbano, da vegetação primária ou da vegetação secundária em qualquer estágio de regeneração do Bioma Mata Atlântica cumpre função social e é de interesse público, podendo, a critério do proprietário, as áreas sujeitas à restrição de que trata esta Lei ser computadas para efeito da Reserva Legal e seu excedente utilizado para fins de compensação ambiental ou instituição de Cota de Reserva Ambiental – CRA. Parágrafo único. Ressalvadas as hipóteses previstas em lei, as áreas de preservação permanente não integrarão a reserva legal.

Parece evidente, portanto, que o legislador reconheceu como não mais aplicáveis à Lei da Mata Atlântica as disposições gerais do revogado Código Florestal. O legislador deveria ter promovido mudança no artigo 1º da Lei da Mata Atlântica e expurgado de seu texto a menção ao Código Florestal de 1965; lamentavelmente, não o fez e, mais uma vez, gerou desnecessárias dificuldades interpretativas, com o agravamento da instabilidade jurídica tão característica das normas de direito ambiental brasileiras.

2.3.1 – Regime de supressão de vegetação

Assim como o Novo Código Florestal, a Lei da Mata Atlântica estabelece regime excepcional para a supressão de vegetação considerada de proteção especial.

Supressão de Vegetação (excepcional)	
Lei da Mata Atlântica	Novo Código Florestal
Art. 14. A supressão de vegetação primária e secundária no estágio avançado de regeneração somente poderá ser autorizada em caso de utilidade pública, sendo que a vegetação secundária em estágio médio de regeneração poderá ser suprimida nos casos de utilidade pública e interesse social, em todos os casos devidamente caracterizados e motivados em procedimento administrativo próprio, quando inexistir alternativa técnica e locacional ao empreendimento proposto, ressalvado o disposto no inciso I do art. 30 e nos §§ 1º e 2º do art. 31 desta Lei. § 1º A supressão de que trata o *caput* deste artigo dependerá de autorização do órgão ambiental estadual competente, com anuência prévia, quando couber, do órgão federal ou municipal de meio ambiente, ressalvado o disposto no § 2º deste artigo. § 2º A supressão de vegetação no estágio médio de regeneração situada em área urbana dependerá de autorização do órgão ambiental municipal competente, desde que o município possua conselho de meio ambiente, com caráter deliberativo e plano diretor, mediante anuência prévia do órgão ambiental estadual competente fundamentada em parecer técnico. § 3º Na proposta de declaração de utilidade pública disposta na alínea *b* do inciso VII do art. 3º desta Lei, caberá ao proponente indicar de forma detalhada a alta relevância e o interesse nacional.	Art. 8º A intervenção ou a supressão de vegetação nativa em Área de Preservação Permanente somente ocorrerá nas hipóteses de utilidade pública, de interesse social ou de baixo impacto ambiental previstas nesta Lei. § 1º A supressão de vegetação nativa protetora de nascentes, dunas e restingas somente poderá ser autorizada em caso de utilidade pública. Art. 11. Em áreas de inclinação entre 25° e 45°, serão permitidos o manejo florestal sustentável e o exercício de atividades agrossilvipastoris, bem como a manutenção da infraestrutura física associada ao desenvolvimento das atividades, observadas boas práticas agronômicas, sendo vedada a conversão de novas áreas, excetuadas as hipóteses de utilidade pública e interesse social.

Art. 20. O corte e a supressão da vegetação primária do Bioma Mata Atlântica somente serão autorizados em caráter excepcional, quando necessários à realização de obras, projetos ou atividades de utilidade pública, pesquisas científicas e práticas preservacionistas.

Parágrafo único. O corte e a supressão de vegetação, no caso de utilidade pública, obedecerão ao disposto no art. 14 desta Lei, além da realização de Estudo Prévio de Impacto Ambiental/Relatório de Impacto Ambiental – EIA/RIMA.

Art. 21. O corte, a supressão e a exploração da vegetação secundária em estágio avançado de regeneração do Bioma Mata Atlântica somente serão autorizados:

I – em caráter excepcional, quando necessários à execução de obras, atividades ou projetos de utilidade pública, pesquisa científica e práticas preservacionistas;

II – (VETADO)

III – nos casos previstos no inciso I do art. 30 desta Lei.

Art. 22. O corte e a supressão previstos no inciso I do art. 21 desta Lei no caso de utilidade pública serão realizados na forma do art. 14 desta Lei, além da realização de Estudo Prévio de Impacto Ambiental, bem como na forma do art. 19 desta Lei para os casos de práticas preservacionistas e pesquisas científicas.

Art. 23. O corte, a supressão e a exploração da vegetação secundária em estágio médio de regeneração do Bioma Mata Atlântica somente serão autorizados:

I – em caráter excepcional, quando necessários à execução de obras, atividades ou projetos de utilidade pública ou de interesse social, pesquisa científica e práticas preservacionistas;

II – (VETADO) III – quando necessários ao pequeno produtor rural e populações tradicionais para o exercício de atividades ou usos agrícolas, pecuários ou silviculturais imprescindíveis à sua subsistência e de sua família, ressalvadas as áreas de preservação permanente e, quando for o caso, após averbação da reserva legal, nos termos da Lei nº 4.771, de 15 de setembro de 1965; IV – nos casos previstos nos §§ 1º e 2º do art. 31 desta Lei. Art. 24. O corte e a supressão da vegetação em estágio médio de regeneração, de que trata o inciso I do art. 23 desta Lei, nos casos de utilidade pública ou interesse social, obedecerão ao disposto no art. 14 desta Lei. Parágrafo único. Na hipótese do inciso III do art. 23 desta Lei, a autorização é de competência do órgão estadual competente, informando-se ao Ibama, na forma da regulamentação desta Lei.	

Como se pode ver, a Lei da Mata Atlântica estabeleceu um conjunto de hipóteses mais restritivas para a supressão de vegetação as quais devem prevalecer em relação àquelas estabelecidas pela Lei nº 12.651/2012, não devido à concepção fácil e pouco jurídica de ser norma "mais restritiva". Aplicável, isto sim, por ser lei especial. Não se desconhece, todavia, que é na área de incidência do bioma Mata Atlântica que estão concentradas as maiores atividades econômicas nacionais, as maiores pressões por obras de infraestrutura e tantas outras urgentemente necessárias.

É importante observar que a Lei da Mata Atlântica é menos liberal do que a Lei nº 12.651/2012 no que se refere à tipificação das hipóteses de utilidade pública e interesse social como elementos justificadores da excepcionalidade para supressão de vegetação, como se pode ver do quadro a seguir:

Utilidade Pública e Interesse Social: Lei da Mata Atlântica – Novo Código Florestal	
Lei da Mata Atlântica	Novo Código Florestal
Art. 3º Consideram-se para os efeitos desta Lei: .... VII – utilidade pública: a) atividades de segurança nacional e proteção sanitária; b) as obras essenciais de infraestrutura de interesse nacional destinadas aos serviços públicos de transporte, saneamento e energia, declaradas pelo poder público federal ou dos Estados; VIII – interesse social: a) as atividades imprescindíveis à proteção da integridade da vegetação nativa, tais como: prevenção, combate e controle do fogo, controle da erosão, erradicação de invasoras e proteção de plantios com espécies nativas, conforme resolução do Conselho Nacional do Meio Ambiente – CONAMA; b) as atividades de manejo agroflorestal sustentável praticadas na pequena propriedade ou posse rural familiar que não descaracterizem a cobertura vegetal e não prejudiquem a função ambiental da área; c) demais obras, planos, atividades ou projetos definidos em resolução do Conselho Nacional do Meio Ambiente.	Art. 3º Para os efeitos desta Lei, entende-se por: .... VIII – utilidade pública: a) as atividades de segurança nacional e proteção sanitária; b) as obras de infraestrutura destinadas às concessões e aos serviços públicos de transporte, sistema viário, inclusive aquele necessário aos parcelamentos de solo urbano aprovados pelos Municípios, saneamento, gestão de resíduos, energia, telecomunicações, radiodifusão, instalações necessárias à realização de competições esportivas estaduais, nacionais ou internacionais, bem como mineração, exceto, neste último caso, a extração de areia, argila, saibro e cascalho; c) atividades e obras de defesa civil; d) atividades que comprovadamente proporcionem melhorias na proteção das funções ambientais referidas no inciso II deste artigo; e) outras atividades similares devidamente caracterizadas e motivadas em procedimento administrativo próprio, quando inexistir alternativa técnica e locacional ao empreendimento proposto, definidas em ato do Chefe do Poder Executivo federal; IX – interesse social: a) as atividades imprescindíveis à proteção da integridade da vegetação nativa, tais como prevenção, combate e controle do fogo, controle da erosão, erradicação de invasoras e proteção de plantios com espécies nativas;

b) a exploração agroflorestal sustentável praticada na pequena propriedade ou posse rural familiar ou por povos e comunidades tradicionais, desde que não descaracterize a cobertura vegetal existente e não prejudique a função ambiental da área;

c) a implantação de infraestrutura pública destinada a esportes, lazer e atividades educacionais e culturais ao ar livre em áreas urbanas e rurais consolidadas, observadas as condições estabelecidas nesta Lei;

d) a regularização fundiária de assentamentos humanos ocupados predominantemente por população de baixa renda em áreas urbanas consolidadas, observadas as condições estabelecidas na Lei nº 11.977, de 7 de julho de 2009;

e) implantação de instalações necessárias à captação e condução de água e de efluentes tratados para projetos cujos recursos hídricos são partes integrantes e essenciais da atividade;

f) as atividades de pesquisa e extração de areia, argila, saibro e cascalho, outorgadas pela autoridade competente;

g) outras atividades similares devidamente caracterizadas e motivadas em procedimento administrativo próprio, quando inexistir alternativa técnica e locacional à atividade proposta, definidas em ato do Chefe do Poder Executivo federal;

X – atividades eventuais ou de baixo impacto ambiental:

a) abertura de pequenas vias de acesso interno e suas pontes e pontilhões, quando necessárias à travessia de um curso d'água, ao acesso de pessoas e animais para a obtenção de água ou à retirada de produtos oriundos das atividades de manejo agroflorestal sustentável;

b) implantação de instalações necessárias à captação e condução de água e efluentes tratados, desde que comprovada a outorga do direito de uso da água, quando couber;

	c) implantação de trilhas para o desenvolvimento do ecoturismo;
	d) construção de rampa de lançamento de barcos e pequeno ancoradouro;
	e) construção de moradia de agricultores familiares, remanescentes de comunidades quilombolas e outras populações extrativistas e tradicionais em áreas rurais, onde o abastecimento de água se dê pelo esforço próprio dos moradores;
	f) construção e manutenção de cercas na propriedade;
	g) pesquisa científica relativa a recursos ambientais, respeitados outros requisitos previstos na legislação aplicável;
	h) coleta de produtos não madeireiros para fins de subsistência e produção de mudas, como sementes, castanhas e frutos, respeitada a legislação específica de acesso a recursos genéticos;
	i) plantio de espécies nativas produtoras de frutos, sementes, castanhas e outros produtos vegetais, desde que não implique supressão da vegetação existente nem prejudique a função ambiental da área;
	j) exploração agroflorestal e manejo florestal sustentável, comunitário e familiar, incluindo a extração de produtos florestais não madeireiros, desde que não descaracterizem a cobertura vegetal nativa existente nem prejudiquem a função ambiental da área;
	k) outras ações ou atividades similares, reconhecidas como eventuais e de baixo impacto ambiental em ato do Conselho Nacional do Meio Ambiente – CONAMA ou dos Conselhos Estaduais de Meio Ambiente;

3 – PROPRIEDADE DAS TERRAS NO BRASIL

Para que se possa entender determinados institutos particulares do direito florestal brasileiro, como por exemplo a (i) Reserva Legal e as (ii) Áreas de preservação permanente, é importante que se faça uma rápida análise do regime de propriedade fundiária que vigeu no Brasil por longo período. Como se sabe, a colonização do Brasil foi feita inicialmente pelo chamado *regime de sesmarias*, que consistia na doação, por parte do poder público, de terras para aqueles que tivessem meios para explorá-las economicamente, impondo-se ao donatário a obrigação de cultivá-las. Caso as sesmarias não fossem exploradas adequadamente, as terras retornavam à propriedade da Coroa Portuguesa, conforme disposto na Lei de Sesmarias de D. Fernando I, emitida no ano de 1375. Às terras não exploradas e que retornavam à propriedade da Coroa se dava o nome de terras devolutas (devolvidas).

O mencionado sistema era possível, visto que, em decorrência do regime colonial, todas as terras pertenciam ao Mestrado da Ordem de Cristo, cujo grão--mestre era o próprio rei de Portugal. O regime de Sesmarias chegou ao fim com o Império que, logo em seus primórdios, reconheceu o chamado *regime de posse*, abolindo as sesmarias. Na verdade, a resolução da mesa da Câmara que aboliu as sesmarias foi o reconhecimento de uma situação de fato que já tinha encontrado algum amparo legal em Alvará de 1795, cujo objetivo central era a tentativa de reestruturação de nosso padrão fundiário. Como observa Warren Dean:[16]

> "*A posse dependia da violência ainda mais do que a sesmaria. O presidente do Rio de Janeiro, em 1840, confessou abertamente na assembleia de sua província que 'é sabido que para estabelecer uma posse e mantê-la [...] é indispensável a força. Aquele que carece dela é obrigado a ceder a terra a outro que é mais forte ou vendê-la a alguém que seja capaz de retê-la mediante a mesma força'. Embora ele e outros funcionários clamassem por uma solução legal para esse estado de coisas, a assembleia persistiu em medrosa indecisão até 1850, quando finalmente aprovou uma lei sujeitando todas as terras da Coroa à venda pública.*"

Com a Lei nº 601, de 18 de setembro de 1850,[17] o regime de posse foi extinto e somente se admitiu a alienação de terras devolutas por meio da compra e venda. Assim, em princípio, as terras que não foram dadas em sesmaria são consideradas públicas no Brasil, bem como aquelas que, mesmo tendo sido concedidas, não tenham sido objeto da adequada exploração, caíram em *comisso*, retornando à titularidade do estado. O comisso, como se sabe, era uma pena de perdimento em função do seu não aproveitamento econômico. Logo, como se viu, a quantidade de terras públicas no Brasil era muito grande, em razão do regime de coloniza-

---

[16]   WARREN, Dean. *A ferro e fogo, a história e a devastação da mata atlântica*, (Tradução Cid Knieppel Moreira.) São Paulo: Companhia das Letras, 1996. p. 166.

[17]   Para análise da Lei nº 601/1850 ver: ANTUNES, Paulo de Bessa. *A propriedade rural no Brasil*. Rio de Janeiro: OAB/RJ, sem data, passim.

ção adotado. A proteção e utilização de tais bens públicos com fins de proteção ambiental e de utilização sustentável é, de certa forma, uma tradição de nosso direito positivo, ainda que a eficácia das normas seja discutível. Entretanto, integra a mesma tradição a necessidade de utilização econômica do bem. A legislação colonial, em seu espírito e letra, é bastante clara ao determinar a tutela do bem florestal, no contexto do desenvolvimento da Colônia.

Já em 1605, conforme informa Wainer, foi baixado o Regimento sobre o Pau--Brasil mediante o qual ficava proibido o corte do Pau-Brasil sem a devida autorização administrativa. Ainda segundo a ilustre autora, *"A partir da edição do Regimento, a preocupação com o desmatamento é uma constante e foi inserida no Regimento da Relação e Casa do Brazil, de março de 1609, que foi o primeiro Tribunal brasileiro na cidade de Salvador, com jurisdição em toda a colônia"*.

Na verdade, o *Regimento do Pau-Brasil* buscava estabelecer os mecanismos pelos quais era *admitida a extração do Pau-Brasil*, muito mais do que funcionar como uma proibição. Sem que haja necessidade de aprofundar o desenvolvimento histórico da legislação, serve a presente apenas para demonstrar que, desde os seus primórdios, a legislação ambiental brasileira, como parece ser evidente com a simples leitura do Regimento do Pau-Brasil,[18] expressa que a Coroa Portuguesa

---

[18]   **1605 – REGIMENTO DO PAU-BRASIL** Eu El-rei. Faço saber aos que este Meu Regimento virem, que sendo informado das muitas desordens que lia no certão do páo brasil, e na conservação delle, de que se tem seguido haver hoje muita falta, e ir-se buscar muitas legoas pelo certão dentro, cada vez será o damno mayor se se não atalhar, e der nisso a Ordem conveniente, e necessaria, como em cousa de tanta importancia para a Minha Real Fazenda, tomando informações de pessoas de experiência das partes do Brasil, e comunicando-as com as do Meu Conselho, Mandei fazer este Regimento, que Hei por bem, e Mando se guarde daqui em diante inviolavelmente. Parágrafo 1'. Primeiramente Hei por bem, e Mando, que nenhuma pessoa possa cortar, nem mandar cortar o dito páo brasil, por si, ou seus escravos ou Feitores seus, sem expressa licença, ou escrito do Provedor mór de Minha Fazenda, de cada uma das Capitanias, em cujo districto estiver a mata, em que se houver de cortar; e o que o contrário fizer encorrerá em pena de morte e confiscação de toda sua fazenda. Parágrafo 2'. O dito Provedor Mór para dar a tal licença tomará informações da qualidade da pessoa, que lha pede, e se delia ha alguma suspeita, que o desencaminhará, ou furtará ou dará a quem o haja de fazer. Parágrafo 3'. O dito Provedro Mór fará fazer um Livro por elle assignado, e numerado, no qual se registarão todas as licenças que assim der, declarando os nomes e mais confrontações necessarias das pessoas a que se derem, e se declarará a quantidade de páo para que se lhe dê licença, e se obrigará a entregar ao contractador toda a dita quantidade, que trata na certidão, para com elia vir confrontar o assento do Livro, de que se fará declaração, e nos ditos assentos assignará a pessoa, que levar a licença, com o Escrivão. Parágrafo 4'. E toda a pessoa, que tomar mais quantidade de páo de que lhe fôr dada licença, além de o perder para Minha Fazenda, se o mais que cortar passar de dez quintaes, incorrerá em pena de dez cruzados, e se passar de cincoenta quintaes, sendo peão, será açoutado, e degradado por des annos para Angola, e passando de cem quintaes morrerá por elle, e perderá toda sua fazenda. Parágrafo 5'. O provedor fará repartição das ditas licenças em o modo, que cada um dos moradores da Capitania, a que se houver de fazer o corte, tenha sua parte, segundo a possibilidade de cada um, e que em todos se não exceda a quantidade que lhe for ordenada. Parágrafo 6'. Para que se não córte mais quantidade de páo da que eu tiver dada por contracto, nem se carregue à dada Capitania, mais da que boamente se pôde tirar delia; Hei por bem, e Mando, que em cada um anno se faça repartição

tinha preocupações em manter a sustentabilidade da exploração da madeira, ainda que os resultados alcançados não se mostrassem tão alvissareiros como seria o desejável.

Art. 1º – A. Esta Lei estabelece normas gerais com o fundamento central da proteção e uso sustentável das florestas e demais formas de vegetação nativa em harmonia com a promoção do desenvolvimento econômico, atendidos os seguintes princípios: (Incluído pela Medida Provisória nº 571, de 2012).

I – reconhecimento das florestas existentes no território nacional e demais formas de vegetação nativa como bens de interesse comum a todos os habitantes do País; (Incluído pela Medida Provisória nº 571, de 2012).

---

da quantidade do páo, que se ha de cortar em cada uma das Capitanias, em que há mata delle, de modo que em todo se não exceda a quantidade do Contracto. Parágrafo 7'. A dita Repartição do páo que se ha de cortar em cada Capitania se fará em presença do Meu Governador daquelle Estado pelo Provedor Mór da Minha Fazenda, e Officiaes da Camara da Bahia, e nelia se terá respeito do estado das matas de cada uma das ditas Capitanias, para lhe não carregarem mais, nem menos páo do que convém para benefício das ditas matas, e do que se determinar aos mais votos, se fará assento pelo Escrivão da Camara, e delles se tirarão Provisões em nome do Governador, e por elle assignadas, que se mandarão aos Provedores das ditas Capitanias para as executarem. Parágrafo 8'. Por ter informação, que uma das cousas, que maior damno tem causado nas ditas mattas, em que se perde, e destroe mais páos, é por os Contractadores não aceitarem todo o que se corta, sendo bom, e de receber, e querem que todo o que se lhe dá seja roliço, e massiço do que se segue ficar pelos mattos muitos dos ramos e ilhargas perdidas, sendo todo elle bom, e conveniente para o uso das tintas: Mando a que daqui em diante se aproveite todo o que fôr de receber, e não se deixe pelos matos nenhum páo cortado, assim dos ditos ramos, como das ilhargas, e que os contractadores o recebão todo, e havendo dúvida se é de receber, a determinará o Provedor da Minha Fazenda com informação de pessoas de crédito ajuramentadas; e porque outrosym sou informado, que a causa de se extinguirem as matas do dito páo como hoje então, e não tornarem as árvores a brotar, é pelo mão modo com que se fazem os cortes, não lhe deixando ramos, e varas, que vão crescendo, e por se lhe pôr fogo nas raizes, para fazerem roças; Hei por bem, e Mando, que daqui em diante se não fação roças em terras de matas de páo do brasil, e serão para isso coutadas com todas as penas, e defesas, que estas coutadas Reaes, e que nos ditos córtes se tenhão muito tento a conservação das árvores para que tornem a brotar, deixando-lhes varas, e troncos com que os possão fazer, e os que o contrário fizerem serão castigados com as penas, que parecer ao Julgador. Parágrafo 9'. Hei por bem, e Mando, que todos os annos se tire devassa do córte do páo brasil, na qual se perguntará pelos que quebrarão, e forão contra este Regimento. Parágrafo 10'. E para que em todo haja guarda e vigilância, que convém Hei por bem, que em cada Capitania, das em que houver matas do dito páo, haja guardas, duas delias, que terão de seu ordenado a vintena das condemnações que por sua denunciação se fizeram, as quaes guardas serão nomeadas pelas Camaras, e approvadas pelos Provedores de Minha Fazenda, e se lhes dará juramento, que bem, e verdadeiramente fação seus Officios. Parágrafo 11'. O qual Regimento Mando se cumpra, e guarde como nelle se contém e ao Governador do dito Estado, e ao Provedor Mór da Minha Fazenda, e aos Provedores das Capitanias, e a todas as justiças dellas, que assim o cumprão, e guarde, e fação cumprir, e guardar sob as penas nelle contheudas; o qual se registrará nos Livros da Minha Fazenda do dito Estado, e nas Camaras das Capitanias, aonde houver matas do dito páo, e valerá posto que não passe por carta em meu nome, e o effeito delta haja de durar mais de um anno, sem embargo da Ordenação do segundo Livro, título trinta e nove, que o contrário dispoem. Francisco Ferreira o fés a 12 de Dezembro de 1605. E eu o Secretario Pedro da Costa o fis escrever 'Rey'.

II – afirmação do compromisso soberano do Brasil com a preservação das suas florestas e demais formas de vegetação nativa, da biodiversidade, do solo e dos recursos hídricos, e com a integridade do sistema climático, para o bem-estar das gerações presentes e futuras; (Incluído pela Medida Provisória nº 571, de 2012).

III – reconhecimento da função estratégica da produção rural na recuperação e manutenção das florestas e demais formas de vegetação nativa, e do papel destas na sustentabilidade da produção agropecuária; (Incluído pela Medida Provisória nº 571, de 2012).

IV – consagração do compromisso do País com o modelo de desenvolvimento ecologicamente sustentável, que concilie o uso produtivo da terra e a contribuição de serviços coletivos das florestas e demais formas de vegetação nativa privadas; (Incluído pela Medida Provisória nº 571, de 2012).

V – ação governamental de proteção e uso sustentável de florestas, coordenada com a Política Nacional do Meio Ambiente, a Política Nacional de Recursos Hídricos, a Política Agrícola, o Sistema Nacional de Unidades de Conservação da Natureza, a Política de Gestão de Florestas Públicas, a Política Nacional sobre Mudança do Clima e a Política Nacional da Biodiversidade; (Incluído pela Medida Provisória nº 571, de 2012).

VI – responsabilidade comum de União, Estados, Distrito Federal e Municípios, em colaboração com a sociedade civil, na criação de políticas para a preservação e restauração da vegetação nativa e de suas funções ecológicas e sociais nas áreas urbanas e rurais; (Incluído pela Medida Provisória nº 571, de 2012).

VII – fomento à inovação para o uso sustentável, a recuperação e a preservação das florestas e demais formas de vegetação nativa; e (Incluído pela Medida Provisória nº 571, de 2012).

VIII – criação e mobilização de incentivos jurídicos e econômicos para fomentar a preservação e a recuperação da vegetação nativa, e para promover o desenvolvimento de atividades produtivas sustentáveis. (Incluído pela Medida Provisória nº 571, de 2012).

Antes de comentar o artigo propriamente dito, importante que se observe que o jogo de "gato e rato" entre o Congresso Nacional e o Executivo tem produzido mudanças em ritmo alucinante da lei. Assim, a Lei nº 12.727, de 17 de outubro de 2012 deu nova redação a diversos artigos da Lei nº 12.651/2012, contudo, não há qualquer garantia de que o novo texto prevaleça, motivo pelo qual apresento em quadro as alterações, mantendo o comentário para o texto originalmente publicado.

Lei nº 12.651 (redação MP 571/2002)	Nova Redação (Lei nº 12.727/2012)
Art. 1º-A. Esta Lei estabelece normas gerais com o fundamento central da proteção e uso sustentável das florestas e demais formas de vegetação nativa em harmonia com a promoção do desenvolvimento econômico, atendidos os seguintes princípios:	Art. 1º-A. Esta Lei estabelece normas gerais sobre a proteção da vegetação, áreas de Preservação Permanente e as áreas de Reserva Legal; a exploração florestal, o suprimento de matéria-prima florestal, o controle da origem dos produtos florestais e o controle e prevenção dos incêndios florestais, e prevê instrumentos econômicos e financeiros para o alcance de seus objetivos.
I – reconhecimento das florestas existentes no território nacional e demais formas de vegetação nativa como bens de interesse comum a todos os habitantes do País;	Parágrafo único. Tendo como objetivo o desenvolvimento sustentável, esta Lei atenderá aos seguintes princípios:
II – afirmação do compromisso soberano do Brasil com a preservação das suas florestas e demais formas de vegetação nativa, da biodiversidade, do solo e dos recursos hídricos, e com a integridade do sistema climático, para o bem-estar das gerações presentes e futuras;	I – afirmação do compromisso soberano do Brasil com a preservação das suas florestas e demais formas de vegetação nativa, bem como da biodiversidade, do solo, dos recursos hídricos e da integridade do sistema climático, para o bem estar das gerações presentes e futuras;
III – reconhecimento da função estratégica da produção rural na recuperação e manutenção das florestas e demais formas de vegetação nativa, e do papel destas na sustentabilidade da produção agropecuária;	II – reafirmação da importância da função estratégica da atividade agropecuária e do papel das florestas e demais formas de vegetação nativa na sustentabilidade, no crescimento econômico, na melhoria da qualidade de vida da população brasileira e na presença do País nos mercados nacional e internacional de alimentos e bioenergia;
IV – consagração do compromisso do País com o modelo de desenvolvimento ecologicamente sustentável, que concilie o uso produtivo da terra e a contribuição de serviços coletivos das florestas e demais formas de vegetação nativa privadas;	III – ação governamental de proteção e uso sustentável de florestas, consagrando o compromisso do País com a compatibilização e harmonização entre o uso produtivo da terra e a preservação da água, do solo e da vegetação;
V – ação governamental de proteção e uso sustentável de florestas, coordenada com a Política Nacional do Meio Ambiente, a Política Nacional de Recursos Hídricos, a Política Agrícola, o Sistema Nacional de Unidades de Conservação da Natureza, a Política de Gestão de Florestas Públicas, a Política Nacional sobre Mudança do Clima e a Política Nacional da Biodiversidade;	IV – responsabilidade comum da União, Estados, Distrito Federal e Municípios, em colaboração com a sociedade civil, na criação de políticas para a preservação e restauração da vegetação nativa e de suas funções ecológicas e sociais nas áreas urbanas e rurais;
VI – responsabilidade comum de União, Estados, Distrito Federal e Municípios, em	

colaboração com a sociedade civil, na criação de políticas para a preservação e restauração da vegetação nativa e de suas funções ecológicas e sociais nas áreas urbanas e rurais;	V – fomento à pesquisa científica e tecnológica na busca da inovação para o uso sustentável do solo e da água, a recuperação e a preservação das florestas e demais formas de vegetação nativa;
VII – fomento à inovação para o uso sustentável, a recuperação e a preservação das florestas e demais formas de vegetação nativa; e	VI – criação e mobilização de incentivos econômicos para fomentar a preservação e a recuperação da vegetação nativa e para promover o desenvolvimento de atividades produtivas sustentáveis.
VIII – criação e mobilização de incentivos jurídicos e econômicos para fomentar a preservação e a recuperação da vegetação nativa, e para promover o desenvolvimento de atividades produtivas sustentáveis.	

O artigo foi incluído pela Medida Provisória nº 571/2012 em substituição ao artigo 1º que originalmente constava do projeto de lei. É artigo mais extenso do que o precedente e, de certa maneira, parece expressar um pedido de desculpas pelo veto imposto ao texto original. Além do *caput*, estão expressos oito princípios pelos quais o legislador provisório pretende nortear a aplicação do Novo Código Florestal, bem como os demais artigos da Lei. Antes de comentar o artigo propriamente dito, convém dizer algumas palavras sobre a competência geral em matéria de proteção às florestas e demais formas de vegetação.

1 – COMPETÊNCIAS CONSTITUCIONAIS EM MATÉRIA FLORESTAL

A Constituição Federal, em seu artigo 24, traz o rol das competências concorrentes, dentre as quais destaco as que têm relevância para o objeto deste livro:

> "Art. 24. Compete à União, aos Estados e ao Distrito Federal legislar concorrentemente sobre:
>
> I – direito tributário, financeiro, penitenciário, econômico e **urbanístico**;
>
> ....
>
> VI – **florestas**, caça, pesca, fauna, **conservação da natureza**, defesa do solo e dos recursos naturais, **proteção do meio ambiente e controle da poluição**;
>
> VII – **proteção ao patrimônio** histórico, cultural, artístico, turístico e **paisagístico**;

VIII – **responsabilidade por dano ao meio ambiente**, ao consumidor, a bens e direitos de valor artístico, estético, histórico, turístico e paisagístico;

[...]"

A repartição de competências é o principal arcabouço do que se denomina como federalismo cooperativo, sendo que o *"que mais caracteriza o federalismo cooperativo e que, de certa forma, se encontra presente nos diferentes modelos disponíveis é que não há uma separação rígida entre as competências dos entes federados e do ente central".*[19] A inexistência de uma separação rígida das competências impõe que os diferentes entes vinculados pelos laços federativos ajam de forma integrada e coordenada, respeitando-se mutuamente e perseguindo um objetivo comum. Entretanto, não é isso que a prática tem demonstrado. O quadro atual é de centralização de verbas, recursos técnicos e institucionais na União, em detrimento de uma gestão mais racional e eficiente.

No que diz respeito às *florestas*, a Constituição de 1988 inovou, pois no regime Constitucional de 1967 a competência para legislar sobre elas era exclusiva da União,[20] não se admitindo a suplementação pelos estados. No regime constitucional anterior houve polêmica em relação à possibilidade ou impossibilidade da União legislar sobre as "demais formas de vegetação", haja vista que o artigo 8º, XVII, *h* da Constituição de 1967 atribuía à União a competência para legislar sobre florestas, sendo certo que as competências legislativas federais eram explícitas, permanecendo as remanescentes com os estados membros da federação. O Supremo Tribunal Federal, no entanto, acabou por reconhecer a competência da União para legislar sobre qualquer assunto florestal,[21] merecendo se destacar o seguinte:

> *"Dessa rápida incursão na legislação específica, verifica-se que, usando da competência constitucionalmente atribuída, a União cobriu todo o campo relativo ao florestamento e reflorestamento, nada deixando à competência estadual, dela retirado expressamente,*

---

[19]   ANTUNES, Paulo de Bessa. *Federalismo e competências ambientais no Brasil*. Rio de Janeiro: Lumen Juris, 2007. p. 36.

[20]   Constituição de 1967: Art 8º Compete à União: [...] XVII – legislar sobre: [...] h) jazidas, minas e outros recursos minerais; metalurgia; florestas, caça e pesca; [...] § 1º A União poderá celebrar convênios com os Estados para a execução, por funcionários estaduais, de suas leis, serviços ou decisões. § 2º A competência da União não exclui a dos Estados para legislar supletivamente sobre as matérias das letras *c, d, e, n, q* e *v* do item XVII, respeitada a lei federal.

[21]   Supremo Tribunal Federal – Rp 1090/ES – ESPÍRITO SANTO – Relator(a): Min. VICTOR NUNES Julgamento: 3/6/1982. Órgão Julgador: Tribunal Pleno. *DJ* 20/8/1982. p. 7872, EMENT., v. 01263-01, p. 5.

mesmo em caráter supletivo, pelo próprio parágrafo único do art. 8º"
(Ministro Oscar Dias Correa)

Os parágrafos do artigo 24 estabelecem os critérios que deverão ser observados para os entes políticos que formam o estado brasileiro exerçam as suas competências concorrentes. De acordo com o § 1º, *"no âmbito da legislação concorrente, a competência da União limitar-se-á a estabelecer normas gerais".* Contudo, o conceito de norma geral não é trivial, pois com grande frequência a legislação federal sobre os assuntos listados como de competência concorrente, tem descido a detalhes e minúcias, os quais dificilmente podem se enquadrar no conceito de *norma geral*, o qual, em princípio, deveria ser amplo e capaz de deixar espaço para que os estados editassem normas que detalhassem o tema no interior de seus territórios. O que tem sido a práxis da legislação federal é um detalhamento exaustivo das matérias, fazendo com que muito pouco sobre para a legislação estadual. O Supremo Tribunal Federal[22] tem adotado o entendimento de que em matéria de competência concorrente vige o chamado "condomínio legislativo", construção teórica formulada por Raul Machado Horta, conforme se pode ver dos seguintes trechos de acórdão proferido pela Corte:

> "A Constituição da República, nos casos de competência concorrente (CF, art. 24), estabeleceu verdadeira situação de condomínio legislativo entre a União Federal, os Estados-membros e o Distrito Federal (RAUL MACHADO HORTA, 'Estudos de Direito Constitucional', p. 366, item nº 2, 1995, Del Rey), daí resultando clara repartição vertical de competências normativas entre essas pessoas estatais, cabendo, à União, estabelecer normas gerais (CF, art. 24, § 1º), e, aos Estados-membros e ao Distrito Federal, exercer competência suplementar (CF, art. 24, § 2º). Doutrina. Precedentes. – Se é certo, de um lado, que, nas hipóteses referidas no art. 24 da Constituição, a União Federal não dispõe de poderes ilimitados que lhe permitam transpor o âmbito das normas gerais, para, assim, invadir, de modo inconstitucional, a esfera de competência normativa dos Estados-membros, não é menos exato, de outro, que o Estado-membro, em existindo normas gerais veiculadas em leis nacionais (como a Lei Orgânica Nacional da Defensoria Pública, consubstanciada na Lei Complementar nº 80/94), não pode ultrapassar os limites da competência meramente suplementar, pois, se tal ocorrer, o diploma legislativo estadual incidirá, diretamente, no vício da inconstitucionalidade. A edição, por determinado

---

[22] Supremo Tribunal Federal; ADI 2903/PB – PARAÍBA. AÇÃO DIRETA DE INCONSTITU-CIONALIDADE; Julgamento: 1/12/2005; Tribunal Pleno; *DJe*-177.

Estado-membro, de lei que contrarie, frontalmente, critérios mínimos legitimamente veiculados, em sede de normas gerais, pela União Federal ofende, de modo direto, o texto da Carta Política [...] É inconstitucional lei complementar estadual, que, ao fixar critérios destinados a definir a escolha do Defensor Público-Geral do Estado e demais agentes integrantes da Administração Superior da Defensoria Pública local, não observa as normas de caráter geral, institutivas da legislação fundamental ou de princípios, prévia e validamente estipuladas em lei complementar nacional que a União Federal fez editar com apoio no legítimo exercício de sua competência concorrente. OUTORGA, AO DEFENSOR PÚBLICO-GERAL DO ESTADO, DE 'NÍVEL EQUIVALENTE AO DE SECRETÁRIO DE ESTADO'. – A mera equiparação de altos servidores públicos estaduais, como o Defensor Público-Geral do Estado, a Secretário de Estado, com equivalência de tratamento, só se compreende pelo fato de tais agentes públicos, destinatários de referida equiparação, não ostentarem, eles próprios, a condição jurídico-administrativa de Secretário de Estado. – Consequente inocorrência do alegado cerceamento do poder de livre escolha, pelo Governador do Estado, dos seus Secretários estaduais, eis que o Defensor Público-Geral local – por constituir cargo privativo de membro da carreira – não é, efetivamente, não obstante essa equivalência funcional, Secretário de Estado." (Ministro Celso de Melo)

Em relação ao tema já me expressei no sentido de que

> "o Brasil saiu de um passado unitário para um presente federalista sem que, de fato, a centralização do poder tenha deixado de ser uma realidade. Praticamos um 'federalismo mínimo', no qual os estados se limitam a atuar em áreas secundárias, quase que desempenhando o papel de 'autarquias em regime especial', tal o nível de dependência que ostentam em relação ao poder central".[23]

Assim, feitas as ressalvas acima, a competência da União para legislar sobre normas gerais não exclui a competência suplementar dos Estados (§ 2º); na inexistência de lei federal sobre normas gerais, os Estados exercerão a competência legislativa plena, para atender a suas peculiaridades (§ 3º). Por fim, conforme

---

[23]   ANTUNES, Paulo de Bessa. *Federalismo e competências ambientais no Brasil*. Rio de Janeiro: Lumen Juris, 2007, p. 67.

o § 4º, "*a superveniência de lei federal sobre normas gerais suspende a eficácia da lei estadual, no que lhe for contrário*".

1.1 – Evolução da competência constitucional em matéria de florestas

A Constituição de 1824 não dispôs sobre florestas, limitando-se a garantir o direito de propriedade.[24] A Constituição de 1891, muito embora não tenha se utilizado do termo *floresta*, atribuiu competências para legislar sobre terras, o que de certa forma pode ser entendido como extensível às florestas e, de fato, esse foi o entendimento adotado, haja vista que uma vasta legislação florestal foi produzida no regime constitucional de 1891.[25] Todavia, merece nota o fato de que não havia a ideia de que a lei pudesse intervir no regime de propriedade privada incidente sobre a floresta, melhor dizendo: a intervenção se fazia pela abstenção. A Constituição de 1891, dentro do espírito da época, era voltada para a definição dos poderes políticos do estado e dos direitos e garantias individuais, sendo, conforme a lição de José Gomes B. Câmara,[26] "*a de mais síntese já vista até hoje entre todas as que se promulgaram ou decretaram*". Não existia, na Carta de 1891, o conceito de função social da propriedade, que só ingressou em nosso ordenamento jurídico pela Carta de 1934. Por sua vez, a Constituição de 1934[27]

---

[24]   Constituição de 1824: "Art. 179. A inviolabilidade dos Direitos Civis, e Politicos dos Cidadãos Brazileiros, que tem por base a liberdade, a segurança individual, e a propriedade, é garantida pela Constituição do Imperio, pela maneira seguinte. I. Nenhum Cidadão póde ser obrigado a fazer, ou deixar de fazer alguma cousa, senão em virtude da Lei. XXII. É garantido o Direito de Propriedade em toda a sua plenitude. Se o bem publico legalmente verificado exigir o uso, e emprego da Propriedade do Cidadão, será elle préviamente indemnisado do valor della. A Lei marcará os casos, em que terá logar esta unica excepção, e dará as regras para se determinar a indemnisação."

[25]   Constituição de 1891: "Art. 34. Compete privativamente ao Congresso Nacional: [...] 29º) legislar sobre terras e minas de propriedade da União; Art. 64. Pertencem aos Estados as minas e terras devolutas situadas nos seus respectivos territórios, cabendo à União somente a porção do território que for indispensável para a defesa das fronteiras, fortificações, construções militares e estradas de ferro federais. Art. 72. A Constituição assegura a brasileiros e a estrangeiros residentes no País a inviolabilidade dos direitos concernentes à liberdade, à segurança individual e à propriedade, nos termos seguintes: [...] § 17º O direito de propriedade mantém-se em toda a sua plenitude, salva a desapropriação por necessidade ou utilidade pública, mediante indenização prévia.

[26]   CÂMARA, José Gomes B. *Subsídios para a história do direito pátrio*. t. IV (1889 – 1930), Rio de Janeiro: Brasiliana, 1967. p. 48.

[27]   Constituição de 1934: Art 5º Compete privativamente à União: [...] XIX – legislar sobre: [...] c) normas fundamentais do direito rural, do regime penitenciário, da arbitragem comercial, da assistência social, da assistência judiciária e das estatísticas de interesse coletivo; [...] d) desapropriações, requisições civis e militares em tempo de guerra; [...] j) bens do domínio federal, riquezas do subsolo, mineração, metalurgia, águas, energia hidrelétrica, florestas, caça e pesca e a sua exploração; [...] § 3º A competência federal para legislar sobre as matérias dos números XIV e XIX, letras *c* e *i*, *in fine*, e sobre registros públicos, desapropriações, arbitragem comercial, juntas comerciais e respectivos processos; requisições civis e militares, radiocomunicação, emigração,

estabeleceu regime de intervenção moderada sobre a propriedade, o qual *"não poderá ser exercido contra o interesse social ou coletivo, na forma que a lei determinar"*. Foi no regime constitucional de 1934 que se ditou o nosso primeiro Código Florestal que, por longos anos, vinha sendo anunciado e não se concretizava.[28]

Contudo, não se pode deixar de lembrar que *"A Constituição de 1934 inaugurou a minúcia e o pormenor, a indistinção entre a legislação ordinária e a constitucional"*, como nos aponta Marco Antônio Villa.[29] Há quem atribua o caráter de "babel"[30] à Constituição de 1934, tais as contradições em seu texto e no universo que lhe dava suporte, teve vida curta, efêmera.

De fato, o quadro da evolução legislativa constante do comentário ao *artigo 1º (vetado)* demonstra que na história brasileira, a matéria florestal, de uma forma ou de outra, sempre esteve submetida a maior ou menor grau de intervenção do estado. E de uma forma, ou de outra, sempre esteve sob a égide de uma política pública que variou quanto ao grau de intervenção no domínio privado. *"In one sense, governments have always been environmental actors, because their*

---

imigração e caixas econômicas; riquezas do subsolo, mineração, metalurgia, águas, energia hidrelétrica, florestas, caça e pesca, e a sua exploração não exclui a legislação estadual supletiva ou complementar sobre as mesmas matérias. As leis estaduais, nestes casos, poderão, atendendo às peculiaridades locais, suprir as lacunas ou deficiências da legislação federal, sem dispensar as exigências desta [...] Art. 113. A Constituição assegura a brasileiros e a estrangeiros residentes no País a inviolabilidade dos direitos concernentes à liberdade, à subsistência, à segurança individual e à propriedade, nos termos seguintes: [...] 17) É garantido o direito de propriedade, que não poderá ser exercido contra o interesse social ou coletivo, na forma que a lei determinar. A desapropriação por necessidade ou utilidade pública far-se-á nos termos da lei, mediante prévia e justa indenização. Em caso de perigo iminente, como guerra ou comoção intestina, poderão as autoridades competentes usar da propriedade particular até onde o bem público o exija, ressalvado o direito à indenização ulterior.

28   DECRETO Nº 8.843 – DE 26 DE JULHO DE 1911. *Crêa a reserva florestal no Territorio do Acre.* O Presidente da Republica dos Estados Unidos do Brazil, attendendo a que a devastação desordenada das mattas está produzindo em todo o paiz effeitos sensiveis e desastrosos, salientando-se entre elles alterações na constituição climaterica de varias zonas e no regimen das aguas pluviaes e das correntes que dellas dependem; e reconhecendo que é da maior e mais urgente necessidade impedir que tal estado de cousa se estenda ao Territorio do Acre, mesmo por tratar-se de região onde como igualmente em toda a Amazonia, ha necessidade de proteger e assegurar a navegação fluvial e, consequentemente, de obstar que soffra modificação o regimen hydrographico respectivo, decreta: [...] Art. 4º **Emquanto não fôr decretado o Codigo Florestal** e até a organização dos serviços que elle deverá instituir, a policia da reserva florestal, a promoção da responsabilidade aos infractores e quaesquer outros actos necessarios á fiel observancia deste decreto, ficarão a cargo do Serviço de Inspecção e Defesa Agricolas, ao qual os demais funccionarios do Ministerio da Agricultura, com exercicio no Territorio do Acre, deverão prestar todo o auxilio.

29   VILLA, Marco Antônio. *A história das constituições brasileiras*: 200 anos de luta contra o arbítrio. São Paulo: Leya, 2011. p. 48.

30   SILVA, Paulo Sérgio da. *A constituição brasileira de 10 de novembro de 1937*: um retrato com luz e sombra. São Paulo: Unesp, 2008. p. 61.

laws, policies and expenditures have influenced the way societies interact with their natural surroundings."[31] e [32]

A Constituição de 1937,[33] cujo corte era claramente autoritário, também manteve o direito de propriedade com o seu caráter de função social, tendo disposto expressamente sobre a capacidade política para legislar em matéria florestal e de defesa das plantas contra moléstias; contudo, tal Constituição jamais saiu da gaveta, sem qualquer aplicação prática, prevalecendo a vontade do Executivo sobre a nação e suas instituições. A chamada "polaca" era *"como uma declaração de direito às avessas"*.[34]

Em 1946, veio à luz uma Constituição democrática, a qual, assim como as duas anteriores, dispôs sobre matéria florestal.

---

[31]   *"Em certo sentido, os governos sempre foram atores ambientais, porque suas leis, políticas e despesas têm influenciado a forma como as sociedades interagem com seus ambientes naturais."*

[32]   STEINBERG, Paul F.; VEER, Van de. *Comparative environmental politics*. Building the environmental state: what the history of social welfare tells us about the future of environmental policy, Kindle edition.

[33]   Constituição de 1937: Art. 16. Compete privativamente à União o poder de legislar sobre as seguintes matérias: [...] XIV – os bens do domínio federal, minas, metalurgia, energia hidráulica, águas, florestas, caça e pesca e sua exploração; [...] Art. 17. Nas matérias de competência exclusiva da União, a lei poderá delegar aos Estados a faculdade de legislar, seja para regular a matéria, seja para suprir as lacunas da legislação federal, quando se trate de questão que interesse, de maneira predominante, a um ou alguns Estados. Nesse caso, a lei votada pela Assembleia estadual só entrará em vigor mediante aprovação do Governo federal. Art. 18. Independentemente de autorização, os Estados podem legislar, no caso de haver lei federal sobre a matéria, para suprir-lhes as deficiências ou atender às peculiaridades locais, desde que não dispensem ou diminuam as exigências da lei federal, ou, em não havendo lei federal e até que esta regule, sobre os seguintes assuntos: a) riquezas do subsolo, mineração, metalurgia, águas, energia hidrelétrica, florestas, caça e pesca e sua exploração; [...] e) medidas de polícia para proteção das plantas e dos rebanhos contra as moléstias ou agentes nocivos; Parágrafo único. Tanto nos casos deste artigo, como no do artigo anterior, desde que o Poder Legislativo federal ou o Presidente da República haja expedido lei ou regulamento sobre a matéria, a lei estadual ter-se-á por derrogada nas partes em que for incompatível com a lei ou regulamento federal. [...] Art. 122. A Constituição assegura aos brasileiros e estrangeiros residentes no País o direito à liberdade, à segurança individual e à propriedade, nos termos seguintes: [...] 14) o direito de propriedade, salvo a desapropriação por necessidade ou utilidade pública, mediante indenização prévia. O seu conteúdo e os seus limites serão os definidos nas leis que lhe regularem o exercício; [...] Art. 123. A especificação das garantias e direitos acima enumerados não exclui outras garantias e direitos, resultantes da forma de governo e dos princípios consignados na Constituição. O uso desses direitos e garantias terá por limite o bem público, as necessidades da defesa, do bem-estar, da paz e da ordem coletiva, bem como as exigências da segurança da Nação e do Estado em nome dela constituído e organizado nesta Constituição.

[34]   VILLA, Marco Antônio. *A história das constituições brasileiras*: 200 anos de luta contra o arbítrio. São Paulo: Leya, 2011. p. 67.

1.2 – O problema jurídico da norma geral

A Constituição Federal, em seu artigo 24, estabelece que é competência concorrente entre a União, os Estados e o Distrito Federal legislar sobre florestas,[35] cabendo à União o estabelecimento de normas gerais e aos Estados a edição de normas que atendam às suas realidades específicas. Assim, a Lei ora comentada é inequivocamente uma norma geral, a qual em nosso regime federativo tem por função estabelecer os quadros legais e seus contornos que deverão ser observados pelos estados para a elaboração de sua legislação específica, a qual deverá atender às realidades locais e regionais.

O exercício das competências concorrentes é tema de enorme complexidade que envolve os limites e possibilidades da aplicação de um dos princípios sensíveis de nossa Constituição, que é a forma federativa de estado, a qual não pode ser objeto de Emenda Constitucional.[36] Existe uma tensão muito forte entre as competências legislativas dos estados e a proteção ambiental, pois é bastante marcada a tendência doutrinária que entende não possam os estados editarem normas "menos restritivas" do que as federais. Contudo, o conceito de mais ou menos restritivo é indeterminado e, nem sempre, mais proibição significa mais proteção. A lei ora comentada, em diversos artigos, estabelece medidas e metragens, em especial nas chamadas áreas de preservação permanente, como se verá adiante. Na discussão sobre a possibilidade de que os estados legislem concorrentemente sobre o tema, identificam-se as medidas com o próprio conceito de área de preservação permanente, tornando o debate estéril e pouco enriquecedor. Aliás, o estudo comparativo das políticas florestais e ambientais demonstra que é possível devastação ou conservação, independentemente de estruturas mais ou menos centralizadas; não se pode falar de um padrão único de gestão florestal.

> "Países tão diferentes quanto China e Canadá, por exemplo, concentram a gestão da questão ambiental nas mãos do governo central. Há muitos outros, no entanto, como Chile, Argentina e Estados Unidos, que dão ampla autonomia às suas unidades ou estados para legislar e gerir sobre o assunto.
>
> Tampouco se pode relacionar aspectos da legislação ou da forma de aplicação da lei ao desempenho de cada país em termos de desmata-

---

[35] Constituição Federal: Art. 24. Compete à União, aos Estados e ao Distrito Federal legislar concorrentemente sobre: [...] VI – florestas, caça, pesca, fauna, conservação da natureza, defesa do solo e dos recursos naturais, proteção do meio ambiente e controle da poluição;

[36] Constituição Federal: Art. 60. A Constituição poderá ser emendada mediante proposta: [...] § 4º Não será objeto de deliberação a proposta de emenda tendente a abolir: I – a forma federativa de Estado;

mento ou recuperação de cobertura vegetal original. Mesmo fatores como dimensão, tamanho da população e índices de desenvolvimento não parecem estar diretamente relacionados à situação ambiental de cada um. É certo afirmar, porém, que em todos os continentes a maioria esmagadora das florestas é de propriedade pública. E, à exceção da Oceania, em todos eles a gestão desses recursos naturais fica a cargo do poder público.

Já o pagamento por serviços ambientais não é consenso na maioria dos países. Argentina, Austrália, Chile, China e Estados Unidos, por exemplo, subsidiam ou pagam aos proprietários para conservar ou recompor florestas. Já Canadá, Espanha, Finlândia e Noruega não remuneram esse tipo de serviço."[37]

É interessante notar que os próprios estados têm ingressado no Supremo Tribunal Federal com ações diretas de inconstitucionalidade de normas estaduais que, de uma forma ou de outra, revelam o exercício das competências dos entes federativos. É o caso da ADI nº 2.334-6/SP requerida pelo Governador do Estado de São Paulo em face da Assembleia Legislativa do mesmo estado. A hipótese dizia respeito à Lei Paulista nº 10.358, de 27/08/1999 a qual determinou não ser aplicável o recuo de 15 metros nos trechos urbanos ou de expansão urbana de rodovias. O Executivo paulista sustentava que a norma violava o disposto na Lei nº 6.766/79, que em tais casos determina recuo de 15 metros, "salvo maiores exigências da legislação específica", o que nos leva a entender que, semelhantemente ao que se supõe seja verdadeiro para a legislação de proteção ao meio ambiente, aos estados somente seria possível e elaboração de "maiores exigências". Contudo, o STF,[38] ao decidir a ADI em tela, proferiu acórdão assim ementado:

"Ação direta de inconstitucionalidade. Competência concorrente (C.F. Art. 24) – Alegada invasão de competência da União Federal, por diploma legislativo editado por Estado-membro. Necessidade de Prévio confronto entre leis de caráter infraconstitucional. Inadmissibilidade em sede de controle normativo abstrato. Ação direta não conhecida.

– Nas hipóteses de competência concorrente (C.F. Art. 24), nas quais se estabelece verdadeira situação de condomínio legislativo entre a União Federal e os Estados-Membros (Raul Machado Horta, 'Estudos de Direito Constitucional' p. 366, item nº 2, 1995, Del

---

[37] Disponível em: <http://www.senado.gov.br/NOTICIAS/JORNAL/EMDISCUSSAO/codigo-florestal/organizacao-nacoes-unidas-para-agricultura-alimentacao-fao/nao-ha-padrao-mundial-na-gestao-de-florestas.aspx.> Acesso em: 08 de julho de 2012.

[38] Supremo Tribunal Federal – ADI nº 2.344-6 – SP, Plenário, *DJU*: 2/8/2002.

Rey), daí resultando clara repartição vertical de competências normativas, a jurisprudência do Supremo Tribunal Federal, firmou-se no sentido de entender incabível a ação direta de inconstitucionalidade, se, para o específico efeito de examinar-se a ocorrência ou não, da invasão de competência da União Federal, por parte de qualquer Estado-membro, tornar-se necessário o confronto prévio entre diplomas normativos de caráter infraconstitucional: a legislação nacional de princípios ou de normas gerais, de um lado (C.F. Art. 24, § 1º), e as leis estaduais de aplicação e execução das diretrizes fixadas pela União Federal, de outro (C.F. Art. 24, § 2º). É que, tratando-se de controle normativo abstrato, a inconstitucionalidade há de transparecer de modo imediato, derivando, o seu reconhecimento, do confronto direto que se faça entre o ato estatal impugnado e o texto da própria Constituição da República. Precedentes." (Ministro Celso de Mello)

O pleno exercício da competência suplementar pelos Estados-Membros da Federação tem sido reconhecido pelos tribunais de nosso país, conforme nos dá mostra o seguinte aresto do egrégio Superior Tribunal de Justiça:[39]

"Conflito de Normas – Inexistência – Norma Especial que se Compatibiliza com Preceito Geral Contido na Norma Federal. O disposto no artigo 19, § 1º da Lei Estadual nº 10.561/91 não conflitua com o preceito contido no artigo 21, parágrafo único, do Código Florestal. Trata-se aquela de lei especial, compatível com o tratamento genérico da norma federal. Recurso improvido." (Ministro Garcia Vieira)

A Corte Regional Federal da 4ª Região, com jurisdição sobre os Estados do Paraná, Santa Catarina e Rio Grande do Sul, já teve a oportunidade de examinar o tema, tendo decidido que:

"Constitucional e Administrativo. Mandado de Segurança. Florestas. Plano de Exploração. Código Florestal. Competência. Regulação. Constitucionalidade. Lei Estadual nº 7.989/85. Art. 8º, inc. 17, da CR/1988. Remessa Oficial Provida. A Constituição (art. 8º, inc. 17) está respeitada pelo Código Florestal (Lei nº 4.771/65) quando este explicita que a preservação das florestas pode ser objeto também de legislação local, suprindo eventuais omissões. 2. Sentença Reformada." (JUIZ OSVALDO ALVAREZ)

---

[39] Superior Tribunal de Justiça. REsp 246531/MG, 1ª Turma, *DJU*: 11/6/2001, p. 108.

E mais:

> "Constitucional. Direito Florestal. A preservação das florestas deixou de ser objeto de competência legislativa privativa da União Federal a partir da CF de 1988, que deste modo recepcionou a Lei Estadual nº 7.989, de 1985. Apelação e Remessa 'Ex Officio' providas em parte." (Juiz Ari Pargendler)

2 – REPARTIÇÃO DE COMPETÊNCIAS ADMINISTRATIVAS EM MATÉRIA FLORESTAL

A Lei Complementar nº 140, de 8 de dezembro de 2011, estabeleceu os mecanismos de cooperação administrativa entre a União, os Estados e os Municípios em matéria de proteção ao meio ambiente. De acordo com o disposto no artigo 1º da mencionada lei, ela

> *"fixa normas, nos termos dos* incisos III, VI *e* VII do caput *e do* parágrafo único do art. 23 da Constituição Federal*, para a cooperação entre a União, os Estados, o Distrito Federal e os Municípios nas ações administrativas decorrentes do exercício da competência comum relativas à proteção das paisagens naturais notáveis, à proteção do meio ambiente, ao combate à poluição em qualquer de suas formas e à preservação das florestas, da fauna e da flora"*;

logo, aplicável às questões tratadas pelo Novo Código Florestal.

É importante o registro dos conceitos normativos fixados no artigo 2º da Lei Complementar, haja vista que eles terão repercussão na prática da legislação florestal.

> *"Art. 2º Para os fins desta Lei Complementar, consideram-se:*
>
> *[...]*
>
> *II – atuação supletiva: ação do ente da Federação que se substitui ao ente federativo originariamente detentor das atribuições, nas hipóteses definidas nesta Lei Complementar;*
>
> *III – atuação subsidiária: ação do ente da Federação que visa a auxiliar no desempenho das atribuições decorrentes das competências comuns, quando solicitado pelo ente federativo originariamente detentor das atribuições definidas nesta Lei Complementar."*

Ações de cooperação em matéria de proteção à Flora		
União	Estados	Municípios
Aprovar o manejo e a supressão de vegetação, de florestas e formações sucessoras em: a) florestas públicas federais, terras devolutas federais ou unidades de conservação instituídas pela União, exceto em APAs; e b) atividades ou empreendimentos licenciados ou autorizados, ambientalmente, pela União;	Aprovar o manejo e a supressão de vegetação, de florestas e formações sucessoras em: a) florestas públicas estaduais ou unidades de conservação do Estado, exceto em Áreas de Proteção Ambiental (APAs); b) imóveis rurais, observadas as atribuições previstas no inciso XV do art. 7º; e c) atividades ou empreendimentos licenciados ou autorizados, ambientalmente, pelo Estado;	Observadas as atribuições dos demais entes federativos previstas nesta Lei Complementar, aprovar: a) a supressão e o manejo de vegetação, de florestas e formações sucessoras em florestas públicas municipais e unidades de conservação instituídas pelo Município, exceto em Áreas de Proteção Ambiental (APAs); e b) a supressão e o manejo de vegetação, de florestas e formações sucessoras em empreendimentos licenciados ou autorizados, ambientalmente, pelo Município.
Elaborar a relação de espécies da fauna e da flora ameaçadas de extinção e de espécies sobre-explotadas no território nacional, mediante laudos e estudos técnico-científicos, fomentando as atividades que conservem essas espécies **in situ**;	Elaborar a relação de espécies da fauna e da flora ameaçadas de extinção no respectivo território, mediante laudos e estudos técnico-científicos, fomentando as atividades que conservem essas espécies **in situ**;	

Controlar a introdução no País de espécies exóticas potencialmente invasoras que possam ameaçar os ecossistemas, **habitats** e espécies nativas;	Controlar a apanha de espécimes da fauna silvestre, ovos e larvas destinadas à implantação de criadouros e à pesquisa científica, ressalvado o disposto no inciso XX do art. 7º;	
Aprovar a liberação de exemplares de espécie exótica da fauna e da flora em ecossistemas naturais frágeis ou protegidos;		
Controlar a exportação de componentes da biodiversidade brasileira na forma de espécimes silvestres da flora, micro-organismos e da fauna, partes ou produtos deles derivados.		

Determina o artigo 11 da Lei Complementar que: "A lei poderá estabelecer regras próprias para atribuições relativas à autorização de manejo e supressão de vegetação, considerada a sua caracterização como vegetação primária ou secundária em diferentes estágios de regeneração, assim como a existência de espécies da flora ou da fauna ameaçadas de extinção". Tal será da competência do ente federativo que detenha a atribuição para conceder a autorização. De forma inusitada, determina o artigo 19 da Lei Complementar que: *"O manejo e a supressão de vegetação em situações ou áreas não previstas nesta Lei Complementar dar-se-ão nos termos da legislação em vigor"*.

3 – O EXERCÍCIO DAS COMPETÊNCIAS ESTADUAIS

Com o advento da Constituição de 1988 e o estabelecimento de competências legislativas concorrentes para a matéria florestal, muitos Estados editaram leis florestais estaduais, exercendo plenamente suas competências.[40] Entretanto, outros Estados não possuem legislação florestal própria e tendem a aplicar dire-

---

[40] A título de exemplo: Espírito Santo: Lei nº 5.361, de 30 de dezembro de 1996; Minas Gerais: Lei nº 20.922/2013; Paraná: Lei nº 11.054, de 11 de janeiro de 1995; Rio Grande do Sul: Lei Estadual nº 9.519, de 21 de janeiro de 1992; Santa Catarina: Lei nº 14.675, de 13 de abril de 2009.

tamente a Lei nº 12.651/2012 às questões com elas relacionadas. O resultado concreto da inapetência legislativa é que, em matéria florestal, existe uma ordem jurídica dual constituída por (i) Estados que exercem sua competência legislativa e (ii) Estados que aplicam a norma geral (Lei nº 12.651/2012) como se norma local fosse. Penso que em (ii) existe *omissão legislativa* capaz de afetar a fruição de direitos por parte dos indivíduos e da coletividade, pois a Constituição Federal não autoriza que se tome uma norma geral por norma "suplementar", esta sim da competência dos Estados. Até porque, o § 1º do artigo 24 da Constituição Federal é explícito ao determinar que a competência da união *"limitar-se-á a estabelecer normas gerais"*. E mais: como se pode perceber do próprio Texto Constitucional, as leis estaduais, com natureza suplementar, destinam-se a *"atender a suas peculiaridades"*. Assim, parece evidente que a adoção pura e simples da Lei nº 12.651/2012 pelos Estados que não legislaram sobre o tema não encontra respaldo constitucional, o que pode gerar controvérsias jurídicas complexas em relação à aplicação de sanções, penalidades e outros temas correlatos, sobretudo àqueles relativos a obrigações.

4 – O conteúdo do artigo 1º – A

O artigo 1º – A tem por objetivo dar concretude à norma constitucional que determina a competência da União para elaborar a *Lei Geral* voltada para a proteção das florestas. A lei é mais geral, não se limitando às florestas, mas tutelando, igualmente, as demais formas de vegetação nativa. Osny Duarte Pereira já havia apontado que a abrangência da proteção jurídica da vegetação deve ser mais ampla do que a proteção meramente das florestas:

> *"O legislador mostra com este dispositivo toda a finalidade do Código: regulamentar a exploração vegetal, qualquer que seja a sua forma, de molde a manter os benéficos efeitos da natureza, seja a umidade, seja a temperatura atmosférica, seja a estabilidade nos desníveis do solo, em barrancas e despenhadeiros, seja o húmus necessário à agricultura. A lei visa a floresta, considerada em si mesma, porém a vegetação em qualquer de suas espécies, nas suas relações com as terras que revestem."*

Assim, a lei é uma lei de conservação dos recursos florestais e da vegetação, pois, expressamente, admite a necessidade de harmonia *"com a promoção do desenvolvimento econômico"*. No contexto da norma ora examinada, presume-se que o legislador faça referência ao *desenvolvimento sustentável*. O desenvolvimento sustentável é conceito cujas origens se encontram no chamado Relatório Brundtland, que assim o define:

"Em essência, o desenvolvimento sustentável é um processo de trans-formação no qual a exploração dos recursos, a direção dos investi-mentos, a orientação do desenvolvimento tecnológico e a mudança institucional se harmonizam e reforçam o potencial presente e futuro, a fim de atender às necessidades e aspirações humanas."

Washington Peluso Albino de Souza, ao analisar o tema afirma que:

"O conceito de 'desenvolvimento sustentável' deverá trazer con-tribuições inovadoras ao tratamento jurídico da política econômica da exploração das riquezas naturais."

O desenvolvimento sustentável, no entanto, é um tema em aberto, tantas são as definições que lhe são aplicáveis. Hoje, todos são sustentáveis. Parafraseando Nélson Rodrigues: o sujeito hoje prefere que lhe xinguem a mãe a ser chamado de não sustentável.

4.1 – Os princípios do artigo 1º – A

Existe forte tendência entre as normas de direito ambiental em abrir os textos normativos com declarações de princípios a serem observados e aplicados na prática administrativa e judiciária. Nem sempre os princípios guardam coerência entre si e, da mesma forma, nem sempre se constituem em verdadeiros princí-pios jurídicos. Antes se revestem do caráter de declarações políticas voltadas para determinado público, com vistas a satisfazer e "amaciar" pressões legítimas que se manifestam durante o processo legislativo. Princípios jurídicos, todavia, não são produtos que se possam encontrar em supermercados ou que vicejem em cada esquina. Os princípios servem para o preenchimento de vazios legislativos, dar solução a casos nos quais o ordenamento positivado se encontre diante de uma lacuna. Ocorre que a prodigalização de *princípios positivados*, haja vista a sua pre-sença explícita, dá margem à criação de um sistema jurídico sem coerência interna e consistência. Os "princípios" contidos no artigo, na verdade, não são princípios, antes expressam uma linha de ação a ser adotada pela Administração e alguns, claramente, incoerentes, como é o caso daquele contido no inciso III. Certamente, a produção rural deve ser feita com respeito ao meio ambiente, muito embora e salvo hipóteses muito precisas, a produção rural de larga escala não se faça em florestas, ao contrário, é realizada em áreas desmatadas. Assim, à primeira vista, não se consegue identificar o papel estratégico da produção rural na proteção de florestas ou sua recuperação. Atividade florestal e produção rural não se confun-dem. O que se necessita é o estabelecimento de regras claras para a convivência das atividades, haja vista que ambas são extremamente necessárias para o país.

O inciso I não traduz nenhuma novidade, sendo tradicional em nosso direito desde o Código de 1934. A norma indica a existência de intervencionismo moderado em matéria florestal, assegurando que o poder público desempenhe papel importante na gestão do patrimônio florestal brasileiro, seja ele público ou privado.

Código de 1934	Código de 1965
– Art. 1º As florestas existentes no territorio nacional, consideradas em conjuncto, constituem bem de interesse commum a todos os habitantes, do paiz, exercendo-se os direitos de propriedade com as limitações que as leis em geral, e especialmente este codigo, estabelecem.	– Art. 1º As florestas existentes no território nacional e as demais formas de vegetação, reconhecidas de utilidade às terras que revestem, são bens de interesse comum a todos os habitantes do País, exercendo-se os direitos de propriedade, com as limitações que a legislação em geral e especialmente esta Lei estabelecem.

O inciso II é uma afirmação política perante a comunidade internacional, a qual somente se justificava na Lei ora examinada pela proximidade de sua aprovação com a realização da Conferência Internacional Rio + 20 na cidade do Rio de Janeiro. Ademais, o Brasil adota posição conservacionista e não preservacionista em relação ao seu patrimônio florestal e de sua diversidade biológica, pois se utiliza do sistema de utilização sustentável dos recursos naturais, como padrão, muito embora admita a possibilidade de restrição de uso direto de recursos naturais, quando os valores ambientais assim o justificarem.

O inciso III expressa uma declaração em direção à atividade agrícola, o que demonstra o grau do peso político desempenhado pelo setor agrário, não só na correlação de forças do Congresso Nacional, como base de sustentação da aliança política que governava o país quando da edição da lei, bem como o papel econômico do referido setor. A declaração era absolutamente desnecessária, até mesmo porque contraditória e vazia. Agricultura e florestas, sobretudo a agricultura de larga escala, não costumam ter uma boa convivência, dado que uma precisa de espaço livre para a produção agrícola, necessitando desmatar. O que se necessita é de regras claras que possam estabelecer normas de convivência entre ambas, igualmente, necessárias para a prosperidade nacional. A melhor contribuição que a agricultura pode dar para a proteção das florestas é o aumento de produtividade, a ocupação de áreas degradadas e, consequentemente, a diminuição da abertura de novas frentes agrícolas, assim como a utilização mais racional de fertilizantes e outros produtos químicos. Marcel Mazoyer e Laurence Roudart afirmam que as possibilidades de expansão da agricultura ainda são muito grandes:

> *"Contudo, se existem regiões plenamente exploradas e até mesmo perigosamente superexploradas, é necessário saber que muitas das regiões exploradas são hoje inexploradas ou subexploradas. Segundo a FAO (1995), mais de dois terços das terras exploráveis nos países em desenvolvimento (sem incluir a China) estão inexploráveis. E mesmo que a metade dessas terras seja dificilmente explorável, as possibilidades de extensão da agricultura são, portanto, ainda muito importantes."*

O "princípio" estabelecido pelo inciso IV é uma proclamação para a comunidade internacional no sentido de que o país consagra modelo *"de desenvolvimento ecologicamente sustentável, que concilie o uso produtivo da terra e a contribuição de serviços coletivos das florestas e demais formas de vegetação nativa privadas"*. O "princípio" reafirma o papel da propriedade privada no desenvolvimento das atividades florestais, nelas incluídos os serviços florestais, como expressão da necessidade de reproclamar que o direito de propriedade é direito e não mera função, ou seja, dado o uso produtivo à terra, a propriedade privada deve ser tutelada.

Do conjunto de princípios acima resulta claro que não é razoável que a produção agrícola seja considerada como antagonista da proteção ambiental.

4.1.1 – Integração de políticas

O inciso V afirma a existência de uma ação governamental de proteção e uso sustentável de florestas, coordenada com a Política Nacional do Meio Ambiente, a Política Nacional de Recursos Hídricos, a Política Agrícola, o Sistema Nacional de Unidades de Conservação da Natureza, a Política de Gestão de Florestas Públicas, a Política Nacional sobre Mudança do Clima e a Política Nacional da Biodiversidade. O desejo é que a atividade administrativa seja capaz de coordenar as diferentes políticas ambientais setoriais, de forma a obter os melhores resultados, de forma mais eficiente e menos custosa. A matéria é, evidentemente, relativa à implantação de políticas públicas que deve ser feita de forma coordenada entre os diferentes entes públicos envolvidos na questão. Parece-me que o legislador deveria ter incluído entre as diferentes políticas a serem coordenadas aquela estabelecida pela Lei nº 11.346, de 15 de setembro de 2006, que criou o Sistema Nacional de Segurança Alimentar e Nutricional (SISAN), pois no atual contexto brasileiro, a Lei ora comentada é fundamental para a produção de alimentos e as medidas de políticas públicas e administrativas adotadas não podem deixar de levar em consideração os diferentes aspectos da produção de alimentos. Da mesma forma, não poderia ter sido esquecida a Política Energética Nacional, cujas repercussões ambientais são muito relevantes.

4.1.1.1 – Articulação de políticas

A articulação das diferentes políticas públicas que tenham repercussões ambientais é, infelizmente, uma aspiração distante. Todavia, a leitura atenta do Novo Código Florestal demonstra que são inúmeros os pontos de contato entre a lei e as diferentes políticas, seja direta, seja indiretamente. À primeira vista, pode-se identificar as seguintes normas legais e políticas que são afetadas e que afetam as medidas jurídico-políticas estabelecidas pela Lei nº 12.651/2012, isso apenas em nível federal, pois não se pode negar que também as políticas estaduais e municipais são impactadas pelo Novo Código Florestal.

- Decreto nº 6.703, de 18 de dezembro de 2008 (Estratégia Nacional de Defesa).

- Decreto nº 7.257, de 4 de agosto de 2010 (Sistema Nacional de Defesa Civil).

- Lei nº 6.938, de 31 de agosto de 1981 (Política Nacional do Meio Ambiente).

- Lei nº 7.661, de 16 de maio de 1988 (Plano Nacional de Gerenciamento Costeiro).

- Lei nº 8.987, de 13 de fevereiro de 1995 (Lei de Concessões).

- Lei nº 9.433 de 8 de janeiro de 1997 (Política Nacional de Recursos Hídricos).

- Lei nº 9.478, de 6 de agosto de 1997 (Política Energética).

- Lei nº 9.985, de 18 de julho de 2000 (Sistema Nacional de Unidades de Conservação).

- Lei nº 10.257, de 10 de julho de 2001 (Estatuto das Cidades).

- Lei nº 11.326, de 24 de julho de 2006 (Política Nacional de Agricultura Familiar).

- Lei nº 11.959, de 29 de junho de 2009 (Política de Pesca).

- Lei nº 11.977, de 7 de julho de 2009 (Programa Minha Casa, Minha Vida).

- Lei nº 12.187, de 29 de dezembro de 2010 (Política Nacional de Mudanças Climáticas).

- Lei nº 11.284, de 2 de março de 2006 (Lei de Concessão Florestal).

Todas as políticas já apresentadas, de uma forma ou de outra, devem ser consideradas quando da aplicação do Novo Código Florestal.

4.1.1.2 – Demais princípios

O inciso VI é a expressão política das normas de competência em matéria de proteção das florestas e demais formas de vegetação, reafirmando a responsabilidade comum de União, Estados, Distrito Federal e Municípios, em colaboração com a sociedade civil, na criação de políticas para a preservação e restauração da vegetação nativa e de suas funções ecológicas e sociais nas áreas urbanas e rurais. Vale observar que o conceito de *sociedade civil* é impreciso e não tem qualquer definição normativa, sendo uma vulgarização do conceito gramsciano, apropriado acriticamente pelo legislador.

Os incisos VII e VIII indicam o compromisso do Estado com a implantação de políticas públicas capazes de servir de fomento à inovação para o uso sustentável, a recuperação e a preservação das florestas e demais formas de vegetação nativa; e criação e mobilização de incentivos jurídicos e econômicos para fomentar a preservação e a recuperação da vegetação nativa, e para promover o desenvolvimento de atividades produtivas sustentáveis. Mais uma vez, o legislador se utiliza do conceito de preservação em lugar do conceito de conservação. É uma medida política cujo objetivo é proclamar um nível de restrição máxima, quando na verdade a essência de nossa legislação ambiental é conservacionista, o mesmo ocorrendo com a Lei nº 12.651/2012, como se observa do conjunto de suas disposições.

Art. 2º As florestas existentes no território nacional e as demais formas de vegetação nativa, reconhecidas de utilidade às terras que revestem, são bens de interesse comum a todos os habitantes do País, exercendo-se os direitos de propriedade com as limitações que a legislação em geral e especialmente esta Lei estabelecem.

§ 1º Na utilização e exploração da vegetação, as ações ou omissões contrárias às disposições desta Lei são consideradas uso irregular da propriedade, aplicando-se o procedimento sumário previsto no inciso II do art. 275 da Lei nº 5.869, de 11 de janeiro de 1973 – Código de Processo Civil, sem prejuízo da responsabilidade civil, nos termos do § 1º do art. 14 da Lei nº 6.938, de 31 de agosto de 1981, e das sanções administrativas, civis e penais.

§ 2º As obrigações previstas nesta Lei têm natureza real e são transmitidas ao sucessor, de qualquer natureza, no caso de transferência de domínio ou posse do imóvel rural.

1 – Natureza Jurídica e conceito de floresta

O *caput* do artigo 2º, com algumas variações, corresponde a norma já tradicional no Direito Brasileiro, vez que o *Código Florestal de 1934*, aprovado pelo Decreto nº 23.793, de 23 de janeiro de 1934, assim dispunha em seu artigo 1º:

> "Art. 1º As florestas existentes no territorio nacional, consideradas em conjuncto, constituem bem de interesse commum a todos os habitantes, do paiz, exercendo-se os direitos de propriedade com as limitações que as leis em geral, e especialmente este codigo, estabelecem."

No mesmo sentido eram as disposições contidas no artigo 1º, *caput*, da revogada Lei nº 4.771, de 15 de setembro de 1965:

> *"Art. 1º As florestas existentes no território nacional e as demais formas de vegetação, reconhecidas de utilidade às terras que revestem, são bens de interesse comum a todos os habitantes do País, exercendo-se os direitos de propriedade, com as limitações que a legislação em geral e especialmente esta Lei estabelecem."*

Muito embora a essência do artigo corresponda a tema já existente no direito anterior, faz-se necessário observar a existência de sutil modificação que merece ser anotada.

Âmbito de proteção		
Código 1934	Código 1965	Lei nº 12.651/2012
Art. 1º As florestas existentes no territorio nacional, consideradas em conjuncto, constituem bem de interesse commum a todos os habitantes, do paiz, exercendo-se os direitos de propriedade com as limitações que as leis em geral, e especialmente este codigo, estabelecem.	Art. 1º As florestas existentes no território nacional e as demais formas de vegetação, reconhecidas de utilidade às terras que revestem, são bens de interesse comum a todos os habitantes do País, exercendo-se os direitos de propriedade, com as limitações que a legislação em geral e especialmente esta Lei estabelecem.	Art. 2º As florestas existentes no território nacional e as demais formas de vegetação nativa, reconhecidas de utilidade às terras que revestem, são bens de interesse comum a todos os habitantes do País, exercendo-se os direitos de propriedade com as limitações que a legislação em geral e especialmente esta Lei estabelecem.

O Código de 1934 somente atribuía proteção às florestas, não fazendo qualquer menção às demais formas de vegetação e, tampouco, considerava as florestas como de interesse para as terras por elas revestidas. O Código de 1965 ampliou o âmbito da proteção ao incluir sob o seu manto as "demais formas de vegetação", consideradas de utilidade para as terras que revestem. Em ambos os dispositivos não havia qualquer referência ao fato de que as florestas ou as demais formas de vegetação necessitassem ser "nativas", sendo lícito se entender que qualquer floresta ou forma de vegetação estivessem sob a proteção dos códigos. Já a Lei nº 12.605/2012 introduziu o conceito de "demais formas de vegetação nativa", estabelecendo uma dúvida: a proteção destina-se apenas às florestas e demais formas de vegetação nativas ou as florestas não nativas (plantadas) estão incluídas no âmbito de proteção? A Lei nº 9.605/1998,[41, 42] no entanto, demonstra que a tutela penal se estende até as florestas plantadas e não nativas, motivo pelo qual há que se compreender que a Lei nº 12.651/2012 deve ter o mesmo campo de incidência. Penso que a melhor interpretação é a que segue a tradição legal e estende a proteção a todas as florestas nativas ou não e se limita a proteger "as demais formas de vegetação nativa", não se aplicando à vegetação exótica. Contudo, não se pode deixar de registrar a perplexidade quanto à existência de tutela penal[43] e administrativa[44] para plantas ornamentais, as quais poderão ser exóticas e que existem várias menções na Lei nº 9.605/1998 a demais formas de vegetação, sem a ressalva de que a vegetação deve ser nativa, como se verá adiante.

O artigo estabelece tutela para (i) as florestas e demais formas de vegetação existentes no território nacional que sejam consideradas de *utilidade para as terras que revestem*. Tais bens (ii) são tidos como de interesse comum a todos os habitantes do país e os (iii) direitos de propriedade sobre eles são exercidos de *acordo com as limitações legais genéricas e as do próprio Código*. As limitações genéricas aos direitos de propriedade florestal ou rural são aquelas contempla-

---

[41]   Art. 50-A. Desmatar, explorar economicamente ou degradar floresta, plantada ou nativa, em terras de domínio público ou devolutas, sem autorização do órgão competente: Pena – reclusão de 2 (dois) a 4 (quatro) anos e multa. § 1º Não é crime a conduta praticada quando necessária à subsistência imediata pessoal do agente ou de sua família. § 2º Se a área explorada for superior a 1.000 ha (mil hectares), a pena será aumentada de 1 (um) ano por milhar de hectare.

[42]   Art. 50. Destruir ou danificar florestas nativas ou plantadas ou vegetação fixadora de dunas, protetora de mangues, objeto de especial preservação: Pena – detenção, de três meses a um ano, e multa.

[43]   Lei nº 9.605/1998: Art. 49. Destruir, danificar, lesar ou maltratar, por qualquer modo ou meio, plantas de ornamentação de logradouros públicos ou em propriedade privada alheia: Pena – detenção, de três meses a um ano, ou multa, ou ambas as penas cumulativamente. Parágrafo único. No crime culposo, a pena é de um a seis meses, ou multa.

[44]   Decreto nº 6.514/2008: Art. 56. Destruir, danificar, lesar ou maltratar, por qualquer modo ou meio, plantas de ornamentação de logradouros públicos ou em propriedade privada alheia: Multa de R$ 100,00 (cem reais) a R$ 1.000,00 (mil reais) por unidade ou metro quadrado.

das, por exemplo, na Lei da Mata Atlântica, no Código Civil ou na Lei do Sistema Nacional de Unidades de Conservação, por exemplo.

Leitura do conjunto das disposições constantes do artigo 2º nos indica que os bens jurídicos protegidos são (i) as florestas e (ii) demais formas de vegetação nativa, (iii) as terras revestidas por florestas. Porém, o conjunto da Lei demonstra que ainda estão sob proteção legal diversos outros bens jurídicos, tais como: (i) os recursos hídricos, e (ii) a fauna. Assim, a abrangência da lei é muito ampla.

Inicialmente é importante consignar que a Lei de Proteção a Vegetação Nativa (doravante Novo Código Florestal) não definiu o conceito de floresta, muito embora estabeleça em seu artigo 4º um amplo *conceito de florestas de preservação permanente* para os efeitos de sua aplicação, bem como estabeleça em seu artigo 6º a possibilidade de que o Chefe do Executivo possa declarar outras áreas como de preservação permanente, uma vez atendidos certos requisitos legais que serão vistos mais adiante. Já em relação ao Código de 1934, Osny Duarte Pereira se mostrava crítico ante a inexistência de uma definição legal para floresta:

> *"Mas, ainda que se pretenda dar um caráter amplo ao conceito de floresta, esta não se confunde com outras vegetações, como os grama- dos das pastagens, impondo-se a diferenciação, porque, em diferentes passos da lei, existem disposições diferentemente dirigidas, às flores- tas, no seu caráter de matas e bosques. Qualquer confusão tecno- lógica, neste sentido, poderia gerar erros graves de hermenêutica."*

O Novo Código Florestal, em seu artigo 3º apresenta inúmeras definições normativas que servirão de base conceitual para a sua aplicação; contudo, não consta do rol de tais definições normativas a definição de floresta, repita-se. Não se desconhece que uma definição precisa de floresta é bastante complexa, ante a enorme variedade de realidades ambientais que podem ser incluídas no con- ceito. Todavia, parcela significativa das complicações para a aplicação do Novo Código Florestal seria reduzida com a utilização de definições mais precisas e a adoção de um ou de vários conceitos de floresta que estivessem normativamente previstos. É importante assinalar, no entanto, que o direito brasileiro já possuiu conceito normativo de floresta, conforme fora estabelecido pelo artigo 2º do Decreto nº 4.421, de 28 de dezembro de 1921:

> *"Art. 2º Para os efeitos desta lei serão considerados florestas não só as áreas actualmente cobertas de vegetação de alto e médio porte, como tambem aquellas em que se pretenda desenvolver essa vege- tação, para defesa de salubridade e augmento da riqueza publica."*

O primeiro passo para compreender o campo de incidência da aplicabilidade do Novo Código Florestal passa, necessariamente, por uma definição operacional do conceito de *floresta*. A definição constante dos dicionários é suficiente para nos permitir avançar na matéria. O conhecido *Dicionário Aurélio Eletrônico*[45] define *floresta* da seguinte maneira:

> *"floresta [Do fr. ant. forest, atual forêt, com infl. de flor.] Substantivo feminino. 1. Formação arbórea densa, na qual, ger., as copas se tocam; mata. 2. Fig. Grande quantidade de coisas muito juntas; aglomerado, conglomerado; mata: 'O rio era um lençol de barcos e bandeiras, uma floresta de mastros' (Oliveira Martins, Portugal Contemporâneo, I, p. 83). 3. Fig. Confusão, labirinto, dédalo: uma floresta de enganos. 4. Ecol. Ecossistema terrestre organizado em estratos superpostos (o musgoso, o herbáceo, o arbustivo e o arborescente), o que permite a utilização máxima da energia solar e a maior diversificação dos nichos ecológicos."*

Há consenso forte entre os estudiosos do tema no sentido de que definir floresta em termos técnicos não é trivial. A divergência conceitual se justifica em função da enorme variabilidade arbórea e das formas pelas quais as árvores podem estar agrupadas.

Não é demais repetir que o Novo Código Florestal não define o conceito jurídico de floresta. Averbe-se, contudo, que tal fato não tem impedido que a legislação florestal seja aplicada diariamente. Existem conceitos que, embora não legais, têm obtido ampla aceitação internacional, como são os utilizados pela União Internacional para a Conservação da Natureza (UICN), segundo os quais as florestas podem ser:

Florestas

Naturais	Modificadas	Plantadas
As árvores jamais foram cortadas ou não foram abatidas durante os últimos 250 anos.	As árvores têm sido abatidas nos últimos 250 anos para a obtenção de madeira ou para o cultivo migratório e que retêm a cobertura de árvores ou arbustos nativos.	Todas ou a maioria das árvores (51% ou mais da biomassa da madeira) foram plantadas ou semeadas.

---

[45] *Dicionário Aurélio Eletrônico.*

A Lei da Mata Atlântica estabeleceu o conceito normativo de bioma mata atlântica, que é o seguinte:

> *"formações florestais nativas e ecossistemas associados, com as respectivas delimitações estabelecidas em mapa do Instituto Brasileiro de Geografia e Estatística – IBGE, conforme regulamento: Floresta Ombrófila Densa; Floresta Ombrófila Mista, também denominada de Mata de Araucárias; Floresta Ombrófila Aberta; Floresta Estacional Semidecidual; e Floresta Estacional Decidual, bem como os manguezais, as vegetações de restingas, campos de altitude, brejos interioranos e encraves florestais do Nordeste"*.[46]

É importante observar que a Lei da Mata Atlântica somente é aplicável para os *"remanescentes de vegetação nativa no estágio primário e nos estágios secundário inicial, médio e avançado de regeneração de abrangência definida no* caput *deste artigo terão seu uso e conservação regulados por esta Lei"*,[47] não se destinando a toda vegetação.

O notável Osny Duarte Pereira,[48] relembrando a definição de Guyot, afirma:

> *"É um imóvel plantado de árvores, onde a madeira (material lenhoso ou outras substâncias tiradas da árvore, tais como resinas e casca) constitui a produção principal."*

Embora não se possa afirmar que a produção principal de toda e qualquer floresta seja a de madeira, a definição que acaba de ser apresentada tem uma grande importância, na medida em que destaca o papel econômico desempenhado pela floresta. Esse é um aspecto fundamental, pois somente através de uma adequada compreensão das funções econômicas desempenhadas pelas florestas é que, efetivamente, assegura-se a sua conservação. O manejo sustentado das florestas é, sem dúvida alguma, um dos principais objetivos de toda a legislação de proteção florestal. É preciso que se tenha claro que o atual nível de desenvolvimento tecnológico não possibilita o encerramento das atividades madeireiras. A utilização econômica das florestas é, ainda, uma das atividades econômicas que não podem ser dispensadas.

Os três conceitos apresentados acima, por serem mais precisos, permitem que se possa ter um maior grau de segurança jurídica no trato com as diversas

---

46   Artigo 2º.

47   Parágrafo único, artigo 2º.

48   Op. cit., p. 148.

questões florestais. Na literatura jurídica brasileira, Hely Lopes Meirelles[49] foi um dos autores que primeiro perquiriram um conceito próprio de floresta. Para ele, floresta é "*a forma de vegetação, natural ou plantada, constituída por um grande número de árvores, com o mínimo espaçamento entre si*". Sérgio de Andréa Ferreira[50] também definiu floresta como:

> "A floresta é propriamente uma das espécies das paisagens botânicas (conjunto de vegetais com individualização), sob a modalidade de formação vegetal (pois que sua individualização é dada pelas características biológicas; Aroldo de Azevedo, Geografia Física...). A floresta é a formação florística natural (revestimento vegetal originário de certa área) em que há a predominância de árvores, e se distingue das demais formações de flora que são as savanas, as estepes, os desertos e os alagadiços.

> Poder-se-ia cogitar das repercussões constitucionais do conceito de floresta, que é o termo que tem sido empregado pelas Constituições. A legislação ordinária se tem, porém, estendido às outras formações florísticas, às outras 'formas de vegetação, reconhecidas de utilidade pública às terras que revestem', sem que se tenha levantado a inconstitucionalidade das disposições ampliativas."

O Direito comparado, tal qual o Direito brasileiro, não fornece muitas definições normativas de floresta, embora sejam inúmeras as leis voltadas para o tema. Um bom exemplo do que vem de ser dito é a legislação florestal federal norte-americana,[51] que, embora extensa, não define o conceito jurídico de floresta. Michel Prieur,[52] preocupado com o problema da definição jurídica de florestas, afirma: "*Aucune définition juridique de la forêt ne peut être donne*" (nenhuma definição jurídica de floresta pode ser dada). Portanto, o Direito deverá socorrer-se com os conceitos originários da biologia, da ecologia, da agronomia e de tantas quantas sejam as ciências voltadas para o estudo das florestas. Qualquer procedimento diferente tornaria absolutamente impossível a aplicação da legislação florestal. Há que se fazer uma *jurisdicização* de conceitos científicos. Evidentemente que as ciências dedicadas ao estudo das florestas não podem trabalhar com uma definição *genérica* de floresta. Ao contrário, cada uma das diferentes modalidades de floresta terá sua própria definição. O Cerrado não será definido nos mesmos

---

[49]   MEIRELES, Hely Lopes. *Direito administrativo brasileiro*. 18. ed. São Paulo: Malheiros, 1993. p. 476.

[50]   FERREIRA, Sérgio de Andréa. *O direito de propriedade e as limitações e ingerências administrativas*. São Paulo: Revista dos Tribunais, 1980, p. 99.

[51]   *Environmental law statutes*. St. Paul: West, 1991. p. 184 ss.

[52]   PRIEUR, Michel. *Droit de l'environment*. 2. ed. Paris: Dalloz, 1991. p. 279.

termos em que é definida a Floresta Amazônica, sendo esta diferente da Mata Atlântica. Enfim, o aplicador da lei florestal deverá ter presente qual o tipo de floresta que, no caso concreto, está necessitando de proteção legal.

Não há, portanto, um conceito jurídico genérico que seja capaz de definir as florestas como um todo. Existem, contudo, conceitos jurídicos específicos para cada tipo de floresta concretamente determinado.

1.1 – Florestas públicas

A Lei do Sistema Nacional de Unidades de Conservação estabelece a definição de floresta nacional, afirmando que o conceito também se aplica às florestas de propriedade dos Estados e dos municípios; logo, cuida-se de um conceito mais amplo aplicável a todas as florestas de domínio público, sendo mais adequada a denominação floresta pública.

A floresta nacional [*rectius*: pública] é "uma área com cobertura florestal de espécies predominantemente nativas e tem como objetivo básico o uso múltiplo sustentável dos recursos florestais e a pesquisa científica, com ênfase em métodos para exploração sustentável de florestas nativas". Ela é de posse e domínio públicos, sendo que as áreas particulares incluídas em seus limites devem ser desapropriadas de acordo com o que dispõe a lei. Nelas é admitida a permanência de populações tradicionais que a habitaram quando de sua criação, em conformidade com o disposto em regulamento e no Plano de Manejo da unidade.

A visitação pública é permitida, condicionada às normas estabelecidas para o manejo da unidade pelo órgão responsável por sua administração. No que se refere à pesquisa, é permitida e incentivada, sujeitando-se à prévia autorização do órgão responsável pela administração da unidade, às condições e restrições por este estabelecidas e àquelas previstas em regulamento.

A definição constante da Lei do SNUC deve ser complementada com aquela prevista na Lei nº 11.284, de 2 de março de 2006, que dispõe sobre concessão florestal, *in verbis*: "florestas públicas: florestas, naturais ou plantadas, localizadas nos diversos biomas brasileiros, em bens sob o domínio da União, dos Estados, dos Municípios, do Distrito Federal ou das entidades da administração indireta".

1.2 – Efeitos penais

Uma das mais importantes definições de floresta é a utilizada para fins penais, tendo em vista a existência do artigo 38 da Lei nº 9.605/1998.[53] Para a aplicação da lei penal, floresta é:

> "O elemento normativo "floresta", constante do tipo de injusto do art. 38 da Lei nº 9.605/98, é a formação arbórea densa, de alto porte, que recobre área de terra mais ou menos extensa. O elemento central é o fato de ser constituída por árvores de grande porte. Dessa forma, não abarca a vegetação rasteira." (Ministro Felix Fischer)[54]

1.3 – Demais formas de vegetação (nativa)

Demais formas de vegetação nativa inclui qualquer vegetação cuja origem possa ser identificada como brasileira. Não há necessidade de que a vegetação seja densa.

Para efeitos penais, nem sempre há exigência de que as demais formas de vegetação sejam nativas, como é o caso do crime de fabricação, comercialização, transporte ou soltura de balões que possam causar incêndio florestal.[55] O mesmo se diga em relação a criação de obstáculo para a regeneração natural de vegetação,[56] assim como para a utilização ou comercialização de motosserra sem a respectiva licença.[57]

---

[53] Art. 38. Destruir ou danificar floresta considerada de preservação permanente, mesmo que em formação, ou utilizá-la com infringência das normas de proteção. Pena – detenção, de um a três anos, ou multa, ou ambas as penas cumulativamente. Parágrafo único. Se o crime for culposo, a pena será reduzida à metade.

[54] Superior Tribunal de Justiça. HC 74950/SP. HABEAS CORPUS. 2007/0011007-4. 5ª DJU 10/9/2007. p. 269.

[55] Lei nº 9.605/1998: Art. 42. Fabricar, vender, transportar ou soltar balões que possam provocar incêndios nas florestas e demais formas de vegetação, em áreas urbanas ou qualquer tipo de assentamento humano: Pena – detenção de um a três anos ou multa, ou ambas as penas cumulativamente.

[56] Lei nº 9.605/1998: Art. 48. Impedir ou dificultar a regeneração natural de florestas e demais formas de vegetação: Pena – detenção, de seis meses a um ano, e multa.

[57] Lei nº 9.605/1998: Art. 51. Comercializar motosserra ou utilizá-la em florestas e nas demais formas de vegetação, sem licença ou registro da autoridade competente:
Pena – detenção, de três meses a um ano, e multa.

1.3.1 – Vegetação primária ou secundária (estágio de regeneração)

A importância da proteção da vegetação primária ou secundária é dada pela Lei nº 9.605/1998 que definiu o tipo penal tratado pelo artigo 38-A.[58]

Definições bastante didáticas são aquelas que passo a reproduzir:[59]

> "A floresta primária, também conhecida como floresta clímax ou mata virgem, é a floresta intocada ou aquela em que a ação humana não provocou significativas alterações das suas características originais de estrutura e de espécies.
>
> A Mata Atlântica primária caracteriza-se pela grande diversidade biológica, pela presença de árvores altas e grossas, pelo equilíbrio entre as espécies pioneiras, secundárias e climáticas, pela presença de grande número de bromélias, orquídeas, cactos e outras plantas ornamentais em cima das árvores.
>
> As florestas secundárias são aquelas resultantes de um processo natural de regeneração da vegetação, em áreas onde no passado houve corte raso da floresta primária. Nesses casos, quase sempre as terras foram temporariamente usadas para agricultura ou pastagem e a floresta ressurge espontaneamente após o abandono destas atividades.
>
> Também são consideradas secundárias as florestas muito descaracterizadas por exploração madeireira irracional ou por causas naturais, mesmo que nunca tenha havido corte raso e que ainda ocorram árvores remanescentes da vegetação primária..."

---

[58]   Art. 38-A. Destruir ou danificar vegetação primária ou secundária, em estágio avançado ou médio de regeneração, do Bioma Mata Atlântica, ou utilizá-la com infringência das normas de proteção: Pena – detenção, de 1 (um) a 3 (três) anos, ou multa, ou ambas as penas cumulativamente. Parágrafo único. Se o crime for culposo, a pena será reduzida à metade.

[59]   Disponível em: <http://www.apremavi.org.br/cartilha-planejando/a-floresta-primaria-e-as-florestas-secundarias/>. Acesso em: 18 nov. 2013.

Floresta Primária

Capoeirinha ou estágio inicial de regeneração

Capoeira ou estágio médio de regeneração

"A vegetação em regeneração natural geralmente alcança o estágio médio depois dos seis anos de idade, durante até os 15 anos. Nesse estágio, as árvores atingem altura média de 12 metros e diâmetro de 15 centímetros.

Nas capoeiras a diversidade biológica aumenta, mas ainda há predominância de espécies de árvores pioneiras, como as capororocas, ingás e aroeiras. A presença de capins e samambaias diminui, mas em muitos casos resta grande presença de cipós e taquaras. Nas regiões com altitude inferior a 600 metros do nível do mar os palmiteiros começam a aparecer."

Capoeirão ou estágio avançado de regeneração

"Inicia-se geralmente depois dos 15 anos de regeneração natural da vegetação, podendo levar de 60 a 200 anos para alcançar novamente o estágio semelhante à floresta primária. A diversidade biológica aumenta gradualmente à medida que o tempo passa e desde que existam remanescentes primários para fornecer sementes. A altura média das árvores é superior a 12 metros e o diâmetro médio é superior a 14 centímetros.

Nesse estágio os capins e samambaias de chão não são mais característicos. Começam a emergir espécies de árvores nobres, como canelas, cedros, sapucaias e imbuias. Nas regiões abaixo de 600 metros do nível do mar os palmiteiros aparecem com frequência. Os cipós e taquaras passam a crescer em equilíbrio com as árvores."

A definição acima corresponde, em linhas gerais, às definições estabelecidas pelo Conselho Nacional do Meio Ambiente para o Bioma Mata Atlântica, havendo expedido uma Resolução para cada estado que se encontra na área de incidência do Bioma.[60]

---

[60] Disponível em: <http://www.mma.gov.br/legislacao/biomas/category/27-mata-atlantica>. Acesso em: 18 nov. 2013.

2 – Uso "irregular" da propriedade

O § 1º do artigo apresenta inovação em relação ao direito anterior, com empobrecimento da técnica jurídica. Com efeito, foi definido que as ações e omissões contrárias às disposições da lei ora comentada se caracterizam como "uso irregular da propriedade". A denominação adequada seria "uso nocivo da propriedade", ou "uso anormal da propriedade", que hoje é tema tratado pelos artigos 1.277 e seguintes do Código Civil brasileiro;[61] certamente não se cuida de uma mera reprodução ou adaptação mecânica dos termos do Código Civil, mas uma tentativa de manter uma coerência dentro da ordem jurídica, utilizando--se conceitos que, com as devidas adaptações, já se fazem presentes em nosso ordenamento, evitando-se dificuldades interpretativas.

O mau uso da propriedade ou o seu uso nocivo é o exercício do direito de propriedade em desconformidade com as normas administrativas, civis e de boa convivência, ele dá base ao direito de qualquer particular, bem como do Estado, de buscar judicialmente a sua cessação. Guardadas as necessárias e devidas pro-porções, é válida a observação feita por Hely Lopes Meirelles[62] sobre o conceito de uso normal da propriedade:

> *"O exercício do direito de propriedade [...], só é legítimo e defensável quando normal. Normal em sua destinação, extensão, intensidade e oportunidade aferíveis pelos padrões locais e comuns de utilização do imóvel [...]"*

---

[61]   Do Uso Anormal da Propriedade. Art. 1.277. O proprietário ou o possuidor de um prédio tem o direito de fazer cessar as interferências prejudiciais à segurança, ao sossego e à saúde dos que o habitam, provocadas pela utilização de propriedade vizinha. Parágrafo único. Proíbem-se as interferências considerando-se a natureza da utilização, a localização do prédio, atendidas as normas que distribuem as edificações em zonas, e os limites ordinários de tolerância dos moradores da vizinhança. Art. 1.278. O direito a que se refere o artigo antecedente não prevalece quando as interferências forem justificadas por interesse público, caso em que o proprietário ou o possuidor, causador delas, pagará ao vizinho indenização cabal. Art. 1.279. Ainda que por decisão judicial devam ser toleradas as interferências, poderá o vizinho exigir a sua redução, ou eliminação, quando estas se tornarem possíveis. Art. 1.280. O proprietário ou o possuidor tem direito a exigir do dono do prédio vizinho a demolição, ou a reparação deste, quando ameace ruína, bem como que lhe preste caução pelo dano iminente. Art. 1.281. O proprietário ou o possuidor de um prédio, em que alguém tenha direito de fazer obras, pode, no caso de dano iminente, exigir do autor delas as necessárias garantias contra o prejuízo eventual.

[62]   MEIRELLES, Hely Lopes. *Direito de construir*. 5. ed. São Paulo: Revista dos Tribunais, 1973. p. 15-16.

Assim como no direito anterior, o Novo Código Florestal determinou a incidência do artigo 275, II, do Código de Processo Civil[63] para os julgamentos relativos ao *"uso irregular da propriedade"*. Penso que, no particular, mesmo as ações civis públicas ajuizadas com base na Lei nº 7.347, de 24 de julho de 1985, deverão observar o rito determinado pela lei ora comentada, por força de seu artigo 19,[64] haja vista que, em princípio, não há contrariedade. Averbe-se que, expressamente, o Novo Código Florestal determinou a incidência das normas contidas no artigo 14, § 1º, da Lei da Política Nacional do Meio Ambiente à responsabilidade decorrente dos danos causados aos bens por ele tutelados.

3 – CARÁTER *PROPTER REM* DA OBRIGAÇÃO

O § 2º reconheceu o que já vem sendo sustentado doutrinária e judicialmente, que é o caráter *propter rem* das obrigações relativas à propriedade rural ou florestal, no que se refere à manutenção das Áreas de Preservação Permanente e de Reserva Legal, as quais serão examinadas minuciosamente mais à frente nesta obra. As obrigações *propter rem* se constituem no que Maria Helena Diniz chamou de *"categoria jurídica híbrida"*.[65] A obrigação *propter rem* é um misto de obrigação e de direito real, pois *incide sobre a propriedade*. Veja-se, no entanto, que o Novo Código Florestal determina a incidência da obrigação também sobre a *posse*, que é situação de fato e não se confunde com direito, merecendo proteção específica. A doutrina tende a admitir a incidência das obrigações *propter rem* na detenção, como demonstra o texto abaixo:

> *"A obrigação jurídica* propter rem *passa a existir quando o titular do direito real é obrigado, devido à sua condição, a satisfazer uma prestação. É uma espécie jurídica que fica entre o direito real e o pessoal, considerando os direitos e deveres que emanam do domínio.*

---

[63] **Art. 275.** Observar-se-á o procedimento sumário: I – nas causas cujo valor não exceda a 60 (sessenta) vezes o valor do salário mínimo; II – nas causas, qualquer que seja o valor: **a)** de arrendamento rural e de parceria agrícola; **b)** de cobrança ao condômino de quaisquer quantias devidas ao condomínio; **c)** de ressarcimento por danos em prédio urbano ou rústico; **d)** de ressarcimento por danos causados em acidente de veículo de via terrestre; **e)** de cobrança de seguro, relativamente aos danos causados em acidente de veículo, ressalvados os casos de processo de execução; **f)** de cobrança de honorários dos profissionais liberais, ressalvado o disposto em legislação especial; **g)** que versem sobre revogação de doação; **h)** nos demais casos previstos em lei.

[64] Art. 19. Aplica-se à ação civil pública, prevista nesta Lei, o Código de Processo Civil, aprovado pela Lei nº 5.869, de 11 de janeiro de 1973, naquilo em que não contrarie suas disposições.

[65] DINIZ, Maria Helena. *Curso de direito civil brasileiro*: *teoria geral das obrigações*. São Paulo: Saraiva, 1987. v. 2, p. 10.

Tais obrigações só existem em razão da detenção ou propriedade da coisa."[66]

Art. 3º Para os efeitos desta Lei, entende-se por:[67]

I – Amazônia Legal: os Estados do Acre, Pará, Amazonas, Roraima, Rondônia, Amapá e Mato Grosso e as regiões situadas ao norte do paralelo 13ºS, dos Estados de Tocantins e Goiás, e ao oeste do meridiano de 44º W, do Estado do Maranhão;

---

[66]   DINIZ, Maria Helena. *Curso de direito civil brasileiro*: *teoria geral das obrigações*: São Paulo: Saraiva, 1987. v. 2, p. 10-11.

[67]   Direito anterior: Lei nº 4.771/1965: Art. 1º As florestas existentes no território nacional e as demais formas de vegetação, reconhecidas de utilidade às terras que revestem, são bens de interesse comum a todos os habitantes do País, exercendo-se os direitos de propriedade, com as limitações que a legislação em geral e especialmente esta Lei estabelecem [...] § 2º Para os efeitos deste Código, entende-se por: I – pequena propriedade rural ou posse rural familiar: aquela explorada mediante o trabalho pessoal do proprietário ou posseiro e de sua família, admitida a ajuda eventual de terceiro e cuja renda bruta seja proveniente, no mínimo, em oitenta por cento, de atividade agroflorestal ou do extrativismo, cuja área não supere: a) cento e cinquenta hectares se localizada nos Estados do Acre, Pará, Amazonas, Roraima, Rondônia, Amapá e Mato Grosso e nas regiões situadas ao norte do paralelo 13º S, dos Estados de Tocantins e Goiás, e ao oeste do meridiano de 44º W, do Estado do Maranhão ou no Pantanal mato-grossense ou sul-mato-grossense; b) cinquenta hectares, se localizada no polígono das secas ou a leste do Meridiano de 44º W, do Estado do Maranhão; e c) trinta hectares, se localizada em qualquer outra região do País; II – área de preservação permanente: área protegida nos termos dos arts. 2º e 3º desta Lei, coberta ou não por vegetação nativa, com a função ambiental de preservar os recursos hídricos, a paisagem, a estabilidade geológica, a biodiversidade, o fluxo gênico de fauna e flora, proteger o solo e assegurar o bem-estar das populações humanas; III – Reserva Legal: área localizada no interior de uma propriedade ou posse rural, excetuada a de preservação permanente, necessária ao uso sustentável dos recursos naturais, à conservação e reabilitação dos processos ecológicos, à conservação da biodiversidade e ao abrigo e proteção de fauna e flora nativas; IV – utilidade pública: a) as atividades de segurança nacional e proteção sanitária; b) as obras essenciais de infra-estrutura destinadas aos serviços públicos de transporte, saneamento e energia; e aos serviços de telecomunicações e de radiodifusão; c) demais obras, planos, atividades ou projetos previstos em resolução do Conselho Nacional de Meio Ambiente – CONAMA; V – interesse social: a) as atividades imprescindíveis à proteção da integridade da vegetação nativa, tais como: prevenção, combate e controle do fogo, controle da erosão, erradicação de invasoras e proteção de plantios com espécies nativas, conforme resolução do CONAMA; b) as atividades de manejo agroflorestal sustentável praticadas na pequena propriedade ou posse rural familiar, que não descaracterizem a cobertura vegetal e não prejudiquem a função ambiental da área; e c) demais obras, planos, atividades ou projetos definidos em resolução do CONAMA; VI – Amazônia Legal: os Estados do Acre, Pará, Amazonas, Roraima, Rondônia, Amapá e Mato Grosso e as regiões situadas ao norte do paralelo 13º S, dos Estados de Tocantins e Goiás, e ao oeste do meridiano de 44º W, do Estado do Maranhão.

II – Área de Preservação Permanente – APP: área protegida, coberta ou não por vegetação nativa, com a função ambiental de preservar os recursos hídricos, a paisagem, a estabilidade geológica e a biodiversidade, facilitar o fluxo gênico de fauna e flora, proteger o solo e assegurar o bem-estar das populações humanas;

III – Reserva Legal: área localizada no interior de uma propriedade ou posse rural, delimitada nos termos do art. 12, com a função de assegurar o uso econômico de modo sustentável dos recursos naturais do imóvel rural, auxiliar a conservação e a reabilitação dos processos ecológicos e promover a conservação da biodiversidade, bem como o abrigo e a proteção de fauna silvestre e da flora nativa;

IV – área rural consolidada: área de imóvel rural com ocupação antrópica preexistente a 22 de julho de 2008, com edificações, benfeitorias ou atividades agrossilvipastoris, admitida, neste último caso, a adoção do regime de pousio;

V – pequena propriedade ou posse rural familiar: aquela explorada mediante o trabalho pessoal do agricultor familiar e empreendedor familiar rural, incluindo os assentamentos e projetos de reforma agrária, e que atenda ao disposto no art. 3º da Lei nº 11.326, de 24 de julho de 2006;

VI – uso alternativo do solo: substituição de vegetação nativa e formações sucessoras por outras coberturas do solo, como atividades agropecuárias, industriais, de geração e transmissão de energia, de mineração e de transporte, assentamentos urbanos ou outras formas de ocupação humana;

VII – manejo sustentável: administração da vegetação natural para a obtenção de benefícios econômicos, sociais e ambientais, respeitando-se os mecanismos de sustentação do ecossistema objeto do manejo e considerando-se, cumulativa ou alternativamente, a utilização de múltiplas espécies madeireiras ou não, de múltiplos produtos e subprodutos da flora, bem como a utilização de outros bens e serviços;

VIII – utilidade pública:

a) as atividades de segurança nacional e proteção sanitária;

b) as obras de infraestrutura destinadas às concessões e aos serviços públicos de transporte, sistema viário, inclusive aquele necessário aos parcelamentos de solo urbano aprovados pelos Municípios, saneamento, gestão de resíduos, energia, telecomunicações, radiodifusão, instalações necessárias à realização de competições esportivas estaduais, nacionais ou internacionais, bem como mineração, exceto, neste último caso, a extração de areia, argila, saibro e cascalho;

c) atividades e obras de defesa civil;

d) atividades que comprovadamente proporcionem melhorias na proteção das funções ambientais referidas no inciso II deste artigo;

e) outras atividades similares devidamente caracterizadas e motivadas em procedimento administrativo próprio, quando inexistir alternativa técnica e locacional ao empreendimento proposto, definidas em ato do Chefe do Poder Executivo federal;

IX – interesse social:

a) as atividades imprescindíveis à proteção da integridade da vegetação nativa, tais como prevenção, combate e controle do fogo, controle da erosão, erradicação de invasoras e proteção de plantios com espécies nativas;

b) a exploração agroflorestal sustentável praticada na pequena propriedade ou posse rural familiar ou por povos e comunidades tradicionais, desde que não descaracterize a cobertura vegetal existente e não prejudique a função ambiental da área;

c) a implantação de infraestrutura pública destinada a esportes, lazer e atividades educacionais e culturais ao ar livre em áreas urbanas e rurais consolidadas, observadas as condições estabelecidas nesta Lei;

d) a regularização fundiária de assentamentos humanos ocupados predominantemente por população de baixa renda em áreas urbanas consolidadas, observadas as condições estabelecidas na Lei nº 11.977, de 7 de julho de 2009;

e) implantação de instalações necessárias à captação e condução de água e de efluentes tratados para projetos cujos recursos hídricos são partes integrantes e essenciais da atividade;

f) as atividades de pesquisa e extração de areia, argila, saibro e cascalho, outorgadas pela autoridade competente;

g) outras atividades similares devidamente caracterizadas e motivadas em procedimento administrativo próprio, quando inexistir alternativa técnica e locacional à atividade proposta, definidas em ato do Chefe do Poder Executivo federal;

X – atividades eventuais ou de baixo impacto ambiental:

a) abertura de pequenas vias de acesso interno e suas pontes e pontilhões, quando necessárias à travessia de um curso d'água, ao acesso de pessoas e animais para a obtenção de água ou à retirada de produtos oriundos das atividades de manejo agroflorestal sustentável;

b) implantação de instalações necessárias à captação e condução de água e efluentes tratados, desde que comprovada a outorga do direito de uso da água, quando couber;

c) implantação de trilhas para o desenvolvimento do ecoturismo;

d) construção de rampa de lançamento de barcos e pequeno ancoradouro;

e) construção de moradia de agricultores familiares, remanescentes de comunidades quilombolas e outras populações extrativistas e tradicionais em áreas rurais, onde o abastecimento de água se dê pelo esforço próprio dos moradores;

f) construção e manutenção de cercas na propriedade;

g) pesquisa científica relativa a recursos ambientais, respeitados outros requisitos previstos na legislação aplicável;

h) coleta de produtos não madeireiros para fins de subsistência e produção de mudas, como sementes, castanhas e frutos, respeitada a legislação específica de acesso a recursos genéticos;

i) plantio de espécies nativas produtoras de frutos, sementes, castanhas e outros produtos vegetais, desde que não implique supressão da vegetação existente nem prejudique a função ambiental da área;

j) exploração agroflorestal e manejo florestal sustentável, comunitário e familiar, incluindo a extração de produtos florestais não madeireiros, desde que não descaracterizem a cobertura vegetal nativa existente nem prejudiquem a função ambiental da área;

k) outras ações ou atividades similares, reconhecidas como eventuais e de baixo impacto ambiental em ato do Conselho Nacional do Meio Ambiente – CONAMA ou dos Conselhos Estaduais de Meio Ambiente;

XI – (VETADO);[68]

---

[68] XII – vereda: fitofisionomia de savana, encontrada em solos hidromórficos, usualmente com a palmeira arbórea Mauritia flexuosa – buriti emergente, sem formar dossel, em meio a agrupamentos de espécies arbustivo-herbáceas;

XII – vereda: fitofisionomia de savana, encontrada em solos hidromórficos, usualmente com palmáceas, sem formar dossel, em meio a agrupamentos de espécies arbustivo-herbáceas; (Redação dada pela Medida Provisória
n⁰ 571, de 2012).

Lei n⁰ 12.651 (MP n⁰ 571/2012)	Lei n⁰ 12.727/2012
XII – vereda: fitofisionomia de savana, encontrada em solos hidromórficos, usualmente com palmáceas, sem formar dossel, em meio a agrupamentos de espécies arbustivo-herbáceas;	XII – vereda: fitofisionomia de savana, encontrada em solos hidromórficos, usualmente com a palmeira arbórea Mauritia flexuosa – buriti emergente, sem formar dossel, em meio a agrupamentos de espécies arbustivo-herbáceas;

XIII – manguezal: ecossistema litorâneo que ocorre em terrenos baixos,
sujeitos à ação das marés, formado por vasas lodosas recentes ou arenosas, às quais se associa, predominantemente, a vegetação natural conhecida
como mangue, com influência fluviomarinha, típica de solos limosos de
regiões estuarinas e com dispersão descontínua ao longo da costa brasileira,
entre os Estados do Amapá e de Santa Catarina;

XIV – salgado ou marismas tropicais hipersalinos: áreas situadas em
regiões com frequências de inundações intermediárias entre marés de sizígias e de quadratura, com solos cuja salinidade varia entre 100 (cem) e 150
(cento e cinquenta) partes por 1.000 (mil), onde pode ocorrer a presença de
vegetação herbácea específica;

XV – apicum: áreas de solos hipersalinos situadas nas regiões entremarés superiores, inundadas apenas pelas marés de sizígias, que apresentam
salinidade superior a 150 (cento e cinquenta) partes por 1.000 (mil), desprovidas de vegetação vascular;

XVI – restinga: depósito arenoso paralelo à linha da costa, de forma
geralmente alongada, produzido por processos de sedimentação, onde se
encontram diferentes comunidades que recebem influência marinha, com
cobertura vegetal em mosaico, encontrada em praias, cordões arenosos,
dunas e depressões, apresentando, de acordo com o estágio sucessional,
estrato herbáceo, arbustivo e arbóreo, este último mais interiorizado;[69]

---

[69]   Para estudo completo sobre "restinga", ver: SOUZA, Célia Regina de Gouveia et al. "*Restinga*":
conceitos e empregos do termo no Brasil e implicações na legislação ambiental. São Paulo: Instituto
Geológico, 2008. passim.

XVII – nascente: afloramento natural do lençol freático que apresenta perenidade e dá início a um curso d'água;

XVIII – olho d'água: afloramento natural do lençol freático, mesmo que intermitente;

XIX – leito regular: a calha por onde correm regularmente as águas do curso d'água durante o ano;

XX – área verde urbana: espaços, públicos ou privados, com predomínio de vegetação, preferencialmente nativa, natural ou recuperada, previstos no Plano Diretor, nas Leis de Zoneamento Urbano e Uso do Solo do Município, indisponíveis para construção de moradias, destinados aos propósitos de recreação, lazer, melhoria da qualidade ambiental urbana, proteção dos recursos hídricos, manutenção ou melhoria paisagística, proteção de bens e manifestações culturais;

XXI – várzea de inundação ou planície de inundação: áreas marginais a cursos d'água sujeitas a enchentes e inundações periódicas;

XXII – faixa de passagem de inundação: área de várzea ou planície de inundação adjacente a cursos d'água que permite o escoamento da enchente;

XXIII – relevo ondulado: expressão geomorfológica usada para designar área caracterizada por movimentações do terreno que geram depressões, cuja intensidade permite sua classificação como relevo suave ondulado, ondulado, fortemente ondulado e montanhoso.

XXIV – pousio: prática de interrupção de atividades ou usos agrícolas, pecuários ou silviculturais, por no máximo 5 (cinco) anos, em até 25% (vinte e cinco por cento) da área produtiva da propriedade ou posse, para possibilitar a recuperação da capacidade de uso ou da estrutura física do solo; (Incluído pela Medida Provisória nº 571, de 2012).

XXV – área abandonada, subutilizada ou utilizada de forma inadequada: área não efetivamente utilizada, nos termos dos §§ 3º e 4º do art. 6º da Lei nº 8.629, de 25 de fevereiro de 1993, ou que não atenda aos índices previstos no referido artigo, ressalvadas as áreas em pousio; (Incluído pela Medida Provisória nº 571, de 2012).

XXVI – áreas úmidas: pantanais e superfícies terrestres cobertas de forma periódica por águas, cobertas originalmente por florestas ou outras formas de vegetação adaptadas à inundação; e (Incluído pela Medida Provisória nº 571, de 2012).

XXVII – área urbana consolidada: aquela de que trata o inciso II do *caput* do art. 47 da Lei nº 11.977, de 7 de julho de 2009. (Incluído pela Medida Provisória nº 571, de 2012).

Lei nº 12.651 (MP nº 517/2012)	Lei nº 12.727/2012
XXIV – pousio: prática de interrupção de atividades ou usos agrícolas, pecuários ou silviculturais, por no máximo 5 (cinco) anos, em até 25% (vinte e cinco por cento) da área produtiva da propriedade ou posse, para possibilitar a recuperação da capacidade de uso ou da estrutura física do solo;	XXIV – pousio: prática de interrupção temporária de atividades ou usos agrícolas, pecuários ou silviculturais, por no máximo 5 (cinco) anos, para possibilitar a recuperação da capacidade de uso ou da estrutura física do solo;
XXV – área abandonada, subutilizada ou utilizada de forma inadequada: área não efetivamente utilizada, nos termos dos §§ 3º e 4º do art. 6º da Lei nº 8.629, de 25 de fevereiro de 1993, ou que não atenda aos índices previstos no referido artigo, ressalvadas as áreas em pousio;	XXV – áreas úmidas: pantanais e superfícies terrestres cobertas de forma periódica por águas, cobertas originalmente por florestas ou outras formas de vegetação adaptadas à inundação;
XXVI – áreas úmidas: pantanais e superfícies terrestres cobertas de forma periódica por águas, cobertas originalmente por florestas ou outras formas de vegetação adaptadas à inundação; e	XXVI – área urbana consolidada: aquela de que trata o inciso II do *caput* do art. 47 da Lei nº 11.977, de 7 de julho de 2009;
XXVII – área urbana consolidada: aquela de que trata o inciso II do *caput* do art. 47 da Lei nº 11.977, de 7 de julho de 2009.	

Parágrafo único. Para os fins desta Lei, estende-se o tratamento dispensado aos imóveis a que se refere o inciso V deste artigo às propriedades e posses rurais com até 4 (quatro) módulos fiscais que desenvolvam atividades agrossilvipastoris, bem como às terras indígenas demarcadas e às demais áreas tituladas de povos e comunidades tradicionais que façam uso coletivo do seu território.

O artigo estabelece uma lista de conceitos normativos que deverão ser utilizados pelo aplicador da lei, como forma de diminuir as compreensões divergentes dos institutos legalmente definidos. Os conceitos listados no artigo, na medida do possível, devem se aproximar dos conceitos científicos aceitos pela maioria da comunidade científica, haja vista que grande parte da matéria tratada no Novo Código Florestal tem importante conteúdo científico. Os incisos que estabelecem as definições devem ser aplicados em toda e qualquer situação que envolva a interpretação da lei ora comentada. As definições devem ser aplicadas preferencialmente em relação a qualquer outra que possa existir, salvo se do caso concreto resultar evidente outro significado.

1 – ALTERAÇÕES CONCEITUAIS PROMOVIDAS PELA LEI Nº 12.651/2012

O artigo é importantíssimo, pois é ele que permitirá, por exemplo, identificar as hipóteses concretas nas quais será autorizada a supressão de vegetação de preservação permanente. O número de conceitos normativos foi grandemente ampliado com a mudança do Código Florestal de 1965 para o novo Código Florestal, sendo certo que alguns conceitos foram mantidos, muito embora tenha havido um inexplicável, ou explicável, alargamento das possibilidades de supressão de vegetação de preservação permanente por diversos motivos.

Passo a apresentar alguns quadros com conceitos existentes na antiga e na atual lei.

Reserva Legal

Novo Código Florestal	Código de 1965
Reserva Legal: área localizada no interior de uma propriedade ou posse rural, delimitada nos termos do art. 12, com a função de assegurar o uso econômico de modo sustentável dos recursos naturais do imóvel rural, auxiliar a conservação e a reabilitação dos processos ecológicos e promover a conservação da biodiversidade, bem como o abrigo e a proteção de fauna silvestre e da flora nativa;	**Reserva Legal**: área localizada no interior de uma propriedade ou posse rural, **excetuada** a de preservação permanente, necessária ao uso sustentável dos recursos naturais, à conservação e reabilitação dos processos ecológicos, à conservação da biodiversidade e ao abrigo e proteção de fauna e flora nativas;

Igualmente, o conceito de *pequena propriedade rural* foi modificado, havendo uma remissão expressa à Lei nº 11.526, de 24 de junho de 2006. O antigo conceito, mais detalhista, previa diferentes tamanhos de propriedade familiar, matéria que, de fato, não devia estar contemplada em um Código Florestal, haja vista que possui outra índole.

Novo Código Florestal	Código de 1965
pequena propriedade ou posse rural familiar: aquela explorada mediante o trabalho pessoal do agricultor familiar e empreendedor familiar rural, incluindo os assentamentos e projetos de reforma agrária, e que atenda ao disposto no art. 3º da Lei nº 11.326, de 24 de julho de 2006;	**pequena propriedade rural ou posse rural familiar**: aquela explorada mediante o trabalho pessoal do proprietário ou posseiro e de sua família, admitida a ajuda eventual de terceiro e cuja renda bruta seja proveniente, no mínimo, em oitenta por cento, de atividade agroflorestal ou do extrativismo, cuja área não supere: a) cento e cinquenta hectares se localizada nos Estados do Acre, Pará, Amazonas, Roraima, Rondônia, Amapá e Mato Grosso e nas regiões situadas ao norte do paralelo 13º S, dos Estados de Tocantins e Goiás, e ao oeste do meridiano de 44º W, do Estado do Maranhão ou no Pantanal mato-grossense ou sul-mato-grossense b) cinquenta hectares, se localizada no polígono das secas ou a leste do Meridiano de 44º W, do Estado do Maranhão; e c) trinta hectares, se localizada em qualquer outra região do País;

As mudanças mais significativas e drásticas ficaram com as definições de utilidade pública e interesse social, as quais foram enormemente ampliadas e, por consequência, permitiram um aumento significativo nas hipóteses autorizadas de supressão de vegetação nativa. Vejamos a comparação das definições de utilidade pública em ambos os diplomas legais:

Novo Código Florestal	Código Florestal de 1965
utilidade pública: a) as atividades de segurança nacional e proteção sanitária; b) as obras de infraestrutura destinadas às concessões e aos serviços públicos de transporte, sistema viário, inclusive aquele necessário aos parcelamentos de solo urbano aprovados pelos Municípios, saneamento, gestão de resíduos, energia, telecomunicações, radiodifusão, instalações necessárias à realização de competições esportivas estaduais, nacionais ou internacionais, bem como mineração, exceto, neste último caso, a extração de areia, argila, saibro e cascalho; c) atividades e obras de defesa civil; d) atividades que comprovadamente proporcionem melhorias na proteção das funções ambientais referidas no inciso II deste artigo; e) outras atividades similares devidamente caracterizadas e motivadas em procedimento administrativo próprio, quando inexistir alternativa técnica e locacional ao empreendimento proposto, definidas em ato do Chefe do Poder Executivo federal.	**utilidade pública**: a) as atividades de segurança nacional e proteção sanitária; b) as obras essenciais de infraestrutura destinadas aos serviços públicos de transporte, saneamento e energia; e b) as obras essenciais de infraestrutura destinadas aos serviços públicos de transporte, saneamento e energia e aos serviços de telecomunicações e de radiodifusão; c) demais obras, planos, atividades ou projetos previstos em resolução do Conselho Nacional de Meio Ambiente – CONAMA.

Houve, como se vê, aumento significativo das hipóteses autorizativas de supressão de vegetação de preservação permanente, ou poder-se-ia dizer a explicitação do que já se encontrava contido na norma revogada, como é o caso das concessões de serviço púbico de infraestrutura.

Há que se observar que, ao nível federal, a utilidade pública, nas hipóteses de inexistência de alternativa locacional ou técnica, foi elevada ao nível da Presidência da República, o que me parece excessivo, haja vista que lança o Chefe do Executivo em meio a polêmicas apaixonadas e que, em muitas vezes, não fazem sentido. As hipóteses de utilidade pública, de certa forma, correspondem a uma necessidade de investimentos em infraestrutura e, se utilizadas de forma minimalista, podem colaborar para a solução de muitos problemas graves. Foi, contudo, na área do chamado interesse social que as modificações foram mais significativas e derrogatórias das medidas de proteção das florestas e demais formas de vegetação, como se verá:

Novo Código Florestal	Código de 1965
Interesse social: a) as atividades imprescindíveis à proteção da integridade da vegetação nativa, tais como prevenção, combate e controle do fogo, controle da erosão, erradicação de invasoras e proteção de plantios com espécies nativas; b) a exploração agroflorestal sustentável praticada na pequena propriedade ou posse rural familiar ou por povos e comunidades tradicionais, desde que não descaracterize a cobertura vegetal existente e não prejudique a função ambiental da área; c) a implantação de infraestrutura pública destinada a esportes, lazer e atividades educacionais e culturais ao ar livre em áreas urbanas e rurais consolidadas, observadas as condições estabelecidas nesta Lei; d) a regularização fundiária de assentamentos humanos ocupados predominantemente por população de baixa renda em áreas urbanas consolidadas, observadas as condições estabelecidas na Lei nº 11.977, de 7 de julho de 2009; e) implantação de instalações necessárias à captação e condução de água e de efluentes tratados para projetos cujos recursos hídricos são partes integrantes e essenciais da atividade; f) as atividades de pesquisa e extração de areia, argila, saibro e cascalho, outorgadas pela autoridade competente; g) outras atividades similares devidamente caracterizadas e motivadas em procedimento administrativo próprio, quando inexistir alternativa técnica e locacional à atividade proposta, definidas em ato do Chefe do Poder Executivo federal; X – atividades eventuais ou de baixo impacto ambiental: a) abertura de pequenas vias de acesso interno e suas pontes e pontilhões, quando necessárias à travessia de um curso d'água, ao acesso de pessoas e animais para a obtenção de água ou à retirada de produtos oriundos das atividades de manejo agroflorestal sustentável;	**interesse social**: a) as atividades imprescindíveis à proteção da integridade da vegetação nativa, tais como: prevenção, combate e controle do fogo, controle da erosão, erradicação de invasoras e proteção de plantios com espécies nativas, conforme resolução do CONAMA; b) as atividades de manejo agroflorestal sustentável praticadas na pequena propriedade ou posse rural familiar, que não descaracterizem a cobertura vegetal e não prejudiquem a função ambiental da área; e c) demais obras, planos, atividades ou projetos definidos em resolução do CONAMA;

b) implantação de instalações necessárias à captação e condução de água e efluentes tratados, desde que comprovada a outorga do direito de uso da água, quando couber; c) implantação de trilhas para o desenvolvimento do ecoturismo; d) construção de rampa de lançamento de barcos e pequeno ancoradouro; e) construção de moradia de agricultores familiares, remanescentes de comunidades quilombolas e outras populações extrativistas e tradicionais em áreas rurais, onde o abastecimento de água se dê pelo esforço próprio dos moradores; f) construção e manutenção de cercas na propriedade; g) pesquisa científica relativa a recursos ambientais, respeitados outros requisitos previstos na legislação aplicável;

h) coleta de produtos não madeireiros para fins de subsistência e produção de mudas, como sementes, castanhas e frutos, respeitada a legislação específica de acesso a recursos genéticos; i) plantio de espécies nativas produtoras de frutos, sementes, castanhas e outros produtos vegetais, desde que não implique supressão da vegetação existente nem prejudique a função ambiental da área; j) exploração agroflorestal e manejo florestal sustentável, comunitário e familiar, incluindo a extração de produtos florestais não madeireiros, desde que não descaracterizem a cobertura vegetal nativa existente nem prejudiquem a função ambiental da área; k) outras ações ou atividades similares, reconhecidas como eventuais e de baixo impacto ambiental em ato do Conselho Nacional do Meio Ambiente – CONAMA ou dos Conselhos Estaduais de Meio Ambiente.

Assim, saiu-se de um conjunto que admitia três hipóteses de declaração de interesse social, ainda que com a possibilidade de que o Conselho Nacional do Meio Ambiente – Conama pudesse abrir exceções mediante resolução, para um conjunto com 12 hipóteses que poderão ser multiplicadas pelo número de Estados da Federação, haja vista que os Conselhos locais de meio ambiente poderão declarar e reconhecer atividades de baixo impacto.

Por força do parágrafo único do artigo, o tratamento dado às pequenas propriedades e posses deverá ser observado para propriedades de até quatro módulos fiscais que desenvolvam atividades agrosilvipastoris, bem como às terras indígenas demarcadas e às demais áreas tituladas de povos e comunidades tradicionais que façam uso coletivo de seu território.

O legislador insistiu nas chamadas delegações legislativas, o que me parece contra o atual sistema constitucional brasileiro.

1.1 – Exercício das competências estaduais

Como está bem evidenciado, a Lei nº 12.651/2012 é uma lei geral e, portanto, os Estados-membros da federação, ao legislarem supletivamente em matéria florestal, poderão estabelecer conceitos jurídicos apropriados para as suas realidades regionais, desde que não impliquem em esvaziamento e negação dos conceitos definidos nacionalmente. É interessante realizar breve cotejo entre o texto da Lei nº 12.651/2012 com o da Lei nº 20.922/2013 do Estado de Minas Gerais:

Lei Federal	Lei de Minas Gerais
Art. 3º Para os efeitos desta Lei, entende-se por:	Art. 2º Para os efeitos desta Lei, entende-se por:
....	I – área rural consolidada – a área de imóvel rural com ocupação antrópica preexistente a 22 de julho de 2008, com edificações, benfeitorias ou atividades agrossilvipastoris, admitida, neste último caso, a adoção do regime de pousio;
IV – área rural consolidada: área de imóvel rural com ocupação antrópica preexistente a 22 de julho de 2008, com edificações, benfeitorias ou atividades agrossilvipastoris, admitida, neste último caso, a adoção do regime de pousio;	
V – pequena propriedade ou posse rural familiar: aquela explorada mediante o trabalho pessoal do agricultor familiar e empreendedor familiar rural, incluindo os assentamentos e projetos de reforma agrária, e que atenda ao disposto no art. 3º da Lei nº 11.326, de 24 de julho de 2006;	II – pousio – a prática de interrupção temporária de atividades ou usos agrícolas, pecuários ou silviculturais, por no máximo cinco anos, para possibilitar a recuperação da capacidade de uso ou da estrutura física do solo; III – ocupação antrópica consolidada em área urbana – o uso alternativo do solo em área de Preservação Permanente

VI – uso alternativo do solo: substituição de vegetação nativa e formações sucessoras por outras coberturas do solo, como atividades agropecuárias, industriais, de geração e transmissão de energia, de mineração e de transporte, assentamentos urbanos ou outras formas de ocupação humana;

VII – manejo sustentável: administração da vegetação natural para a obtenção de benefícios econômicos, sociais e ambientais, respeitando-se os mecanismos de sustentação do ecossistema objeto do manejo e considerando-se, cumulativa ou alternativamente, a utilização de múltiplas espécies madeireiras ou não, de múltiplos produtos e subprodutos da flora, bem como a utilização de outros bens e serviços;

....

XII – vereda: fitofisionomia de savana, encontrada em solos hidromórficos, usualmente com a palmeira arbórea Mauritia flexuosa – buriti emergente, sem formar dossel, em meio a agrupamentos de espécies arbustivo-herbáceas;

XVII – nascente: afloramento natural do lençol freático que apresenta perenidade e dá início a um curso d'água;

XVIII – olho d'água: afloramento natural do lençol freático, mesmo que intermitente;

XIX – leito regular: a calha por onde correm regularmente as águas do curso d'água durante o ano;

....

XXI – várzea de inundação ou planície de inundação: áreas marginais a cursos d'água sujeitas a enchentes e inundações periódicas;

– APP – definido no plano diretor ou projeto de expansão aprovado pelo município e estabelecido até 22 de julho de 2008, por meio de ocupação da área com edificações, benfeitorias ou parcelamento do solo;

IV – pequena propriedade ou posse rural familiar – aquela explorada mediante o trabalho pessoal do agricultor familiar e empreendedor familiar rural, incluindo os assentamentos e projetos de reforma agrária, observado o disposto no art. 3º da Lei Federal nº 11.326, de 24 de julho de 2006;

V – povos e comunidades tradicionais – os grupos culturalmente diferenciados e que se reconhecem como tais, que possuem formas próprias de organização social, que ocupam e usam territórios e recursos naturais como condição para sua reprodução cultural, social, religiosa e econômica, utilizando conhecimentos, inovações e práticas geradas e transmitidas pela tradição;

VI – uso alternativo do solo – a substituição de vegetação nativa e formações sucessoras naturais por outras coberturas do solo, como atividades agrossilvipastoris, industriais, de geração e transmissão de energia, de mineração e de transporte, assentamentos urbanos ou outras formas de ocupação humana;

VII – manejo sustentável – a administração da vegetação natural para a obtenção de benefícios econômicos, sociais e ambientais, respeitando-se os mecanismos de sustentação do ecossistema objeto do manejo e considerando-se, cumulativa ou alternativamente, a utilização de múltiplas espécies madeireiras ou não, de múltiplos produtos e subprodutos da flora, bem como a utilização de outros bens e serviços;

XXII – faixa de passagem de inundação: área de várzea ou planície de inundação adjacente a cursos d'água que permite o escoamento da enchente;

....

XXIV – pousio: prática de interrupção temporária de atividades ou usos agrícolas, pecuários ou silviculturais, por no máximo 5 (cinco) anos, para possibilitar a recuperação da capacidade de uso ou da estrutura física do solo;

XXV – áreas úmidas: pantanais e superfícies terrestres cobertas de forma periódica por águas, cobertas originalmente por florestas ou outras formas de vegetação adaptadas à inundação;

VIII – áreas úmidas – os pantanais e as superfícies terrestres inundadas naturalmente e de forma periódica, cobertas originalmente por florestas ou outras formas de vegetação adaptadas à inundação;

IX – picada – a abertura, conforme especificado em regulamento, utilizada como acesso que permita caminhar ou adentrar em local onde a vegetação impeça a livre circulação de pessoas portando ferramentas ou instrumentos de pequeno porte;

X – sistema agroflorestal – o sistema de uso e ocupação do solo em que plantas lenhosas perenes são manejadas em associação com plantas herbáceas, arbustivas, arbóreas, culturas agrícolas e forrageiras em uma mesma unidade de manejo, de acordo com arranjo espacial e temporal, com alta diversidade de espécies e interações entre esses componentes;

XI – produção de base agroecológica – aquela que busca desenvolver a integração entre capacidade produtiva, uso e conservação da biodiversidade e dos demais recursos naturais, equilíbrio ecológico, eficiência econômica e justiça social, abrangida ou não pelos mecanismos de controle de que trata a Lei Federal nº 10.831, de 23 de dezembro de 2003, e sua regulamentação;

XII – extrativismo – o sistema de exploração baseado na coleta e extração, de modo sustentável, de recursos naturais renováveis;

XIII – sociobiodiversidade – a relação entre bens e serviços gerados a partir de recursos naturais, englobando produtos, saberes, hábitos e tradições próprias de um determinado lugar ou território e de seus habitantes;

XIV – corredores ecológicos – as porções de ecossistemas naturais ou seminaturais, ligando as Unidades de Conservação ou outras áreas de vegetação nativa, que possibilitam entre si o fluxo de genes e o movimento da biota, facilitando a dispersão de espécies e a recolonização de áreas degradadas, bem como a manutenção de populações que demandam, para sua sobrevivência, áreas com extensão maior do que os remanescentes individuais;

XV – vereda – a fitofisionomia de savana, encontrada em solos hidromórficos onde o lençol freático aflora na superfície, usualmente com a palmeira arbórea Mauritia flexuosa – buriti emergente em meio a agrupa   mentos de espécies arbustivo-herbáceas;

XVI – nascente – o afloramento natural do lençol freático que apresenta perenidade e dá início a um curso d'água;

XVII – olho d'água – o afloramento natural do lençol freático, mesmo que intermitente;

XVIII – leito regular – a calha por onde correm regularmente as águas do curso d'água durante o ano;

XIX – curso d'água – o corpo de água lótico, que pode ser:

a) perene, quando apresentar naturalmente escoamento superficial ao longo de todo o ano;

b) intermitente, quando não apresentar naturalmente escoamento superficial por períodos do ano;

c) efêmero, quando apresentar naturalmente escoamento superficial durante ou imediatamente após períodos de precipitação;

XX – aceiros – as faixas onde a continuidade da vegetação é interrompida ou modificada com a finalidade de dificultar a propagação do fogo e facilitar o seu combate, com largura variada de acordo com o tipo de material combustível, com a localização em relação à configuração do terreno e com as condições meteorológicas esperadas na época de ocorrência de incêndios;

	XXI – biodiversidade – a variabilidade de organismos vivos de todas as origens, compreendendo, entre outros, os ecossistemas terrestres e aquáticos e os complexos ecológicos de que fazem parte, bem como a diversidade dentro de espécies, entre espécies e de ecossistemas;
	XXII – recurso natural – a atmosfera, as águas interiores, superficiais e subterrâneas, o solo, o subsolo, os elementos da biosfera, a fauna e a flora.

Como se pode perceber, o legislador das alterosas não incorporou na legislação local todos os conceitos contidos na lei federal, alguns por evidente inaplicabilidade, tais como os conceitos de restinga, apicuns, salgados e mangues, por exemplo. Quanto aos demais, o legislador estadual fez uma opção clara por estabelecer um sistema próprio, ao qual às normas gerais federais somente serão aplicáveis subsidiariamente. Atenção especial merecem os conceitos de utilidade pública e interesse social tratados pela legislação local em comparação com aqueles contemplados pela norma geral federal.

Utilidade pública e interesse social	
Lei Federal	Lei do Estado de Minas Gerais
Art. 3º Para os efeitos desta Lei, entende-se por: .... VIII – utilidade pública: a) as atividades de segurança nacional e proteção sanitária; b) as obras de infraestrutura destinadas às concessões e aos serviços públicos de transporte, sistema viário, inclusive aquele necessário aos parcelamentos de solo urbano aprovados pelos Municípios, saneamento, gestão de resíduos, energia, telecomunicações, radiodifusão, instalações necessárias à realização de competições esportivas estaduais, nacionais ou internacionais, bem como mineração, exceto, neste último caso, a extração de areia, argila, saibro e cascalho;	Art. 3º Para os fins desta Lei, consideram-se: I – de utilidade pública: a) as atividades de segurança nacional e proteção sanitária; b) as obras de infraestrutura destinadas às concessões e aos serviços públicos de transporte, sistema viário, saneamento, gestão de resíduos, energia, telecomunicações, radiodifusão, as instalações necessárias à realização de competições esportivas estaduais, nacionais ou internacionais, bem como mineração, exceto, neste último caso, a extração de areia, argila, saibro e cascalho; c) as atividades e as obras de defesa civil;

c) atividades e obras de defesa civil;

d) atividades que comprovadamente proporcionem melhorias na proteção das funções ambientais referidas no inciso II deste artigo;

e) outras atividades similares devidamente caracterizadas e motivadas em procedimento administrativo próprio, quando inexistir alternativa técnica e locacional ao empreendimento proposto, definidas em ato do Chefe do Poder Executivo federal;

IX – interesse social:

a) as atividades imprescindíveis à proteção da integridade da vegetação nativa, tais como prevenção, combate e controle do fogo, controle da erosão, erradicação de invasoras e proteção de plantios com espécies nativas;

b) a exploração agroflorestal sustentável praticada na pequena propriedade ou posse rural familiar ou por povos e comunidades tradicionais, desde que não descaracterize a cobertura vegetal existente e não prejudique a função ambiental da área;

c) a implantação de infraestrutura pública destinada a esportes, lazer e atividades educacionais e culturais ao ar livre em áreas urbanas e rurais consolidadas, observadas as condições estabelecidas nesta Lei;

d) a regularização fundiária de assentamentos humanos ocupados predominantemente por população de baixa renda em áreas urbanas consolidadas, observadas as condições estabelecidas na Lei nº 11.977, de 7 de julho de 2009;

e) implantação de instalações necessárias à captação e condução de água e de efluentes tratados para projetos cujos recursos hídricos são partes integrantes e essenciais da atividade;

f) as atividades de pesquisa e extração de areia, argila, saibro e cascalho, outorgadas pela autoridade competente;

d) as seguintes atividades, que comprovadamente proporcionem melhorias na proteção das funções ambientais em APPs:

1. **desassoreamento de cursos d'água e de barramentos com vistas à minimização de eventos críticos hidrológicos adversos;**

2. **implantação de aceiros, na forma do inciso i do art. 65;**

3. **outras atividades, na forma do regulamento desta Lei;**

e) outras atividades similares devidamente caracterizadas e motivadas em procedimento administrativo próprio, quando inexistir alternativa técnica e locacional ao empreendimento proposto, definidas em ato do **Chefe do Poder Executivo Federal ou Estadual**;

II – de interesse social:

a) as atividades imprescindíveis à proteção da integridade da vegetação nativa, tais como prevenção, combate e controle do fogo, controle da erosão, erradicação de invasoras e proteção de plantios com espécies nativas;

b) a exploração agroflorestal sustentável praticada na pequena propriedade ou posse rural familiar ou por povos e comunidades tradicionais, desde que não descaracterize a cobertura vegetal existente e não prejudique a função ambiental da área;

c) a implantação de infraestrutura pública destinada a esportes, lazer e atividades educacionais e culturais ao ar livre em **áreas rurais consolidadas e em ocupações antrópicas consolidadas em área urbana, observadas as condições estabelecidas nesta Lei;**

d) a regularização fundiária de assentamentos humanos ocupados predominantemente por população de baixa renda em áreas urbanas de ocupação antrópica consolidada, observadas as condições

g) outras atividades similares devidamente caracterizadas e motivadas em procedimento administrativo próprio, quando inexistir alternativa técnica e locacional à atividade proposta, definidas em ato do Chefe do Poder Executivo federal;

X – atividades eventuais ou de baixo impacto ambiental:

a) abertura de pequenas vias de acesso interno e suas pontes e pontilhões, quando necessárias à travessia de um curso d'água, ao acesso de pessoas e animais para a obtenção de água ou à retirada de produtos oriundos das atividades de manejo agroflorestal sustentável;

b) implantação de instalações necessárias à captação e condução de água e efluentes tratados, desde que comprovada a outorga do direito de uso da água, quando couber;

c) implantação de trilhas para o desenvolvimento do ecoturismo;

d) construção de rampa de lançamento de barcos e pequeno ancoradouro;

e) construção de moradia de agricultores familiares, remanescentes de comunidades quilombolas e outras populações extrativistas e tradicionais em áreas rurais, onde o abastecimento de água se dê pelo esforço próprio dos moradores;

f) construção e manutenção de cercas na propriedade;

g) pesquisa científica relativa a recursos ambientais, respeitados outros requisitos previstos na legislação aplicável;

h) coleta de produtos não madeireiros para fins de subsistência e produção de mudas, como sementes, castanhas e frutos, respeitada a legislação específica de acesso a recursos genéticos;

i) plantio de espécies nativas produtoras de frutos, sementes, castanhas e outros produtos vegetais, desde que não implique

estabelecidas na Lei Federal nº 11.977, de 7 de julho de 2009;

e) a implantação de instalações necessárias à captação e condução de água e de efluentes tratados para projetos cujos recursos hídricos sejam partes integrantes e essenciais da atividade;

f) as atividades de pesquisa e extração de areia, argila, saibro e cascalho, outorgadas pela autoridade competente;

g) a implantação da infraestrutura necessária à acumulação e à condução de água para a atividade de irrigação e à regularização de vazão para fins de perenização de curso d'água;

h) outras atividades similares devidamente caracterizadas e motivadas em procedimento administrativo próprio, quando inexistir alternativa técnica e locacional à atividade proposta, definidas em ato do **Chefe do Poder Executivo Federal ou Estadual;**

III – atividade eventual ou de baixo impacto ambiental:

a) a abertura de pequenas vias de acesso de pessoas e animais, suas pontes e pontilhões;

b) a implantação de instalações necessárias à captação e condução de água e efluentes tratados, desde que comprovada a regularização do uso dos recursos hídricos ou da intervenção nos recursos hídricos;

c) a implantação de trilhas para o desenvolvimento do ecoturismo;

d) a construção de rampa de lançamento de barcos e pequeno ancoradouro;

e) **a construção de moradia de agricultores familiares, remanescentes de comunidades quilombolas e outras populações extrativistas e tradicionais em áreas rurais;**

supressão da vegetação existente nem prejudique a função ambiental da área; j) exploração agroflorestal e manejo florestal sustentável, comunitário e familiar, incluindo a extração de produtos florestais não madeireiros, desde que não descaracterizem a cobertura vegetal nativa existente nem prejudiquem a função ambiental da área; k) outras ações ou atividades similares, reconhecidas como eventuais e de baixo impacto ambiental em ato do Conselho Nacional do Meio Ambiente – CONAMA ou dos Conselhos Estaduais de Meio Ambiente;	f) a construção e manutenção de cercas, aceiros e bacias de acumulação de águas pluviais; g) a pesquisa científica relativa a recursos ambientais, respeitados outros requisitos previstos na legislação aplicável; **h) a coleta de produtos não madeireiros, como sementes, castanhas, serapilheira e frutos, desde que de espécies não ameaçadas e imunes ao corte, para fins de subsistência, produção de mudas e recuperação de áreas degradadas, respeitada a legislação específica de acesso a recursos genéticos, bem como os tratados internacionais de proteção da biodiversidade de que o Brasil é signatário;** I – o plantio de espécies nativas produtoras de frutos, sementes, castanhas e outros produtos vegetais, desde que não implique supressão da vegetação existente nem prejudique a função ambiental da área; j) a exploração agroflorestal e o manejo sustentável, comunitário e familiar, incluindo a extração de produtos florestais não madeireiros, desde que não descaracterizem a cobertura vegetal nativa existente nem prejudiquem a função ambiental da área; **k) a abertura de picada para fins de reconhecimento e levantamentos técnicos e científicos;** l) a realização de atividade de desassoreamento e manutenção em barramentos, desde que comprovada a regularização do uso dos recursos hídricos ou da intervenção nos recursos hídricos; m) outra ação ou atividade similar reconhecida como eventual e de baixo impacto ambiental em ato do Conselho Nacional do Meio Ambiente ou do Conselho Estadual de Política Ambiental – Copam.

Como se vê, o legislador mineiro se utilizou adequadamente dos instrumentos postos à sua disposição, tendo exercitado suas competências legislativas na medida certa.

CAPÍTULO II
DAS ÁREAS DE PRESERVAÇÃO PERMANENTE

Seção I
Da Delimitação das Áreas de Preservação Permanente

Art. 4º Considera-se Área de Preservação Permanente, em zonas rurais ou urbanas, para os efeitos desta Lei:[1]

---

[1]   Direito Anterior: Art. 2º Consideram-se de preservação permanente, pelo só efeito desta Lei, as florestas e demais formas de vegetação natural situadas: a) ao longo dos rios ou de qualquer curso d'água desde o seu nível mais alto em faixa marginal cuja largura mínima será: (Redação dada pela Lei nº 7.803, de 18.7.1989) 1 – de 30 (trinta) metros para os cursos d'água de menos de 10 (dez) metros de largura; (Redação dada pela Lei nº 7.803, de 18.7.1989) 2 – de 50 (cinquenta) metros para os cursos d'água que tenham de 10 (dez) a 50 (cinquenta) metros de largura; (Redação dada pela Lei nº 7.803, de 18.7.1989) 3 – de 100 (cem) metros para os cursos d'água que tenham de 50 (cinquenta) a 200 (duzentos) metros de largura; (Redação dada pela Lei nº 7.803, de 18.7.1989) 4 – de 200 (duzentos) metros para os cursos d'água que tenham de 200 (duzentos) a 600 (seiscentos) metros de largura; (Redação dada pela Lei nº 7.803, de 18.7.1989) 5 – de 500 (quinhentos) metros para os cursos d'água que tenham largura superior a 600 (seiscentos) metros; (Incluído pela Lei nº 7.803, de 18.7.1989); b) ao redor das lagoas, lagos ou reservatórios d'água naturais ou artificiais; c) nas nascentes, ainda que intermitentes e nos chamados 'olhos d'água', qualquer que seja a sua situação topográfica, num raio mínimo de 50 (cinquenta) metros de largura; (Redação dada pela Lei nº 7.803, de 18.7.1989); d) no topo de morros, montes, montanhas e serras; e) nas encostas ou partes destas, com declividade superior a 45°, equivalente a 100% na linha de maior declive; f) nas restingas, como fixadoras de dunas ou estabilizadoras de mangues; g) nas bordas dos tabuleiros ou chapadas, a partir da linha de ruptura do relevo, em faixa nunca inferior a 100 (cem) metros em

I – as faixas marginais de qualquer curso d'água natural, desde a borda da calha do leito regular, em largura mínima de:

a) 30 (trinta) metros, para os cursos d'água de menos de 10 (dez) metros de largura;

b) 50 (cinquenta) metros, para os cursos d'água que tenham de 10 (dez) a 50 (cinquenta) metros de largura;

c) 100 (cem) metros, para os cursos d'água que tenham de 50 (cinquenta) a 200 (duzentos) metros de largura;

d) 200 (duzentos) metros, para os cursos d'água que tenham de 200 (duzentos) a 600 (seiscentos) metros de largura;

e) 500 (quinhentos) metros, para os cursos d'água que tenham largura superior a 600 (seiscentos) metros;

II – as áreas no entorno dos lagos e lagoas naturais, em faixa com largura mínima de:

a) 100 (cem) metros, em zonas rurais, exceto para o corpo d'água com até 20 (vinte) hectares de superfície, cuja faixa marginal será de 50 (cinquenta) metros;

b) 30 (trinta) metros, em zonas urbanas;

III – as áreas no entorno dos reservatórios d'água artificiais, na faixa definida na licença ambiental do empreendimento, observado o disposto nos §§ 1º e 2º;

IV – as áreas no entorno das nascentes e dos olhos d'água perenes, qualquer que seja sua situação topográfica, no raio mínimo de 50 (cinquenta) metros; (Redação dada pela Medida Provisória nº 571, de 2012)

V – as encostas ou partes destas com declividade superior a 45º, equivalente a 100% (cem por cento) na linha de maior declive;

VI – as restingas, como fixadoras de dunas ou estabilizadoras de mangues;

---

projeções horizontais; (Redação dada pela Lei nº 7.803, de 18.7.1989); h) em altitude superior a 1.800 (mil e oitocentos) metros, qualquer que seja a vegetação. (Redação dada pela Lei nº 7.803, de 18.7.1989). Parágrafo único. No caso de áreas urbanas, assim entendidas as compreendidas nos perímetros urbanos definidos por lei municipal, e nas regiões metropolitanas e aglomerações urbanas, em todo o território abrangido, obervar-se-á o disposto nos respectivos planos diretores e leis de uso do solo, respeitados os princípios e limites a que se refere este artigo. (Incluído pela Lei nº 7.803, de 18.7.1989)

VII – os manguezais, em toda a sua extensão;

VIII – as bordas dos tabuleiros ou chapadas, até a linha de ruptura do relevo, em faixa nunca inferior a 100 (cem) metros em projeções horizontais;

IX – no topo de morros, montes, montanhas e serras, com altura mínima de 100 (cem) metros e inclinação média maior que 25º, as áreas delimitadas a partir da curva de nível correspondente a 2/3 (dois terços) da altura mínima da elevação sempre em relação à base, sendo esta definida pelo plano horizontal determinado por planície ou espelho d'água adjacente ou, nos relevos ondulados, pela cota do ponto de sela mais próximo da elevação;

X – as áreas em altitude superior a 1.800 (mil e oitocentos) metros, qualquer que seja a vegetação;

XI – em veredas, a faixa marginal, em projeção horizontal, com largura mínima de 50 (cinquenta) metros, a partir do limite do espaço brejoso e encharcado. (Redação dada pela Medida Provisória nº 571, de 2012)

§ 1º Não se aplica o previsto no inciso III nos casos em que os reservatórios artificiais de água não decorram de barramento ou represamento de cursos d'água.

§ 2º No entorno dos reservatórios artificiais situados em áreas rurais com até 20 (vinte) hectares de superfície, a área de preservação permanente terá, no mínimo, 15 (quinze) metros.

§ 3º (VETADO).[2]

§ 4º Fica dispensado o estabelecimento das faixas de Área de Preservação Permanente no entorno das acumulações naturais ou artificiais de água com superfície inferior a 1 (um) hectare, vedada nova supressão de áreas de vegetação nativa. (Redação dada pela Medida Provisória nº 571, de 2012)

---

[2]   § 3º Não é considerada Área de Preservação Permanente a várzea fora dos limites previstos no inciso I do *caput*, exceto quando ato do poder público dispuser em contrário, nos termos do inciso III do art. 6º, bem como salgados e apicuns em sua extensão. **Razões do veto:** O dispositivo deixa os apicuns e salgados sem qualquer proteção contra intervenções indevidas. Exclui, ainda, a proteção jurídica dos sistemas úmidos preservados por normas internacionais subscritas pelo Brasil, como a Convenção sobre Zonas Úmidas de Importância Internacional, especialmente como Habitat de Aves Aquáticas, conhecida como Convenção de Ramsar, de 2 de fevereiro de 1971, ratificada pelo Decreto nº 1.905, de 16 de maio de 1996. Esses sistemas desempenham serviços ecossistêmicos insubstituíveis de proteção de criadouros de peixes marinhos ou estuarinos, bem como de crustáceos e outras espécies. Adicionalmente, tamponam a poluição das águas litorâneas ocasionada por sedimentos e compostos químicos carregados pelos rios. Por sua relevância ambiental, merecem tratamento jurídico específico, que concilie eventuais intervenções com parâmetros que assegurem sua preservação.

§ 5º É admitido, para a pequena propriedade ou posse rural familiar, de que trata o inciso V do art. 3º desta Lei, o plantio de culturas temporárias e sazonais de vazante de ciclo curto na faixa de terra que fica exposta no período de vazante dos rios ou lagos, desde que não implique supressão de novas áreas de vegetação nativa, seja conservada a qualidade da água e do solo e seja protegida a fauna silvestre.

§ 6º Nos imóveis rurais com até 15 (quinze) módulos fiscais, é admitida, nas áreas de que tratam os incisos I e II do *caput* deste artigo, a prática da aquicultura e a infraestrutura física diretamente a ela associada, desde que:

I – sejam adotadas práticas sustentáveis de manejo de solo e água e de recursos hídricos, garantindo sua qualidade e quantidade, de acordo com norma dos Conselhos Estaduais de Meio Ambiente;

II – esteja de acordo com os respectivos planos de bacia ou planos de gestão de recursos hídricos;

III – seja realizado o licenciamento pelo órgão ambiental competente;

IV – o imóvel esteja inscrito no Cadastro Ambiental Rural – CAR.

V – não implique novas supressões de vegetação nativa. (Incluído pela Medida Provisória nº 571, de 2012)

§ 7º (VETADO).

§ 8º (VETADO).[3]

§ 9º Em áreas urbanas, assim entendidas as áreas compreendidas nos perímetros urbanos definidos por lei municipal, e nas regiões metropolitanas e aglomerações urbanas, as faixas marginais de qualquer curso d'água natural que delimitem as áreas da faixa de passagem de inundação terão sua largura determinada pelos respectivos Planos Diretores e Leis de Uso do Solo, ouvidos os Conselhos Estaduais e Municipais de Meio Ambiente,

---

[3]   § 7º Em áreas urbanas, as faixas marginais de qualquer curso d'água natural que delimitem as áreas da faixa de passagem de inundação terão sua largura determinada pelos respectivos Planos Diretores e Leis de Uso do Solo, ouvidos os Conselhos Estaduais e Municipais de Meio Ambiente. § 8º No caso de áreas urbanas e regiões metropolitanas, observar-se-á o disposto nos respectivos Planos Diretores e Leis Municipais de Uso do Solo. **Razões dos vetos:** Conforme aprovados pelo Congresso Nacional, tais dispositivos permitem que a definição da largura da faixa de passagem de inundação, em áreas urbanas e regiões metropolitanas, bem como as áreas de preservação permanente, sejam estabelecidas pelos planos diretores e leis municipais de uso do solo, ouvidos os conselhos estaduais e municipais de meio ambiente. Trata-se de grave retrocesso à luz da legislação em vigor, ao dispensar, em regra, a necessidade da observância dos critérios mínimos de proteção, que são essenciais para a prevenção de desastres naturais e proteção da infraestrutura.

sem prejuízo dos limites estabelecidos pelo inciso I do *caput*. (Incluído pela Medida Provisória nº 571, de 2012)

§ 10. **No caso de áreas urbanas, assim entendidas as compreendidas nos perímetros urbanos definidos por lei municipal, e nas regiões metropolitanas e aglomerações urbanas, observar-se-á o disposto nos respectivos Planos Diretores e Leis Municipais de Uso do Solo, sem prejuízo do disposto nos incisos do *caput*. (Incluído pela Medida Provisória nº 571, de 2012)**

Lei nº 12.651		Lei nº 12.712/2012
Art. 4º Considera-se Área de Preservação Permanente, em zonas rurais ou urbanas, para os efeitos desta Lei:		Art. 4º Considera-se Área de Preservação Permanente, em zonas rurais ou urbanas, para os efeitos desta Lei:
I – as faixas marginais de qualquer curso d'água natural, desde a borda da calha do leito regular, em largura mínima de; [...]		I – as faixas marginais de qualquer curso d'água natural, desde a borda da calha do leito regular, em largura mínima de; [...]
III – as áreas no entorno dos reservatórios d'água artificiais, na faixa definida na licença ambiental do empreendimento, observado o disposto nos §§ 1º e 2º;		III – as áreas no entorno dos reservatórios d'água artificiais, decorrentes de barramento ou represamento de cursos d'água naturais, na faixa definida na licença ambiental do empreendimento;
Texto Original	**MP 571/2012**	IV – as áreas no entorno das nascentes e dos olhos d'água perenes, qualquer que seja sua situação topográfica, no raio mínimo de 50 (cinquenta) metros;
IV – as áreas no entorno das nascentes e dos olhos d'água, qualquer que seja a sua situação topográfica, no raio mínimo de 50 (cinquenta) metros;	IV – as áreas no entorno das nascentes e dos olhos d'água perenes, qualquer que seja sua situação topográfica, no raio mínimo de 50 (cinquenta) metros;	

Redação original	MP 571/2012	XI – em veredas, a faixa marginal, em projeção horizontal, com largura mínima de 50 (cinquenta) metros, a partir do espaço permanentemente brejoso e encharcado.
XI – as veredas.	XI – em veredas, a faixa marginal, em projeção horizontal, com largura mínima de 50 (cinquenta) metros, a partir do limite do espaço brejoso e encharcado.	
§ 1º Não se aplica o previsto no inciso III nos casos em que os reservatórios artificiais de água não decorram de barramento ou represamento de cursos d'água.		§ 1º Não será exigida Área de Preservação Permanente no entorno de reservatórios artificiais de água que não decorram de barramento ou represamento de cursos d'água naturais.
§ 2º No entorno dos reservatórios artificiais situados em áreas rurais com até 20 (vinte) hectares de superfície, a área de preservação permanente terá, no mínimo, 15 (quinze) metros.		§ 2º (Revogado).

Redação original	MP 571/2012	§ 4º Nas acumulações naturais ou artificiais de água com superfície inferior a 1 (um) hectare, fica dispensada a reserva da faixa de proteção prevista nos incisos II e III do *caput*, vedada nova supressão de áreas de vegetação nativa, salvo autorização do órgão ambiental competente do Sistema Nacional do Meio Ambiente – Sisnama.
§ 4º Nas acumulações naturais ou artificiais de água com superfície inferior a 1 (um) hectare, fica dispensada a reserva da faixa de proteção prevista nos incisos II e III do *caput*.	§ 4º Fica dispensado o estabelecimento das faixas de Área de Preservação Permanente no entorno das acumulações naturais ou artificiais de água com superfície inferior a 1 (um) hectare, vedada nova supressão de áreas de vegetação nativa.	
§ 6º V – não implique novas supressões de vegetação nativa.		§ 6º – não implique novas supressões de vegetação nativa.

§ 9º Em áreas urbanas, assim entendidas as áreas compreendidas nos perímetros urbanos definidos por lei municipal, e nas regiões metropolitanas e aglomerações urbanas, as faixas marginais de qualquer curso d'água natural que delimitem as áreas da faixa de passagem de inundação terão sua largura determinada pelos respectivos Planos Diretores e Leis de Uso do Solo, ouvidos os Conselhos Estaduais e Municipais de Meio Ambiente, sem prejuízo dos limites estabelecidos pelo inciso I do *caput*.	§ 9º (VETADO).
§ 10. No caso de áreas urbanas, assim entendidas as compreendidas nos perímetros urbanos definidos por lei municipal, e nas regiões metropolitanas e aglomerações urbanas, observar-se-á o disposto nos respectivos Planos Diretores e Leis Municipais de Uso do Solo, sem prejuízo do disposto nos incisos do *caput*.	

1 – Aspectos gerais

As Áreas de Preservação Permanente, juntamente com as Áreas de Reserva Legal, formam o principal núcleo da controvérsia jurídico-política que se instaurou em torno da modificação do Código Florestal; como poderemos examinar adiante, as modificações não chegaram a criar um direito totalmente novo. O que houve foi um reconhecimento explícito da *ineficácia* das normas anteriores e uma acomodação da nova norma a situações de fato preexistentes. A opção do legislador foi manter o passado tal qual ele se encontrava, criando mecanismos tortuosos e de difícil aplicação para "regularizar" o que havia de errado no passado. Realista por um lado, por outro, o conjunto de medidas adotadas pode dar margem a futuras desobediências.

1.1 – Histórico e evolução do conceito

As Áreas de Preservação Permanente, ainda que sob outra designação[4] existem no Direito Brasileiro de longa data, tendo sido introduzidas pelo Decreto nº 4.421, de 28 de dezembro de 1921, que em seu artigo 3º, I, §§ 1º, 2º, 3º e

---

4   Florestas protetoras.

4º estabeleceu que eram protetoras as florestas que servissem para *(i) beneficiar a higiene e a saúde pública, (ii) garantir a pureza e abundância dos mananciais aproveitáveis à alimentação, (iii) equilibrar o regime das águas correntes que se destinam não só às irrigações das terras agrícolas como também às que servem de vias de transporte e se prestam ao aproveitamento de energia, (iv) evitar os efeitos danosos dos agentes atmosféricos; impedir a destruição produzida, pelos ventos; obstar a deslocação das areias movediças como também os esbarrocamentos, as erosões violentas, quer pelos rios, quer pelo mar, e (v) auxiliar a defesa das fronteiras.*

Como se pode ver, a vetusta norma *estabelecia critério finalístico* para a definição das florestas protetoras, sendo necessário que elas exercessem as funções ambientais descritas na norma. Posteriormente, o Código Florestal de 1934, a tratar do tema, manteve as florestas protetoras, dando-lhes tratamento bastante semelhante, conforme dispunha o artigo 4º sendo certo a natureza finalística da norma. Assim eram protetoras as florestas *"que, por sua localização, servirem conjunta ou separadamente para qualquer dos fins seguintes"*: *(i) conservar o regime das aguas; (ii) evitar a erosão das terras pela ação dos agentes naturais; (iii) fixar dunas; (iv) auxiliar a defesa das fronteiras, de modo julgado necessário pelas autoridades militares; (v) assegurar condições de salubridade publica; (vi) proteger sítios que por sua beleza mereçam ser conservados; (vii) asilar espécimes raros de fauna indígena.* Também no artigo 22 é possível identificar uma das origens do moderno conceito: "É proibido mesmo aos proprietários:... b) derrubar, nas regiões de vegetação escassa, para transformar em lenha, ou carvão, matas ainda existentes às margens dos cursos d'água, lagos e estradas de qualquer natureza entregues à serventia pública.

A revogada Lei nº 4.771, de 15 de setembro de 1965 (Código Florestal) em sua redação original assim dispunha: *"Art. 2º Consideram-se de preservação permanente [APP], **pelo só efeito desta Lei**, as florestas e demais formas de vegetação natural situadas: a) ao longo dos rios ou de outro qualquer curso d'água, em faixa marginal cuja largura mínima será: 1 – de 5 (cinco) metros para os rios de menos de 10 (dez) metros de largura: 2 – igual à metade da largura dos cursos que meçam de 10 (dez) a 200 (duzentos) metros de distância entre as margens; 3 – de 100 (cem) metros para todos os cursos cuja largura seja superior a 200 (duzentos) metros; b) ao redor das lagoas, lagos ou reservatórios d'água naturais ou artificiais; c) nas nascentes, mesmo nos chamados 'olhos d'água', seja qual for a sua situação topográfica; d) no topo de morros, montes, montanhas e serras; e) nas encostas ou partes destas, com declividade superior a 45º, equivalente a 100% na linha de maior declive; f) nas restingas, como fixadoras de dunas ou estabilizadoras de mangues; g) nas bordas dos taboleiros ou chapadas; h) em altitude superior a 1.800 (mil e oitocentos) metros, nos campos naturais ou artificiais, as florestas nativas e as vegetações campestres."*

Como se pode observar, o legislador de 1965 utilizou-se da expressão *"pelo só efeito desta lei"*, o que poderia dar a entender que o conceito de APP teria sido reduzido a uma mera localização, abrindo-se mão do conceito de função ambiental; todavia, a posterior evolução legislativa da matéria se encarregou de sanar qualquer mal-entendido, sendo certo que a Medida Provisória nº 2.166-67, de 2001, acrescentou o § 2º, I ao artigo 1º do Código Florestal reafirmando o conceito finalístico para que se pudesse determinar a existência ou não de APP. Merece transcrição o texto normativo: *"Art. 1º As florestas existentes no território nacional e as demais formas de vegetação, reconhecidas de utilidade às terras que revestem, são bens de interesse comum a todos os habitantes do País, exercendo-se os direitos de propriedade, com as limitações que a legislação em geral e especialmente esta Lei estabelecem [...] § 2º Para os efeitos deste Código, entende-se por: [...] II – área de preservação permanente: área protegida nos termos dos arts. 2º e 3º desta Lei, coberta ou não por vegetação nativa,* **com a função ambiental de preservar os recursos hídricos, a paisagem, a estabilidade geológica, a biodiversidade, o fluxo gênico de fauna e flora, proteger o solo e assegurar o bem-estar das populações humanas."**

Assim, o legislador retomou, claramente, a tradição jurídica pátria a qual determinava a existência de uma função ambiental para que determinada floresta ou vegetação fosse considerada como de preservação permanente. Dessa forma, à época dos fatos que me foram narrados e da concessão do licenciamento ambiental, fazia-se necessária a existência de função ambiental para que se pudesse identificar a floresta ou outra forma de vegetação como de preservação permanente.

2 – Conceito jurídico de área de preservação permanente

Definir áreas de preservação permanente (APP) é tarefa, aparentemente, simples, haja vista que o Novo Código Florestal dispõe de conceito normativo específico. De fato, o artigo 3º, II, define APP como:

> *"área protegida, coberta ou não por vegetação nativa,* **com a função ambiental** *de preservar os recursos hídricos, a paisagem, a estabilidade geológica e a biodiversidade, facilitar o fluxo gênico de fauna e flora, proteger o solo e assegurar o bem-estar das populações humanas".*

O conceito do artigo 3º, II, é complementado pelo constante no artigo 4º. Contudo, parece-me que se faz necessário o aprofundamento do tema, sob pena de deixar questões relevantes sem exame. Em meu ponto de vista, o Novo Código Florestal é conjunto normativo de intervenção na atividade econômica, estabelecendo regime especial de propriedade, o qual não pode ser interpretado extensivamente, sob pena de que o intérprete se transforme em legislador. Assim, o conceito de APP, tal como estabelecido pelo artigo 3º, II, deve ser decomposto em seus elementos constitutivos para posterior aplicação.

O conceito legal de APP se divide em dois grandes elementos formadores: (i) área sob proteção legal, a qual se subdivide em (a) coberta ou não (ii) por vegetação nativa e (ii) com a função ambiental de preservação dos (a) recursos hídricos, (b) a paisagem, (c) estabilidade geológica, (d) biodiversidade, (e) facilitar o fluxo gênico de flora e fauna, (f) proteger o solo e (g) assegurar o bem-estar das populações humanas. Não é necessário que se reafirme que o conceito é amplíssimo e que o intérprete, na sua aplicação, não deve ampliá-lo, dadas as enormes repercussões sociais que daí podem advir. Os artigos 4º e 6º da Lei ora comentada estabelecem dois grandes grupos de APPs, o constituído por (i) áreas criadas por força da própria lei e (ii) o constituído por ato do Poder Público. Porém, se faz necessário alertar o leitor para o fato de que tanto em um, como em outro grupo, é imperioso que as condições constitutivas das APPs, tal como estabelecidas pelo inciso II do artigo 3º, se encontrem presentes. Os pressupostos anteriormente referidos se constituem em matéria de legalidade e devem estar presentes na área para que ela possa ser declarada como de preservação permanente. É o que se chama de *função ambiental* desempenhada pela área. O raciocínio ora desenvolvido encontra amparo na Lei de Introdução ao Direito Brasileiro, que determina ao aplicador da lei levar em consideração os fins sociais da norma.[5] No caso ora examinado, o fim social da norma, em meu ponto de vista, somente pode ser entendido como a proteção de áreas que *efetivamente* desempenhem as funções ambientais tipificadas na lei. Importante autor brasileiro, o Professor Paulo Affonso Leme Machado,[6] ao examinar as Áreas de Preservação Permanente, não realça a questão da existência de função ambiental, limitando-se a reconhecer que qualquer área que esteja localizada nos termos da legislação deve ser reconhecida como de preservação permanente, tese da qual ouso discordar.

> *"Há muito começou a ser utilizada a expressão 'área de preservação permanente'. E o uso tem a sua razão, pois é um espaço territorial em que a floresta ou a vegetação devem estar presentes. Se a floresta aí não estiver, ela deve ser aí plantada. A ideia da permanência não está vinculada só à floresta, mas também ao solo, no qual ela está ou deve estar inserida, e à fauna (micro ou macro). Se a floresta perecer ou for retirada, nem por isso a área perderá sua normal vocação florestal."*

---

[5] Art. 5º Na aplicação da lei, o juiz atenderá aos fins sociais a que ela se dirige e às exigências do bem comum.

[6] MACHADO, Paulo Affonso Leme. *Direito ambiental brasileiro*. 17. ed. São Paulo: Revista dos Tribunais, 2008. p. 741.

Mesmo as figuras contempladas nos artigos 4º e 6º do Novo Código Florestal, para que possam ser consideradas como de preservação permanente, devem ostentar os requisitos disciplinados pelo inciso II do artigo 3º. Surge a questão qual o papel jurídico dos artigos 4º e 6º. Penso que, no caso concreto, cuida-se do estabelecimento de uma presunção legal em favor do meio ambiente que, se não absoluta, demanda do interessado a produção de prova no sentido de que a função ambiental não se faz presente em determinada área. Assim, deverão ser consideradas como APP aquelas listadas no artigo 4º que efetivamente tenham uma função ambiental a desempenhar.

3 – Áreas urbanas e proteção de florestas e vegetação nativa

A revogação do Código Florestal, agora transformado em Lei de Proteção da Vegetação nativa, não foi suficiente, em meu ponto de vista, para encerrar os gravíssimos problemas relativos à aplicação de suas normas na proteção da vegetação existente nos espaços urbanos, sobretudo, no que diz respeito às chamadas APPs urbanas.

A questão da aplicação do Novo Código Florestal em áreas urbanas é suscitada por alguns de seus artigos, a saber, o artigo 4º, ora comentado, e o artigo 25, que trata das chamadas "áreas verdes urbanas", figura inexistente no Código revogado e que implica em mais um avanço do poder normativo da União sobre as atribuições municipais.

A aplicação do artigo 4º do Novo Código Florestal em área urbanas passa por uma preliminar inafastável que é a de saber se, de fato, a área cogitada preenche, simultaneamente, os requisitos acima arrolados. Na forma da Lei Complementar nº 140/2011 caberá ao órgão licenciador da atividade, no caso concreto, identificar a existência ou não da APP, no âmbito dos procedimentos de licenciamento ambiental, mediante parecer técnico fundamentado, e indicar se a função ambiental tratada pelo inciso II do artigo 3º do Novo Código Florestal existe ou não no caso concreto.

Como se sabe, compete à União estabelecer normas gerais sobre urbanismo e política urbana, tal como definido pelos artigos 182 e 183[7] da Constituição Fede-

---

7   Art. 182. A política de desenvolvimento urbano, executada pelo Poder Público municipal, conforme diretrizes gerais fixadas em lei, tem por objetivo ordenar o pleno desenvolvimento das funções sociais da cidade e garantir o bem-estar de seus habitantes. § 1º O plano diretor, aprovado pela Câmara Municipal, obrigatório para cidades com mais de vinte mil habitantes, é o instrumento básico da política de desenvolvimento e de expansão urbana. § 2º A propriedade urbana cumpre sua função social quando atende às exigências fundamentais de ordenação da cidade expressas no plano diretor. § 3º As desapropriações de imóveis urbanos serão feitas com prévia e justa

ral. No uso de suas competências constitucionais, o legislador ordinário editou a Lei nº 10.257, de 10 de julho de 2001, conhecida como Estatuto das Cidades, a qual é norma geral aplicável aos Municípios.

O Estatuto, em seu artigo 2º estabelece que a

> *"política urbana tem por objetivo ordenar o pleno desenvolvimento das funções sociais da cidade e da propriedade urbana, mediante as seguintes diretrizes gerais: [...] IV – planejamento do desenvolvimento das cidades, da distribuição espacial da população e das atividades econômicas do Município e do território sob sua área de influência, de modo a evitar e corrigir as distorções do crescimento urbano e seus efeitos negativos sobre o meio ambiente; [...] VI – ordenação e controle do uso do solo, de forma a evitar: a) a utilização inadequada dos imóveis urbanos; b) a proximidade de usos incompatíveis ou inconvenientes; c) o parcelamento do solo, a edificação ou o uso excessivos ou inadequados em relação à infraestrutura urbana; d) a instalação de empreendimentos ou atividades que possam funcionar como polos geradores de tráfego, sem a previsão da infraestrutura correspondente; e) a retenção especulativa de imóvel urbano, que resulte na sua subutilização ou não utilização; f) a deterioração das áreas urbanizadas; g) a poluição e a degradação ambiental; VII – integração e complementaridade entre as atividades urbanas e rurais, tendo em vista o desenvolvimento socioeconômico do Município e do território sob sua área de influência; [...] XII – proteção, preservação e recuperação do meio ambiente natural e construído, do patrimônio cultural, histórico, artístico, paisagístico e arqueológico".*

É importante, no caso vertente, que se observe que a Lei Complementar nº 95, de 26 de fevereiro de 1998, que *"dispõe sobre a elaboração, a redação, a alte-*

---

indenização em dinheiro. § 4º É facultado ao Poder Público municipal, mediante lei específica para área incluída no plano diretor, exigir, nos termos da lei federal, do proprietário do solo urbano não edificado, subutilizado ou não utilizado, que promova seu adequado aproveitamento, sob pena, sucessivamente, de: I – parcelamento ou edificação compulsórios; II – imposto sobre a propriedade predial e territorial urbana progressivo no tempo; III – desapropriação com pagamento mediante títulos da dívida pública de emissão previamente aprovada pelo Senado Federal, com prazo de resgate de até dez anos, em parcelas anuais, iguais e sucessivas, assegurados o valor real da indenização e os juros legais. Art. 183. Aquele que possuir como sua área urbana de até duzentos e cinquenta metros quadrados, por cinco anos, ininterruptamente e sem oposição, utilizando-a para sua moradia ou de sua família, adquirir-lhe-á o domínio, desde que não seja proprietário de outro imóvel urbano ou rural. § 1º O título de domínio e a concessão de uso serão conferidos ao homem ou à mulher, ou a ambos, independentemente do estado civil. § 2º Esse direito não será reconhecido ao mesmo possuidor mais de uma vez. § 3º Os imóveis públicos não serão adquiridos por usucapião.

ração e a consolidação das leis, conforme determina o parágrafo único do art. 59 da Constituição Federal, e estabelece normas para a consolidação dos atos normativos que menciona", estabelece que:

> *"Art. 7º O primeiro artigo do texto indicará o objeto da lei e o respectivo âmbito de aplicação, observados os seguintes princípios:*
>
> *I – excetuadas as codificações, cada lei tratará de um único objeto;*
>
> *II – a lei não conterá matéria estranha a seu objeto ou a este não vinculada por afinidade, pertinência ou conexão;*
>
> *III – o âmbito de aplicação da lei será estabelecido de forma tão específica quanto o possibilite o conhecimento técnico ou científico da área respectiva;*
>
> *IV – o mesmo assunto não poderá ser disciplinado por mais de uma lei, exceto quando a subsequente se destine a complementar lei considerada básica, vinculando-se a esta por remissão expressa".*

No caso vertente, o artigo ora comentado, bem como inúmeros aspectos da Lei ora sob exame, ultrapassam os limites mencionados pela Lei Complementar em questão e, portanto, padecem de vício. Aliás, leitura atenta da lei ora comentada mostra que ela, em inúmeras partes, trata de matéria inteiramente estranha ao objetivo de proteção das florestas e demais formas de vegetação nativa. A jurisprudência, à época da vigência da Lei nº 4.771/1965, foi progressivamente afastando a incidência das normas da Lei Florestal em áreas urbanas, ante a evidente incompatibilidade entre o instituto e a situação fática a qual pretendia regular anomalamente.

> *"DIREITO AMBIENTAL. AÇÃO CIVIL PÚBLICA. ÁREA DE PRESERVAÇÃO PERMANENTE. CÓDIGO FLORESTAL (LEI 4.771/65) E A SUA APLICAÇÃO NAS ZONAS URBANAS – INTERPRETAÇÃO DO PARÁGRAFO ÚNICO DO ART. 2º DO CÓDIGO FLORESTAL. ÁREA DEGRADADA SURGIDA DE ALUVIÃO PROVOCADO POR AÇÃO HUMANA NÃO PERDE A CONDIÇÃO DE APP. NOVOS PROPRIETÁRIOS QUE DÃO PROSSEGUIMENTO À DEGRADAÇÃO E PROMOVEM POLUIÇÃO INCLUSIVE VISUAL. INDENIZAÇÃO POR FATOS PASSADOS INCABÍVEL. MULTA COMINATÓRIA PROPORCIONAL À PARTICIPAÇÃO DOS RÉUS NA LESÃO. 1. Incabível a condenação em reparação pelo lapso de tempo necessário à recomposição do equilíbrio ecológico pois, além de não haver integrado expressamente o pedido, não é cabível para indenizar fatos provocados no passado por terceiros. Ação que expressamente não visa a reparar atos do passado. 2. Em áreas urbanas, na melhor interpretação do parágrafo único do*

art. 2º do Código Florestal, devem prevalecer os limites fixados na lei municipal ainda que inferiores a 30 metros, contados do nível mais alto do rio, para delimitação da área de preservação permanente. 3. Multa cominatória que deve ser fixada levando em conta o grau de participação dos réus na degradação da área. 4. Recursos conhecidos, desprovido o apelo do parquet *e provido em parte o recurso dos réus para redução da multa cominatória a R$ 100,00 por dia de descumprimento da sentença."* (Desembargadora Federal MARIA AMELIA SENOS DE CARVALHO)[8]

Existe divergência razoável sobre a aplicação do conceito de APP em áreas urbanas e qual a extensão que a ele deve ser atribuída. O Tribunal Regional Federal da 2ª Região,[9] por exemplo, entendeu que:

"Em áreas urbanas, na melhor interpretação do parágrafo único do art. 2º do Código Florestal,[10] devem prevalecer os limites fixados na lei municipal ainda que inferiores a 30 metros, contados do nível mais alto do rio, para delimitação da área de preservação permanente." Em outro julgado, a Corte Regional Federal[11] entendeu de forma semelhante: *"Código Florestal: art. 2º Consideram-se de preservação permanente, pelo só efeito desta Lei, as florestas e demais formas de vegetação natural situadas: a) ao longo dos rios ou de qualquer curso d'água desde o seu nível mais alto em faixa marginal cuja largura mínima será: 1 – de 30 (trinta) metros para os cursos d'água de menos de 10 (dez) metros de largura; Parágrafo único. No caso de áreas urbanas, assim entendidas as compreendidas nos perímetros urbanos definidos por lei municipal, e nas regiões metropolitanas e aglomerações urbanas, em todo o território abrangido, observar-se-á o disposto nos respectivos planos diretores e leis de uso do solo, respeitados os princípios e limites a que se refere este artigo. V – A aplicabilidade do código florestal na zona urbana passa, necessariamente, pela interpretação do parágrafo único do art. 2º acima mencionado, pois o referido dispositivo ao determinar à observância dos limites estabelecidos no* caput, *pareceu entrar em contradição, o*

---

[8]   Tribunal Regional Federal da 2ª Região, AC 200351060020683, AC – APELAÇÃO CÍVEL – 495807, 6ª TURMA ESPECIALIZADA, E-*DJF2R*: 13/2/2012, p. 268.

[9]   TRF 2. AC 200351060020683. AC – APELAÇÃO CÍVEL – 495807. Relator: Desembargadora Federal MARIA AMELIA SENOS DE CARVALHO. 6ª TURMA ESPECIALIZADA. E-DJF2R – 13/2/2012, p. 268.

[10]   Lei nº 4.771/1965.

[11]   TRF 2 – AG 200602010124560. AG – AGRAVO DE INSTRUMENTO – 150496. Relator: Desembargador Federal REIS FRIEDE. 7ª TURMA ESPECIALIZADA. *DJU* 12/5/2008, p. 697-698.

> *que demanda a sua interpretação. VI – Enfim, a melhor interpretação leva ao reconhecimento de que a expressão 'limites' foi inserido no texto do parágrafo único como restrição máxima, ou seja, leva à proibição de que venham a ser exigidos padrão de proteção superior ao contido no artigo 2º do Código Florestal, consoante sustentam diversos estudiosos da matéria, a exemplo de Ana Lucia Moreira Borges e Ronald Victor Romero Magri. (Borges, A. L. M. e Magri, R. V. R. Vegetação de Preservação Permanente e Área Urbana – uma interpretação do art. 2º, do Código Florestal. Revista de Direito Ambiental 2, São Paulo: RT, abr.-jun. 1996. (Pág. 71-76)) VII – Recurso provido para se permitir o prosseguimento da obra, desde que respeitados os limites de 15 (quinze) metros estabelecidos na legislação municipal."*

No mesmo sentido existe decisão do Tribunal Regional Federal da 4ª Região:[12] *"O Código Florestal[13] determina para as áreas urbanas que se observe o Plano Diretor do Município."*

Diferente não é o entendimento do Tribunal Regional Federal da 5ª Região:[14]

> *"Consoante asseverado pelo Município de Natal, a Resolução nº 303/2002 do CONAMA, ao considerar as dunas, por si só, como área de preservação permanente, extrapolou os limites de suas atribuições, pois não poderia se sobrepor às normas municipais de uso e ocupação do solo, sob pena de infração ao princípio da autonomia municipal. Assim, no caso presente, a norma a ser seguida para definir as áreas protegidas no âmbito do município de Natal é o plano Diretor e as normas específicas de zoneamento, de molde que tendo a área de Lagoinha (ZPA-5) sido disciplinada pela Lei Municipal nº 5.565/04, será esta norma que ali estabelecerá as normas de uso e ocupação do solo, e não uma norma administrativa do CONAMA, ante a ausência de respaldo legal e de se contraditar com as normas específicas editadas pelo Município."*

---

[12] TRF 4. APELREEX 200772080036820. APELREEX – APELAÇÃO/REEXAME NECESSÁRIO. Relator: JOÃO PEDRO GEBRAN NETO. 3ª TURMA. D.E. 30/9/2009.

[13] Lei nº 4.771/1965.

[14] AC 200584000000097. AC – Apelação Cível – 383688. Relator: Desembargador Federal Élio Wanderley de Siqueira Filho. 3ª Turma. *DJU* 1º/2/2007. p. 674, nº 23.

No que se refere especificamente ao conflito interpretativo entre as diferentes normas que, em tese, podem incidir sobre a hipótese, julgo conveniente trazer à colação a seguinte decisão do Tribunal de Justiça de Santa Catarina:[15]

> *"APELAÇÃO CÍVEL E REEXAME NECESSÁRIO EM MANDADO DE SEGURANÇA. AMBIENTAL E ADMINISTRATIVO. REQUERIMENTO DE LICENÇA AMBIENTAL PRÉVIA NEGADO, DIANTE DA NECESSIDADE DE AFASTAMENTO DE 30 METROS DO CORPO D'ÁGUA, CONFORME DISPÕE O ART. 2º, 'A', 1, DO CÓDIGO FLORESTAL. INAPLICABILIDADE. IMÓVEL INSERIDO EM ÁREA URBANA INEQUIVOCADAMENTE CONSOLIDADA. INCIDÊNCIA, NO CASO, DOS PRINCÍPIOS DA PROPORCIONALIDADE E RAZOABILIDADE, PARA DETERMINAR O AFASTAMENTO DE 5 METROS AO LONGO DO CÓRREGO. SENTENÇA QUE CONCEDEU A ORDEM MANTIDA. APELOS E REMESSA DESPROVIDOS. 'Considerado o conflito reinante da legislação federal com a estadual e a municipal acerca das faixas não edificáveis em áreas de preservação permanente ao longo dos cursos d'água situados em região urbana, deve-se interpretar com base nos princípios da razoabilidade e da proporcionalidade para que a edificação, além de preservar razoavelmente o meio ambiente, seja adequada a uma boa ordenação da cidade e cumpra a função social da propriedade sob o pálio do desenvolvimento sustentável, da precaução e da cautela, em atenção a cada caso concreto' (TJSC, Apelação Cível em Mandado de Segurança n. 2011.092623-4, de Itajaí, rel. Des. Jaime Ramos, j. 31-05-2012)."*

No mesmo sentido da decisão anterior, veja-se:[16]

> *"APELAÇÃO CÍVEL EM MANDADO DE SEGURANÇA – DIREITO AMBIENTAL – LICENÇA PARA CONSTRUÇÃO DE PRÉDIO À MARGEM DE CÓRREGO – RECUO DE 15 METROS EXIGIDO PELA LEI DE PARCELAMENTO DO SOLO (LEI FEDERAL n. 6.766/1979) E PELA RESOLUÇÃO CONAMA N. 369/2009 – ÁREA 'NON AEDIFICANDI' – PRINCÍPIOS DA RAZOABILIDADE E DA PROPORCIONALIDADE – REGIÃO URBANA CONSOLIDADA – RIBEIRÃO ESTREITO, PARCIALMENTE CANALIZADO E COM LEITO TOTALMENTE DESCARACTERIZADO PELA AUSÊNCIA DE PRESERVAÇÃO AMBIENTAL EM FACE DE OUTRAS EDIFICAÇÕES – AFASTAMENTO RAZOÁVEL*

---

[15]   TJSC. Processo: 2012.029113-4 (Acórdão), Relator: Francisco Oliveira Neto. 2ª Câmara de Direito Público. Julgado em: 8/10/2013.

[16]   TJSC: Processo: 2011.092623-4 (Acórdão). Relator: Jaime Ramos. 4ª Câmara de Direito Público. Julgado em: 31/5/2012.

DE 5 METROS – CONFIRMAÇÃO DA SENTENÇA CONCESSIVA DA ORDEM. Considerado o conflito reinante da legislação federal com a estadual e a municipal acerca das faixas não edificáveis em áreas de preservação permanente ao longo dos cursos d'água situados em região urbana, deve-se interpretar com base nos princípios da razoabilidade e da proporcionalidade para que a edificação, além de preservar razoavelmente o meio ambiente, seja adequada a uma boa ordenação da cidade e cumpra a função social da propriedade sob o pálio do desenvolvimento sustentável, da precaução e da cautela, em atenção a cada caso concreto."

O Tribunal de Justiça do Estado do Rio Grande do Sul,[17] igualmente, tem decidido no mesmo sentido das decisões acima apontadas:

"EMBARGOS INFRINGENTES. DIREITO PÚBLICO NÃO ESPECIFICADO. DEMOLIÇÃO PARCIAL. DESCABIMENTO. Na hipótese de área urbana, a regulamentação quanto à ocupação do solo frente a áreas de preservação permanente caberá aos planos diretores municipais e leis de uso do solo, conforme § único, do artigo 2º da Lei nº 4.771/65 (Código Florestal). Assim, adequada incidência, no caso, da Lei Federal nº 6.766/79 que dispõe sobre o parcelamento do solo urbano, devendo ser adotada como área não passível de edificação, aquela correspondente a faixa de 15 (quinze) metros, de cada lado, ao longo das águas correntes, conforme dispõe o inciso III, artigo 4º, da referida lei. Portanto, sendo permitida a edificação na faixa de 15 (quinze) metros a contar da margem d'água, não há falar invasão da área construída na área de preservação permanente, já que o limite da construção encontra-se aproximadamente 23 metros de distância do arroio, descabendo a demolição da obra. Embargos infringentes desacolhidos."

No entanto, vale registrar que há decisão monocrática da Ministra Cármen Lúcia do Supremo Tribunal Federal, especificamente sobre a aplicação da Lei nº 12.651/2012 em áreas urbanas, cujo seguinte trecho se passa a transcrever:

"Pois bem. Esse novo Código Florestal, sancionado com alguns vetos, foi publicado no Diário Oficial da União em 25 de maio de 2012, após a interposição do primeiro recurso de embargos de declaração aviado pelo IBAMA. E ocorre que esse novo Código Florestal brasileiro

---

[17]   TJRS. Embargos Infringentes. 1º Grupo de Câmaras Cíveis. Relator: Jorge Maraschin dos Santos. (Embargos Infringentes nº 70047910237, Primeiro Grupo de Câmaras Cíveis, Julgado em 13/4/2012).

*é explícito e categórico de que é considerada área de preservação per-
manente toda e qualquer área de manguezal, o que é extremamente
o caso dos autos. Mais ainda, o novo Código Florestal, também de
forma explícita, determina que essa área de preservação permanente
se aplica, mesmo em áreas urbanas, e que a legislação municipal
deve respeitar os limites por ele estabelecidos. Determina ainda, o
novo Código Florestal, que essas mesmas áreas urbanas são destinadas ao reflorestamento, devendo esse ônus ser satisfeito pelos proprietários das terras assim qualificadas (Ministra Carmen Lúcia)."*[18]

Muito embora o tema enfrentado diga respeito à vegetação de manguezal e
não das APP ripárias, há que se indagar se o STF adotará a linha como orientação
para toda e qualquer APP urbana?

4 – Terras públicas

Outra consequência relevante decorrente das definições estabelecidas pelos
conceitos normativos criados pelo Novo Código Florestal é a relativa às dimensões das calhas de rios sobre as chamadas terras públicas, como se verá doravante. Convém observar que, no que tange ao inciso I e suas alíneas, há que se
perquirir quanto à navegabilidade dos cursos d'água em cujas margens as áreas
de preservação permanente estão localizadas, pois dependendo da resposta, os
terrenos poderão ser públicos ou privados. Com efeito, a Lei Orçamentária nº
1.507, de 26 de setembro de 1867, em seu artigo 39 estabeleceu que:

*"Art. 39. Fica reservada para a servidão pública nas margens dos
rios navegáveis e de que se fazem os navegáveis, fora do alcance das
marés, salvas as concessões legitimas feitas até a data da publicação
da presente lei, a zona de sete braças contadas do ponto médio das
enchentes ordinárias para o interior, e o Governo autorizado para
concedê-la em lotes razoáveis na forma das disposições sobre os terrenos de marinha."*

A lei em questão foi regulamentada pelo Decreto nº 4.105, de 22 de fevereiro de 1868, que *"regula a concessão dos terrenos de marinha, dos reservados
nas margens dos rios e dos accrescidos natural ou artificialmente"*. Assim, somente
há direitos em favor do proprietário rural para os terrenos reservados, caso os
mesmos tenham sido dados em concessão, conforme as disposições da Lei e do

---

[18]   Supremo Tribunal Federal. Recurso Extraordinário nº 761680/PB, Decisão Monocrática. Relatora: Ministra Cármen Lúcia. Brasília, 27 de agosto de 2013.

Decreto ora mencionados. Dessa forma, conforme a lei, os terrenos reservados são públicos e qualquer discussão sobre a forma de proteção sobre eles incidentes não pode deixar de levar em consideração tal aspecto da questão. No particular, a jurisprudência do Supremo Tribunal Federal é tranquila, havendo inclusive súmula da jurisprudência predominante:

> STF – Súmula nº 479
>
> "As margens dos rios navegáveis são domínio público, insuscetíveis de expropriação e, por isso mesmo, excluídas de indenização."

A resenha histórica feita por Antônio de Pádua Nunes[19] demonstra que os terrenos reservados são uma tradição do nosso direito e que remontam ao Direito Romano, em muitos de seus aspectos. Analisando a incidência do Código Florestal de 1965 sobre a questão do domínio das margens dos rios, Antônio de Pádua Nunes[20] assim se manifestou:

> *"O Código Florestal, na realidade, apagou o domínio e posse do Estado, do Município e do particular sobre margens das correntes.*
>
> *Essa orientação há que ser compreendida como remédio heroico em defesa das correntes de água e da flora. Com essa orientação oficial cessa o uso indiscriminado que o Estado, o Município e os particulares vinham exercendo sobre as margens dos rios, com prejuízo da flora e das correntes."*

Na verdade, a utilização indiscriminada não cessou, porém, os instrumentos legais foram postos à disposição da sociedade para que o uso nocivo cessasse.

5 – Alguns pontos polêmicos dos conceitos legais

5.1 – Borda da calha de leito regular

A definição do chamado "leito regular" dos rios é matéria complexa com ampla repercussão sobre as atividades econômicas, de proteção à natureza, às pessoas e seus bens e, inclusive, aos bens públicos. A definição estabelecida no Novo Código Florestal é capaz de dar oportunidade a muita discussão complexa e, na prática, servir mais como complicador do que como facilitador. A lei ora

---

[19]   NUNES, Antônio de Pádua. *Do terreno reservado de 1867 à faixa florestal de 1965*. São Paulo: Revista dos Tribunais, 1976. p. 16.

[20]   NUNES, Antônio de Pádua. *Do terreno reservado de 1867 à faixa florestal de 1965*. São Paulo: Revista dos Tribunais, 1976. p. 48.

comentada não se utiliza do vocábulo *rio* preferindo a expressão *curso d'água*, a qual não tem definição legal, podendo ser considerada como sinônimo de *"fluxos de água em canal natural para drenagem de uma bacia, tais como: boqueirão, rio, riacho, ribeirão ou córrego"*.[21]

O consagrado Antônio de Pádua Nunes,[22] em seus conhecidos comentários ao Código de Águas define *rio* assim:

> *"[...] o conceito de rio repousa no volume de água e na sua extensão. A denominação de rio não pode ser atribuída a um curso de água modesto no seu volume, na sua largura e na sua extensão [...]*
>
> *Podemos considerar o rio como o curso de água que é apto para navegação ou flutuação, bastando que essa aptidão exista em algum trecho nos termos do art. 6º do Decreto-lei nº 2.281, de 5.6.1940.*
>
> *Se assim não for, a corrente deverá denominar-se córrego, ribeirão, riacho, arroio etc."*

O Decreto-Lei nº 2.281, de 5 de junho de 1940, em seu artigo 6º assim estabeleceu:

> "Art. 6º É navegavel, para os efeitos de classificação, o curso d'água no qual, pleníssimo flumine, isto é, coberto todo o álveo, seja possível a navegação por embarcações de qualquer natureza, inclusive Jangadas, num trecho não inferior à sua largura: para os mesmos efeitos, é navegavel o lago ou a lagoa que, em águas médias, permita a navegação, em iguais condições, num trecho qualquer de sua superfície.
>
> Parágrafo único. Considera-se flutuável o curso em que, em águas médias, seja possível o transporte de achas de lenha, por flutuação, num trecho de comprimento igual ou superior a cinquenta vezes a largura média do curso no trecho."

Ainda segundo o mesmo autor,[23] os rios podem ainda ser:

> *"[...] tributário ou real. Tributário (ou afluente) é o que deságua em*

---

[21]   Ministério do Meio Ambiente. INSTRUÇÃO NORMATIVA Nº 4, DE 21 DE JUNHO DE 2000 (*DOU* de 3/7/2000).

[22]   NUNES, Antônio de Pádua. *Código de águas*. 2. ed. São Paulo: Revista dos Tribunais, 1980. v. I, p. 4.

[23]   NUNES, Antônio de Pádua. Código de águas. 2. ed. São Paulo: Revista dos Tribunais, 1980. v. I, p. 3.

outro, que por isso é chamado real.

Rio interior é o que tem a foz dentro do território de uma nação.

Rio contíguo ou simultâneo é o que serve de divisa entre duas nações.

Rio perene é o que corre em todas as estações do ano [...]

Rio temporário é o que seca no estio e se alimenta das chuvas [...]".

Permito-me relembrar texto que escrevi sobre o assunto:[24]

> "Rio é um conceito essencial no que diz respeito à aplicação do Código de Águas. O rio é uma das classificações em que se dividem as águas correntes naturais.
>
> [...]".

Afrânio de Carvalho ensina-nos que:

> "O rio, no seu todo, se compõe de três elementos: água, leito e margem, dos quais a água é o principal, servindo o leito e a margem para contê-la. Ao passo que a água é um elemento autônomo, o leito e a margem se completam e solidarizam na função de continente dela. A margem, como prolongamento lateral ascendente do leito ou do álveo, chega à orla saliente da calha do rio, onde serve para lindar a contenção da água no seu curso normal. Na parte mais baixa também é chamada de praia, e na mais alta, de ribanceira, ou barranca, pois costuma haver uma gradação, maior ou menor, de uma para outra, embora seja por vezes quase repentina a mudança, como nos 'canhões' do rio. Assim, como o leito, a margem é parte integrante do rio, mas, ao mesmo tempo, ambos não passam realmente de extremidades do solo ribeirinho dada a homogeneidade de sua composição."

O leito do rio, ou álveo, é fundamental para definir, inclusive, bens públicos, como se vê do Código de Águas:

> *Art. 9º Álveo é a superfície que as águas cobrem sem transbordar para o solo natural e ordinariamente enxuto.*
>
> *Art. 10. O álveo será público de uso comum, ou dominical, conforme a propriedade das respectivas águas; e será particular no caso das águas comuns ou das águas particulares.*

---

24   ANTUNES, Paulo de Bessa. *Direito ambiental*. 14. ed. São Paulo: Atlas, 2012. p. 903-904.

§ 1º Na hipótese de uma corrente que sirva de divisa entre diversos proprietários, o direito de cada um deles se estende a todo o comprimento de sua testada até a linha que divide o álveo ao meio.

§ 2º Na hipótese de um lago ou lagoa nas mesmas condições, o direito de cada proprietário estender-se-á desde a margem até a linha ou ponto mais conveniente para divisão equitativa das águas, na extensão da testada de cada quinhoeiro, linha ou ponto locados, de preferência, segundo o próprio uso dos ribeirinhos.

Art. 11. São públicos dominicais, se não estiverem destinados ao uso comum, ou por algum título legítimo não pertencerem ao domínio particular;

1º os terrenos de marinha;

2º os terrenos reservados nas margens das correntes públicas de uso comum, bem como dos canais, lagos e lagoas da mesma espécie. Salvo quanto as correntes que, não sendo navegáveis nem flutuáveis, concorrem apenas para formar outras simplesmente flutuáveis, e não navegáveis.

§ 1º Os terrenos que estão em causa serão concedidos na forma da legislação especial sobre a matéria.

§ 2º Será tolerado o uso desses terrenos pelos ribeirinhos, principalmente os pequenos proprietários, que os cultivem, sempre que o mesmo não colidir por qualquer forma com o interesse público.

Art. 12. Sobre as margens das correntes a que se refere a última parte do nº 2 do artigo anterior, fica somente, e dentro apenas da faixa de 10 metros, estabelecida uma servidão de trânsito para os agentes da administração pública, quando em execução de serviço.

Art. 13. Constituem terrenos de marinha todos os que, banhados pelas águas do mar ou dos rios navegáveis, vão até 33 metros para a parte da terra, contados desde o ponto a que chega o preamar médio.

Este ponto refere-se ao estado do lugar no tempo da execução do art. 51, § 14, da lei de 15/11/1831.

Art. 14. Os terrenos reservados são os que, banhados pelas correntes navegáveis, fora do alcance das marés, vão até a distância de 15 metros para a parte de terra, contados desde o ponto médio das enchentes ordinárias.

Art. 15. O limite que separa o domínio marítimo do domínio fluvial, para o efeito de medirem-se ou demarcarem-se 33 (trinta e três), ou 15 (quinze) metros, conforme os terrenos estiverem dentro ou fora *do alcance das marés, será indicado pela seção transversal do rio, cujo nível não oscile com a maré ou, praticamente, por qualquer fato geológico ou biológico que ateste a ação poderosa do mar.*

No que tange à demarcação dos terrenos públicos às margens dos cursos de água é aplicável a Instrução Normativa nº 2, de 12 de março de 2001, da Secretaria de Patrimônio da União. Na forma do ato normativo:

> *"Art. 7º Os terrenos marginais são identificados e caracterizados, nas correntes de água fora do alcance das marés, a partir da Linha Média das Enchentes Ordinárias – LMEO (Lei nº 1.507, de 26 de setembro de 1867), nos termos do Decreto-lei nº 9.760, de 1946, determinada pela interseção do plano representativo do nível médio das enchentes ordinárias com o terreno, considerando-se, caso tenha ocorrido qualquer alteração, sua configuração em 1867.*
>
> *§ 1º A Linha Média das Enchentes Ordinárias será determinada a partir de plantas e documentos de autenticidade irrecusável, relativos ao ano de 1867 ou, quando não obtidos, à época que do mesmo mais se aproxime, e de observações fluviométricas, considerando enchentes com período de recorrência igual a 3 anos ou superior, desde que devidamente justificado, excluindo-se as enchentes com período de recorrência igual ou superior a 20 anos.*
>
> *§ 2º Para efeito deste regulamento, período de recorrência é o intervalo médio de tempo entre a ocorrência de enchentes com vazões máximas iguais ou superiores à da enchente em questão.*
>
> *§ 3º Na realização dos trabalhos de demarcação de terrenos marginais, serão observados os procedimentos previstos nos arts. 3º a 6º."*

A concepção de leito regular como aquele leito pelo qual o rio flui durante o ano merece crítica, pois a variação de chuvas, secas e outros fatores faz com que o leito dos rios se desloque durante o ciclo anual. Assim, podemos falar em um leito médio, jamais em um leito regular, como se ele permanecesse estático durante todo o ano. A questão se agrava quando nos deparamos com os rios intermitentes, os quais simplesmente desaparecem durante determinado período do ano (estação seca); aqui o conceito estabelecido na norma, simplesmente, é inaplicável. Aliás, a distinção entre o curso d'água intermitente e o perene é fundamental, em meu ponto de vista.

Cursos de Água	
INTERMITENTE	**PERENE**
Em geral, escoam durante as estações de chuvas e secam nas de estiagem. Nessa época, o lençol freático se encontra em um nível inferior ao do leito do rio, o escoamento superficial cessa ou ocorre somente durante, ou imediatamente após, as tormentas.	Contém água durante todo o tempo, o lençol subterrâneo mantém uma alimentação contínua e não desce nunca abaixo do leito do rio, mesmo durante as secas mais severas.

Em minha opinião, a proteção dos cursos de água intermitentes deve ser feita em modelo específico e não como a regra geral utilizada para os cursos perenes. A inexistência de tal distinção tem acarretado complexas consequências jurídicas, pois os órgãos de controle ambiental têm reconhecido a existência de áreas de preservação permanente às margens de rios intermitentes, mesmo em épocas de estiagem, *in verbis*:

> *"No caso dos autos, não há dúvidas de que a parte apelada cometeu ilícito ambiental ao efetuar corte de vegetação em área de preservação permanente. É, pois, o que menciona não apenas o auto de infração lavrado pelo IBAMA à fl. 17, como o próprio inventário florestal de fls. 29/35, documento de autoria da parte ré, na qual consta no item 'características do terreno' que assevera: 'Existe Área de Preservação Permanente, correspondendo à um curso d'água intermitente, de pouca vazão, aflorando somente no período de chuvas.' Tendo em conta apenas os dois documentos supra referidos, é possível concluir que, diferentemente do reconhecido pelo juízo nos fundamentos da sentença, a área em comento caracterizava-se, sim como sendo de preservação permanente. Tanto isso é verdade que, na defesa preliminar administrativa (fls. 19/25) apresentada pela ré contra o Auto de Infração que constatou o corte de vegetação irregular, a demandada limitou-se apenas a arguir que possuía autorização do órgão ambiental competente, a FATMA. Contudo, nada referiu com relação ao fato de que a área onde realizara a derrubada para a construção de seu* campus *não seria de preservação permanente. Logo, não cabem maiores discussões com relação à natureza da área na qual foi flagrado o ilícito ambiental [...]"* (Desembargador Federal Carlos Eduardo Thompson Flores Lenz)[25]

---

[25] Tribunal Regional Federal da 4ª Região, AC 200572050043862, 3ª TURMA, *D.E.* 20/1/2010.

112 Comentários ao Novo Código Florestal • Bessa Antunes

Assim, ainda que o conceito tenha sido estabelecido para a aplicação do Novo Código Florestal, não há dúvida de que ele é inconsistente e capaz de gerar controvérsias desnecessárias, em matéria que já estava pacificada há anos. O conceito de leito regular, tal como está, é um desserviço aos interesses da sociedade brasileira, pois afronta o domínio público dos terrenos marginais e, na prática, é um instrumento de diminuição, por tabela, das áreas de preservação permanente situadas às margens dos cursos de água.

Leito de Rio (Álveo)[26]

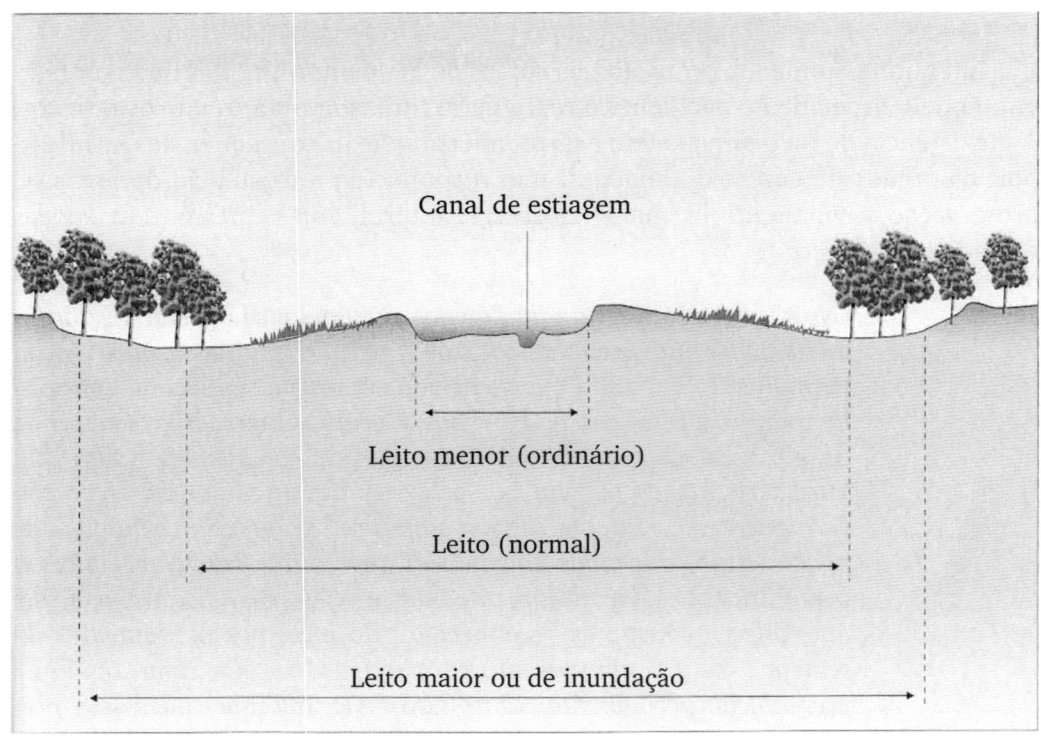

[26] Disponível em: <http://aquafluxus.com.br/wp-content/uploads/2011/12/leitos.jpg>. Acesso em: 27 de junho de 2012.

5.2 – Jurisprudência

> *"PENAL E PROCESSUAL PENAL – COMPETÊNCIA – DELITOS DO ART. 55 DA LEI 9.605/98 E DO ART. 2º DA LEI 8.176/91 – EXTRA-ÇÃO ILEGAL DE RECURSOS MINERAIS (AREIA E CASCALHO), NO **LEITO DE RIO** – ARTS. 20, IX, E 176 DA CF/88 – BEM DA UNIÃO – COMPETÊNCIA DA JUSTIÇA FEDERAL – ART. 109, IV, DA CF/88 – CRIME AMBIENTAL – ART. 78, II, A, DO CPP E SÚMULA 122 DO STJ – RECURSO PROVIDO. I – A extração de areia e cascalho do leito do Rio do Peixe, sem a necessária autorização, consubstancia delito em detrimento de bem da União, nos termos dos arts. 20, IX, e 176 da CF/88, de forma a atrair a competência da Justiça Federal, na forma do disposto no art. 109, IV, da Carta Magna. II – 'É federal a competência para processar e julgar ação penal fundada na extração de areia de **leito de rio**, bem constitucionalmente afeto à União Federal, sem a licença de órgão ambiental. O crime de usurpação, conexo ao de extração de areia de bem da União, enseja a competência da Justiça Federal. [...]' (STJ, CC 49330/RJ, 3ª Seção, Rel. Min. Paulo Medina, 3ª Turma, unânime, DJU de 05/02/2007, p. 199) III – Em consonância com o art. 78, II, a do CPP e com o enunciado da Súmula 122 do colendo Superior Tribunal de Justiça, compete à Justiça Federal o processo e o julgamento do presente feito. IV – Recurso provido." (DESEMBARGADORA FEDERAL ASSUSETE MAGALHÃES)*[27]

O Superior Tribunal de Justiça[28] entendeu correta a anulação de auto de infração lavrado pelo IBAMA, por suposta violação aos dispositivos do artigo 2º do Código Florestal em área urbana. A decisão mereceu a seguinte ementa:

> "ADMINISTRATIVO. NULIDADE DE AUTO DE INFRAÇÃO AMBIEN-TAL. CONSTRUÇÃO LOCALIZADA EM ÁREA URBANA. APLICA-ÇÃO DO PLANO DIRETOR DO MUNICÍPIO. ALEGAÇÃO DE VIO-LAÇÃO A DISPOSITIVO CONSTITUCIONAL. IMPOSSIBILIDADE. AUSÊNCIA DE PREQUESTIONAMENTO. AUSÊNCIA DE DEMONS-TRAÇÃO DE DISSÍDIO JURISPRUDENCIAL. RECURSO ESPECIAL A QUE SE NEGA SEGUIMENTO."

---

[27]   Tribunal Regional Federal da 1ª Região. RSE 200935000125770. RSE – RECURSO EM SENTIDO ESTRITO – 200935000125770, **3ª Turma**, *e-DJF*: 17/12/2010, p. 1652.

[28]   Superior Tribunal de Justiça. RECURSO ESPECIAL Nº 1.244.033 – SC (2011/0059644-6). RELATOR: MINISTRO TEORI ALBINO ZAVASCKI.

Destacam-se trechos da decisão proferida pelo ilustre Ministro Teori Albino Zavascky:

> **"Trata-se de recurso especial interposto contra acórdão proferido em demanda visando à declaração de nulidade de auto de infração e termo de embargo firmados pelo IBAMA, em face de construção que teria desrespeitado área de preservação permanente. O Tribunal Regional Federal da 4ª Região julgou procedente o pedido, porque a construção está sendo realizada em área urbana, prevalecendo as determinações do Plano Diretor da cidade de Bombinhas/SC sobre o regramento genérico das leis ambientais, nos termos do art. 2º, parágrafo único, do Código Florestal.** Nas razões do recurso especial (fls. 289/303), o recorrente aponta divergência jurisprudencial e ofensa aos artigos 23 e 225 da Constituição Federal, 70 da Lei 9.605/98 e 1º, § 2º, II, 2º e 4º da Lei 4.771/65, pois 'entende o Ibama que a observância da legislação municipal não é uma garantia de que a construção foi executada em obediência à legislação ambiental e, portanto, não atesta a segurança da obra quanto à lesividade ao meio ambiente', sendo que 'a tutela à natureza não distingue entre meio ambiente urbano e rural' (fl. 294). Sem contra-razões (fls. 304).
>
> **O Parecer do Ministério Público Federal, a fls. 320/325, é pelo não conhecimento do recurso especial.**
>
> 2. Em recurso especial não cabe invocar ofensa à norma constitucional, razão pela qual o presente recurso não pode ser conhecido relativamente à apontada ofensa aos arts. 23 e 225 da Constituição Federal [...].
>
> **O acórdão recorrido resolveu a controvérsia sob o enfoque do art. 2º, parágrafo único, do Código Florestal [...]**
>
> **Diante do exposto, nego seguimento ao recurso especial.**
>
> Intime-se.
>
> Brasília (DF), 11 de maio de 2011." MINISTRO TEORI ALBINO ZAVASCKI Relator

A decisão acima transcrita é a culminância de toda uma série de decisões que têm sido proferidas em Tribunais Estaduais e Regionais Federais, as quais negam a aplicação do Código Florestal em área urbana.

O Tribunal Regional Federal da 2ª Região,[29] ao discutir a matéria referente à aplicação do Código Florestal em área urbana, assim se manifestou:

> "Direito ambiental – área de preservação permanente – o código florestal (LEI 4.771/65) e a sua aplicação nas zonas urbanas – **interpretação do parágrafo único do art. 2º do Código Florestal** I – O direito ao meio ambiente ecologicamente equilibrado é um direito fundamental de terceira geração que impõe ao Poder Público e à coletividade o dever de defendê-lo e preservá-lo para as gerações presentes e futuras. II – Em conformidade com este sistema protetivo, a Constituição da República estabeleceu competência aos entes federativos para legislar sobre a proteção ambiental, envolvendo atribuições na esfera administrativa com fulcro no poder de polícia, o que permite, melhor, impõe, a tais entes, dentro das suas competências, o dever-poder de agir para conservar e gerir o meio ambiente. III – As áreas de preservação permanente destinam-se à proteção da vegetação em áreas sensíveis, como as margens dos corpos d'água, nascentes, encostas, topos de morro, restingas e outras mencionadas no Código Florestal. A cobertura vegetal ao longo dos corpos d'água é essencial para a conservação dos recursos hídricos, uma vez que ela protege o solo contra a erosão e evita o processo de assoreamento e poluição daquele precioso recurso ambiental. A cobertura vegetal nativa ao longo dos rios, nascentes e encostas contribui ainda para a manutenção de corredores ecológicos, os quais permitem o fluxo gênico entre populações da flora e da fauna situadas em áreas distantes, que poderiam estar separadas, não fossem as áreas de preservação permanente. IV – Código Florestal: art. 2º Consideram-se de preservação permanente, pelo só efeito desta Lei, as florestas e demais formas de vegetação natural situadas: a) ao longo dos rios ou de qualquer curso d'água desde o seu nível mais alto em faixa marginal cuja largura mínima será: 1 – de 30 (trinta) metros para os cursos d'água de menos de 10 (dez) metros de largura; Parágrafo único. No caso de áreas urbanas, assim entendidas as compreendidas nos perímetros urbanos definidos por lei municipal, e nas regiões metropolitanas e aglomerações urbanas, em todo o território abrangido, observar-se-á o disposto nos respectivos planos diretores e leis de uso do solo, respeitados os princípios e limites a que se refere este artigo. V – **A aplicabilidade do Código Flo-**

---

[29]   Tribunal Regional Federal da 2ª Região. AG 200602010124560. Relator: Desembargador Federal REIS FRIEDE. 7ª TURMA ESPECIALIZADA. *DJU*: 12/5/2008. p. 697-698.

restal na zona urbana passa, necessariamente, pela interpretação do parágrafo único do art. 2º acima mencionado, pois o referido dispositivo ao determinar a observância dos limites estabelecidos no *caput*, pareceu entrar em contradição, o que demanda a sua interpretação. VI – Enfim, a melhor interpretação leva ao reconhecimento de que a expressão 'limites' foi inserida no texto do parágrafo único como restrição máxima, ou seja, leva à proibição de que venha a ser exigido padrão de proteção superior ao contido no artigo 2º do Código Florestal, consoante sustentam diversos estudiosos da matéria, a exemplo de Ana Lucia Moreira Borges e Ronald Victor Romero Magri. (Borges, A. L. M. e Magri, R. V. R. Vegetação de Preservação Permanente e Área Urbana – uma interpretação do art. 2º, do Código Florestal. Revista de Direito Ambiental 2, São Paulo: RT, abr.-jun. 1996. (Pág. 71-76)). VII – Recurso provido para se permitir o prosseguimento da obra, desde que respeitados os limites de 15 (quinze) metros estabelecidos na legislação municipal."

Na mesma direção andou o Egrégio Tribunal Regional Federal da 3ª Região,[30] como demonstra o seguinte aresto:

"ADMINISTRATIVO. MANDADO DE SEGURANÇA. DIREITO AMBIENTAL. ÁREA URBANA. ART. 2º, § ÚNICO DO CÓDIGO FLORESTAL. ATUAÇÃO SUPLETIVA DO IBAMA. ARTIGO 11, § 1º DA LEI Nº 6.938/81. SUPRESSÃO DE VEGETAÇÃO EM ÁREA DE PRESERVAÇÃO PERMANENTE. EXERCÍCIO DO PODER DE POLÍCIA. COMPETÊNCIA COMUM. PRINCÍPIO DA PRECAUÇÃO. INOBSERVÂNCIA DA LICENÇA MUNICIPAL. 1. A Fundação Municipal de Meio Ambiente autorizou a supressão de vegetação secundária, a qual estava em estágio médio de regeneração natural, na zona urbana de Blumenau. 2. A obra consistiu na terraplanagem de um terreno para construção de uma oficina mecânica, sendo que a área total do imóvel é de 7.232,08 m², sendo autorizados 2.700 m², ou seja, aproximadamente 1/3 do terreno. 3. **O Código Florestal determina para as áreas urbanas que se observe o Plano Diretor do Município. 4. Não ocorrência de omissão ou inércia, pois houve o licenciamento para a construção da oficina mecânica. Para que seja admitida a atividade supletiva do IBAMA deve ocorrer a inépcia, ou, em outras palavras, a falta**

30   Tribunal Regional Federal da 4ª região, APELREEX 200772080036820. Relator: JOÃO PEDRO GEBRAN NETO. 3ª TURMA. *D.E.* 30/9/2009.

absoluta de aptidão técnica do órgão municipal para o licenciamento. 5. Apelação e remessa oficial improvidas."

No mesmo sentido existe decisão do Egrégio Tribunal Regional Federal da 4ª Região:[31]

"EMBARGOS INFRINGENTES. AÇÃO CIVIL PÚBLICA. ANULAÇÃO DE LICENÇAS AMBIENTAIS. LEGISLAÇÃO FLORESTAL. FLORESTA URBANA. INEXISTÊNCIA DE ÁREA DE PRESERVAÇÃO PERMANENTE. **A embargada agiu dentro da legalidade, conforme orientações locais de proteção ambiental, não se tratando de área de preservação permanente, tendo em vista ser inaplicável ao caso o Código Florestal, que assim define as áreas 'de 30 (trinta) metros para os cursos d'água de menos de 10 (dez) metros de largura' (art. 2º, a, 1, da Lei 4.771/65), uma vez que se trata de área urbana, cujas peculiaridades devem ser levadas em consideração ao se aplicar a legislação florestal.**"

Em linha de coerência com as decisões acima, o Egrégio Tribunal Regional Federal da 5ª Região[32] assim decidiu:

"AGRAVO DE INSTRUMENTO. PROCESSUAL CIVIL. PRELIMINAR. CARÊNCIA DE AÇÃO. ÁREA DE INTERESSE LOCAL SITUADA NA ZONA URBANA DO MUNICÍPIO DE FORTALEZA. COMPETÊNCIA DO MUNICÍPIO PARA PROMOVER A POLÍTICA URBANA. ILEGITIMIDADE DO IBAMA. 1. Loteamento em área de interesse local situado na zona urbana do município de Fortaleza. 2. Competência municipal para promover a política urbana (art. 182, da CF/88, Lei Municipal nº 7.987/96 e art. 6º, da Resolução nº 237/97, do Conselho Nacional do Meio Ambiente – CONAMA). 3. Pelo fato dos lotes 10, 14 e 15, do loteamento denominado 'Jardim Fortaleza', se encontrarem em área urbana, e não, em área de preservação permanente, falece legitimidade *ad causam* do IBAMA. 4. Preliminar de carência de ação acolhida em face do IBAMA ser parte ilegítima para figurar no polo passivo da demanda, por não se tratar de área de preservação florestal permanente. Incompetência da Justiça Federal. Remessa dos autos à Justiça Estadual. Agravo de Instrumento provido, em parte."

---

[31]   Tribunal Regional Federal da 4ª Região. EINF 200472000100900. Relatora: MARIA LÚCIA LUZ LEIRIA, 2ª SEÇÃO, *D.E.* 8/9/2008.

[32]   Tribunal Regional Federal da 5ª Região. AG 200005000486154. Relator: Desembargador Federal Élio Wanderley de Siqueira Filho. 3ª Turma. *DJU* :31/7/2006. p. 593.

5.3 – Restinga como fixadora de dunas ou estabilizadora de mangues[33]

Tratar a questão das restingas como áreas de preservação permanente, pois, como observado pelo Professor Kenitiro Suguio,[34] *"o termo vem sendo aplicado indiscriminadamente referindo-se, na verdade, a depósitos sedimentares de várias origens, embora quase sempre estejam relacionados a processos costeiros ou litorâneos"*.

O Novo Código Florestal criou mais um conceito para o termo *restinga*, determinando que, na hipótese de serem fixadoras de dunas e estabilizadoras de mangue, elas se transformam em áreas de preservação permanente. Especificamente no que diz respeito à vegetação de restinga como fixadora de dunas ou estabilizadora de mangues:

Definição de Restinga[24]	
Resolução Conama nº 4, de 18/9/1985 (revogada pela Resolução nº 303/2002	Restinga – acumulação arenosa litorânea, paralela à linha da costa, de forma geralmente alongada, produzida por sedimentos transportados pelo mar, onde se encontram associações vegetais mistas características, comumente conhecidas como "vegetação de restingas".
Resolução Conama nº 10, de 1/10/1993	Restinga – vegetação que recebe influência marinha, presente ao longo do litoral brasileiro, também considerada comunidade edáfica, por depender mais da natureza do solo do que do clima. Ocorre em mosaico e encontra-se em praias, cordões arenosos, dunas e depressões, apresentando, de acordo com o estágio sucessional, estrato herbáceo, arbustivo e arbóreo, este último mais interiorizado.

---

[33]   Direito anterior: Lei nº 4.771/1965: *Art. 2º Consideram-se de preservação permanente, pelo só efeito desta Lei, as florestas e demais formas de vegetação natural situadas: [...] f) nas restingas, como fixadoras de dunas ou estabilizadoras de mangues [...]*.

[34]   SUGUIO, Kenitiro, Prefácio. In: SOUZA, Célia Regina de Gouveia et al. *"Restinga"*: conceitos e empregos do termo no Brasil e implicações na legislação ambiental. São Paulo: Instituto Geológico, 2008, p. 15.

[35]   Com base em Célia Regina de Gouveia Souza. et al. *"Restinga"*: conceitos e empregos do termo no Brasil e implicações na legislação ambiental. São Paulo: Instituto Geológico, 2008. p. 34-36.

| Resolução Conama nº 07, de 23 de julho de 1996 | Entende-se por vegetação de restinga o conjunto das comunidades vegetais, fisionomicamente distintas, sob influência marinha e fluvio-marinha. Essas comunidades, distribuídas em mosaico, ocorrem em áreas de grande diversidade ecológica, sendo consideradas comunidades edáficas por dependerem mais da natureza do solo que do clima. Essas formações, para efeito desta Resolução, são divididas em: Vegetação de Praias e Dunas, Vegetação Sobre Cordões Arenosos e Vegetação Associada às Depressões. Na restinga os estágios sucessionais diferem das formações ombrófilas e estacionais, ocorrendo notadamente de forma mais lenta, em função do substrato que não favorece o estabelecimento inicial da vegetação, principalmente por dissecação e ausência de nutrientes. O corte da vegetação ocasiona uma reposição lenta, geralmente de porte e diversidade menores, onde algumas espécies passam a predominar. Dada a fragilidade desse ecossistema a vegetação exerce papel fundamental para a estabilização de dunas e mangues, assim como para a manutenção da drenagem natural. A dinâmica sucessional da restinga passa a ser caracterizada a seguir. |
| Resolução Conama nº 261, de 30/6/1999 | Entende-se por restinga um conjunto de ecossistemas que compreende comunidades vegetais florísticas e fisionomicamente distintas, situadas em terrenos predominantemente arenosos, de origens marinha, fluvial, lagunar, eólica ou combinações destas, de idade quaternária, em geral com solos pouco desenvolvidos. Estas comunidades vegetais formam um complexo vegetacional edáfico e pioneiro, que depende mais da natureza do solo que do clima, encontrando-se em praias, cordões arenosos, dunas e depressões associadas, planícies e terraços. |

	A vegetação de restinga compreende formações originalmente herbáceas, subarbustivas, arbustivas ou arbóreas, que podem ocorrer em mosaicos e também possuir áreas ainda naturalmente desprovidas de vegetação; tais formações podem ter-se mantido primárias ou passado a secundárias, como resultado de processos naturais ou de intervenções humanas. Em função da fragilidade dos ecossistemas de restinga, sua vegetação exerce papel fundamental para a estabilização dos sedimentos e a manutenção da drenagem natural, bem como para a preservação da fauna residente e migratória associada à restinga e que encontra neste ambiente disponibilidade de alimentos e locais seguros para nidificar e proteger-se dos predadores.
Resolução Conama nº 303, de 20/3/2002	Restinga: depósito arenoso paralelo à linha da costa, de forma geralmente alongada, produzido por processos de sedimentação, onde se encontram diferentes comunidades que recebem influência marinha, também consideradas comunidades edáficas por dependerem mais da natureza do substrato do que do clima. Na cobertura vegetal das restingas ocorrem mosaicos, e encontra-se em praias, cordões arenosos, dunas e depressões, apresentando, de acordo com o estágio sucessional, estrato herbáceo, arbustivos e arbóreo, este último mais interiorizado;

Como apontam Célia Regina de Gouveia Souza et al.,[36]

> "é fácil observar que, em todos esses instrumentos legais, o termo Restinga ora é utilizado para se referir a um depósito arenoso paralelo à linha da costa, ora às vegetações de planície costeira, fato este que, por indução, implica que outros tipos de depósitos costeiros, não necessariamente arenosos e/ou de origem marítima, sejam também incluídos como Restinga".

---

[36]   SOUZA, Célia Regina de Gouveia et al. *"Restinga"*: conceitos e empregos do termo no Brasil e implicações na legislação ambiental. São Paulo: Instituto Geológico, 2008. p. 36.

O conceito de restinga adotado pelo Novo Código Florestal, aparentemente, padece do mesmo mal anteriormente denunciado.

> "Restinga: depósito arenoso paralelo à linha da costa, de forma geralmente alongada, produzido por processos de sedimentação, onde se encontram diferentes comunidades que recebem influência marinha, com cobertura vegetal em mosaico, encontrada em praias, cordões arenosos, dunas e depressões, apresentando, de acordo com o estágio sucessional, estrato herbáceo, arbustivo e arbóreo, este último mais interiorizado."

Não é difícil se perceber que o conceito normativo constante do Novo Código Florestal é quase que cópia fiel daquele contido na Resolução nº 10/1993. Ao comentar os conceitos constantes das Resoluções do Conama sobre o tema, aplicável ao Novo Código Florestal, tendo em vista a manutenção da definição constante da Resolução nº 10/1993, Célia Regina de Gouveia Souza et al.[37] aponta que

> "o maior problema associado a esses conceitos é, notadamente, o fato de que a 'Vegetação de Restinga' não somente englobaria as comunidades vegetais que ocorrem sobre os depósitos arenosos paralelos à linha de costa (independentemente do conceito equivocado de 'Restinga'), mas inclui todas as demais vegetações que recobrem os diversos tipos de depósitos existentes na planície costeira e na baixa a média encosta."

Assim, como se vê, o conceito normativo é falho e não corresponde a uma definição técnica adequada e operacional.

Por sua vez, o Superior Tribunal de Justiça, pela via interpretativa, tem ampliado o conceito e, inclusive, reconhecido a possibilidade de que o Conselho Nacional do Meio Ambiente crie direito novo, como se demonstrará:

> "....OBRA EMBARGADA PELO IBAMA, COM FUNDAMENTO NA RESOLUÇÃO DO CONAMA Nº 303/2002. ÁREA DE PRESERVAÇÃO PERMANENTE [...] 1. Embargos de declaração calcados no argumento de que não se está a tratar de revolvimento de fatos e provas constante dos autos, nem tampouco da competência normativa da Administração Pública, mas sim da falta de legitimidade do Conama para **instituir, por intermédio de Resolução, uma área**

---

[37]   SOUZA, Célia Regina de Gouveia et al. *"Restinga"*: conceitos e empregos do termo no Brasil e implicações na legislação ambiental. São Paulo: Instituto Geológico, 2008. p. 87.

de preservação permanente de restinga não prevista em lei. 2.
[...] embargado, embora tenha considerado válida a Resolução
do Conama n. 303/2002 [...] excesso regulamentar da Reso-
lução do Conama nº 303/2002, decidindo pela validade jurídica
dos autos de embargo e de infração emitidos com esteio nos limites
traçados pela referida norma regulamentadora." (Ministro Benedito
Gonçalves)[38]

6 – Área de preservação permanente com função de proteção de recursos hídricos

O Novo Código Florestal não fez modificações profundas na proteção das chamadas matas ciliares, que são aquelas que ficam às margens dos cursos d'água naturais. Aliás, a modificação mais relevante e necessária foi aquela que determinou a proteção das águas naturais, o que certamente era a *mens legis* do Código revogado, mas que, no entanto, foi ultrapassada por inúmeras ações e medidas judiciais, inclusive de natureza criminal, as quais buscavam dar interpretação ao texto legal então vigente, de forma que a proteção fosse estendida para margens de cursos artificiais, tais como canais de irrigação, canais de drenagem e outros assemelhados, em verdadeiro absurdo que a nova lei, espera-se, veio a impedir prossiga sendo praticado. Veja-se a seguinte decisão judicial:

> "ADMINISTRATIVO. IBAMA. INTERDIÇÃO/EMBARGO DE PRO-
> PRIEDADE DEDICADA À CARCINICULTURA. ART. 2º, A, DO
> CÓDIGO FLORESTAL. CURSO D'ÁGUA ARTIFICIAL. FATO INCON-
> TROVERSO. A norma prevista no art. 2º, *a*, do Código Florestal
> protege apenas as florestas e demais formas de vegetação situadas
> ao longo de cursos d'água naturais, pois quando o Código preten-
> deu defender margens de corpos hídricos artificiais, foi utilizada
> redação expressa e induvidosa." (Desembargadora Federal Maria
> Lúcia Leira)[39]

No quadro a seguir é feita a comparação entre o regime ora vigente e aquele revogado.

---

[38]   Superior Tribunal de Justiça. EDRESP 200702363400. EDRESP – EMBARGOS DE DECLARAÇÃO NO RECURSO ESPECIAL – 994881. 1ª Turma. *DJE*: 15/12/2010.

[39]   Tribunal Regional Federal da 4ª Região. AC 200672000002716 – AC – APELAÇÃO CÍVEL. 3ª Turma, *D.E.* 10/9/2009.

Áreas de Preservação Permanentes às margens de cursos d'água

Código Florestal de 1965	Novo Código Florestal
a) ao longo dos rios ou de **qualquer curso d'água desde o seu nível mais alto** em faixa marginal cuja largura mínima será: 1 – de **30 (trinta) metros** para os cursos d'água de **menos de 10 (dez) metros** de largura; 2 – de **50 (cinquenta) metros** para os cursos d'água que tenham de **10 (dez) a 50 (cinquenta) metros de largura**; 3 – de **100 (cem) metros** para os cursos d'água que tenham de **50 (cinquenta) a 200 (duzentos)** metros de largura; 4 – de **200 (duzentos) metros** para os cursos d'água que tenham de **200 (duzentos) a 600 (seiscentos) metros** de largura; 5 – de **500 (quinhentos) metros** para os cursos d'água que tenham largura **superior a 600 (seiscentos) metros**; b) ao **redor das lagoas, lagos ou reservatórios d'água naturais ou artificiais;** c) **nas nascentes, ainda que intermitentes e nos chamados "olhos d'água", qualquer que seja a sua situação topográfica, num raio mínimo de 50 (cinquenta) metros de largura;**	I – as faixas marginais de **qualquer curso d'água natural**, **desde a borda da calha do leito regular**, em largura mínima de: a) **30 (trinta) metros**, para os cursos d'água de **menos de 10 (dez) metros** de largura; b) **50 (cinquenta) metros**, para os cursos d'água que tenham de **10 (dez) a 50 (cinquenta) metros de largura**; c) **100 (cem) metros**, para os cursos d'água que tenham de **50 (cinquenta) a 200 (duzentos)** metros de largura; d) **200 (duzentos) metros**, para os cursos d'água que tenham de **200 (duzentos) a 600 (seiscentos) metros** de largura; e) 500 (quinhentos) metros, para os cursos d'água que tenham largura **superior a 600 (seiscentos) metros;** II – as áreas no entorno dos **lagos e lagoas naturais**, em faixa com largura mínima de: a) **100 (cem) metros, em zonas rurais, exceto para o corpo d'água com até 20 (vinte) hectares de superfície, cuja faixa marginal será de 50 (cinquenta) metros;** b) **30 (trinta) metros, em zonas urbanas;** III – as áreas no entorno dos reservatórios d'água artificiais, na faixa definida na licença ambiental do empreendimento, observado o disposto nos §§ 1º e 2º; IV – as áreas no entorno das nascentes e dos olhos d'água perenes, qualquer que seja sua situação topográfica, no raio mínimo de 50 (cinquenta) metros;

7 – DEMAIS ÁREAS DE PRESERVAÇÃO PERMANENTE

No que se refere às demais áreas de preservação permanente, o Novo Código Florestal foi ambíguo, pois manteve as antigas, acrescentou outras e diminuiu o tamanho de tantas outras. Dessa forma, parece difícil compreender a vontade do legislador no caso concreto.

Novo Código Florestal	Código Florestal de 1965
V – as encostas ou partes destas com declividade superior a 45°, equivalente a 100% (cem por cento) na linha de maior declive;	d) no topo de morros, montes, montanhas e serras;
VI – as restingas, como fixadoras de dunas ou estabilizadoras de mangues;	e) nas encostas ou partes destas, com declividade superior a 45°, equivalente a 100% na linha de maior declive;
VII – os manguezais, em toda a sua extensão;	f) nas restingas, como fixadoras de dunas ou estabilizadoras de mangues;
VIII – as bordas dos tabuleiros ou chapadas, até a linha de ruptura do relevo, em faixa nunca inferior a 100 (cem) metros em projeções horizontais;	g) nas bordas dos tabuleiros ou chapadas, a partir da linha de ruptura do relevo, em faixa nunca inferior a 100 (cem) metros em projeções horizontais;
IX – no topo de morros, montes, montanhas e serras, com altura mínima de 100 (cem) metros e inclinação média maior que 25°, as áreas delimitadas a partir da curva de nível correspondente a 2/3 (dois terços) da altura mínima da elevação sempre em relação à base, sendo esta definida pelo plano horizontal determinado por planície ou espelho d'água adjacente ou, nos relevos ondulados, pela cota do ponto de sela mais próximo da elevação;	h) em altitude superior a 1.800 (mil e oitocentos) metros, qualquer que seja a vegetação.
X – as áreas em altitude superior a 1.800 (mil e oitocentos) metros, qualquer que seja a vegetação;	
XI – em veredas, a faixa marginal, em projeção horizontal, com largura mínima de 50 (cinquenta) metros, a partir do limite do espaço brejoso e encharcado.	

Outras disposições contidas no artigo 4º:

- Não se aplica o previsto no inciso III nos casos em que os reservatórios artificiais de água não decorram de barramento ou represamento de cursos d'água.

- No entorno dos reservatórios artificiais situados em áreas rurais com até 20 (vinte) hectares de superfície, a área de preservação permanente terá, no mínimo, 15 (quinze) metros.

- Fica dispensado o estabelecimento das faixas de Área de Preservação Permanente no entorno das acumulações naturais ou artificiais de água com superfície inferior a 1 (um) hectare, vedada nova supressão de áreas de vegetação nativa.

- É admitido, para a pequena propriedade ou posse rural familiar, de que trata o inciso V do art. 3º desta Lei, o plantio de culturas temporárias e sazonais de vazante de ciclo curto na faixa de terra que fica exposta no período de vazante dos rios ou lagos, desde que não implique supressão de novas áreas de vegetação nativa, seja conservada a qualidade da água e do solo e seja protegida a fauna silvestre.

- Nos imóveis rurais com até 15 (quinze) módulos fiscais, é admitida, nas áreas de que tratam os incisos I e II do *caput* deste artigo, a prática da aquicultura e a infraestrutura física diretamente a ela associada, desde que: (a) sejam adotadas práticas sustentáveis de manejo de solo e água e de recursos hídricos, garantindo sua qualidade e quantidade, de acordo com norma dos Conselhos Estaduais de Meio Ambiente; (b) esteja de acordo com os respectivos planos de bacia ou planos de gestão de recursos hídricos; (c) seja realizado o licenciamento pelo órgão ambiental competente; (d) o imóvel esteja inscrito no Cadastro Ambiental Rural – CAR; (e) não implique novas supressões de vegetação nativa.

O § 9º repete disposições existentes no Código revogado, com redação dúbia, dando margem a possíveis controvérsias interpretativas:

> *"Em áreas urbanas, assim entendidas as áreas compreendidas nos perímetros urbanos definidos por lei municipal, e nas regiões metropolitanas e aglomerações urbanas, as faixas marginais de qualquer curso d'água natural que delimitem as áreas da faixa de passagem de inundação terão sua largura determinada pelos respectivos Planos Diretores e Leis de Uso do Solo, ouvidos os Conselhos Estaduais e Municipais de Meio Ambiente, sem prejuízo dos limites estabelecidos pelo inciso I do* caput.*"*

O mesmo se diga em relação ao § 10: *"No caso de áreas urbanas, assim enten-didas as compreendidas nos perímetros urbanos definidos por lei municipal, e nas regiões metropolitanas e aglomerações urbanas, observar-se-á o disposto nos respectivos Planos Diretores e Leis Municipais de Uso do Solo, sem prejuízo do disposto nos incisos do caput."*

O mesmo erro contido no Código revogado foi mantido na nova Lei, dá-se com uma mão, para retirar com a outra; ou se observa o disposto no Novo Código Florestal, ou o estabelecido nas leis municipais. Não pode o legislador federal, ao arrepio do estatuto das cidades, que é a lei geral federal sobre urbanismo a ser observada pelos municípios, pretender manietar a competência local para definir os parâmetros de uso do solo, mediante a adoção de fórmulas abstratas tais como "sem prejuízo". Repete-se a velha questão de sobrepor metragens à função ambiental.

Art. 5º Na implantação de reservatório d'água artificial destinado a geração de energia ou abastecimento público, é obrigatória a aquisição, desapropriação ou instituição de servidão administrativa pelo empreendedor das Áreas de Preservação Permanente criadas em seu entorno, conforme estabelecido no licenciamento ambiental, observando-se a faixa mínima de 30 (trinta) metros e máxima de 100 (cem) metros em área rural, e a faixa mínima de 15 (quinze) metros e máxima de 30 (trinta) metros em área urbana.

§ 1º Na implantação de reservatórios d'água artificiais de que trata o *caput*, o empreendedor, no âmbito do licenciamento ambiental, elaborará Plano Ambiental de Conservação e Uso do Entorno do Reservatório, em conformidade com termo de referência expedido pelo órgão competente do Sistema Nacional do Meio Ambiente – SISNAMA, não podendo exceder a dez por cento do total da Área de Preservação Permanente.

§ 2º O Plano Ambiental de Conservação e Uso do Entorno de Reservatório Artificial, para os empreendimentos licitados a partir da vigência desta Lei, deverá ser apresentado ao órgão ambiental concomitantemente com o Plano Básico Ambiental e aprovado até o início da operação do empreendimento, não constituindo a sua ausência impedimento para a expedição da licença de instalação.

§ 3º (VETADO).[40]

---

[40]   § 3º do art. 5º: § 3º O Plano Ambiental de Conservação e Uso do Entorno de Reservatório Artificial poderá indicar áreas para implantação de parques aquícolas e polos turísticos e de lazer no entorno do reservatório, de acordo com o que for definido nos termos do licenciamento ambiental, respeitadas as exigências previstas nesta Lei. Razões do veto: O texto traz para a lei disposições

Redação original	MP 571/2012	Lei nº 12.727/2012
Art. 5º Na implantação de reservatório d'água artificial destinado a geração de energia ou abastecimento público, é obrigatória a aquisição, desapropriação ou instituição de servidão administrativa pelo empreendedor das Áreas de Preservação Permanente criadas em seu entorno, conforme estabelecido no licenciamento ambiental, observando-se a faixa mínima de 30 (trinta) metros e máxima de 100 (cem) metros em área rural e a faixa mínima de 15 (quinze) metros em área urbana.	Art. 5º Na implantação de reservatório d'água artificial destinado a geração de energia ou abastecimento público, é obrigatória a aquisição, desapropriação ou instituição de servidão administrativa pelo empreendedor das Áreas de Preservação Permanente criadas em seu entorno, conforme estabelecido no licenciamento ambiental, observando-se a faixa mínima de 30 (trinta) metros e máxima de 100 (cem) metros em área rural, e a faixa mínima de 15 (quinze) metros e máxima de 30 (trinta) metros em área urbana.	Art. 5º Na implantação de reservatório d'água artificial destinado a geração de energia ou abastecimento público, é obrigatória a aquisição, desapropriação ou instituição de servidão administrativa pelo empreendedor das Áreas de Preservação Permanente criadas em seu entorno, conforme estabelecido no licenciamento ambiental, observando-se a faixa mínima de 30 (trinta) metros e máxima de 100 (cem) metros em área rural, e a faixa mínima de 15 (quinze) metros e máxima de 30 (trinta) metros em área urbana.
§ 1º Na implantação de reservatórios d'água artificiais de que trata o **caput**, o empreendedor, no âmbito do licenciamento ambiental, elaborará Plano Ambiental de Conservação e Uso do Entorno do Reservatório, em conformidade com termo de referência expedido pelo órgão competente do Sistema Nacional do Meio Ambiente – SISNAMA, não podendo exceder a 10% (dez por cento) da área total do entorno.	§ 1º Na implantação de reservatórios d'água artificiais de que trata o **caput**, o empreendedor, no âmbito do licenciamento ambiental, elaborará Plano Ambiental de Conservação e Uso do Entorno do Reservatório, em conformidade com termo de referência expedido pelo órgão competente do Sistema Nacional do Meio Ambiente – SISNAMA, não podendo exceder a dez por cento do total da Área de Preservação Permanente.	§ 1º Na implantação de reservatórios d'água artificiais de que trata o **caput**, o empreendedor, no âmbito do licenciamento ambiental, elaborará Plano Ambiental de Conservação e Uso do Entorno do Reservatório, em conformidade com termo de referência expedido pelo órgão competente do Sistema Nacional do Meio Ambiente – Sisnama, não podendo o uso exceder a 10% (dez por cento) do total da Área de Preservação Permanente.

acerca do conteúdo do Plano Ambiental de Conservação e Uso do Entorno de Reservatório Artificial, atualmente disciplinado integralmente em nível infralegal, engessando sua aplicação. O veto não impede que o assunto seja regulado adequadamente pelos órgãos competentes.

O artigo é mais um daqueles que nos fazem perguntar se de fato estamos diante de uma lei geral, ou diante de uma lei que pretende disciplinar detalhadamente os mais diversos aspectos da atividade de proteção ao meio ambiente. O artigo é curioso, pois embutida em suas disposições se encontra mais uma modalidade anômala de APP, aquela criada pelo órgão ambiental no curso de um procedimento de licenciamento de reservatório artificial destinado à geração de energia elétrica ou abastecimento público de água.

Assim, determina a norma que o empreendedor deverá (i) adquirir, (ii) desapropriar ou (iii) instituir servidão administrativa das APP, criadas em seu entorno, observando-se a faixa mínima de 30 metros e máxima de 100 metros em área rural, e a faixa mínima de 15 metros e máxima de 30 metros em área urbana. Logicamente, a norma não é geral, ao contrário, chega ao extremo de determinar que o órgão ambiental observe parâmetros mínimos e máximos em ato de sua exclusiva competência, que é o licenciamento ambiental, o qual deve ser realizado à luz daquilo que efetivamente conste dos estudos ambientais e não de normas genéricas e descoladas da realidade, como é o caso. O nível do detalhe é tão grande que o § 2º, ao dispor sobre o *"Plano Ambiental de Conservação e Uso do Entorno do Reservatório"*, determina que ele não poderá ultrapassar os 10% (dez por cento) da área de preservação permanente.

O § 2º do artigo se aventura em matéria que não é parte do objeto da Lei ora comentada, pois dispõe sobre normas de atuação dos órgãos de controle ambiental, bem como dispõe sobre matéria de licitações e de expedição de licenças por órgãos ambientais de outros níveis federativos, tais como estados e municípios. O parágrafo é inconstitucional, na minha opinião.

Observe-se que a alínea *e* do inciso VIII do artigo 3º admite que o Chefe do Poder Executivo Federal possa estabelecer hipóteses de utilidade pública, as quais no caso concreto deverão ser identificadas mediante a adoção de procedimento administrativo específico, não contemplando a possibilidade de criação de APP por órgão ambiental, no curso de procedimento de licenciamento ambiental. Aqui cuida-se de delegação legislativa fora dos parâmetros estabelecidos pela Constituição Federal.[41]

---

[41]   Constituição Federal: *Art. 68. As leis delegadas serão elaboradas pelo Presidente da República, que deverá solicitar a delegação ao Congresso Nacional. § 1º Não serão objeto de delegação os atos de competência exclusiva do Congresso Nacional, os de competência privativa da Câmara dos Deputados ou do Senado Federal, a matéria reservada à lei complementar, nem a legislação sobre: I – organização do Poder Judiciário e do Ministério Público, a carreira e a garantia de seus membros; II – nacionalidade, cidadania, direitos individuais, políticos e eleitorais; III – planos plurianuais, diretrizes orçamentárias e orçamentos. § 2º A delegação ao Presidente da República terá a forma de resolução do Congresso Nacional, que especificará seu conteúdo e os termos de seu exercício. § 3º Se a resolução determinar a apreciação do projeto pelo Congresso Nacional, este a fará em votação única, vedada qualquer emenda.*

Além dos aspectos legais apontados acima, o artigo traz algumas dificuldades de ordem prática. Em primeiro lugar, não há como se determinar a aquisição da área de entorno, haja vista que o proprietário não está obrigado a vender a sua propriedade. Resta a hipótese de desapropriação que somente poderá ser efetivada no caso de concessão de serviço público; quanto à instituição de servidão administrativa, melhor teria andado o legislador caso tivesse se utilizado da servidão ambiental tão amplamente tratada na Lei ora comentada.

A questão das áreas de entorno de reservatórios é, certamente, polêmica. O Conselho Nacional do Meio Ambiente, pela Resolução nº 303/2002, já havia disposto sobre a matéria, no meu modo de ver de forma inconstitucional, muito embora a maioria das Cortes judiciais brasileiras tenha adotado posição diversa, como nos dá mostra o seguinte aresto:

"CONSTITUCIONAL. DIREITO AMBIENTAL. EMPREENDIMENTO IMOBILIÁRIO. MARGEM DE RESERVATÓRIO ARTIFICIAL. APP. MEDIDA. ZONA URBANA. RIO GRANDE. RIO DA UNIÃO. COMPETÊNCIA DA JUSTIÇA FEDERAL. LEGITIMIDADE ATIVA MINISTÉRIO PÚBLICO FEDERAL. COMPETÊNCIA UNIÃO VIA CONAMA. FIXAR LIMITAÇÕES. RESOLUÇÃO 302/2002, CONAMA. I – CF art. 20, inciso III: 'Art. 20. São bens da União: III – Os lagos, rios e quaisquer correntes de água em terrenos de seu domínio, ou que banhem mais de um Estado, sirvam de limites com outros países, ou se estendam a território estrangeiro ou dele provenham, bem como os terrenos marginais e as praias fluviais;' II – Represamento do Rio Grande, Furnas, por banhar o rio dois Estados, Minas Gerais e São Paulo, está legitimado o Ministério Público Federal para ajuizar Ação Civil Pública em tema ambiental, sendo, via de consequência, competente o foro da Justiça Federal. III – CONAMA está legalmente autorizado para editar normas de proteção das reservas ecológicas, entendidas como as áreas de preservação permanente, APP, existentes às margens dos lagos formados por hidroelétricas – precedentes do colendo STJ. IV – Legalidade da Resolução CONAMA 302/2002. V – Para fixação da medida de extensão da APP, mede-se a metragem a partir do nível máximo normal de operação de reservatório. VI – Além da norma municipal de inclusão da área como urbana, para caracterizar a área urbana consolidada a justificar a medida da APP de apenas 30 (trinta) metros Res. 302/2002, art. 3º, I, primeira parte, a par da definição legal deverão existir pelo menos quatro dos seis equipamentos de infraestrutura urbana previsto no art. 2º, V, b da multicitada Resolução CONAMA. VII – Empreendimento imobiliário em área definida legalmente como urbana, pelo Município de Capitólio, já estão realizadas as seguintes obras no empreendimento: a) Asfaltamento de vias de acesso, com sinalização; b) Redes de águas pluviais; c) Abastecimento de água mediante poço artesiano com rede de distribuição para todas as unidades; d) Rede de instalação elétrica, com iluminação das respectivas vias públicas; e) Contratação de coleta de lixo com a municipalidade, mediante lançamento de taxa de limpeza urbana; e f) Instalação de fossas sépticas com sumidouros nas unidades, por não existir em todo Município rede de esgoto e estação do respectivo tratamento. VIII – Medida liminar que suspende o empreendimento e exige uma APP de 100 (cem) metros, como se fosse rural a área, cassada. IX – Agravo de instrumento do empreendedor parcialmente provido (itens I, II, IV e V)." (DESEMBARGADOR FEDERAL JIRAIR ARAM MEGUERIAN)[42]

A inconstitucionalidade da Resolução prendia-se ao fato de que no Código de 1965 não havia fixação de metragem para a área de entorno de reservatórios. A discussão na vigência do Código Florestal revogado incluía, também, a questão de manutenção de Reserva Legal nas áreas de entorno de reservatórios.

Art. 6º Consideram-se, ainda, de preservação permanente, quando declaradas de interesse social por ato do Chefe do Poder Executivo, as áreas cobertas com florestas ou outras formas de vegetação destinadas a uma ou mais das seguintes finalidades:[43]

I – conter a erosão do solo e mitigar riscos de enchentes e deslizamentos de terra e de rocha;

II – proteger as restingas ou veredas;

III – proteger várzeas;

IV – abrigar exemplares da fauna ou da flora ameaçados de extinção;

---

[42]   Tribunal Regional Federal da 1ª Região. AG 576720114010000. AG – AGRAVO DE INSTRUMENTO – 576720114010000. 6ª Turma. *e-DJF1*: 25/7/2011, p. 95.

[43]   Direito anterior: Lei nº 4.771/1965: Art. 3º Consideram-se, ainda, de preservação permanentes, quando assim declaradas por ato do Poder Público, as florestas e demais formas de vegetação natural destinadas: a) a atenuar a erosão das terras; b) a fixar as dunas; c) a formar faixas de proteção ao longo de rodovias e ferrovias; d) a auxiliar a defesa do território nacional a critério das autoridades militares; e) a proteger sítios de excepcional beleza ou de valor científico ou histórico; f) a asilar exemplares da fauna ou flora ameaçados de extinção; g) a manter o ambiente necessário à vida das populações silvícolas; h) a assegurar condições de bem-estar público.

V – proteger sítios de excepcional beleza ou de valor científico, cultural ou histórico;

VI – formar faixas de proteção ao longo de rodovias e ferrovias;

VII – assegurar condições de bem-estar público;

VIII – auxiliar a defesa do território nacional, a critério das autoridades militares;

IX – proteger áreas úmidas, especialmente as de importância internacional.

MP 571/2012	Lei nº 12.727/2012
Art. 6º Consideram-se, ainda, de preservação permanente, quando declaradas de interesse social por ato do Chefe do Poder Executivo, as áreas cobertas com florestas ou outras formas de vegetação destinadas a uma ou mais das seguintes finalidades: .... IX – proteger áreas úmidas, especialmente as de importância internacional.	Art. 6º Consideram-se, ainda, de preservação permanente, quando declaradas de interesse social por ato do Chefe do Poder Executivo, as áreas cobertas com florestas ou outras formas de vegetação destinadas a uma ou mais das seguintes finalidades: .... IX – proteger áreas úmidas, especialmente as de importância internacional.

7.1 – Considerações gerais

O artigo estipula as hipóteses nas quais é possível a declaração de Áreas de Preservação Permanente por ato do Poder Público. O Código de 1934 determinava a indenização nos casos em que fosse declarada uma floresta protetora em área de propriedade privada.[44]

A medida faz mais sentido na Lei ora comentada. Com efeito, no regime do Código de 1934, as normas de proteção especial eram estabelecidas basicamente para as áreas pertencentes ao Poder Público; quando a proteção fosse considerada em terras particulares, determinava-se a indenização. O Código de

---

[44] Código Florestal de 1934: Art. 11. As florestas de propriedade privada, nos casos do art. 4º, poderão ser, no todo ou em parte, declaradas protectoras, por decreto do governo federal, em virtude de representação da repartição competente, ou do conselho florestal, ficando, desde logo, sujeitas ao regimen deste codigo e á observancia das determinações das autoridades competentes, especialmente quanto ao replantio, á extensão, á oportunidade e á intensidade da exploração. Paragrapho unico. Caberá ao proprietario, em taes casos, a indemnização das perdas e damnos comprovados, decorrentes do regimen especial a que ficar subordinado.

1965 estabeleceu critério genérico para o reconhecimento de áreas de preservação permanente, criando limitações que atingem à generalidade dos imóveis e
dos indivíduos. Não sendo genérica a limitação, ou seja, impondo ônus peculiares
a indivíduos identificáveis, em benefício da coletividade, há que se compensar o
indivíduo.

O artigo não apresenta grande novidade em relação ao direito anterior. Ele é
redundante e desnecessário, pois as áreas de preservação permanente são aquelas que exercem, dentre outras, as funções ambientais listadas. Evidentemente
que, tanto no artigo ora comentado, como no artigo 4º, em princípio, as funções
ambientais se fazem presentes.

O inciso I é a própria razão de existir das APPs em matas ciliares e topos de
morros, sendo absolutamente, repita-se, redundante e desnecessário. No que diz
respeito à proteção de restingas e veredas, estas já possuem proteção legal genérica; o mesmo se diga das várzeas; abrigo de exemplares de fauna e flora ameaçados de extinção é matéria que se coaduna melhor com o regime de unidades
de conservação, da mesma forma o contido no inciso V; as faixas de proteção ao
longo de rodovias e ferrovias são para proteção da rodovia e, em muitos casos,
precisam ser desmatadas. O que parece é que o inciso tem por objetivo estabelecer uma restrição administrativa de uso, sem indenizar os proprietários das
áreas, sob o pretexto de que limitações administrativas não são indenizáveis. O
inciso VI admite a instituição de APP para assegurar as condições de bem-estar
público; mais uma vez o Novo Código Florestal se utiliza de conceito extremamente aberto e que necessita de uma adequada regulamentação, pois parece
evidente que nele cabe tudo, ou quase tudo. No que se refere ao inciso VIII, da
mesma forma é difícil entender a pertinência.

É, contudo, difícil de se conceber a existência de áreas de preservação permanente para a defesa nacional, sobretudo a partir de um julgamento das autoridades militares. As áreas necessárias à defesa nacional não podem e não devem ter
o seu regime jurídico confundido com o de preservação permanente, pois não se
concebe que o trânsito de veículos militares, a construção de fortes, casamatas,
instalação de armas, treinamento de tiros e tantas outras atividades militares,
necessárias, por certo, possam estar compreendidos no conceito legal de preservação permanente. A propósito, vejam-se as diretivas do Exército Brasileiro para
atividades militares em Unidades de Conservação (!)[45] Parece evidente que as

---

[45] **ATIVIDADES DE INSTRUÇÃO EM UNIDADES DE CONSERVAÇÃO (UC)** (a) Quando houver
atividade de tropa em unidade de conservação, a Dire Instr das OM deverá observar a legislação
pertinente, e, sempre que possível, deverá estar acompanhada de integrantes da Polícia Federal e
do IBAMA. (b) Normas de gestão ambiental a serem obedecidas 1) Recolher os resíduos sólidos
decorrentes das atividades militares; 2) Identificar as áreas degradadas para posterior recuperação,
se for o caso; 3) Não caçar animais silvestres; 4) Cuidados especiais com as latrinas e aterros

atividades militares devem ser realizadas em áreas excluídas do regime de proteção especial estabelecido pela lei ora comentada.

Interesse social, de acordo com a sistemática estabelecida pelo Novo Código Florestal, é o conceito estabelecido pelo artigo 3º; o artigo ora comentado, de certa forma, amplia o conceito contido nas disposições preliminares da Lei. As áreas de preservação permanente aqui estabelecidas não são genéricas e não se aplicam em todos os casos, como aquelas decorrentes do próprio Novo Código Florestal. As APPs ora comentadas são instituídas casuisticamente e, certamente, necessitam de fundamentação técnica e jurídica para sua decretação. Isso se faz necessário pois o regime de preservação permanente, por determinação executiva, irá incidir em direitos de terceiros, os quais, dependendo do grau de limitação, deverão ser indenizados.

7.2 – Necessidade de ato concreto

A simples existência da norma não é suficiente para o estabelecimento de uma APP por ato do Poder Público. Tal modalidade de APP somente se concretiza com a edição de ato administrativo material que indique claramente a localização da APP, bem como a finalidade de sua instituição.

8 – Áreas de Preservação Permanente criadas por normas estaduais e municipais

A Constituição de 1988 ampliou as competências constitucionais ambientais de Estados e municípios. Isso fez com que diversas normas fossem criadas por Estados e municípios, muitas vezes ao nível das Constituições Estaduais e das Leis orgânicas municipais. Logicamente, não é possível que, nos limites deste livro, possamos examinar todas as normas estaduais e municipais que trataram

---

sanitários; 5) Não abandonar materiais que possam causar focos de incêndio; 6) Evitar danos ao meio ambiente no controle das seguintes ações: corte de árvores; realização de trabalhos de Organização do Terreno (OT); realização de tiros de armas de qualquer calibre com munições que possam provocar incêndios ou outros danos ambientais; limpeza de campos de tiro; controle da instrução de defesa química, bacteriológica e nuclear, quanto ao uso adequado de artefatos bélicos lesivos ao meio ambiente e quanto ao seu grau de poluição; uso de áreas para estacionamento de tropas; uso de cursos d'água. 7) Fazer a coleta seletiva de lixo (plástico, papelão, papel, alumínio, vidro etc.); 8) Aprimorar a coleta do lixo de material de saúde; 9) Cuidados com os mananciais e com as nascentes dos cursos de água; 10) Fazer o controle de incêndios, empregando turma específica para tal fim; 11) Fazer a divulgação dessas normas, bem como a fiscalização do seu cumprimento. Disponível em: <http://www.exercito.gov.br/c/document_library/get_file?uuid=0af31205-da07-47ea-857d-92c52312a752&groupId=10138>. Acesso em: 11 de junho de 2012.

do tema. Todavia, faremos um breve exame das normas constantes da Constituição do Estado do Rio de Janeiro e do Município do Rio de Janeiro que servirão de modelo teórico e argumentativo para Constituições e leis orgânicas de outros Estados e municípios, haja vista que as consequências jurídicas são as mesmas.

Áreas de Preservação Permanente	
Constituição do Estado do Rio de Janeiro	Lei Orgânica do Município do Rio de Janeiro
Art. 268. São áreas de preservação permanente: I – os manguezais, lagos, lagoas e lagunas e as áreas estuarinas; II – as praias, vegetação de restingas quando fixadoras de dunas, as dunas, costões rochosos e as cavidades naturais subterrâneas – cavernas; III – as nascentes e as faixas marginais de proteção de águas superficiais; IV – as áreas que abriguem exemplares ameaçados de extinção, raros, vulneráveis ou menos conhecidos, na fauna e flora, bem como aquelas que sirvam como local de pouso, alimentação ou reprodução; V – as áreas de interesse arqueológico, histórico, científico, paisagístico e cultural; VI – aquelas assim declaradas por lei; VII – a Baía de Guanabara. Art. 269. São áreas de relevante interesse ecológico,[46] cuja utilização dependerá de prévia autorização dos órgãos competentes, preservados seus atributos essenciais: I – as coberturas florestais nativas; II – a zona costeira; III – o Rio Paraíba do Sul; IV – a Ilha Grande; V – a Baía da Guanabara; VI – a Baía de Sepetiba.	Art. 463. São instrumentos, meios e obrigações de responsabilidade do Poder Público para preservar e controlar o meio ambiente: .... IX – manutenção e defesa das áreas de preservação permanente, assim entendidas aquelas que, pelas suas condições fisiográficas, geológicas, hidrológicas, biológicas ou climatológicas, formam um ecossistema de importância no meio ambiente natural, destacando-se: a) os manguezais, as áreas estuarinas e as restingas; b) as nascentes e as faixas marginais de proteção de águas superficiais; c) a cobertura vegetal que contribua para a estabilidade das encostas sujeitas a erosão e deslizamentos ou para fixação de dunas; d) as áreas que abriguem exemplares raros, ameaçados de extinção ou insuficientemente conhecidos da flora e da fauna, bem como aquelas que sirvam como local de pouso, abrigo ou reprodução de espécies; e) os bens naturais a seguir, além de outros que a Lei definir: 1 – os bosques da Barra e da Freguesia; 2 – a Floresta da Tijuca; 3 – as Lagoas da Tijuca, de Jacarepaguá, de Marapendi, do Camorim, Lagoinha e Rodrigo de Freitas; 4 – as localidades de Grumari e Prainha;

	5 – os Maciços da Tijuca e da Pedra Branca; 6 – os Morros do Silvério e Dois Irmãos; 7 – a Serra do Mendanha; 8 – as Pedras Bonitas, da Gávea, de Itaúna e do Arpoador; 9 – a Fazendinha do IAPI da Penha; f) as lagoas, lagos e lagunas; g) os parques, reservas ecológicas e biológicas, estações ecológicas e bosques públicos; h) as cavidades naturais subterrâneas, inclusive cavernas; i) as áreas ocupadas por instalações militares na orla marítima; Art. 472. O Poder Público é obrigado a: .... VII – não permitir, nas áreas de preservação permanente, atividades que contribuam para descaracterizar ou prejudicar seus atributos e funções essenciais, excetuadas aquelas destinadas a recuperá-las e assegurar sua proteção, mediante prévia autorização dos órgãos municipais competentes;

Não é difícil perceber que tanto o Constituinte Estadual, quanto o Legislador Orgânico Municipal abusaram do direito de instituir áreas de preservação permanente, pois somente em alguns casos é possível se afirmar que os conceitos estadual e municipal coincidem com o conceito estabelecido pelo revogado Código Florestal ou pela Lei nº 12.651/2012. Se em algumas hipóteses o conceito geral pode ser aplicado, e. g., manguezais, em outros, há verdadeiros absurdos na

---

[46] Lei nº 9.985/2000: Art. 16. A Área de Relevante Interesse Ecológico é uma área em geral de pequena extensão, com pouca ou nenhuma ocupação humana, com características naturais extraordinárias ou que abriga exemplares raros da biota regional, e tem como objetivo manter os ecossistemas naturais de importância regional ou local e regular o uso admissível dessas áreas, de modo a compatibilizá-lo com os objetivos de conservação da natureza. § 1º A Área de Relevante Interesse Ecológico é constituída por terras públicas ou privadas. § 2º Respeitados os limites constitucionais, podem ser estabelecidas normas e restrições para a utilização de uma propriedade privada localizada em uma Área de Relevante Interesse Ecológico.

qualificação como área de preservação permanente, e. g., Baía de Guanabara e bosques da Barra e da Freguesia. A Baía de Guanabara é classificada duplamente como área de preservação permanente e área de relevante interesse ecológico.

O mais grave é que nem o legislador ordinário estadual, nem o municipal definiram os conceitos normativos – estadual e municipal – de área de preservação permanente e área de relevante interesse ecológico, restando a norma constitucional sem qualquer eficácia, haja vista que os conceitos federais de área de preservação permanente (Lei nº 12.561/2012) e área de relevante interesse ecológico (Lei nº 9.985/2000) são inaplicáveis à maioria das hipóteses tratadas seja na Constituição Estadual, seja na Lei Orgânica do Município do Rio de Janeiro,

9 – REGIME TRIBUTÁRIO APLICÁVEL

O estabelecimento de áreas de preservação permanente, ainda que genérico e aplicável a todas as terras em iguais condições, é indiscutivelmente um ônus para o particular que fica impedido de dar plena ocupação econômica à área submetida ao regime de preservação permanente. O legislador, com vistas a diminuir o ônus lançado ao particular, estabeleceu um regime tributário especial para as áreas de preservação permanente.

A Lei nº 8.171, de 17 de janeiro de 1991, que dispõe sobre a política agrícola, estabelece em seu artigo 104 que:

> Art. 104. São isentas de tributação e do pagamento do Imposto Territorial Rural as áreas dos imóveis rurais consideradas de preservação permanente e de reserva legal, previstas na Lei nº 4.771, de 1965, com a nova redação dada pela Lei nº 7.803, de 1989.
>
> Parágrafo único. A isenção do Imposto Territorial Rural (ITR) estende-se às áreas da propriedade rural de interesse ecológico para a proteção dos ecossistemas, assim declarados por ato do órgão competente federal ou estadual e que ampliam as restrições de uso previstas no *caput* deste artigo.

Inicialmente cabe afirmar que a Lei nº 12.651/2012 deveria ter determinado nova redação para o artigo, tendo em vista que revogou expressamente a Lei nº 4.771, de 1965 (Código Florestal), surgindo assim a possibilidade de conflitos interpretativos.

A lei estabelece a isenção de (i) tributação e do imposto territorial rural (ITR), sendo que a primeira isenção somente se aplica às áreas dos imóveis rurais que tenham sido demarcadas como áreas de preservação permanente ou de reserva legal, de forma genérica. A isenção do ITR, por sua vez, pode ser estendida a todas as áreas que, por ato concreto do poder público, tenham sido consideradas relevantes para a proteção do meio ambiente.

A Lei nº 9.393, de 19 de dezembro de 1996, em seu artigo 10 estabelece que estão excluídas das áreas tributáveis do imóvel rural:

> Art. 10. A apuração e o pagamento do ITR serão efetuados pelo contribuinte, independentemente de prévio procedimento da administração tributária, nos prazos e condições estabelecidos pela Secretaria da Receita Federal, sujeitando-se a homologação posterior.
>
> ....
>
> II – área tributável, a área total do imóvel, menos as áreas:
>
> a) de preservação permanente e de reserva legal, previstas na Lei nº 12.651, de 25 de maio de 2012;
>
> b) de interesse ecológico para a proteção dos ecossistemas, assim declaradas mediante ato do órgão competente, federal ou estadual, e que ampliem as restrições de uso previstas na alínea anterior;
>
> c) comprovadamente imprestáveis para qualquer exploração agrícola, pecuária, granjeira, aquícola ou florestal, declaradas de interesse ecológico mediante ato do órgão competente, federal ou estadual;
>
> d) sob regime de servidão florestal ou ambiental;
>
> e) cobertas por florestas nativas, primárias ou secundárias em estágio médio ou avançado de regeneração;
>
> f) alagadas para fins de constituição de reservatório de usinas hidrelétricas autorizada pelo poder público.

A matéria tem sido decidida em nossas cortes,[47] valendo destacar que:

> 1. No que diz respeito às isenções para fins de ITR, a legislação ambiental (artigo 104, § único, da Lei de Política Agrícola – Lei 8.171/91) prevê que são isentas da tributação as áreas (i) de preservação permanente, (ii) de reserva legal e (iii) de interesse eco-

---

[47] TRF. 4ª Região. Processo AC 200872030000974. Relatora LUCIANE AMARAL CORRÊA MÜNCH, 2ª TURMA. D.E. 3/3/2010.

lógico para a proteção dos ecossistemas (assim reconhecidas pelo órgão ambiental responsável), nestas últimas incluídas as RPPNs – Reservas Particulares do Patrimônio Nacional, as Áreas de Proteção Ambiental e as Áreas de Relevante Interesse Ecológico. Por outro lado, a legislação tributária, mais especificamente o artigo 10 da Lei 9.393/96, também relaciona como isentas do ITR (além daquelas áreas enumeradas pela Lei de Política Agrícola), as comprovadamente imprestáveis (que tenham sido declaradas de interesse ecológico pelo órgão ambiental competente) e áreas sob regime de servidão florestal. 2. São áreas de reserva legal aquelas cuja vegetação não pode ser suprimida, podendo apenas ser utilizada sob regime de manejo florestal sustentável, de acordo com princípios e critérios técnicos e científicos estabelecidos, devendo estar averbadas à margem da inscrição de matrícula do imóvel, no registro de imóveis competente (Lei nº 4.771, de 1965, art. 16, com a redação dada pela Medida Provisória nº 2.166-67, de 2001, art. 1º; RITR/2002, art. 12; IN SRF nº 256, de 2002, art. 11). Mesmo na redação original do Código Florestal, o conceito de reserva legal não pressupunha um regime de preservação, mas sim um regime de utilização limitada. 3. Sendo a reserva legal uma área de utilização limitada, as atividades do proprietário devem observar um manejo florestal sustentável. Entende-se por manejo florestal sustentável a administração da floresta para a obtenção de benefícios econômicos e sociais, respeitando-se os mecanismos de sustentação do ecossistema objeto do manejo (Decreto nº 1.282, de 19 de outubro de 1994, art. 1º, § 2º). 4. O Fisco, à época do caso dos autos, (2002) por força da legislação então vigente (Lei 9.393/96 e Lei 4.771/65, sem as alterações promovidas pela MP 2.166-67/2001), entendeu que mínimo da reserva legal previsto em lei (20%) representavam a área a ser considerada de utilização limitada para fins de apuração do ITR, enquanto a área declarada voluntariamente pelo proprietário como sendo também de utilização limitada deveria ser considerada como de exploração extrativa, com apresentação e execução de Plano de Manejo Florestal Sustentável. 5. A legislação ambiental, já em 1999, permitia, por ato privado e voluntário, aumentar-se a área de reserva legal, com consequente isenção para fins tributários (ITR). 6. A própria interpretação literal dos dispositivos do Código Florestal (tanto na redação original quanto nas posteriores alterações) revela o contínuo uso do termo 'mínimo' para delimitar o percentual aplicável (20% no caso dos autos). Assim, logicamente, tal percentual mínimo poderia ser aumentado por iniciativa do legislador, é claro, mas também por iniciativa do próprio proprietário, pois imperativa a interpretação dos princípios constitucionais protetivos do meio ambiente, isto é, o ordenamento jurídico e o próprio estado brasileiro estimulam o aumento da reserva legal pelo próprio particular ou a utilização de outro instituto jurídico que produza efeitos semelhantes. Assim, do aumento voluntário do percentual da reserva legal deve decorrer um benéfico efeito tributário. 7. A base de cálculo do ITR, consoante o art. 153, VI, da CF/88 deve considerar o conceito de propriedade previsto no Código Civil (uso, gozo e fruição) condicionado aos princípios ambientais explícitos ou implícitos no texto constitucional. Ou seja, a revelação de riqueza para fins de apuração do ITR é a propriedade de imóvel rural consoante sua função ambiental. Quanto maior a proteção/preservação/uso sustentável das florestas e recursos naturais, menor deve ser a tributação. Entendimento consagrado como vetor da recente legislação ambiental sobre o tema: Servidão Florestal (e Cota de Reserva Florestal) e Reserva Particular do Patrimônio Natural. 8. A área de servidão florestal passou a ser considerada como isenta (assim como a área de preservação permanente e a área de reserva legal) para fins de ITR, consoante alteração da MP 2.166-67/2001, que também instituiu a Cota de Reserva Florestal – CRF, que é título representativo de vegetação nativa sob regime de servidão florestal, de Reserva Particular do Patrimônio Natural ou reserva legal instituída voluntariamente sobre a vegetação que exceder os percentuais estabelecidos no art. 16 do Código Florestal. Pela leitura do texto legal, verifica-se que o proprietário, pretendendo instituir servidão florestal, renuncia, em caráter permanente ou temporário, a direitos que tenha para exploração de vegetação nativa, em área, no mínimo idêntica à estabelecida para a Reserva Legal, devendo averbá-la no registro de imóveis da situação do mesmo. Tendo renunciado ao direito que teria, em favor do meio ambiente, ainda que de maneira temporária, recebe este um título, conforme previsto no art. 44-B, inserido no Código Florestal, que pode ser negociado, transferido a terceiros, que, por sua vez, adquirirão o direito a existência e a conservação da vegetação objeto do mesmo. 9. As Reservas Particulares do Patrimônio Natural – RPPNs, que foram instituídas pela Lei 9.985, de 18 de julho de 2000, e fazem parte do Sistema Nacional de Unidades de Conservação da Natureza – SNUC. Têm como objetivo preservar áreas de importância ecológica ou paisagística. São criadas por iniciativa do proprietário, que solicita ao órgão ambiental o reconhecimento de parte ou do total do seu imóvel como RPPN. A RPPN é perpétua e também deve ser averbada no cartório, à margem do registro do imóvel. Diferente da Reserva Legal, onde pode ser feito uso sustentável dos recursos naturais, inclusive de recursos madeireiros, na RPPN só podem ser desenvolvidas atividades de pesquisa científica, ecoturismo, recreação e educação ambiental. A área transformada em RPPN torna-se isenta do Imposto Territorial Rural (ITR) e o proprietário pode solicitar auxílio do poder público para elaborar um plano de manejo, proteção e gestão da área. 10. Em conclusão, a área gravada voluntariamente pela parte autora como de utilização limitada (reserva legal) e que excede o percentual mínimo exigido pela lei deve ser considerada isenta para fins de apuração do ITR ano-base 2002, exercício 2003. 11. Sentença reformada. Apelo provido.

Seção II
Do Regime de Proteção das Áreas de Preservação Permanente

A seção ora comentada tem por objetivo estabelecer o "regime de proteção das Áreas de Preservação Permanente". Melhor teria andado a lei se tivesse tratado do regime jurídico das Áreas de Preservação Permanente, pois é disso que se trata. A lei, em seus artigos 7º, 8º e 9º busca regular a utilização, ou não utilização, das APP, bem como define-as como obrigação *propter rem*; contudo, por insuficiências técnicas, aqui e ali existem outros artigos que se relacionam com o regime jurídico a elas aplicável. Certamente, todos deveriam estar contidos na seção ora examinada.

Art. 7º A vegetação situada em Área de Preservação Permanente deverá ser mantida pelo proprietário da área, possuidor ou ocupante a qualquer título, pessoa física ou jurídica, de direito público ou privado.

§ 1º Tendo ocorrido supressão de vegetação situada em Área de Preservação Permanente, o proprietário da área, possuidor ou ocupante a qualquer título é obrigado a promover a recomposição da vegetação, ressalvados os usos autorizados previstos nesta Lei.

§ 2º A obrigação prevista no § 1º tem natureza real e é transmitida ao sucessor no caso de transferência de domínio ou posse do imóvel rural.

§ 3º No caso de supressão não autorizada de vegetação realizada após 22 de julho de 2008, é vedada a concessão de novas autorizações de supressão de vegetação enquanto não cumpridas as obrigações previstas no § 1º.

A vegetação de preservação permanente é parte integrante da propriedade florestal, ou imóvel rural, devendo ser mantida pelo seu proprietário, como é normal nas obrigações reais ou *propter rem*. Contudo, não se justifica, nem encontra amparo jurídico, a extensão do dever ao *"ocupante a qualquer título"*. O conceito de "ocupante" nem sempre se confunde com proprietário ou possuidor. Maria Helena Diniz[48] define *ocupante* como:

> "1. Aquele que se encontra de posse de terra pública. 2. O que se apossa. 3. Ocupador. 4. Aquele que ocupa imóvel rural, explorando-o mediante o exercício de atividade agrária. 5. Aquele que se apodera de coisa abandonada ou não pertencente a ninguém."

Penso que somente a ocupação legal pode dar azo ao nascimento da obrigação *propter rem* em questão, *salvo se for configurada relação de causa e efeito* entre uma ação ou omissão do ocupante e a inexistência ou supressão da vegetação de APP. Pois, do contrário, estaríamos dando início ao processo de "regularização" de uma ocupação ilegal, que não me parece seja a *mens lege*.

Como consequência lógica e jurídica do reconhecimento da obrigação de recuperação da Área de Preservação Permanente como *propter rem*, os §§ 1º e 2º determinam a recomposição – o que aliás é uma repetição desnecessária, ressalvando os usos permitidos estipulados pela própria lei. O § 2º trata da transmissão da obrigação ao sucessor, em caso de transferência do domínio ou da posse. O conceito foi utilizado inadequadamente, pois a obrigação, no caso, não é pessoal, mas real. A obrigação adere ao imóvel, independentemente de quem seja o proprietário ou possuidor. A inadequação da redação pode dar margem ao entendimento que o proprietário ou possuidor que não tenham adimplido a obrigação de manutenção da APP não está obrigado a responder em regresso pelo descumprimento. O "novo" proprietário ou possuidor sempre terá regresso contra quem lhe tenha transmitido a posse ou propriedade, em caso de descumprimento da obrigação à coisa vinculada.

Pelos termos do § 3º, a posse ou propriedade que, aos 22 de julho de 2008, apresentasse Área de Preservação Permanente suprimida sem a devida autorização legal não poderia ser autorizada a realizar nova supressão, enquanto não adimplida a obrigação prevista no § 1º. Trata-se de norma de cumprimento complexo, haja vista que a identificação do estágio da vegetação aos 22 de julho de 2008 não é matéria simples, demandando nível de informação e documentação sofisticado e que, nem sempre, é acessível aos órgãos de controle ambiental.

---

[48]   DINIZ, Maria Helena. *Dicionário jurídico*. São Paulo: Saraiva, 1998. v. 3, p. 426.

Art. 8º A intervenção ou a supressão de vegetação nativa em Área de Preservação Permanente somente ocorrerá nas hipóteses de utilidade pública, de interesse social ou de baixo impacto ambiental previstas nesta Lei.[49]

§ 1º A supressão de vegetação nativa protetora de nascentes, dunas e restingas somente poderá ser autorizada em caso de utilidade pública.

§ 2º A intervenção ou a supressão de vegetação nativa em Área de Preservação Permanente de que tratam os incisos VI e VII do *caput* do art. 4º poderá ser autorizada, excepcionalmente, em locais onde a função ecológica do manguezal esteja comprometida, para execução de obras habitacionais e de urbanização, inseridas em projetos de regularização fundiária de interesse social, em áreas urbanas consolidadas ocupadas por população de baixa renda.

§ 3º É dispensada a autorização do órgão ambiental competente para a execução, em caráter de urgência, de atividades de segurança nacional e obras de interesse da defesa civil destinadas à prevenção e mitigação de acidentes em áreas urbanas.

§ 4º Não haverá, em qualquer hipótese, direito à regularização de futuras intervenções ou supressões de vegetação nativa, além das previstas nesta Lei.

---

[49]   Direito Anterior: Lei nº 4.771/1965: Art. 4º A supressão de vegetação em área de preservação permanente somente poderá ser autorizada em caso de utilidade pública ou de interesse social, devidamente caracterizados e motivados em procedimento administrativo próprio, quando inexistir alternativa técnica e locacional ao empreendimento proposto. § 1º A supressão de que trata o **caput** deste artigo dependerá de autorização do órgão ambiental estadual competente, com anuência prévia, quando couber, do órgão federal ou municipal de meio ambiente, ressalvado o disposto no § 2º deste artigo. § 2º A supressão de vegetação em área de preservação permanente situada em área urbana, dependerá de autorização do órgão ambiental competente, desde que o município possua conselho de meio ambiente com caráter deliberativo e plano diretor, mediante anuência prévia do órgão ambiental estadual competente fundamentada em parecer técnico. § 3º O órgão ambiental competente poderá autorizar a supressão eventual e de baixo impacto ambiental, assim definido em regulamento, da vegetação em área de preservação permanente. § 4º O órgão ambiental competente indicará, previamente à emissão da autorização para a supressão de vegetação em área de preservação permanente, as medidas mitigadoras e compensatórias que deverão ser adotadas pelo empreendedor. § 5º A supressão de vegetação nativa protetora de nascentes, ou de dunas e mangues, de que tratam, respectivamente, as alíneas *c* e *f* do art. 2º deste Código, somente poderá ser autorizada em caso de utilidade pública. § 6º Na implantação de reservatório artificial é obrigatória a desapropriação ou aquisição, pelo empreendedor, das áreas de preservação permanente criadas no seu entorno, cujos parâmetros e regime de uso serão definidos por resolução do CONAMA. § 7º É permitido o acesso de pessoas e animais às áreas de preservação permanente, para obtenção de água, desde que não exija a supressão e não comprometa a regeneração e a manutenção a longo prazo da vegetação nativa.

Os comentários ao artigo 3º da presente Lei demonstram que houve significativa ampliação das hipóteses de utilidade pública, interesse social e baixo impacto; portanto, e em tese, ampliaram-se as possibilidades legais de supressão de Áreas de Preservação Permanente. No regime antigo, merece ser observado, a supressão de vegetação em área de preservação permanente se fazia sem maiores dificuldades, haja vista que os conceitos então utilizados eram suficientemente genéricos para possibilitar que os grandes projetos, notadamente na área de infraestrutura, quase sempre fossem declarados de utilidade pública, seja pelo Poder Público Estadual, seja pelo Poder Público Municipal. A bem da verdade, o Poder Público Federal sempre foi mais comedido na caracterização da utilidade pública. O modelo adotado pelo Novo Código Florestal, em princípio, tende a ser mais permissivo no que diz respeito à supressão de vegetação de preservação permanente.

Ambos os modelos padecem do mesmo mal na medida em que estabelecem como critérios para a autorização da supressão de vegetação (i) a inexistência de alternativa locacional e (ii) a inexistência de alternativa técnica.

A questão da alternativa locacional é complexa, pois, em muitas oportunidades, existe o problema da rigidez locacional, que é a inexistência da possibilidade de localização de empreendimento em outra área, e. g., uma mina de ferro que necessita estar instalada na região que tenha jazidas de ferro; em alguns casos, um porto. Além disso, existe o problema da propriedade do solo que, devido ao regime de propriedade privada, pode não ser acessível ao empreendedor. Obviamente que, diante de uma proibição legal, igualmente um empreendimento não poderá ser instalado, a menos que haja alteração da norma proibidora.

A inexistência de alternativa técnica, muitas vezes, está relacionada com custos do empreendimento, o que, de certa forma, não pode ser esgrimido pelo empreendedor para o órgão ambiental. Há entendimento que os projetos devem ser desenvolvidos com a melhor tecnologia disponível, sem custos excessivos. Outra questão diz respeito, por exemplo, aos leilões de energia, quando são leiloadas determinadas formas de geração de energia, tais como Leilão de Energia Eólica, gás natural, carvão, hidrelétrica etc. A discussão de tais fontes é definida em matriz energética, que é parte da política energética do país. Aqui, não cabe ao órgão responsável pelo licenciamento ambiental interferir, salvo se for para exigir tecnologia menos impactante, *conforme o meio de geração definido pela política energética*.

Lamenta-se que o legislador não tenha determinado a realização de uma análise custo/benefício para a implantação dos projetos nas Áreas de Preservação Permanente, ou em parte delas. É importante que custos ambientais, exonerações tributárias e outros sejam, igualmente, levados em consideração quando se examina a possibilidade de supressão de vegetação. Já há tecnologia disponível para a análise de tais custos e elas não deveriam ficar ausentes de projetos de grande porte. Ainda no que diz respeito às hipóteses de utilidade pública, há que se considerar que o Novo Código Florestal, seguramente, deu ao Executivo um "cheque em branco", ao estabelecer no artigo 3º a possibilidade de criação de hipótese de utilidade pública para "*outras atividades similares devidamente caracterizadas e motivadas em procedimento administrativo próprio, quando inexistir alternativa técnica e locacional ao empreendimento proposto, definidas em ato do Chefe do Poder Executivo federal*". Confesso que, ao longo dos anos, jamais vi um "*procedimento administrativo próprio*" para a caracterização determinada pela lei. Não se pode deixar de contrastar a hipótese com os dispositivos contidos no artigo 68 do Corpo permanente da Constituição e no artigo 25 das Disposições Constitucionais Transitórias,[50] bem como no artigo 84 do Corpo Permanente da Constituição.[51]

A norma admite que o Presidente da República edite regulamento autônomo, haja vista que a expressão *outras atividades similares* é vaga e incapaz de estabelecer um parâmetro legal dentro do qual a ação do Chefe do executivo deve se circunscrever, ou, na melhor das hipótese, estabelece uma delegação de atribuições que contraria o Texto e o espírito constitucionais, na minha opinião.

O § 1º somente autoriza a supressão de vegetação nativa protetora de nascentes, dunas e restingas nos casos de utilidade pública. No caso específico das

---

[50]   Art. 68. As leis delegadas serão elaboradas pelo Presidente da República, que deverá solicitar a delegação ao Congresso Nacional. § 1º Não serão objeto de delegação os atos de competência exclusiva do Congresso Nacional, os de competência privativa da Câmara dos Deputados ou do Senado Federal, a matéria reservada à lei complementar, nem a legislação sobre: I – organização do Poder Judiciário e do Ministério Público, a carreira e a garantia de seus membros; II – nacionalidade, cidadania, direitos individuais, políticos e eleitorais; III – planos plurianuais, diretrizes orçamentárias e orçamentos. § 2º A delegação ao Presidente da República terá a forma de resolução do Congresso Nacional, que especificará seu conteúdo e os termos de seu exercício. § 3º Se a resolução determinar a apreciação do projeto pelo Congresso Nacional, este a fará em votação única, vedada qualquer emenda [...] Art. 25. Ficam revogados, a partir de cento e oitenta dias da promulgação da Constituição, sujeito este prazo a prorrogação por lei, todos os dispositivos legais que atribuam ou deleguem a órgão do Poder Executivo competência assinalada pela Constituição ao Congresso Nacional, especialmente no que tange a: I – ação normativa;

[51]   Art. 84. Compete privativamente ao Presidente da República: [...] IV – sancionar, promulgar e fazer publicar as leis, bem como expedir decretos e regulamentos para sua fiel execução; V – vetar projetos de lei, total ou parcialmente; VI – dispor, mediante decreto, sobre: a) organização e funcionamento da administração federal, quando não implicar aumento de despesa nem criação ou extinção de órgãos públicos; b) extinção de funções ou cargos públicos, quando vagos; [...] XXIV – prestar, anualmente, ao Congresso Nacional, dentro de sessenta dias após a abertura da sessão legislativa, as contas referentes ao exercício anterior; XXV – prover e extinguir os cargos públicos federais, na forma da lei; XXVI – editar medidas provisórias com força de lei, nos termos do art. 62; XXVII – exercer outras atribuições previstas nesta Constituição. Parágrafo único. O Presidente da República poderá delegar as atribuições mencionadas nos incisos VI, XII e XXV, primeira parte, aos Ministros de Estado, ao Procurador-Geral da República ou ao Advogado-Geral da União, que observarão os limites traçados nas respectivas delegações.

nascentes, penso que a hipótese não deveria ser autorizada, pois a proteção dos mananciais é de altíssimo interesse público e não deveria admitir exceções, quando identificada a sua importância.

O § 2º traz uma importante colocação, que é o reconhecimento formal da necessidade da existência da função ecológica para que uma área possa ser caracterizada como de preservação permanente. Isso fica patente na disposição que autoriza, "excepcionalmente", a supressão de vegetação de restingas, como fixadoras de dunas ou estabalizadoras de mangues, ou manguezais, quando eles não desempenham mais qualquer função ambiental relevante. É o caso quando as áreas estão fortemente antropizadas e nada mais resta da antiga área se não fragmentos, submetidos ao efeito de borda. A norma reconhece uma realidade, infelizmente, muito frequente, que é a completa descaracterização de muitas das formas de vegetação mencionadas. No caso ora examinado, o órgão ambiental desempenha um papel fundamental, pois a ele cabe afirmar ou não a manutenção da função ecológica. O reconhecimento da inexistência da função ecológica deve ser fundamentado em parecer técnico. Ela pode ser questionada judicialmente, mediante perícia técnica. Contudo, não parece razoável que a autorização, como parece ser o caso, não se funde na descaracterização ambiental da área em função da forte antropização, mas para *execução de obras habitacionais e de urbanização, inseridas em projetos de regularização fundiária de interesse social, em áreas urbanas consolidadas ocupadas por população de baixa renda*".

O § 3º dispensa a autorização do órgão ambiental para a execução, em caráter de urgência, de atividades de segurança nacional e obras de interesse da defesa civil destinadas à prevenção e mitigação de acidentes em áreas urbanas. Obviamente que uma situação de segurança nacional, em caráter urgente, uma guerra, ou revolução, atropelará qualquer órgão ambiental ou norma legal; logo, em meu ponto de vista, a hipótese não faz sentido. Quanto às obras destinadas à mitigação de acidentes, certamente, há urgência, pois o dano já ocorreu. No que se refere às obras de prevenção, a questão é de planejamento e não de ausência de autorização do órgão ambiental. A hipótese é bastante próxima da "dispensa" de licitação, podendo significar uma autorização velada para que o Executivo faça as obras que desejar, sem os controles ambientais impostos pela Constituição e pelas Leis do país, valendo-se de uma "desculpa" oficializada.

O § 4º deve ser tomado como uma declaração de princípios, haja vista que a norma pode ser revogada por outra de igual hierarquia e, conforme visto acima, foi facultado ao Chefe do Executivo o estabelecimento, por decreto "normativo", de possibilidade de supressão de vegetação permanente para "*hipóteses assemelhadas*", dentro das quais tudo é possível. A matéria, como definido na própria lei, é reservada à lei, motivo pelo qual não se deve ter por constitucional a existência das "hipóteses assemelhadas".

10 – Ações diretas de inconstitucionalidade

Art. 9º É permitido o acesso de pessoas e animais às Áreas de Preservação Permanente para obtenção de água e para realização de atividades de baixo impacto ambiental.

A norma flexibiliza a utilização das áreas de preservação permanente, bem como a presença de animais domésticos e pessoas em tais espaços. Para que isso ocorra foram adotados dois critérios básicos: (i) obtenção de água e (ii) atividades de baixo impacto.

A obtenção de água no regime jurídico nacional está regida pela Lei nº 9.433, de 8 de janeiro de 1997, que instituiu a Política Nacional de Recursos Hídricos que as águas somente podem ser utilizadas mediante outorga concedida pelo poder público. Há exceção legal para as chamadas pequenas captações, como definido em regulamento. A lei considera como uso insignificante (i) o uso de recursos hídricos para a satisfação das necessidades de pequenos núcleos populacionais, distribuídos no meio rural, (ii) as derivações, captações e lançamentos considerados insignificantes e (iii) as acumulações de volumes de água consideradas insignificantes. Assim, a norma deve ser conjugada com os regulamentos emitidos pelos órgãos de controle dos recursos hídricos, devendo se considerar a titularidade do curso de água para a identificação da entidade responsável pela regulamentação.

As atividades de baixo impacto são aquelas definidas na própria Lei nº 12.651/2012, tal como disposto no artigo 3º, X, alíneas *b* e *k*.

O Decreto nº 6.514/2008, em seu artigo 103, determina a apreensão de animais domésticos e exóticos quando:

(i)   forem encontrados no interior de unidade de conservação de proteção integral; ou

(ii) forem encontrados em área de preservação permanente ou quando impedirem a regeneração natural de vegetação em área cujo corte não tenha sido autorizado, desde que, em todos os casos, tenha havido prévio embargo.

A caracterização da atividade como de baixo impacto afasta a aplicação da penalidade administrativa.

CAPÍTULO III
DAS ÁREAS DE USO RESTRITO

As áreas de uso restrito são uma nova categoria de proteção criada pela Lei nº 12.651/2012, com nível de intervenção moderada sobre a atividade econômica e restrições menores de uso do que aquelas criadas para as áreas de preservação permanente e de reserva legal. As áreas de uso restrito são:

- pantanais e planícies pantaneiras;
- áreas com inclinação entre 25º e 45º;
- apicuns e salgados.

A rápida sucessão legislativa sobre o tema demonstra que não houve consenso político sobre o estabelecimento das novas restrições de uso. Como foi muito bem observado por Patryck de Araújo Ayala:[1]

> "Em princípio poderia sugerir que o bioma pantanal mato-grossense seria o exclusivo objeto de interesse exposto pela norma porque se constitui, de fato, em distintos pantanais, distribuídos pelo menos em 11 sub-regiões. Entretanto, outras áreas úmidas de semelhante formação (pantanais ou planícies inundáveis, contínuas ou não) encontram-se sob o alcance da norma, sendo possível citar, ao menos, uma de grande relevância biológica, e que também se

---

[1] AYALA, Patryck de Araújo. Áreas de uso restrito. In MILARÉ, Édis (Org.). *Novo Código Florestal*. 2. ed. São Paulo: RT, 2013. p. 188.

encontra situada no Estado de Mato Grosso, tratando-se aqui do Pantanal do Rio das Mortes, cujo elevado valor biodiverso foi reconhecido como prioritário."

Art. 10. Nos pantanais e planícies pantaneiras é permitida a exploração ecologicamente sustentável, devendo-se considerar as recomendações técnicas dos órgãos oficiais de pesquisa, ficando novas supressões de vegetação nativa para uso alternativo do solo condicionadas à autorização do órgão estadual do meio ambiente, com base nas recomendações mencionadas neste artigo. (Redação dada pela Medida Provisória nº 571, de 2012)

Redação Original	MP 571/2012	Lei nº 12.727/2012
Art. 10. Na planície pantaneira, é permitida a exploração ecologicamente sustentável, devendo-se considerar as recomendações técnicas dos órgãos oficiais de pesquisa, ficando novas supressões de vegetação nativa para uso alternativo do solo condicionadas à autorização do órgão estadual do meio ambiente, com base nas recomendações mencionadas neste artigo.	Art. 10. Nos pantanais e planícies pantaneiras é permitida a exploração ecologicamente sustentável, devendo-se considerar as recomendações técnicas dos órgãos oficiais de pesquisa, ficando novas supressões de vegetação nativa para uso alternativo do solo condicionadas à autorização do órgão estadual do meio ambiente, com base nas recomendações mencionadas neste artigo.	Art. 10. Nos pantanais e planícies pantaneiras, é permitida a exploração ecologicamente sustentável, devendo-se considerar as recomendações técnicas dos órgãos oficiais de pesquisa, ficando novas supressões de vegetação nativa para uso alternativo do solo condicionadas à autorização do órgão estadual do meio ambiente, com base nas recomendações mencionadas neste artigo.

Conforme definição do Instituto Brasileiro do Meio Ambiente e dos Recursos Naturais Renováveis:[2]

> "A CIMA – Comissão Interministerial para Preparação da Conferência das Nações Unidas sobre Meio Ambiente e Desenvolvimento – SI/PR, 1991, define o Pantanal mato-grossense como "a maior planície de inundação contínua do planeta". Sua localização geográfica é de particular relevância, uma vez que representa o elo de ligação entre o Cerrado, no Brasil Central, o Chaco, na Bolívia, e a região Amazô-

---

[2]   Disponível em: <http://www.ibama.gov.br/ecossistemas/pantanal.htm>. Acesso em: 14 de junho de 2012.

nica, ao Norte, identificando-se, aproximadamente, com a bacia do alto Paraguai.

O Pantanal funciona como um grande reservatório, provocando uma defasagem de até cinco meses entre as vazões de entrada e saída. O regime de verão determina enchentes entre novembro e março no norte e entre maio e agosto no sul, neste caso sob a influência reguladora do Pantanal.

Os solos, de modo geral, apresentam limitações à lavoura. Nas planícies pantaneiras sobressaem solos inférteis (lateritas) em áreas úmidas (hidromórficas) e planossolos, além de várias outras classes, todos alagáveis, em maior ou menor grau, e de baixa fertilidade. Nos planaltos, embora predominem também solos com diversas limitações à agricultura, sobretudo à fertilidade, topografia ou escassez de água, existem situações favoráveis.

Como área de transição, a região do Pantanal ostenta um mosaico de ecossistemas terrestres, com afinidades, sobretudo, com os Cerrados e, em parte, com a floresta Amazônica, além de ecossistemas aquáticos e semiaquáticos, interdependentes em maior ou menor grau. Os planaltos e as terras altas da bacia superior são formados por áreas escarpadas e testemunhos de planaltos erodidos, conhecidos localmente como serras. São cobertos por vegetações predominantemente abertas, tais como campos limpos, campos sujos, cerrados e cerradões, determinadas, principalmente, por fatores de solo (edáficos) e climáticos e, também, por florestas úmidas, prolongamentos do ecossistema amazônico.

A planície inundável que forma o Pantanal, propriamente dito, representa uma das mais importantes áreas úmidas da América do Sul. Nesse espaço podem ser reconhecidas planícies de baixa, média e alta inundação, destacando-se os ambientes de inundação fluvial generalizada e prolongada. Esses ambientes, periodicamente inundados, apresentam alta produtividade biológica, grande densidade e diversidade de fauna.

A ocupação da região, de acordo com pesquisas arqueológicas, se deu há, aproximadamente, dez mil anos por grupos indígenas. A adequação de atividades econômicas ao Pantanal surgiu do processo de conquista e aniquilamento dos índios guatós e guaicurus por sertanistas. Foi possível implantar a pecuária na planície inundável, que se tornaria a única economia estável e permanente até os nossos dias. Dentro de um enfoque macroeconômico, a planície representou, no passado, um grande papel no abastecimento de carne para outros estados do país. No entanto, esta economia se encontra em decadência.

Uma série de atividades de impacto direto sobre o Pantanal pode ser observada, como garimpo de ouro e diamantes, caça, pesca, turismo e agropecuária predatória, construção de rodovias e hidrelétricas. Convém frisar a importância das atividades extensivas nos planaltos circundantes como uma das principais fontes de impactos ambientais negativos sobre o Pantanal.

O processo de expansão da fronteira, ocorrido principalmente após 1970, foi a causa fundamental do crescimento demográfico do Centro-Oeste brasileiro. A região da planície pantaneira, com sua estrutura fundiária de grandes propriedades voltadas para a pecuária em suas áreas alagadiças, não se incorporou ao processo de crescimento populacional. Não houve aumento significativo em número ou população das cidades pantaneiras. No planalto, contudo, o padrão de crescimento urbano foi acelerado. Como todas as cidades surgidas ou expandidas nessa época, as de Mato Grosso e Mato Grosso do Sul não tinham e nem têm infraestrutura adequada para minimizar o impacto ambiental do crescimento acelerado, causado, principalmente, pelo lançamento de esgotos domésticos ou industriais nos cursos d'água da bacia. Esse tipo de poluição repercute diretamente na planície pantaneira, que recebe os sedimentos e resíduos das terras altas.

O mesmo processo de expansão da fronteira foi responsável pelo aproveitamento dos cerrados para a agropecuária, o que causou o desmatamento de vastas áreas do planalto para a implantação de lavouras de soja e arroz, além de pastagens. O manejo agrícola inadequado nessas lavouras resultou, entre outros fatores, em erosão de solos e no aumento significativo de carga de partículas sedimentáveis de vários rios. Além disso, agrava-se o problema de contaminação dos diversos rios com biocidas e fertilizantes.

A presença de ouro e diamantes na baixada cuiabana e nas nascentes dos rios Paraguai e São Lourenço vem atraindo milhares de garimpeiros, cuja atividade causa o assoreamento e compromete a produtividade biológica de córregos e rios, além de contaminá-los com mercúrio.

Segundo a WWF (1999), existem no Pantanal 650 espécies de aves, 80 de mamíferos, 260 de peixes e 50 de répteis."

A norma tem por objetivo controlar a ocupação da área pelas atividades econômicas, buscando estabelecer um equilíbrio capaz de garantir a sustentabilidade do ecossistema.

Foi atribuída aos órgãos ambientais estaduais a autorização para supressão de vegetação para uso alternativo, condicionado a parâmetros definidos por estudos técnicos e científicos. Dependendo do grau de comprometimento das autoridades com os objetivos da norma, ela poderá ser muito útil; contudo, somente o tempo dirá quanto ao seu real grau de eficácia.

Art. 11. Em áreas de inclinação entre 25° e 45°, serão permitidos o manejo florestal sustentável e o exercício de atividades agrossilvipastoris, bem como a manutenção da infraestrutura física associada ao desenvolvimento das atividades, observadas boas práticas agronômicas, sendo vedada a conversão de novas áreas, excetuadas as hipóteses de utilidade pública e interesse social.[3]

A norma é praticamente igual àquela existente no Código Florestal revogado. É mais detalhada e minuciosa. Por ela se percebe que as encostas de morros não são áreas de preservação permanente, nas quais, em princípio, a atividade econômica é proibida. A lei ora comentada, de certa forma, admite as atividades que vêm sendo realizadas até a data de sua entrada em vigor, vedando novos usos alternativos, ou seja, desmatamento. Tal como nas APPs, somente as hipóteses de utilidade pública e interesse social podem admitir usos alternativos.

---

[3] Direito anterior: Lei nº 4.771/1965: Art. 10. Não é permitida a derrubada de florestas, situadas em áreas de inclinação entre 25 a 45 graus, só sendo nelas tolerada a extração de toros, quando em regime de utilização racional, que vise a rendimentos permanentes.

CAPÍTULO III-A
DO USO ECOLOGICAMENTE SUSTENTÁVEL
DOS APICUNS E SALGADOS
(Incluído pela Medida Provisória nº 571, de 2012)

Art. 11-A. A Zona Costeira é patrimônio nacional, nos termos do § 4º do art. 225 da Constituição, devendo sua ocupação e exploração se dar de modo ecologicamente sustentável. (Incluído pela Medida Provisória nº 571, de 2012)

§ 1º Os apicuns e salgados podem ser utilizados em atividades de carcinicultura e salinas, desde que observados os seguintes requisitos: (Incluído pela Medida Provisória nº 571, de 2012)

I – área total ocupada em cada Estado não superior a 10% (dez por cento) dessa modalidade de fitofisionomia[4] no bioma amazônico e a 35% (trinta e cinco por cento) no restante do País, excluídas as ocupações consolidadas que atendam ao disposto no § 6º; (Incluído pela Medida Provisória nº 571, de 2012)

II – salvaguarda da absoluta integridade dos manguezais arbustivos e dos processos ecológicos essenciais a eles associados, bem como da sua produtividade biológica e condição de berçário de recursos pesqueiros; (Incluído pela Medida Provisória nº 571, de 2012)

III – licenciamento da atividade e das instalações pelo órgão ambiental estadual, cientificado o Instituto Brasileiro do Meio Ambiente e dos Recursos Naturais Renováveis – Ibama e, no caso de uso de terrenos de marinha ou outros bens da União, realizada regularização prévia da titulação perante a União; (Incluído pela Medida Provisória nº 571, de 2012)

---

[4]   A fitofisionomia é a primeira impressão causada pela vegetação (ALLEN, 1998). Segundo Grabherr e Kojima (1993), a fitofisionomia é uma característica morfológica da comunidade vegetal, sendo Humboldt quem a empregou pela primeira vez para descrever a vegetação. Ainda segundo aqueles mesmos autores, Griesebach propôs o termo *formação* como uma "unidade fisionômica". Segundo o dicionário de Font Quer (1953), Griesebach teria derivado esse termo da palavra alemã Vegetationsform, utilizada por Martius. No Congresso Internacional de Botânica de 1910, realizado em Bruxelas, sua Comissão de Nomenclatura estabeleceu que uma formação "se compõe de associações, que se diferenciam em sua composição florística, mas coincidem, em primeiro lugar, nas condições estacionais e, em segundo lugar, nas suas formas biológicas". COUTINHO, Leopoldo Magno. O conceito de bioma. *Acta Bot. Bras.* [online]. 2006, v. 20, nº 1 [cited 2012-06-16], p. 13-23. Available from: <http://www.scielo.br/scielo.php?script=sci_arttext&pid=S0 10233062006000100002&lng=en&nrm=iso>. ISSN 0102-3306. <http://dx.doi.org/10.1590/S010233062006000100002>. Acesso em: 16 de junho de 2012.

IV – recolhimento, tratamento e disposição adequados dos efluentes e resíduos; (Incluído pela Medida Provisória nº 571, de 2012)

V – garantia da manutenção da qualidade da água e do solo, respeitadas as Áreas de Preservação Permanente; e (Incluído pela Medida Provisória nº 571, de 2012)

V – respeito às atividades tradicionais de sobrevivência das comunidades locais. (Incluído pela Medida Provisória nº 571, de 2012)

§ 2º A licença ambiental, na hipótese deste artigo, será de 5 (cinco) anos, renovável apenas se o empreendedor cumprir as exigências da legislação ambiental e do próprio licenciamento, mediante comprovação anual inclusive por mídia fotográfica. (Incluído pela Medida Provisória nº 571, de 2012)

§ 3º São sujeitos à apresentação de Estudo Prévio de Impacto Ambiental – EPIA e Relatório de Impacto Ambiental – RIMA os novos empreendimentos: (Incluído pela Medida Provisória nº 571, de 2012)

I – com área superior a 50 (cinquenta) hectares, vedada a fragmentação do projeto para ocultar ou camuflar seu porte; (Incluído pela Medida Provisória nº 571, de 2012)

II – com área de até 50 (cinquenta) hectares, se potencialmente causadores de significativa degradação do meio ambiente; ou (Incluído pela Medida Provisória nº 571, de 2012)

III – localizados em região com adensamento de empreendimentos de carcinicultura ou salinas cujo impacto afete áreas comuns. (Incluído pela Medida Provisória nº 571, de 2012)

§ 4º O órgão licenciador competente, mediante decisão motivada, poderá, sem prejuízo das sanções administrativas, civis e penais cabíveis, bem como do dever de recuperar os danos ambientais causados, alterar as condicionantes e as medidas de controle e adequação, quando ocorrer: (Incluído pela Medida Provisória nº 571, de 2012)

I – descumprimento ou cumprimento inadequado das condicionantes ou medidas de controle previstas no licenciamento, ou desobediência às normas aplicáveis; (Incluído pela Medida Provisória nº 571, de 2012)

II – fornecimento de informação falsa, dúbia ou enganosa, inclusive por omissão, em qualquer fase do licenciamento ou período de validade da licença; ou (Incluído pela Medida Provisória nº 571, de 2012)

III – superveniência de informações sobre riscos ao meio ambiente ou à saúde pública. (Incluído pela Medida Provisória nº 571, de 2012)

§ 5º A ampliação da ocupação de apicuns e salgados respeitará o Zoneamento Ecológico-Econômico da Zona Costeira – ZEEZOC, com a individualização das áreas ainda passíveis de uso, em escala mínima de 1:10.000, que deverá ser concluído por cada Estado no prazo máximo de 1 (um) ano a partir da data de publicação desta Lei. (Incluído pela Medida Provisória nº 571, de 2012)

§ 6º É assegurada a regularização das atividades e empreendimentos de carcinicultura e salinas cuja ocupação e implantação tenham ocorrido antes de 22 de julho de 2008, desde que o empreendedor, pessoa física ou jurídica, comprove sua localização em apicum ou salgado e se obrigue, por termo de compromisso, a proteger a integridade dos manguezais arbustivos adjacentes. (Incluído pela Medida Provisória nº 571, de 2012)

§ 7º É vedada a manutenção, licenciamento ou regularização, em qualquer hipótese ou forma, de ocupação ou exploração irregular em apicum ou salgado, ressalvadas as exceções previstas neste artigo. (Incluído pela Medida Provisória nº 571, de 2012)

MP 571/2012	Lei nº 12.727/2012
Art. 11-A. A Zona Costeira é patrimônio nacional, nos termos do § 4º do art. 225 da Constituição, devendo sua ocupação e exploração se dar de modo ecologicamente sustentável.	Art. 11-A. A Zona Costeira é patrimônio nacional, nos termos do § 4º do art. 225 da Constituição Federal, devendo sua ocupação e exploração dar-se de modo ecologicamente sustentável.
§ 1º Os apicuns e salgados podem ser utilizados em atividades de carcinicultura e salinas, desde que observados os seguintes requisitos:	§ 1º Os apicuns e salgados podem ser utilizados em atividades de carcinicultura e salinas, desde que observados os seguintes requisitos:
I – área total ocupada em cada Estado não superior a 10% (dez por cento) dessa modalidade de fitofisionomia no bioma amazônico e a 35% (trinta e cinco por cento) no restante do País, excluídas as ocupações consolidadas que atendam ao disposto no § 6º;	I – área total ocupada em cada Estado não superior a 10% (dez por cento) dessa modalidade de fitofisionomia no bioma amazônico e a 35% (trinta e cinco por cento) no restante do País, excluídas as ocupações consolidadas que atendam ao disposto no § 6º deste artigo;
II – salvaguarda da absoluta integridade dos manguezais arbustivos e dos processos ecológicos essenciais a eles associados, bem como da sua produtividade biológica e condição de berçário de recursos pesqueiros;	II – salvaguarda da absoluta integridade dos manguezais arbustivos e dos processos ecológicos essenciais a eles associados, bem como da sua produtividade biológica e condição de berçário de recursos pesqueiros;

III – licenciamento da atividade e das instalações pelo órgão ambiental estadual, cientificado o Instituto Brasileiro do Meio Ambiente e dos Recursos Naturais Renováveis – Ibama e, no caso de uso de terrenos de marinha ou outros bens da União, realizada regularização prévia da titulação perante a União;

IV – recolhimento, tratamento e disposição adequados dos efluentes e resíduos;

V – garantia da manutenção da qualidade da água e do solo, respeitadas as Áreas de Preservação Permanente; e

V – respeito às atividades tradicionais de sobrevivência das comunidades locais.

§ 2º A licença ambiental, na hipótese deste artigo, será de 5 (cinco) anos, renovável apenas se o empreendedor cumprir as exigências da legislação ambiental e do próprio licenciamento, mediante comprovação anual inclusive por mídia fotográfica.

§ 3º São sujeitos à apresentação de Estudo Prévio de Impacto Ambiental – EPIA e Relatório de Impacto Ambiental – RIMA os novos empreendimentos:

I – com área superior a 50 (cinquenta) hectares, vedada a fragmentação do projeto para ocultar ou camuflar seu porte;

II – com área de até 50 (cinquenta) hectares, se potencialmente causadores de significativa degradação do meio ambiente; ou

III – localizados em região com adensamento de empreendimentos de carcinicultura ou salinas cujo impacto afete áreas comuns.

III – licenciamento da atividade e das instalações pelo órgão ambiental estadual, cientificado o Instituto Brasileiro do Meio Ambiente e dos Recursos Naturais Renováveis – IBAMA e, no caso de uso de terrenos de marinha ou outros bens da União, realizada regularização prévia da titulação perante a União;

IV – recolhimento, tratamento e disposição adequados dos efluentes e resíduos;

V – garantia da manutenção da qualidade da água e do solo, respeitadas as Áreas de Preservação Permanente; e

VI – respeito às atividades tradicionais de sobrevivência das comunidades locais.

§ 2º A licença ambiental, na hipótese deste artigo, será de 5 (cinco) anos, renovável apenas se o empreendedor cumprir as exigências da legislação ambiental e do próprio licenciamento, mediante comprovação anual, inclusive por mídia fotográfica.

§ 3º São sujeitos à apresentação de Estudo Prévio de Impacto Ambiental – EPIA e Relatório de Impacto Ambiental – RIMA os novos empreendimentos:

I – com área superior a 50 (cinquenta) hectares, vedada a fragmentação do projeto para ocultar ou camuflar seu porte;

II – com área de até 50 (cinquenta) hectares, se potencialmente causadores de significativa degradação do meio ambiente; ou

III – localizados em região com adensamento de empreendimentos de carcinicultura ou salinas cujo impacto afete áreas comuns.

§ 4º O órgão licenciador competente, mediante decisão motivada, poderá, sem prejuízo das sanções administrativas, civis e penais cabíveis, bem como do dever de recuperar os danos ambientais causados, alterar as condicionantes e as medidas de controle e adequação, quando ocorrer:

I – descumprimento ou cumprimento inadequado das condicionantes ou medidas de controle previstas no licenciamento, ou desobediência às normas aplicáveis;

II – fornecimento de informação falsa, dúbia ou enganosa, inclusive por omissão, em qualquer fase do licenciamento ou período de validade da licença; ou

III – superveniência de informações sobre riscos ao meio ambiente ou à saúde pública.

§ 5º A ampliação da ocupação de apicuns e salgados respeitará o Zoneamento Ecológico-Econômico da Zona Costeira – ZEEZOC, com a individualização das áreas ainda passíveis de uso, em escala mínima de 1:10.000, que deverá ser concluído por cada Estado no prazo máximo de 1 (um) ano a partir da data de publicação desta Lei.

§ 6º É assegurada a regularização das atividades e empreendimentos de carcinicultura e salinas cuja ocupação e implantação tenham ocorrido antes de 22 de julho de 2008, desde que o empreendedor, pessoa física ou jurídica, comprove sua localização em apicum ou salgado e se obrigue, por termo de compromisso, a proteger a integridade dos manguezais arbustivos adjacentes.

§ 7º É vedada a manutenção, licenciamento ou regularização, em qualquer hipótese ou forma, de ocupação ou exploração irregular em apicum ou salgado, ressalvadas as exceções previstas neste artigo.

O artigo tem por objetivo regulamentar uma atividade que, de fato, já vem sendo exercida no Brasil há longo prazo, sobretudo no Nordeste brasileiro, a utilização da zona costeira para atividades econômicas, em especial a criação e catação de caranguejos. A Pesquisadora Yara Schaeffer-Novelli[5] lembra que:

> "O manguezal pode ser tratado como um recurso renovável, porém finito, quando se considera a produção natural de mel, ostras, caranguejos, camarões, siris e mariscos, além das oportunidades recreacionais, científicas e educacionais. Por outro lado, o manguezal também pode ser considerado como um recurso não renovável, quando o espaço que ele ocupa é substituído por prédios, atracadouros, residências, portos, marinas, aeroportos, rodovias, salinas, aquicultura etc. Há ainda, entre estas duas categorias outras, que condenam os manguezais a receptáculos de despejos de efluentes líquidos, disposição de resíduos sólidos ou ao extrativismo de produtos florestais (Maciel, 1991)."

A título de exemplo, veja-se a seguinte decisão judicial:[6]

> "CONSTITUCIONAL, ADMINISTRATIVO E AMBIENTAL. SUPRESSÃO PARCIAL DE MANGUEZAIS. ÁREA DE PRESERVAÇÃO PERMANENTE POR DETERMINAÇÃO LEGAL. LEI Nº 7.661/88 (PLANO NACIONAL DE GERENCIAMENTO COSTEIRO). CÓDIGO FLORESTAL (ART. 2º, F). AÇÃO REIVINDICATÓRIA. TERRENO DE MARINHA. DOMÍNIO DA UNIÃO. POSSE INJUSTA. CABIMENTO. 1. Trata-se de apelação contra sentença que deu provimento a demanda da União para determinar a imissão na posse de bem imóvel localizado em área de mangue; 2. A área objeto da demanda encontra-se às margens do Rio Potengi, no bairro de Igapó, localizado no Município de Natal/RN, situada em região de manguezal; 3. O mangue é classificado como área de preservação permanente (APP) ex vi legis, segundo ditames do Código Florestal (art. 2º, f); 4. A União detém o direito de propriedade sobre os terrenos denominados de marinha e seus acrescidos (art. 20, CF), onde estão inseridos os mangues, devendo a posse de citados imóveis ocorrer a partir de autorização da Secretaria de Patrimônio da União; 5. A ação reivindicatória é cabível quando o proprietário não possuidor

---

[5]   SCHAEFFER – NOVELLI, Yara. *Grupo de Ecossistemas*: Manguezal, Marisma e Apicum. Disponível em: <http://www.anp.gov.br/brnd/round5/round5/guias/sismica/refere/manguezal_marisma_apicum.pdf>. Acesso em: 16 de junho de 2012.

[6]   Tribunal Regional Federal da 5ª Região. AC 200584000101783. AC – Apelação Civel – 386849. 2ª Turma. *DJE* 29/7/2010. p. 63.

questiona a posse injusta de possuidor não detentor do domínio da coisa (art. 1.228, CC); 6. Quedou comprovado o preenchimento dos requisitos para deferimento da ação reivindicatória: a propriedade do bem imóvel (União), a delimitação deste (trata-se de área de 5,31 hectares, de acordo com parecer elaborado por engenheiro florestal do IBAMA) e a posse injusta do réu (ausência de outorga regular da posse); 7. Na ação reivindicatória, a posse injusta prescinde da comprovação da ocorrência de violência, clandestinidade ou precariedade, bastando que contrarie o domínio do proprietário e que não tenha sido outorgada por este de forma regular; 8. No caso dos autos, há ofício da Gerência da Secretaria de Patrimônio da União no Rio Grande do Norte comprovando que o réu não tinha inscrição de outorga da posse; 9. O requerimento da União, autora da demanda, visa à proteção da área de mangue, a qual vem sendo degradada devido a realização de carcinicultura pelo réu, atividade esta vedada em manguezais, de acordo com a Resolução do CONAMA nº 312/02; 10. Ademais, de acordo com o art. 9º, II, Lei 9.636/98, é vedada a inscrição de áreas ocupadas onde se esteja comprometendo a preservação ambiental; 11. Apelação não provida." (Desembargador Federal Paulo Gadelha)

O *caput* do artigo 11-A, desnecessariamente, reafirma o § 4º do artigo 225 da Constituição Federal, que dá à Zona Costeira a condição de patrimônio nacional, devendo a sua ocupação e exploração ocorrer de forma ecologicamente sustentável. O artigo visa estabelecer os parâmetros gerais a serem adotados de forma a assegurar que as atividades desenvolvidas nos apicuns e salgados sejam sustentáveis.

Pelo § 1º do artigo 11-A estabeleceu-se o critério geral de possibilidade de utilização dos apicuns e salgados. Há que se observar que o artigo 11-A, ora examinado, estabelece um regime de exceção no que diz respeito à proteção dos manguezais que, na forma do artigo 4º, VII, são considerados de preservação permanente em toda a sua extensão. Assim, de fato, os manguezais estão submetidos a um regime jurídico híbrido, o qual admite a sua supressão em caso de utilidade pública, interesse social e baixo impacto, bem como o uso restrito estabelecido no presente artigo em comento; ou seja, será que realmente existe proteção legal?

O regime de uso restrito demanda que sejam observados os seguintes parâmetros:

- área total ocupada em cada Estado não superior a 10% (dez por cento) dessa modalidade de fitofisionomia[7] no bioma amazônico e a 35% (trinta e cinco por cento) no restante do país, excluídas as ocupações consolidadas que atendam ao disposto no § 6º do art. 11-A;

- salvaguarda da absoluta integridade dos manguezais arbustivos e dos processos ecológicos essenciais a eles associados, bem como da sua produtividade biológica e condição de berçário de recursos pesqueiros;

- licenciamento da atividade e das instalações pelo órgão ambiental estadual, cientificado o Instituto Brasileiro do Meio Ambiente e dos Recursos Naturais Renováveis – Ibama e, no caso de uso de terrenos de marinha ou outros bens da União, realizada regularização prévia da titulação perante a União;

- recolhimento, tratamento e disposição adequados dos efluentes e resíduos;

- garantia da manutenção da qualidade da água e do solo, respeitadas as Áreas de Preservação Permanente; e

- respeito às atividades tradicionais de sobrevivência das comunidades locais.

O conjunto de condições estabelecidas para o regular exercício da atividade econômica, a começar pelo limite percentual a ser admitido para a atividade, parece não estar de acordo com a característica de uma norma geral, como é o caso do Novo Código Florestal. Assim, a norma examinada entra em detalhes que não se coadunam com a competência de definição de regras gerais. Além do mais, ao se admitir a exceção às atividades que estejam sendo realizadas con-

---

[7] A fitofisionomia é a primeira impressão causada pela vegetação (ALLEN, 1998). Segundo Grabherr & Kojima (1993), a fitofisionomia é uma característica morfológica da comunidade vegetal, sendo Humboldt quem a empregou pela primeira vez para descrever a vegetação. Ainda segundo aqueles mesmos autores, Griesebach propôs o termo *formação* como uma "unidade fisionômica". Segundo o dicionário de Font Quer (1953), Griesebach teria derivado este termo da palavra alemã *Vegetationsform*, utilizada por Martius. No Congresso Internacional de Botânica de 1910, realizado em Bruxelas, sua Comissão de Nomenclatura estabeleceu que uma formação "se compõe de associações, que se diferenciam em sua composição florística, mas coincidem, em primeiro lugar, nas condições estacionais e, em segundo lugar, nas suas formas biológicas" COUTINHO, Leopoldo Magno. O conceito de bioma. *Acta Bot. Bras.* [online]. 2006, v. 20, n. 1 [cited 2012-06-16], p. 13-23. Available from: http://www.scielo.br/scielo.php?script=sci_arttext&pid=S010233062006000100002&lng=en&nrm=iso). Disponível em: <http://dx.doi.org/10.1590/S010233062006000100002>. Acesso em: 16 de junho de 2012.

forme o § 6º, retoma uma questão recorrente no Novo Código Florestal, que é o reconhecimento e admissão de atividades que, embora em contravenção às regras vigentes, desde que realizadas antes de 22 de julho de 2008, são regularizáveis, uma vez firmado Termo de Compromisso. Entende-se que o legislador tenha reconhecido "fatos consumados", contudo, mais uma vez, a lei fornece sanção premial à desobediência da norma, penalizando quem a observou e desestimulando o cumprimento futuro, pois nada garante que amanhã não haverá uma nova "regularização" do irregular. Assim, na prática, os percentuais se resumem a *"wishful thinking"*, sem qualquer base, haja vista que não existem estatísticas confiáveis quanto às áreas que já estão sendo utilizadas. A lei, no caso, admitiu novas atividades além daquelas já existentes. No meu ponto de vista, as atividades já existentes, necessariamente, deveriam integrar os percentuais de utilização estabelecidos na norma, sob pena de que o novo regime legal se transforme em uma contrafação.

O § 2º estabelece que: *"A licença ambiental, na hipótese deste artigo, será de 5 (cinco) anos, renovável apenas se o empreendedor cumprir as exigências da legislação ambiental e do próprio licenciamento, mediante comprovação anual inclusive por mídia fotográfica"*. Do meu ponto de vista, o presente artigo somente encontra amparo constitucional nos casos em que, por hipótese, a licença ambiental seja concedida por órgão federal.

Como se sabe, o licenciamento ambiental é processo administrativo e, como tal, cabe aos entes federativos definirem o prazo de vigência e o modo pelo qual outorgarão suas licenças. Ademais, o licenciamento ambiental é matéria de Lei Complementar, como se depreende da edição da Lei Complementar nº 140, de 8 de dezembro de 2011.[8]

---

8   Lei Complementar nº 140/2011: Art. 12. Para fins de licenciamento ambiental de atividades ou empreendimentos utilizadores de recursos ambientais, efetiva ou potencialmente poluidores ou capazes, sob qualquer forma, de causar degradação ambiental, e para autorização de supressão e manejo de vegetação, o critério do ente federativo instituidor da unidade de conservação não será aplicado às Áreas de Proteção Ambiental (APAs). Parágrafo único. A definição do ente federativo responsável pelo licenciamento e autorização a que se refere o **caput**, no caso das APAs, seguirá os critérios previstos nas alíneas *a, b, e, f* e *h* do inciso XIV do art. 7º, no inciso XIV do art. 8º e na alínea *a* do inciso XIV do art. 9º. Art. 13. Os empreendimentos e atividades são licenciados ou autorizados, ambientalmente, por um único ente federativo, em conformidade com as atribuições estabelecidas nos termos desta Lei Complementar. § 1º Os demais entes federativos interessados podem manifestar-se ao órgão responsável pela licença ou autorização, de maneira não vinculante, respeitados os prazos e procedimentos do licenciamento ambiental. § 2º A supressão de vegetação decorrente de licenciamentos ambientais é autorizada pelo ente federativo licenciador. § 3º Os valores alusivos às taxas de licenciamento ambiental e outros serviços afins devem guardar relação de proporcionalidade com o custo e a complexidade do serviço prestado pelo ente federativo. Art. 14. Os órgãos licenciadores devem observar os prazos estabelecidos para tramitação dos processos de licenciamento. § 1º As exigências de complementação oriundas da análise do empreendimento ou atividade devem ser comunicadas pela autoridade licenciadora de uma única vez ao empreendedor,

O § 3º estabelece que os novos empreendimentos a serem implantados nos apicuns e salgados "são sujeitos à apresentação de Estudo Prévio de Impacto Ambiental – EPIA e Relatório de Impacto Ambiental – RIMA", desde que: (i) com área superior a 50 (cinquenta) hectares, vedada a fragmentação do projeto para ocultar ou camuflar seu porte; (ii) com área de até 50 (cinquenta) hectares, se potencialmente causadores de significativa degradação do meio ambiente; ou (iii) localizados em região com adensamento de empreendimentos de carcinicultura ou salinas cujo impacto afete áreas comuns. Inicialmente, há que se considerar que a tradicional denominação EIA/RIMA para indicar o Estudo Prévio de Impacto Ambiental e o seu respectivo Relatório de Impacto sobre o Meio Ambiente foi substituída pela EPIA/RIMA, sem qualquer motivo aparente e sem que dela advenha qualquer vantagem para a compreensão do instituto, adicionando-se mais um acrônimo à já longa lista de acrônimos ambientais.

O fato de que os Apicuns e Salgados se constituam em *áreas de uso restrito* é, em si mesmo, uma presunção de que a sua utilização se faz em desfavor do meio ambiente, *de forma significativa*. Milita em apoio à tese ora sustentada e que o Novo Código Florestal estabeleceu que os manguezais, em toda a sua extensão, são áreas de preservação permanente. A questão se resolve pela Instrução Técnica do Estudo de Impacto Ambiental e não pela sua inexigibilidade para projetos de dimensões consideradas menores. Aliás, parece pouco séria a vedação da fragmentação do projeto para ocultar o seu porte. Cabe ao órgão ambiental, independentemente da vontade do empreendedor, enquadrar o projeto dentro de seus critérios e, caso venha a se convencer que há uma "fragmentação" para camuflar-lhe o porte, licenciá-lo como um empreendimento único.

O § 4º estabelece que:

> "o órgão licenciador competente, mediante decisão motivada, poderá, sem prejuízo das sanções administrativas, civis e penais cabíveis, bem como do dever de recuperar os danos ambientais causados, alterar as condicionantes e as medidas de controle e adequação, quando ocorrer: (i) descumprimento ou cumprimento inadequado das condicionantes ou medidas de controle previs-

---

ressalvadas aquelas decorrentes de fatos novos. § 2º As exigências de complementação de informações, documentos ou estudos feitas pela autoridade licenciadora suspendem o prazo de aprovação, que continua a fluir após o seu atendimento integral pelo empreendedor. § 3º O decurso dos prazos de licenciamento, sem a emissão da licença ambiental, não implica emissão tácita nem autoriza a prática de ato que dela dependa ou decorra, mas instaura a competência supletiva referida no art. 15. § 4º A renovação de licenças ambientais deve ser requerida com antecedência mínima de 120 (cento e vinte) dias da expiração de seu prazo de validade, fixado na respectiva licença, ficando este automaticamente prorrogado até a manifestação definitiva do órgão ambiental competente.

tas no licenciamento, ou desobediência às normas aplicáveis; (ii) fornecimento de informação falsa, dúbia ou enganosa, inclusive por omissão, em qualquer fase do licenciamento ou período de validade da licença; ou (iii) superveniência de informações sobre riscos ao meio ambiente ou à saúde pública."

O § 4º é inconstitucional pelos motivos acima já expostos, no que diz respeito à matéria reservada à Lei Complementar e invasão da autonomia dos Estados, bem como pelo fato de que não estabelece a obrigatoriedade da observância da ampla defesa e do contraditório para a alteração de condicionantes e de medidas de controle das licenças ambientais.

O § 5º é claramente inconstitucional por determinar que os Estados promovam medidas administrativas, assinando-lhes prazos e critérios, com um nível de detalhamento que, dificilmente, pode ser caracterizado como norma geral *"em escala mínima de 1:10.000, que deverá ser concluído por cada Estado no prazo máximo de 1 (um) ano a partir da data de publicação desta Lei"*.

Os §§ 6º e 7º estabelecem as medidas de "regularização" e de "proibição" de novas atividades nas áreas de apicuns e de salgados.

CAPÍTULO IV
DA ÁREA DE RESERVA LEGAL

Seção I
Da Delimitação da Área de Reserva Legal

A seção ora examinada cuida da delimitação da Área de Reserva Legal e das suas diferentes consequências jurídicas. Preliminarmente, examinarei os debates existentes sobre a natureza da Reserva Legal que, diante do novo texto legal, ficaram estabilizados com a caracterização normativa da obrigação de manutenção da Reserva Legal. Antes da atual lei ainda havia resistência quanto à caracterização da Reserva Legal como obrigação, o que restou superado com o novo texto legal.

Ela é uma *obrigação que recai diretamente sobre o proprietário* do imóvel, independentemente de sua pessoa ou da forma pela qual tenha adquirido a propriedade, pois é uma obrigação ligada à própria coisa, permanecendo aderida ao bem, enquanto este existir. O proprietário somente pode dela se desonerar pela (i) *renúncia* do direito sobre a coisa, mediante a utilização de qualquer uma das formas legais aptas para transferir a propriedade, ou evidentemente pelo (ii) *perecimento* da própria coisa.[1]

---

[1] Art. 1.275. Além das causas consideradas neste Código, perde-se a propriedade: I – por alienação; II – pela renúncia; III – por abandono; IV – por perecimento da coisa; V – por desapropriação. Parágrafo único. Nos casos dos incisos I e II, os efeitos da perda da propriedade imóvel serão subordinados ao registro do título transmissivo ou do ato renunciativo no Registro de Imóveis.

O Direito Civil Brasileiro, desde há muito, reconhece a existência das obrigações "reais". Tome-se um exemplo bastante eloquente que é o constante no antigo artigo 1.197 do Código Civil Brasileiro (CCB) de 1916, e renovado no Código de 2002, conforme a redação de seu artigo 576; tal modalidade de obrigação também se faz presente em inúmeros institutos jurídicos que regem, por exemplo, as relações de vizinhança, conforme bem assinalado por Carlos Alberto Bittar,[2] para quem:

> "Nas obrigações *propter rem* [...] decorre o vínculo da lei em função de direitos reais, facultando-se a uma pessoa exigir do titular certa prestação, o qual se safa, no entanto, ao despir-se do direito, como nas hipóteses de construção e conservação de marcos divisórios e de tapumes divisórios, em que se impõe aos proprietários a colaboração para a sua edificação ou manutenção; de divisão da coisa comum, em que cada condômino deve colaborar para as despesas de conservação ou de divisão; de pagamento da dívida na hipoteca pelo adquirente do bem, para a sua liberação etc."

O Código Tributário Nacional, igualmente, reconhece a existência de obrigações da mesma natureza, conforme deixam ver os seus artigos 130 e 131.[3] Tanto a obrigação de natureza civil, como a de natureza tributária, são transmissíveis com o próprio bem, o que igualmente ocorre com a obrigação estabelecida pelo Novo Código Florestal. No caso da obrigação estabelecida pelo Novo Código Florestal, não resta dúvida que ela se assemelha àquela de natureza civil e é na legislação civil que devemos identificar os elementos a serem observados. Ressalte-se, entretanto, que os institutos de Direito Civil devem ser "*lidos*" com olhos de proteção ambiental e de como ela é tratada em nossa Constituição.

De fato, a manutenção da Reserva Legal é uma obrigação característica da propriedade rural que se apresenta sob a forma de ônus real que recai sobre o imóvel e que obriga o proprietário e *todos aqueles que venham a adquirir tal con-*

---

[2]   BITTAR, Carlos Alberto. *Direito das obrigações*. Rio de Janeiro: Forense Universitária, 1990. p. 41.

[3]   Art. 130. Os créditos tributários relativos a impostos cujo fato gerador seja a propriedade, o domínio útil ou a posse de bens imóveis, e bem assim os relativos a taxas pela prestação de serviços referentes a tais bens, ou a contribuições de melhoria, sub-rogam-se na pessoa dos respectivos adquirentes, salvo quando conste do título a prova de sua quitação. Parágrafo único. No caso de arrematação em hasta pública, a sub-rogação ocorre sobre o respectivo preço.
Art. 131. São pessoalmente responsáveis: I – o adquirente ou remitente, pelos tributos relativos aos bens adquiridos ou remidos; II – o sucessor a qualquer título e o cônjuge meeiro, pelos tributos devidos pelo *de cujus* até a data da partilha ou adjudicação, limitada esta responsabilidade ao montante do quinhão, do legado ou da meação; III – o espólio, pelos tributos devidos pelo *de cujus* até a data da abertura da sucessão.

dição a respeitá-la. Cuida-se, repita-se, de uma obrigação *in rem, ob* ou *propter rem,* ou seja, uma obrigação real ou mista. Convém, nesta altura, relembrar as palavras de Orlando Gomes[4] sobre o tema:

> *"As obrigações reais caracterizam-se pela origem e transmissibilidade automática. Consideradas em sua origem, verifica-se que provêm da existência de um direito real, impondo-se ao seu titular. Esse cordão umbilical jamais se rompe. Se o direito de que se origina é transmitido, a obrigação o segue, seja qual for o título translativo."*

Veja-se, também, a opinião de Caio Mário da Silva Pereira,[5] que é a seguinte:

> *"Mas, se há uma relação jurídico-real, em que se insere, adjeto à faculdade de não ser molestado, o direito a uma prestação específica, este direito pode dizer-se* ad rem*, e a obrigação correspondente é* propter rem. *Não falta quem lhe pretenda atribuir autonomia. Mas parece-nos em vão, pois que o direito que visa a uma prestação certa é de crédito, e a obrigação respectiva é estrita. A obligatio propter* rem *somente encorpa-se quando é acessória a uma relação jurídico- -real ou se objetiva numa prestação devida ao titular do direito real, nesta qualidade* (ambulat cum domino). *E o equívoco dos que pretendem definir a obrigação* propter rem *como pessoal é o mesmo dos que lhe negam existência, absorvendo-a na real* [...]"*

A jurisprudência do Superior Tribunal de Justiça, seguidamente, afirmou a natureza *propter rem* da Reserva Legal, com todas as consequências que, normalmente, daí resultam:

> "RECURSO ESPECIAL. FAIXA CILIAR. ÁREA DE PRESERVAÇÃO PERMANENTE. *RESERVA LEGAL.* TERRENO ADQUIRIDO PELO RECORRENTE JÁ DESMATADO. IMPOSSIBILIDADE DE EXPLO- RAÇÃO ECONÔMICA. RESPONSABILIDADE OBJETIVA. OBRI- GAÇÃO *PROPTER REM.* AUSÊNCIA DE PREQUESTIONAMENTO. DIVERGÊNCIA JURISPRUDENCIAL NÃO CONFIGURADA.[6] As questões relativas à aplicação dos artigos 1º e 6º da LICC, e, bem assim, à possibilidade de aplicação da responsabilidade objetiva em ação civil pública, não foram enxergadas, sequer vislumbradas, pelo acórdão recorrido. Tanto a faixa ciliar quanto a reserva legal,

---

4 GOMES, Orlando. *Obrigações.* 17. ed. Rio de Janeiro: Forense, 1998. p. 21.

5 PEREIRA, Caio Mario da Silva. *Instituições de direito civil:* obrigações. 4. ed. Rio de Janeiro: Forense, 1976. v. II, p. 44-45.

6 Esp 343741/PR. RECURSO ESPECIAL 2001/0103660-8. 2ª TURMA. *DJU:* 7/10/2002, p. 225.

em qualquer propriedade, incluída a da recorrente, não podem ser objeto de exploração econômica, de maneira que, ainda que se não dê o reflorestamento imediato, referidas zonas não podem servir como pastagens. Não há cogitar, pois, de ausência de nexo causal, visto que aquele que perpetua a lesão ao meio ambiente cometida por outrem está, ele mesmo, praticando o ilícito. *A obrigação de conservação é automaticamente transferida do alienante ao adquirente, independentemente deste último ter responsabilidade pelo dano ambiental.* Recurso especial não conhecido." (Ministro FRANCIULLI NETTO)

No mesmo sentido vai o seguinte Acórdão:[7]

"PROCESSUAL CIVIL. ADMINISTRATIVO. DANOS AMBIENTAIS. AÇÃO CIVIL PÚBLICA. RESPONSABILIDADE DO ADQUIRENTE. TERRAS RURAIS. RECOMPOSIÇÃO. MATAS. INCIDENTE DE UNIFORMIZAÇÃO DE JURISPRUDÊNCIA. ART. 476 DO CPC. FACULDADE DO ÓRGÃO JULGADOR.

1. A responsabilidade pelo dano ambiental é objetiva, ante a *ratio essendi* da Lei 6.938/81, que em seu art. 14, § 1º, determina que o poluidor seja obrigado a indenizar ou reparar os danos ao meio-ambiente e, quanto ao terceiro, preceitua que a obrigação persiste, mesmo sem culpa. Precedentes do STJ: RESP 826976/PR, Relator Ministro Castro Meira, *DJ* de 01.09.2006; AgRg no REsp 504626/PR, Relator Ministro Francisco Falcão, *DJ* de 17.05.2004; RESP 263383/PR, Relator Ministro João Otávio de Noronha, *DJ* de 22.08.2005 e EDcl no AgRg no RESP 255170/SP, desta relatoria, *DJ* de 22.04.2003.

2. A obrigação de reparação dos danos ambientais é *propter rem*, por isso que a Lei 8.171/91 vigora para todos os proprietários rurais, ainda que não sejam eles os responsáveis por eventuais desmatamentos anteriores, máxime porque a referida norma referendou o próprio Código Florestal (Lei 4.771/65) que estabelecia uma limitação administrativa às propriedades rurais, obrigando os seus proprietários a instituírem áreas de reservas legais, de no mínimo 20% de cada propriedade, em prol do interesse coletivo. Precedente do STJ: RESP 343.741/PR, Relator Ministro Franciulli Netto, *DJ* de 07.10.2002.

---

7   REsp 745363/PR. RECURSO ESPECIAL: 2005/0069112-7. Relator: 1ª TURMA. *DJU*: 18/10/2007, p. 270.

3. Paulo Affonso Leme Machado, em sua obra Direito Ambiental Brasileiro, ressalta que '[...] A responsabilidade objetiva ambiental significa que quem danificar o ambiente tem o dever jurídico de repará-lo. Presente, pois, o binômio dano/reparação. Não se pergunta a razão da degradação para que haja o dever de indenizar e/ou reparar. A responsabilidade sem culpa tem incidência na indenização ou na reparação dos 'danos causados ao meio ambiente e aos terceiros afetados por sua atividade' (art. 14, § III, da Lei 6.938/81). Não interessa que tipo de obra ou atividade seja exercida pelo que degrada, pois não há necessidade de que ela apresente risco ou seja perigosa. Procura-se quem foi atingido e, se for o meio ambiente e o homem, inicia-se o processo lógico-jurídico da imputação civil objetiva ambiental. Só depois é que se entrará na fase do estabelecimento do nexo de causalidade entre a ação ou omissão e o dano. É contra o Direito enriquecer-se ou ter lucro à custa da degradação do meio ambiente. O art. 927, parágrafo único, do CC de 2002, dispõe: 'Haverá obrigação de reparar o dano, independentemente de culpa, nos casos especificados em lei, ou quando a atividade normalmente desenvolvida pelo autor do dano implicar, por sua natureza, risco para os direitos de outrem'. Quanto à primeira parte, em matéria ambiental, já temos a Lei 6.938/81, que instituiu a responsabilidade sem culpa. Quanto à segunda parte, quando nos defrontarmos com atividades de risco, cujo regime de responsabilidade não tenha sido especificado em lei, o juiz analisará, caso a caso, ou o Poder Público fará a classificação dessas atividades. 'É a responsabilidade pelo risco da atividade.' Na conceituação do risco aplicam-se os princípios da precaução, da prevenção e da reparação. Repara-se por força do Direito Positivo e, também, por um princípio de Direito Natural, pois não é justo prejudicar nem os outros e nem a si mesmo. Facilita-se a obtenção da prova da responsabilidade, sem se exigir a intenção, a imprudência e a negligência para serem protegidos bens de alto interesse de todos e cuja lesão ou destruição terá consequências não só para a geração presente, como para a geração futura. Nenhum dos poderes da República, ninguém, está autorizado, moral e constitucionalmente, a concordar ou a praticar uma transação que acarrete a perda de chance de vida e de saúde das gerações [...]' in Direito Ambiental Brasileiro, Malheiros Editores, 12ª ed., 2004, p. 326-327.

4. A Constituição Federal consagra em seu art. 186 que a função social da propriedade rural é cumprida quando atende, seguindo

critérios e graus de exigência estabelecidos em lei, a requisitos certos, entre os quais o de 'utilização adequada dos recursos naturais disponíveis e preservação do meio ambiente'.

5. É cediço em sede doutrinária que se reconhece ao órgão julgador da primazia da suscitação do incidente de uniformização da discricionariedade no exame da necessidade do incidente porquanto, por vezes suscitado com intuito protelatório.

6. Sobre o tema leciona José Carlos Barbosa Moreira, em Comentários ao Código de Processo Civil, Vol. V, Forense, *litteris*: '[...] No exercício da função jurisdicional, têm os órgãos judiciais de aplicar aos casos concretos as regras de direito. Cumpre-lhes, para tanto, interpretar essas regras, isto é, determinar o seu sentido e alcance. Assim se fixam as teses jurídicas, a cuja luz hão de apreciar-se as hipóteses variadíssimas que a vida oferece à consideração dos julgadores. [...] Nesses limites, e somente neles, é que se põe o problema da uniformização da jurisprudência. Não se trata, nem seria concebível que se tratasse, de impor aos órgãos judicantes uma camisa-de-força, que lhes tolhesse o movimento em direção a novas maneiras de entender as regras jurídicas, sempre que a anteriormente adotada já não corresponda às necessidades cambiantes do convívio social. Trata-se, pura e simplesmente, de evitar, na medida do possível, que a sorte dos litigantes e afinal a própria unidade do sistema jurídico vigente fiquem na dependência exclusiva da distribuição do feito ou do recurso a este ou àquele órgão [...]' p. 04-05.

7. Deveras, a severidade do incidente é tema interditado ao STJ, ante o óbice erigido pela Súmula 07.

8. O pedido de uniformização de jurisprudência revela caráter eminentemente preventivo e, consoante cediço, não vincula o órgão julgador, ao qual a iniciativa do incidente é mera faculdade, consoante a *ratio essendi* do art. 476 do CPC. Precedentes do STJ: AgRg nos EREsp 620276/RS, Relator Ministro Jorge Scartezzini, *DJ* de 01.08.2006; EDcl nos EDcl no RMS 20101/ES, Relator Ministro Castro Meira, *DJ* de 30.05.2006 e EDcl no AgRg nos EDcl no CC 34001/ES, Relator Ministro Francisco Falcão, *DJ* de 29.11.2004.

9. Sob esse ângulo, cumpre destacar, o mencionado incidente não ostenta natureza recursal, razão pela qual não se admite a sua promíscua utilização com nítida feição recursal, especialmente porque o instituto *sub examine* não é servil à apreciação do caso

concreto, ao revés, revela meio hábil à discussão de teses jurídicas antagônicas, objetivando a pacificação da jurisprudência interna de determinado Tribunal.

10. Recurso especial desprovido." (Ministro LUIZ FUX)

Art. 12. Todo imóvel rural deve manter área com cobertura de vegetação nativa, a título de Reserva Legal, sem prejuízo da aplicação das normas sobre as Áreas de Preservação Permanente, observados os seguintes percentuais mínimos em relação à área do imóvel:

Redação original	Lei nº 12.727/2012
Art. 12. Todo imóvel rural deve manter área com cobertura de vegetação nativa, a título de Reserva Legal, sem prejuízo da aplicação das normas sobre as Áreas de Preservação Permanente, observados os seguintes percentuais mínimos em relação à área do imóvel:	Art. 12. Todo imóvel rural deve manter área com cobertura de vegetação nativa, a título de Reserva Legal, sem prejuízo da aplicação das normas sobre as Áreas de Preservação Permanente, observados os seguintes percentuais mínimos em relação à área do imóvel, excetuados os casos previstos no art. 68 desta Lei:

I – localizado na Amazônia Legal:

a) 80% (oitenta por cento), no imóvel situado em área de florestas;

b) 35% (trinta e cinco por cento), no imóvel situado em área de cerrado;

c) 20% (vinte por cento), no imóvel situado em área de campos gerais;

II – localizado nas demais regiões do País: 20% (vinte por cento).

§ 1º Em caso de fracionamento do imóvel rural, a qualquer título, inclusive para assentamentos pelo Programa de Reforma Agrária, será considerada, para fins do disposto do *caput*, a área do imóvel antes do fracionamento.

§ 2º O percentual de Reserva Legal em imóvel situado em área de formações florestais, de cerrado ou de campos gerais na Amazônia Legal será definido considerando separadamente os índices contidos nas alíneas *a*, *b* e *c* do inciso I do *caput*.

§ 3º Após a implantação do CAR, a supressão de novas áreas de floresta ou outras formas de vegetação nativa apenas será autorizada pelo órgão ambiental estadual integrante do Sisnama se o imóvel estiver inserido no mencionado cadastro, ressalvado o previsto no art. 30.

§ 4º Nos casos da alínea *a* do inciso I, o poder público poderá reduzir a Reserva Legal para até 50% (cinquenta por cento), para fins de recomposição, quando o Município tiver mais de 50% (cinquenta por cento) da área ocupada por unidades de conservação da natureza de domínio público e por terras indígenas homologadas.

§ 5º Nos casos da alínea *a* do inciso I, o poder público estadual, ouvido o Conselho Estadual de Meio Ambiente, poderá reduzir a Reserva Legal para até 50% (cinquenta por cento), quando o Estado tiver Zoneamento Ecológico-Econômico aprovado e mais de 65% (sessenta e cinco por cento) do seu território ocupado por unidades de conservação da natureza de domínio público, devidamente regularizadas, e por terras indígenas homologadas.

§ 6º Os empreendimentos de abastecimento público de água e tratamento de esgoto não estão sujeitos à constituição de Reserva Legal.

§ 7º Não será exigida Reserva Legal relativa às áreas adquiridas ou desapropriadas por detentor de concessão, permissão ou autorização para exploração de potencial de energia hidráulica, nas quais funcionem empreendimentos de geração de energia elétrica, subestações ou sejam instaladas linhas de transmissão e de distribuição de energia elétrica.

§ 8º Não será exigida Reserva Legal relativa às áreas adquiridas ou desapropriadas com o objetivo de implantação e ampliação de capacidade de rodovias e ferrovias.

Antes de qualquer comentário aos artigos constantes nesta seção referentes à delimitação da área da reserva legal, se faz necessário retornar ao artigo 3º do Código para que se relembrem os conceitos normativos lá definidos, os quais serão basilares e essenciais para a aplicação da Lei de Proteção da Vegetação Nativa Brasileira.

Art. 3º Para os efeitos desta Lei, entende-se por:

I – Amazônia Legal: os Estados do Acre, Pará, Amazonas, Roraima, Rondônia, Amapá e Mato Grosso e as regiões situadas ao norte do paralelo 13° S, dos Estados de Tocantins e Goiás, e ao oeste do meridiano de 44° W, do Estado do Maranhão;

II – Área de Preservação Permanente – APP: área protegida, coberta ou não por vegetação nativa, com a função ambiental de preservar os recursos hídricos, a paisagem, a estabilidade geológica e a biodiversidade, facilitar o fluxo gênico de fauna e flora, proteger o solo e assegurar o bem-estar das populações humanas;

III – Reserva Legal: área localizada no interior de uma propriedade ou posse rural, delimitada nos termos do art. 12, com a função de assegurar o uso econômico de modo sustentável dos recursos naturais do imóvel rural, auxiliar a conservação e a reabilitação dos processos ecológicos e promover a conservação da biodiversidade, bem como o abrigo e a proteção de fauna silvestre e da flora nativa;

IV – área rural consolidada: área de imóvel rural com ocupação antrópica preexistente a 22 de julho de 2008, com edificações, benfeitorias ou atividades agrossilvipastoris, admitida, neste último caso, a adoção do regime de pousio;

V – pequena propriedade ou posse rural familiar: aquela explorada mediante o trabalho pessoal do agricultor familiar e empreendedor familiar rural, incluindo os assentamentos e projetos de reforma agrária, e que atenda ao disposto no art. 3º da Lei nº 11.326, de 24 de julho de 2006;

VI – uso alternativo do solo: substituição de vegetação nativa e formações sucessoras por outras coberturas do solo, como atividades agropecuárias, industriais, de geração e transmissão de energia, de mineração e de transporte, assentamentos urbanos ou outras formas de ocupação humana;

VII – manejo sustentável: administração da vegetação natural para a obtenção de benefícios econômicos, sociais e ambientais, respeitando-se os mecanismos de sustentação do ecossistema objeto do manejo e considerando-se, cumulativa ou alternativamente, a utilização de múltiplas espécies madeireiras ou não, de múltiplos produtos e subprodutos da flora, bem como a utilização de outros bens e serviços;

VIII – utilidade pública:

a) as atividades de segurança nacional e proteção sanitária;

b) as obras de infraestrutura destinadas às concessões e aos serviços públicos de transporte, sistema viário, inclusive aquele necessário aos parcelamentos de solo urbano aprovados pelos Municípios, saneamento, gestão de resíduos, energia, telecomunicações, radiodifusão, instalações necessárias à realização de competições esportivas estaduais, nacionais ou internacionais, bem como mineração, exceto, neste último caso, a extração de areia, argila, saibro e cascalho;

c) atividades e obras de defesa civil;

d) atividades que comprovadamente proporcionem melhorias na proteção das funções ambientais referidas no inciso II deste artigo;

e) outras atividades similares devidamente caracterizadas e motivadas em procedimento administrativo próprios, quando inexistir alternativa técnica e locacional ao empreendimento proposto, definidas em ato do Chefe do Poder Executivo federal;

IX – interesse social:

a) as atividades imprescindíveis à proteção da integridade da vegetação nativa, tais como prevenção, combate e controle do fogo, controle da erosão, erradicação de invasoras e proteção de plantios com espécies nativas;

b) a exploração agroflorestal sustentável praticada na pequena propriedade ou posse rural familiar ou por povos e comunidades tradicionais, desde que não descaracterize a cobertura vegetal existente e não prejudique a função ambiental da área;

c) a implantação de infraestrutura pública destinada a esportes, lazer e atividades educacionais e culturais ao ar livre em áreas urbanas e rurais consolidadas, observadas as condições estabelecidas nesta Lei;

d) a regularização fundiária de assentamentos humanos ocupados predominantemente por população de baixa renda em áreas urbanas consolidadas, observadas as condições estabelecidas na Lei nº 11.977, de 7 de julho de 2009;

e) implantação de instalações necessárias à captação e condução de água e de efluentes tratados para projetos cujos recursos hídricos são partes integrantes e essenciais da atividade;

f) as atividades de pesquisa e extração de areia, argila, saibro e cascalho, outorgadas pela autoridade competente;

g) outras atividades similares devidamente caracterizadas e motivadas em procedimento administrativo próprio, quando inexistir alternativa técnica e locacional à atividade proposta, definidas em ato do Chefe do Poder Executivo federal;

X – atividades eventuais ou de baixo impacto ambiental:

a) abertura de pequenas vias de acesso interno e suas pontes e pontilhões, quando necessárias à travessia de um curso d'água, ao acesso de pessoas e animais para a obtenção de água ou à retirada de produtos oriundos das atividades de manejo agroflorestal sustentável;

b) implantação de instalações necessárias à captação e condução de água e efluentes tratados, desde que comprovada a outorga do direito de uso da água, quando couber;

c) implantação de trilhas para o desenvolvimento do ecoturismo;

d) construção de rampa de lançamento de barcos e pequeno ancoradouro;

e) construção de moradia de agricultores familiares, remanescentes de comunidades quilombolas e outras populações extrativistas e tradicionais em áreas rurais, onde o abastecimento de água se dê pelo esforço próprio dos moradores;

f) construção e manutenção de cercas na propriedade;

g) pesquisa científica relativa a recursos ambientais, respeitados outros requisitos previstos na legislação aplicável;

h) coleta de produtos não madeireiros para fins de subsistência e produção de mudas, como sementes, castanhas e frutos, respeitada a legislação específica de acesso a recursos genéticos;

i) plantio de espécies nativas produtoras de frutos, sementes, castanhas e outros produtos vegetais, desde que não implique supressão da vegetação existente nem prejudique a função ambiental da área;

j) exploração agroflorestal e manejo florestal sustentável, comunitário e familiar, incluindo a extração de produtos florestais não madeireiros, desde que não descaracterizem a cobertura vegetal nativa existente nem prejudiquem a função ambiental da área;

k) outras ações ou atividades similares, reconhecidas como eventuais e de baixo impacto ambiental em ato do Conselho Nacional do Meio Ambiente – CONAMA ou dos Conselhos Estaduais de Meio Ambiente;

XI – (VETADO);

XII – vereda: fitofisionomia de savana, encontrada em solos hidromórficos, usualmente com palmáceas, sem formar dossel, em meio a agrupamentos de espécies arbustivo-herbáceas;

XIII – manguezal: ecossistema litorâneo que ocorre em terrenos baixos, sujeitos à ação das marés, formado por vasas lodosas recentes ou arenosas, às quais se associa, predominantemente, a vegetação natural conhecida como mangue, com influência fluvio-marinha, típica de solos limosos de regiões estuarinas e com dispersão descontínua ao longo da costa brasileira, entre os Estados do Amapá e de Santa Catarina;

XIV – salgado ou marismas tropicais hipersalinos: áreas situadas em regiões com frequências de inundações intermediárias entre marés de sizígias e de quadratura, com solos cuja salinidade varia entre 100 (cem) e 150 (cento e cinquenta) partes por 1.000 (mil), onde pode ocorrer a presença de vegetação herbácea específica;

XV – apicum: áreas de solos hipersalinos situadas nas regiões entremarés superiores, inundadas apenas pelas marés de sizígias, que apresentam salinidade superior a 150 (cento e cinquenta) partes por 1.000 (mil), desprovidas de vegetação vascular;

XVI – restinga: depósito arenoso paralelo à linha da costa, de forma geralmente alongada, produzido por processos de sedimentação, onde se encontram diferentes comunidades que recebem influência marinha, com cobertura vegetal em mosaico, encontrada em praias, cordões arenosos, dunas e depressões, apresentando, de acordo com o estágio sucessional, estrato herbáceo, arbustivo e arbóreo, este último mais interiorizado;

XVII – nascente: afloramento natural do lençol freático que apresenta perenidade e dá início a um curso d'água;

XVIII – olho d'água: afloramento natural do lençol freático, mesmo que intermitente;

XIX – leito regular: a calha por onde correm regularmente as águas do curso d'água durante o ano;

XX – área verde urbana: espaços, públicos ou privados, com predomínio de vegetação, preferencialmente nativa, natural ou recuperada, previstos no Plano Diretor, nas Leis de Zoneamento Urbano e Uso do Solo do Município, indisponíveis para construção de moradias, destinados aos propósitos de recreação, lazer, melhoria da qualidade ambiental urbana, proteção dos recursos hídricos, manutenção ou melhoria paisagística, proteção de bens e manifestações culturais;

XXI – várzea de inundação ou planície de inundação: áreas marginais a cursos d'água sujeitas a enchentes e inundações periódicas;

XXII – faixa de passagem de inundação: área de várzea ou planície de inundação adjacente a cursos d'água que permite o escoamento da enchente;

XXIII – relevo ondulado: expressão geomorfológica usada para designar área caracterizada por movimentações do terreno que geram depressões, cuja intensidade permite sua classificação como relevo suave ondulado, ondulado, fortemente ondulado e montanhoso.

XXIV – pousio: prática de interrupção de atividades ou usos agrícolas, pecuários ou silviculturais, por no máximo 5 (cinco) anos, em até 25% (vinte e cinco por cento) da área produtiva da propriedade ou posse, para possibilitar a recuperação da capacidade de uso ou da estrutura física do solo;

XXV – área abandonada, subutilizada ou utilizada de forma inadequada: área não efetivamente utilizada, nos termos dos §§ 3º e 4º do art. 6º da Lei nº 8.629, de 25 de fevereiro de 1993, ou que não atenda aos índices previstos no referido artigo, ressalvadas as áreas em pousio;

XXVI – áreas úmidas: pantanais e superfícies terrestres cobertas de forma periódica por águas, cobertas originalmente por florestas ou outras formas de vegetação adaptadas à inundação; e

XXVII – área urbana consolidada: aquela de que trata o inciso II do *caput* do art. 47 da Lei nº 11.977, de 7 de julho de 2009.

Como é fácil perceber, o principal conceito para a aplicação da reserva legal não consta do rol de definições existente no artigo 3º. Refiro-me ao conceito de imóvel rural que abre o *caput* do artigo 12, ora comentado. Havendo uma definição normativa específica para o conceito de imóvel rural, há que se buscar aquele conceito previsto em outras normas legais existentes em nosso ordenamento jurídico. Assim, há que se aplicar o conceito de *imóvel rural* como sendo "*o prédio rústico, de área contínua qualquer que seja a sua localização que se destina à exploração extrativa agrícola, pecuária ou agro-industrial, quer através de planos públicos de valorização, quer através de iniciativa privada*", conforme estabelecido pelo artigo 4º, I, da Lei nº 4.504, de 30 de novembro de 1964. Como se verá adiante, tal conceito é aplicável por destinação do imóvel e não pela sua localização.

Estabelecido o conceito de imóvel rural, aplicável inclusive para os efeitos do Código Florestal, ante a inexistência de um conceito normativo específico cumpre avançar no exame da reserva legal.

As florestas brasileiras sempre foram consideradas inapropriadas para a atividade de silvicultura devido à grande variedade de espécies que dificultava a exploração econômica racional, impondo corte excessivo de espécies e baixa produtividade. Essa concepção tradicional favoreceu um elevado grau de desmatamento de nosso patrimônio florestal. Foi como reação a tal quadro que a legislação florestal brasileira foi concebida e implantada. Veja-se que o governo Vargas, oriundo da chamada Revolução de 30, implantou todo um conjunto legislativo com vistas a regular a atividade econômica em relação com os nossos recursos naturais, podendo ser citados como exemplos o Código de Águas, o Código de Mineração, o Código de Caça, a Lei de Proteção aos Animais, o Código de Águas Minerais e o próprio Código Penal, que passou a contemplar alguns artigos voltados para a proteção das águas, por exemplo. Assim, o Código Florestal, em sua versão de 1934, foi editado em um contexto de modernização econômica e legislativa, sendo uma lei articulada com várias outras de grande relevância para o desenvolvimento nacional. Relembre-se que quando da elaboração de nosso primeiro Código Florestal em 1934, as crises na indústria madeireira eram constantes, alternando-se situações de fartura e de penúria.

O que hoje se proclama como riqueza – a diversidade biológica –, ontem era considerado fragilidade. Osny Duarte Pereira, o nosso maior comentador do Código Florestal, chegou a afirmar: *"O Brasil, talvez o país que possui a maior área florestada, é pobre em florestas homogêneas que permitem a exploração industrial em grande escala com vantagem, pois a mão de obra nas heterogêneas é muito dispendiosa, encarecendo o custo da produção".*[8]

O Código de 1934, contudo, não logrou resolver os nossos dilemas florestais. O Código Florestal de 1965 veio, tal qual o que lhe antecedeu, como um instrumento para organizar o setor madeireiro e *conservar* as reservas de florestas necessárias para seu desenvolvimento; ele é, indiscutivelmente, um diploma legal com o intuito de disciplinar a atividade econômica, seu objetivo fundamental e razão da sua própria existência. No caso vertente, todo o moderno debate sobre a versão atual do Código demonstra que, muito embora a vertente *preservacionista* tenha ganho uma enorme relevância, a discussão central diz respeito às medidas de *conservação* nos espaços destinados à atividade econômica.

Quanto à *natureza jurídica* da Reserva Legal há que se relembrar que ela é uma *obrigação que recai diretamente sobre* o imóvel rural, independentemente da pessoa de seu proprietário; está pois, ligada à própria coisa, permanecendo aderida ao bem, enquanto ele existir. O proprietário somente pode dela se desonerar pela (i) *renúncia* ao direito sobre a coisa que pode ser manifestada mediante a utilização de qualquer uma das formas legais aptas para transferir a propriedade ou, evidentemente, pelo (ii) *perecimento* da própria coisa.[9]

---

[8]   PEREIRA, Osny Duarte. *Direito florestal brasileiro (ensaio)*. Rio de Janeiro: Borsoi, 1950.

[9]   Art. 1.275. Além das causas consideradas neste Código, perde-se a propriedade: I – por alienação; II – pela renúncia; III – por abandono; IV – por perecimento da coisa; V – por desapropriação. Parágrafo único. Nos casos dos incisos I e II, os efeitos da perda da propriedade imóvel serão subordinados ao registro do título transmissivo ou do ato renunciativo no Registro de Imóveis.

O Direito Civil Brasileiro reconhece a existência das obrigações "reais". Tome-se um exemplo bastante eloquente que era o tratado pelo artigo 1.197 do revogado Código Civil Brasileiro (CCB) de 1916, e renovado no Código de 2002 conforme a redação de seu artigo 576. De fato, a manutenção da Reserva Legal é uma obrigação característica do imóvel rural que se apresenta sob a forma de ônus real que sobre ele recai e que obriga o proprietário e *todos aqueles que venham a adquirir tal condição a respeitá-la*. Cuida-se, repita-se de uma obrigação *in rem, ob* ou *propter rem*.

A jurisprudência do Superior Tribunal de Justiça, seguidamente, tem afirmado a natureza *propter rem* da Reserva Legal, com todas as consequências que, normalmente, daí resultam: "RECURSO ESPECIAL. FAIXA CILIAR. ÁREA DE PRESERVAÇÃO PERMANENTE. *RESERVA LEGAL*. TERRENO ADQUIRIDO PELO RECORRENTE JÁ DESMATADO. IMPOSSIBILIDADE DE EXPLORAÇÃO ECONÔMICA. RESPONSABILIDADE OBJETIVA. *OBRIGAÇÃO* PROPTER REM. *A obrigação de conservação é automaticamente transferida do alienante ao adquirente, independentemente deste último ter responsabilidade pelo dano ambiental. Recurso* especial não conhecido."[10]

No mesmo sentido o seguinte Acórdão,[11] cujo trecho se destaca:

> "*A obrigação de reparação dos danos ambientais é* propter rem, *por isso que a Lei 8.171/91 vigora para todos os proprietários rurais, ainda que não sejam eles os responsáveis por eventuais desmatamentos anteriores, máxime porque a referida norma referendou o próprio Código Florestal (Lei 4.771/65) que estabelecia uma limitação administrativa às propriedades rurais, obrigando os seus proprietários a instituírem áreas de reservas legais, de no mínimo 20% de cada propriedade, em prol do interesse coletivo. Precedente do STJ: RESP 343.741/PR, Relator Ministro Franciulli Netto, DJ de 07.10.2002.*"

O Código Florestal de 1934, aprovado pelo Decreto nº 23.793, de 23 de janeiro de 1934, estabelecia em seu artigo 23 que "*nenhum proprietário de terras cobertas de matas poderá abater mais de três quartas partes da vegetação existente*", assim, naquele regime jurídico foi estabelecida a intocabilidade de 25% (vinte e cinco por cento) das propriedades rurais, excetuando-se as hipóteses dos artigos

---

10   Resp 343741/Recurso Especial 2001/010366 – 8, Relator Ministro Franciulli Neto, *DJU*: 7/10/2002, p. 225.

11   REsp 745363/PR. RECURSO ESPECIAL: 2005/0069112-7. Relator: Ministro LUIZ FUX. 1ª TURMA. *DJU*: 18/10/2007, p. 270.

24, 31 e 52[12] do Código em questão. No artigo mencionado podemos encontrar a origem do conceito de reserva florestal legal que foi introduzido em nosso direito pelo Código ora comentado. Uma série de alterações legislativas fez com que, hodiernamente, a reserva florestal legal tenha contornos bem dissemelhantes daqueles de seus albores. Abaixo apresento quadro com a evolução legislativa da reserva legal, até a edição da lei ora comentada.

Código 1934	Código 1965	Código 1965 (alteração da Lei 7.803/89)	Código 1965 (alteração MP nº 2.166/2001)
Art. 23. Nenhum proprietario de terras cobertas de matas **poderá abater mais de tres quartas partes da vegetação existente**, salvo o disposto nos arts. 24, 31 e 52. § 1º O dispositivo do artigo não se applica, a juizo das autoridades florestaes competentes, às pequenas propriedades isoladas que estejam proximas de florestas ou situadas em zona urbana	Art. 16. As florestas de domínio privado, não sujeitas ao regime de utilização limitada e ressalvadas as de preservação permanente, previstas nos artigos 2º e 3º desta lei, são suscetíveis de exploração, **obedecidas as seguintes restrições: a) nas regiões Leste Meridional, Sul e Centro-Oeste, esta na parte sul, as derrubadas de florestas nativas, primitivas ou regeneradas, só serão permitidas, desde que seja, em qualquer caso, respeitado o limite**	II – o art. 16 passa a vigorar acrescido de dois parágrafos, numerados como § 2º e 3º, na forma seguinte: "Art. 16 .... § 1º Nas propriedades rurais, compreendidas na alínea a deste artigo, com área entre 20 (vinte) a 50 (cinquenta) hectares, computar--se-ão, para efeito de fixação do limite percentual, além da cobertura florestal de qualquer natureza, os maciços de porte arbóreo, sejam	Art. 16. As florestas e outras formas de vegetação nativa, ressalvadas as situadas em área de preservação permanente, assim como aquelas não sujeitas ao regime de utilização limitada ou objeto de legislação específica, são suscetíveis de supressão, desde que sejam mantidas, a título de reserva legal, no mínimo: **I – oitenta por cento, na propriedade rural situada em área de floresta localizada na Amazônia Legal; II – trinta e cinco por cento, na propriedade rural**

---

12   Art. 24. As proibições dos arts. 22 e 23 só se referem à vegetação espontânea, ou resultante do trabalho feito por conta da administração pública, ou de associações protetoras da natureza. Das resultantes de sua própria iniciativa, sem a compensação conferida pelos poderes públicos, poderá dispor o proprietário das terras, ressalvados os demais dispositivos deste código, e a desapropriação na forma da lei [...] Art. 31. O aproveitamento das árvores mortas, ou secas, das florestas protetoras ou remanescentes, acarreta, para quem o fizer, a obrigação do replantio imediato de vegetal da mesma especie, ou de outra adequada às condições locais [...] Art. 52. Considera-se exploração limitada a que se restringe às operações autorizadas expressamente pelo Ministério da Agricultura, com observância dos dispositivos deste código.

mínimo de 20% da área de cada propriedade com cobertura arbórea localizada, a critério da autoridade competente;

.....

d) nas regiões Nordeste e Leste Setentrional, inclusive nos Estados do Maranhão e Piauí, o corte de árvores e a exploração de florestas só será permitida com observância de normas técnicas a serem estabelecidas por ato do Poder Público, na forma do art. 15.

Parágrafo único. Nas propriedades rurais, compreendidas na alínea *a* deste artigo, com área entre vinte (20) a cinquenta (50) hectares computar-se-ão, para efeito de fixação do limite percentual, além da cobertura florestal de qualquer natureza, os maciços de porte arbóreo, sejam frutícolas, ornamentais ou industriais.

Art. 44. Na **região Norte e na parte Norte da região Centro-Oeste**

frutíferos, ornamentais ou industriais.

§ 2º A reserva legal, assim entendida a área de, no mínimo, 20% (vinte por cento) de cada propriedade, onde não é permitido o corte raso, deverá ser averbada à margem da inscrição de matrícula do imóvel, no registro de imóveis competente, sendo vedada, a alteração de sua destinação, nos casos de transmissão, a qualquer título, ou de desmembramento da área.

§ 3º Aplica-se às áreas de cerrado a reserva legal de 20% (vinte por cento) para todos os efeitos legais."

situada em área de cerrado localizada na Amazônia Legal, sendo no mínimo vinte por cento na propriedade e quinze por cento na forma de compensação em outra área, desde que esteja localizada na mesma microbacia, e seja averbada nos termos do § 7º deste artigo;

III – vinte por cento, na propriedade rural situada em área de floresta ou outras formas de vegetação nativa localizada nas demais regiões do País; e

IV – vinte por cento, na propriedade rural em área de campos gerais localizada em qualquer região do País.

§ 1º O percentual de reserva legal na propriedade situada em área de floresta e cerrado será definido considerando separadamente os índices contidos nos incisos I e II deste artigo.

[...]

enquanto não for esta-belecido o decreto de que trata o artigo 15, a exploração a corte razo só é permissível desde **que permaneça com cobertura arbórea, pelo menos 50% da área de cada proprie-dade.**		

A propriedade florestal não se confunde com a propriedade tratada no Código Civil Brasileiro, repita-se, pois a Lei de Proteção da Vegetação Nativa brasileira (substituta do Código Florestal) é lei especial e, portanto, seus dispositivos e institutos, quando dispuserem integralmente sobre uma matéria, prevalecem sobre aqueles de direito comum, no caso, o direito civil. Resulta óbvio que a propriedade florestal está submetida às normas gerais estabelecidas pela Constituição, pelo Código Florestal e, apenas, *subsidiariamente*, pelo Código Civil.

Passemos a examinar as consequências jurídicas para os proprietários rurais da sequência de normas que, ao longo dos anos, dispuseram sobre a propriedade florestal e que, igualmente, alteraram os percentuais de terra e vegetação que deveriam permanecer prístinos para constituir a Reserva Legal. Registre-se, inicialmente, que a discussão acerca do direito intertemporal e de suas relações com a Reserva Legal não tem motivado a atenção da literatura especializada, muito embora seja tema que possui importância ímpar, levando-se em consideração o disposto no art. 5º, XXXVI, da Constituição de 1988, que estabelece a cláusula de proteção aos direitos adquiridos, ao ato jurídico perfeito e à coisa julgada, nos seguintes termos: "*a lei não prejudicará o direito adquirido, o ato jurídico perfeito e a coisa julgada*".

A *Constituição Brasileira de 1891 não contemplou* a cláusula de proteção aos direitos adquiridos, a qual somente ingressou em nosso ordenamento constitucional com a Carta de 1934; desde então, com exceção da "Constituição" de 1937, a cláusula esteve presente nos diferentes Textos Constitucionais brasileiros. O legislador ordinário, sob o regime de 1937, ao dispor sobre a Lei de Introdução ao Código Civil, em 1942, *admitiu a possibilidade de retroação da lei nova, desde que presente disposição normativa expressa. Não se olvide, contudo, que sob regime de 37 o Executivo e o Legislativo estavam mesclados na pessoa do Chefe do Estado Nacional e, sob aquele regime, chegou-se a eliminar a presunção de inocência dos acusados de crimes políticos*. O art. 6º da Lei de Introdução ao Código Civil estipulava que a "*lei em vigor terá efeito imediato e geral. Não atingirá, entretanto, salvo disposição expressa em contrário, as situações jurídicas definitivamente constituídas e a execução do ato jurídico perfeito*". Note-se que o "legislador" sequer se utiliza da expressão *direito adquirido*, preferindo se utilizar de *situação jurídica*.

Com o advento da Constituição democrática de 1946, o princípio da irretroatividade da lei retornou ao ordenamento jurídico como norma posta. Houve nova alteração da Lei de Introdução ao Código Civil, produzida pela Lei nº 3.238/57, de modo que o mencionado artigo 6º passou a ter a seguinte redação: "*a lei em vigor terá efeito imediato e geral, respeitados o ato jurídico perfeito, o direito adquirido e a coisa julgada*". Não é preciso grande investigação para que se constate que os direitos adquiridos estão fortemente vinculados ao Estado de Direito Democrático. É importante ressaltar que *a Lei de Introdução ao Código Civil estabelece normas de aplicação do direito em geral, inclusive normas de aplicação do direito ambiental*. Aliás, a Lei de Introdução ao Código Civil teve a sua denominação alterada para Lei de Introdução ao Direito Brasileiro,[13] confirmando a tese. Afirmar-se o que acaba de ser afirmado, evidentemente, não é o reconhecimento de um suposto e inexistente direito adquirido de poluir, pois aqui não se cuida de poluição ou de degradação ambiental, mas, isto sim, da evolução legislativa pelas quais passou o instituto da reserva legal e das obrigações legalmente exigíveis do proprietário de imóvel rural em função de mudanças normativas.

Observe-se que a inexistência do "*direito adquirido de poluir*" não decorre de nenhuma especificidade da poluição, mas pura e simplesmente do fato de que não há direito adquirido a prática de ato ilícito. Ressalte-se que as permissões (*rectius*: licenças) ambientais são emitidas com prazos determinados, o que implica que, ao seu encerramento, a administração pode, em tese, estabelecer novas condições de operação para a atividade licenciada. No que tange à propriedade florestal, merece ser relembrado que ela não é direito "a termo certo", haja vista que a propriedade é um direito perene, sendo as suas formas de extinção típicas.[14]

A proteção do meio ambiente é tema que suscita inúmeras tensões entre os direitos da coletividade e os direitos individuais legitimamente constituídos. Há equívoco conceitual que contrapõe os direitos coletivos aos direitos individuais, dando prevalência aos primeiros sobre os últimos. A concepção não encontra amparo no artigo 225 de nossa Constituição, o qual impõe a *todos* o dever de proteger e conservar o meio ambiente.[15] Ou seja, tanto o indivíduo quanto o estado

---

[13]   Lei nº 12.376/2010.

[14]   Código Civil: Art. 1.275. Além das causas consideradas neste Código, perde-se a propriedade: I – por alienação; II – pela renúncia; III – por abandono; IV – por perecimento da coisa; V – por desapropriação. Parágrafo único. Nos casos dos incisos I e II, os efeitos da perda da propriedade imóvel serão subordinados ao registro do título transmissivo ou do ato renunciativo no Registro de Imóveis.

[15]   Para uma ampla exposição do tema, veja: ANTUNES, Paulo de Bessa. *Áreas protegidas e propriedade constitucional*. São Paulo: Atlas, 2011. passim.

têm tal atribuição, não sendo lícito que um transfira ao outro a obrigação que lhe foi imposta pela Ordem Constitucional. *A relação que existe entre coletividade e individualidade é de coordenação e não de subordinação.* A obrigação de conservar o meio ambiente sadio, para as presentes e futuras gerações, impõe-se a todos, estado e cidadãos, que devem repartir entre si os ônus decorrentes. Projetando a delicada questão referente às necessidades de modificação das normas legais para que sejam atendidas necessidades atuais e futuras e a garantia de que não haverá arbitrariedade em relação às situações de fato e de direito que já tenham se constituído, Maria Emília Mendes de Alcântara[16] afirmou, com razão, que:

> *"Não objetamos a que a lei seja e possa ser a todo o tempo modificável. Não podemos concordar, todavia, com o aniquilamento de direitos adquiridos sem a correspondente compensação. Isto equivaleria à negação da existência mesma de direito adquirido, visto que tal conceito de nada valeria, uma vez que poderia ser livremente suprimido, sem que nada se pudesse opor para garantir a sua manutenção ou reclamar quando de sua supressão. Assinale-se ainda que o legislador não pode sobrepor sua vontade à Constituição, assim, se os direitos decorrem de determinação constitucional, o legislador não dispõe de competência para os eliminar ou limitar, mas apenas para os regulamentar e, em editando ato legislativo que os agrida, causando dano certo, especial e anormal, indiscutível se afigura a responsabilidade estatal."*

A sucessão de leis que tratou da reserva legal, assim como qualquer sequência de normas jurídicas no tempo, pode ter influência em situações pretéritas, necessitando, portanto, de regras transitórias, ante às graves questões do direito transitório e dos direitos adquiridos. Em princípio, as leis são feitas para durar pelo maior período de tempo possível. No entanto, a perpetuidade é uma mera e vã pretensão, pois tudo muda e com as leis não poderia ser diferente; quando uma lei é revogada e substituída por outra, apresentam-se situações transitórias de conflito de leis no tempo, restando dúvidas relevantes sobre a norma aplicável a determinado fato ou situação. Com efeito, seria demasiadamente simples pensar que os efeitos da lei antiga são interrompidos com a simples entrada em vigor da nova. Sabemos que sob o regime anterior, fatos se assentaram no mundo jurídico, negócios jurídicos foram realizados, direitos subjetivos foram adquiridos, interesses se consolidaram: resumindo, situações jurídicas de todos os tipos se estabeleceram e as suas retiradas do mundo jurídico acarretariam transtornos legais, sociais e políticos de dimensão inaudita, motivo pelo qual devem se pro-

---

[16] ALCÂNTARA, Maria Emília Mendes de. *Responsabilidade do Estado por atos legislativos e judiciários.* São Paulo: Revista dos Tribunais, 1988. p. 87.

longar sob o império da nova lei. Essa lei nova pode igualmente afetar expectativas, esperanças e situações em via de formação. Em todos esses casos coloca-se a questão de saber em que medida a lei antiga, mais ou menos duradouramente incorporada a tais situações jurídicas, sobreviverá, será ou não ultrativa. Em prol do princípio da sobrevida (ultratividade) da lei antiga clamam os valores da estabilidade social, da confiança, da continuidade e da segurança jurídica, que deveriam, segundo pensamos, garantir as situações validamente adquiridas e consolidadas sob o regime jurídico da lei antiga.

Um dos mais importantes autores a teorizar sobre o chamado "direito transitório" foi o professor francês Paul Roubier, que elaborou teoria com amplo espectro para a qual ele se utilizou do conceito de situação jurídica, distinguindo diferentes momentos: (i) a criação, (ii) os efeitos em curso e (iii) a extinção, sugerindo a seguinte solução: a criação de uma situação jurídica (inclusive aquisição de um direito), assim como os efeitos já produzidos, são e continuam sendo regidos pela lei em vigor, no momento da criação ou da aquisição; em troca, os efeitos sucessivos dessa relação de direito previamente formados, assim como suas causas de extinção, procedem, com "efeito imediato", da nova lei. Em outras palavras, a nova lei apreende imediatamente a situação jurídica em curso, mas não pode modificar, sob pena de agir retroativamente, as consequências que tais situações já produziram. O mesmo se diga para os atos jurídicos que se tenham completados e, por isso, sejam perfeitos e acabados. De igual modo, as chamadas regras de ordem pública não se excepcionam da aplicação do princípio do direito adquirido, como tem sido reconhecido pela melhor jurisprudência pátria:

> "*Em nosso sistema jurídico, a regra de que a lei nova não prejudicará o direito adquirido, o ato jurídico perfeito e a coisa julgada, por estar inserida no texto da Carta Magna (art. 5º, XXXVI), tem caráter constitucional, impedindo, portanto, que a legislação infraconstitucional, ainda quando de ordem pública, retroaja para alcançar o direito adquirido, o ato jurídico perfeito ou a coisa julgada, ou que o Juiz a aplique retroativamente. E a retroação ocorre ainda quando se pretende aplicar de imediato a lei nova para alcançar os efeitos futuros de fatos passados que se consubstanciem em qualquer das referidas limitações, pois ainda nesse caso há retroatividade – a retroatividade mínima –, uma vez que se a causa do efeito é o direito adquirido, a coisa julgada, ou o ato jurídico perfeito, modificando-se seus efeitos por força da lei nova, altera-se essa causa que constitucionalmente é infensa a tal alteração.*"[17] (Ministro Moreira Alves)

---

17   Supremo Tribunal Federal RE. 188366/SP. 1ª Turma – *DJU*: 19/11/1999. p. 67.

O Supremo Tribunal Federal, pelo voto do Relator, Ministro Moreira Alves, entendeu que o princípio do direito adquirido se aplica a toda e qualquer lei infraconstitucional, sem qualquer distinção entre lei de direito público e lei de direito privado, ou entre lei de ordem pública e lei dispositiva. Até a presente data não há qualquer indício no sentido de que o Supremo Tribunal Federal abrirá qualquer exceção em matéria de lei de proteção ao meio ambiente.

Ao analisar o aspecto pertinente ao Direito Ambiental, Rui Carvalho Piva[18] sustenta que a imposição de restrições a utilização de bens privados pelo seu próprio titular, que importem em não utilização ou acréscimo de restrições anteriores em decorrência da necessidade de preservação de bem difuso [meio ambiente], do interesse de todos, não obstante sua indiscutível conveniência, envolve mais diretamente uma espécie de confronto de princípios. Um confronto que deve ser resolvido pela equivalência das pretensões. Em outras palavras, uma solução que pressupõe o atendimento do interesse comum de todos e que deve importar em reparação pelas perdas patrimoniais impostas ao detentor do direito de natureza privada, pois a ordem jurídica democrática repudia o sacrifício individual em benefício da coletividade. De fato, o dever constitucional, a todos imposto, de proteger o meio ambiente, necessariamente tem como contrapartida a obrigação de que a coletividade remunere o indivíduo que arcar solitariamente com o ônus imposto para salvaguardar os interesses do todo constituído pela coletividade.

As leis novas têm aplicação imediata, haja vista que, como regra, dispõem para situações futuras, podendo, inclusive, alterar institutos jurídicos; *não podem, contudo, modificar situações pretéritas que se tenham aperfeiçoadas inteiramente.* Sobre o assunto, o professor Vicente Ráo[19] assim lecionou:

> *"Em princípio, possuem maior e mais intensa força obrigatória todas as leis novas relativas aos direitos reais, que, assim, passam a aplicar--se imediatamente a todas as relações desta natureza (domínio, posse e direitos reais sobre a coisa alheia), em consequência do caráter eminentemente social da propriedade e das faculdades correspondentes ou dela destacadas. Também neste ramo do direito a eficácia imediata da lei nova não significa retroatividade, pois os direitos já constituídos, e seus efeitos já verificados durante a vigência de leis anteriores, continuam a ser julgados válidos, de acordo com estas leis; e por extintos continuam a ser havidos os direitos reais que sob a lei antiga e de acordo com ela se extinguiram. Mas os efeitos atuais e futuros da aquisição e da extinção incidem na lei nova, que passa a discipliná-los. Neste sentido dispõem, entre outros textos legais, os*

---

18   PIVA, Rui Carvalho. *Bem ambiental.* São Paulo: Max Limonade, 2000. p. 123.

19   RÁO, Vicente. *O direito e a vida dos direitos.* São Paulo: Revista dos Tribunais, 1991. p. 350.

arts. 181 e 189 da Lei de Introdução ao código civil germânico e o art. 17 do título final do código civil suíço. Motivos de ordem social podem, entretanto, determinar a cessação de um direito real validamente adquirido sob o domínio de lei anterior, dispondo a lei sob o modo de se efetuar a extinção e sobre as compensações ou faculdades a serem atribuídas aos titulares dos direitos extintos."

Ainda na linha de argumentação do mestre, um direito real pode ser extinto por motivos de ordem social, mas para tanto deve haver uma compensação, isto é, o estado deverá indenizar o particular pela supressão do direito real validamente adquirido.

A propriedade é conceito constitucional e econômico. É fungível, garantindo a manutenção do patrimônio pelo equivalente em espécie no caso de desapropriação por interesse ou necessidade pública. No preço de transação comercial influi diretamente o percentual de área útil de exploração: vale o que produz. Aqui não se pretende entrar em discussão sobre o valor ambiental dos bens ou mesmo da valoração dos chamados serviços ambientais prestados pelas áreas postas em reserva legal e cujas dimensões foram sendo sucessivamente ampliadas, apenas deixar o registro.

Para o cálculo do valor indenizatório é necessário que haja prova da atividade econômica, seja ela efetivamente preexistente, ou mesmo apenas potencial. É usual a alegação de atingidos por atos de proteção ambiental no sentido de que há interdição por impossibilidade de parcelamento do solo ou exploração madeireira, pouco se questionando sobre o real exercício da atividade econômica ou mesmo sobre a sua viabilidade real. A viabilidade pressuposta, ademais, não é apenas econômica (por exemplo, se o custo da extração de madeira em uma determinada região é superior ao valor do produto no mercado), mas também jurídica, no sentido da possibilidade legal da dita exploração, vedada em áreas de preservação permanente, por exemplo.

Sendo assim, havendo direito à indenização, o prejuízo a ser indenizado deve ser constatado real, material e diretamente. O dano efetivado à atividade econômica do proprietário deve ser efetivamente demonstrado.

O ilustre jus-ambientalista Guilherme José Purvin de Figueiredo[20] aponta a diferença entre Áreas de Preservação Permanente (APP) e Reserva Florestal Legal, afirmando que: *"Há, porém, uma diferença muito grande entre APPs e reserva legal: as APPs não podem ser exploradas economicamente"*, o que indica que, em sentido contrário, a exploração das reservas florestais legais é perfeitamente possível. Tal

---

[20]   FIGUEIREDO, Guilherme José Purvin de. *A propriedade no direito ambiental*. 3. ed. São Paulo: Revista dos Tribunais, 2008. p. 233.

compreensão reverbera posição jurisprudencial contida no Recurso Especial nº 139.096/SP, cujo relator foi o insigne Ministro Luiz Pereira, de cuja ementa destaca-se o seguinte trecho: "provimento para excluir da indenização a cobertura vegetal com preservação permanente. *Indenizabilidade da área compreendida na reserva legal, cujo valor deverá ser verificado de modo específico*". Merece ser observado, no que estamos em posição similar a de Purvin de Figueiredo, no sentido de que a indenizabilidade independe da averbação da reserva florestal legal, *in verbis*: "Anote-se, porém, para a situação fática descrita no acórdão *Não se trata de hipótese de indenizabilidade pela averbação de reserva legal, mas de reconhecimento do valor econômico da vegetação nesta existente* [...]".[21]

O Supremo Tribunal Federal reconheceu que se a lei nova modificar o regime jurídico de determinado instituto, como é o da propriedade, essa modificação se aplica de imediato,[22] corroborando a ideia de que o caráter institucional do direito de propriedade e consequentemente o conteúdo normativo de seu âmbito de proteção permitem e legitimam a alteração do regime jurídico da propriedade, apesar dos possíveis reflexos sobre as posições jurídicas individuais, que deverão ser compensadas, repita-se.

Dessa forma, o legislador não está impedido de redefinir o conteúdo do direito de propriedade, atribuindo-lhe nova conformação, como é exemplo notável a propriedade florestal. No entanto, o poder de conformação é limitado pelo núcleo essencial do direito e pela garantia institucional do direito de propriedade. O legislador não pode suprimir a utilidade privada do bem para seu titular, sob o pretexto de dar nova conformação ao direito de propriedade. De igual modo, não pode o legislador impossibilitar a aquisição ou exercício desse direito, com o propósito de disciplinar a forma de existência ou exercício do direito de propriedade.

Nesse sentido, o Supremo Tribunal Federal tem se manifestado, de forma enfática, impedindo que a "limitação administrativa" esvazie o conteúdo econômico do direito de propriedade, determinando que, em tais hipóteses, o estado indenize os prejuízos de ordem patrimonial sofridos pelo particular. Veja-se:

> *"Incumbe ao Poder Público o dever constitucional de proteger a flora e de adotar as necessárias medidas que visem a coibir práticas lesivas ao equilíbrio ambiental. Esse encargo, contudo, não exonera o Estado da obrigação de indenizar os proprietários cujos imóveis venham a ser afetados, em sua potencialidade econômica, pelas limitações impostas pela Administração Pública. A proteção jurídica dispensada*

---

[21]   FIGUEIREDO, Guilherme José Purvin de. *A propriedade no direito ambiental*. 3. ed. São Paulo: Revista dos Tribunais, 2008. p. 233.

[22]   RE 94.020, Rel. Moreira Alves, *RTJ*, 104 (1)/269 (271).

as coberturas vegetais que revestem as propriedades imobiliárias não impede que o dominus *venha a promover, dentro dos limites autorizados pelo Código Florestal, o adequado e racional aproveitamento econômico das árvores nelas existentes. A jurisprudência do Supremo Tribunal Federal e dos Tribunais em geral, tendo presente a garantia constitucional que protege o direito de propriedade, firmou-se no sentido de proclamar a plena indenizabilidade das matas e revestimentos florestais que recobrem áreas dominiais privadas objeto de apossamento estatal ou sujeitas a restrições administrativas impostas pelo Poder Público. Precedentes. A circunstância de o Estado dispor de competência para criar reservas florestais não lhe confere, só por si – considerando-se os princípios que tutelam, em nosso sistema normativo, o direito de propriedade –, a prerrogativa de subtrair-se ao pagamento de indenização compensatória ao particular, quando a atividade pública, decorrente do exercício de atribuições em tema de direito florestal, impedir ou afetar a valida exploração econômica do imóvel por seu proprietário. A norma inscrita no ART. 225, PAR. 4º, da Constituição deve ser interpretada de modo harmonioso com o sistema jurídico consagrado pelo ordenamento fundamental, notadamente com a cláusula que, proclamada pelo art. 5º, XXII, da Carta Política, garante e assegura o direito de propriedade em todas as suas projeções, inclusive aquela concernente a compensação financeira devida pelo Poder Público ao proprietário atingido por atos imputáveis a atividade estatal. O preceito consubstanciado no ART. 225, PAR. 4º, da Carta da República, além de não haver convertido em bens públicos os imóveis particulares abrangidos pelas florestas e pelas matas nele referidas (Mata Atlântica, Serra do Mar, Floresta Amazônica brasileira), também não impede a utilização, pelos próprios particulares, dos recursos naturais existentes naquelas áreas que estejam sujeitas ao domínio privado, desde que observadas as prescrições legais e respeitadas as condições necessárias a preservação ambiental. A ordem constitucional dispensa tutela efetiva ao direito de propriedade (CF/88, art. 5º, XXII). Essa proteção outorgada pela Lei Fundamental da República estende-se, na abrangência normativa de sua incidência tutelar, ao reconhecimento, em favor do* dominus*, da garantia de compensação financeira, sempre que o Estado, mediante atividade que lhe seja juridicamente imputável, atingir o direito de propriedade em seu conteúdo econômico, ainda que o imóvel particular afetado pela ação do Poder Público esteja localizado em qualquer das áreas referidas no art. 225, PAR. 4º, da Constituição.*" (Ministro Celso de Mello)

No mesmo sentido é o entendimento consolidado do Superior Tribunal de Justiça:[23]

> "*A indenização da cobertura vegetal deve ser calculada em separado ao valor da terra nua, quando comprovada a exploração econômica dos recursos vegetais. Precedentes: (REsp 880.271/DF, DJ 28.09.2007; REsp 930.957/PA, DJ 17.09.2007) 2. **A indenizabilidade de cobertura vegetal, tout court, é matéria de mérito e tem sido decidida positivamente pelo Pretório Excelso, sob o enfoque de que a limitação legal ou física encerra expropriação, que nosso sistema constitucional, que também protege a propriedade, gera indenização, condicionando-a, apenas, à prova da exploração econômica da área.** 3. A indenização sobre se a mata vegetal deveria ter sido incluída ou não à parte, posto explorável economicamente, é matéria adstrita ao laudo e à instância local, diverso do enfoque acerca da legalidade, que somente ocorreria acaso afrontando-se a lei, sem motivação, se superasse o preço de mercado do imóvel. 4. É assente no Pretório Excelso que: [...] o **Poder Público ficará sujeito a indenizar o proprietário do bem atingido pela instituição da reserva florestal, se, em decorrência de sua ação administrativa, o dominus viera a sofrer prejuízos de ordem patrimonial. A instituição de reserva florestal – com as consequentes limitações de ordem administrativa dela decorrentes – e desde que as restrições estatais se revelem prejudiciais ao imóvel abrangido pela área de proteção ambiental, não pode justificar a recusa do Estado ao pagamento de justa compensação patrimonial pelos danos resultantes do esvaziamento econômico ou da depreciação do valor econômico do bem.** [...] (Recurso Extraordinário nº 134.297/SP, Rel. Min. Celso de Mello) 5. Destarte, a essência do entendimento jurisprudencial poderia, assim ser sintetizado: '(...) A norma inscrita no art. 225, § 4º, da Constituição deve ser interpretada de modo harmonioso com o sistema jurídico consagrado pelo ordenamento fundamental, notadamente com a cláusula que, proclamada pelo **art. 5º, XXII, da Carta Política, garante e assegura o direito de propriedade em todas as suas projeções, inclusive aquela concernente à compensação financeira devida pelo Poder Público ao proprietário atingido por atos imputáveis à atividade estatal. O preceito consubstanciado no art. 225, § 4º, da Carta da República, além de*

---

não haver convertido em bens públicos os imóveis particulares abrangidos pelas florestas e pelas matas nele referidas (Mata Atlântica, Serra do Mar, Floresta Amazônica brasileira), também não impede a utilização, pelos próprios particulares, dos recursos naturais existentes naquelas áreas que estejam sujeitas ao domínio privado, desde que observadas as prescrições legais e respeitadas as condições necessárias à preservação ambiental. A ordem constitucional dispensa tutela efetiva ao direito de propriedade (CF/88, art. 5º, XXII). Essa proteção outorgada pela Lei Fundamental da República estende-se, na abrangência normativa de sua incidência tutelar, ao reconhecimento, **em favor do dominus, da garantia de compensação financeira, sempre que o Estado, mediante atividade que lhe seja juridicamente imputável, atingir o direito de propriedade em seu conteúdo econômico, ainda que o imóvel esteja localizado em qualquer das áreas referidas no art. 225, § 4º, da Constituição.** [...]' *(RE 134.297-8/SP, 1ª Turma, Rel. Min. Celso de Mello, DJ 22/09/95)*

6. [...] *omissis* [...]; 7. *Os juros compensatórios destinam-se a compensar o que o desapropriado deixou de ganhar com a perda antecipada do imóvel, ressarcir o impedimento do uso e gozo econômico do bem, ou o que deixou de lucrar, motivo pelo qual incidem a partir da imissão na posse do imóvel expropriado, consoante o disposto no verbete sumular nº 69 desta Corte ('Na desapropriação direta, os juros compensatórios são devidos desde a antecipada imissão na posse e, na desapropriação indireta, a partir da efetiva ocupação do imóvel'). 8. Os juros compensatórios são devidos mesmo quando o imóvel desapropriado for improdutivo, justificando-se a imposição pela frustração da 'expectativa de renda', considerando a possibilidade do imóvel 'ser aproveitado a qualquer momento de forma racional e adequada, ou até ser vendido com o recebimento do seu valor à vista' (Eresp 453.823/MA, relator para o acórdão Min. Castro Meira, DJ de 17.05.2004). 9. Os juros compensatórios fundam-se no fato do desapossamento do imóvel e não na sua produtividade, consoante o teor das Súmulas nºs 12, 69, 113, 114, do STJ e 164 e 345, do STF. Precedentes: EREsp 519365/SP, DJ 27.11.2006; ERESP 453.823/ MA, DJ de 17.05.2004, RESP 692773/MG, desta relatoria, DJ de 29.08.2005. 10. Com efeito, os juros compensatórios incidem ainda que o imóvel seja improdutivo, mas suscetível de produção."* (Ministro Hermann Benjamin)

O Acórdão acima avulta em relevância tendo em vista que o seu Relator, o Sr. Ministro Hermann Benjamim é, sem favor nenhum, um dos mais consagrados jusambientalistas pátrios.

No que tange especificamente à Reserva Legal, o comentador Luís Carlos Silva de Moraes[24] assim se manifestou:

> *"Pode-se vislumbrar um benefício coletivo, de qualidade ambiental, para toda a região, mas economicamente, é prejuízo ao proprietário, em benefício de toda a nação, impossível de ser individualizado.* **Lembremos ainda que, delimitada a área, a mesma não poderá ter sua destinação alterada por qualquer motivo (alienação, doação, divisão etc. – art. 16, § 2º),** *ou seja, tal patrimônio, fisicamente explorável, pois não está vinculada a qualquer necessidade de proteção de recursos naturais, não mais o será, por determinação legal prejudicial ao proprietário, benéfica à nação como um todo. Se todos se beneficiam, todos devem arcar com o ônus, cabendo ao Estado equalizar tal situação."*

A Reserva Legal se justifica como instituto jurídico aplicável ao solo com vocação agrícola, pois como se depreende de sua definição normativa, é área que, obrigatoriamente, deve ser mantida hígida com vistas a assegurar o uso sustentável dos recursos naturais e à reabilitação dos processos ecológicos nas áreas que foram desflorestadas com vistas à implantação de atividades agrícolas ou rurais. Relembrem-se os precisos termos da definição: *"localizada no interior de uma propriedade rural"*. Permito-me ressaltar a expressão anteriormente sublinhada para reafirmar que, não há reserva legal que não esteja *"localizada no interior de uma propriedade rural"*. Não é a simples existência de uma floresta que dá origem à imposição da obrigação *propter rem* de manutenção da Reserva Legal, até mesmo porque não há que se falar em *reserva florestal* se a área é toda florestada; a reserva somente se justifica quando parcela significativa do imóvel não é florestada ou será desflorestada para a atividade rural. A conclusão é lógica e se impõe por si própria.

Estabelecida a necessidade da existência de um *imóvel rural* para que se possa falar em reserva legal, há que se observar, contudo, que a propriedade rural não é um conceito arbitrário ou aleatório a ser utilizado pelo administrador público quando da identificação de área na qual é exigível a Reserva Legal. Para que a exigência seja feita legitimamente, se faz necessário que o conceito normativo de propriedade ou posse rural ou agrícola seja preenchido inteiramente. Aqui, poderíamos falar em verdadeira tipicidade do conceito. Como se sabe, o *conceito*

---

24   MORAES, Luís Carlos Silva de. *Código florestal comentado*. São Paulo: Atlas, 2000. p. 89-90.

normativo de propriedade rural, por força do veto presidencial aos artigos 43 e 44 da Lei nº 8.171, de 17 de janeiro de 1991,[25] *deve ser buscado no Estatuto da Terra*, instituído pela Lei nº 4.504, de 30 de novembro de 1964, que em seu artigo 4º, I, define *imóvel rural*: "*o prédio rústico, de área contínua **qualquer que seja a sua localização que se destina à exploração extrativa agrícola, pecuária ou agro-industrial**, quer através de planos públicos de valorização, quer através de iniciativa privada*". Como se vê, o legislador se utilizou de uma concepção teleológica para a classificação do imóvel e não de uma classificação geográfica, como poderia parecer em princípio. Penso que da definição deve ser extraída uma consequência relevante: *A mera localização de um imóvel em área rural não o transforma em rural automaticamente*. A natureza jurídica de imóvel rural exige que ele tenha como destinação a "*exploração extrativa agrícola, pecuária ou agro-industrial*". Permito-me afirmar que essa é uma consequência inteiramente lógica e racional, pois o terreno destinado à instalação de um hospital em área rural não se transforma em rústico, haja vista que não é destinado à exploração extrativa agrícola, mas à saúde pública. O mesmo se diga de escolas, postos de gasolina e toda e qualquer outra atividade, inclusive as atividades e bens vinculados a geração, transmissão e distribuição de energia elétrica que, desde sempre, estão afetadas apenas e tão somente ao mencionado fim. Analisando o conceito de imóvel rural, o saudoso agrarista Rafael Augusto de Mendonça Lima,[26] com a tradicional precisão, pontificou: "*O que importa é a possibilidade de exploração agrícola (destinação), podendo encontrar-se o imóvel, quer no ambiente rural, quer dentro do perímetro urbano.*" A Lei nº 5.868, de 12 de dezembro de 1972, em seu artigo 6º, *conceitua de forma diferente o imóvel rural, valendo o conceito, no entanto, só para os efeitos de incidência do imposto territorial rural. [...] Desta forma, o imóvel com mais de um hectare, que for utilizado para qualquer fim, que não agrícola, não será imóvel rural [...]*"

---

[25]   Art. 43. Entende-se por produtor rural, para fins desta Lei, aquele que desenvolva atividades agrícolas, extrativistas não predatórias ou artesanais, e, por pequeno produtor, aquele que as desenvolve à custa de esforço de seu próprio trabalho ou de sua família, eventualmente recorrendo a contratação de mão de obra temporária, podendo ser proprietário ou não dos meios de produção necessários ao desenvolvimento de suas atividades. Art. 44. Para os fins desta Lei, entende-se como pequena propriedade rural aquela onde prevalece o trabalho familiar e em que a contratação de trabalho temporário só ocorre durante períodos eventuais de atividade agrícola, bem como sua área não ultrapasse, em dimensão, o correspondente a três módulos rurais. Razões do veto: O disposto nos dois artigos oferece conceituações totalmente imprecisas, ao buscar definir o produtor rural e a propriedade rural, reclamando, portanto, o veto por contrariar o interesse público.

[26]   LIMA, Rafael Augusto de Mendonça. Critérios jurídicos no Brasil, para a utilização dos imóveis rurais. *Direito Agrário, Estudos*. Rio de Janeiro: Freitas Bastos, 1977, p. 33.

Aliás, assim tem sido o entendimento do Supremo Tribunal Federal[27] e do Superior Tribunal de Justiça sobre a matéria.[28]

Não é raro que muitas das propriedades desapropriadas sejam divididas, permanecendo parcelas relevantes dos imóveis que foram desapropriados e alagados em posse e propriedade dos titulares originais do imóvel que sofreu a expropriação. Também não é raro que as áreas alagadas correspondam à totalidade das áreas destinadas a Reserva Legal. Em tais hipóteses, como será e por quem deve ser cumprida a exigência de manutenção da Reserva Legal? Como já foi visto, o imóvel alagado perde a sua característica de imóvel rural, transformando-se em um bem público federal vinculado ao serviço público concedido de geração, transmissão e distribuição de energia. No particular, recomenda-se inclusive a anotação no Registro Geral de Imóveis dessa nova realidade fática, cujas repercussões legais são evidentes, a fim de se evitar incômodos como a tributação indevida e outros.

Ademais, deve ser registrado que a área remanescente ao processo expropriatório permanece integrando o patrimônio do mesmo titular da antiga proprie-

---

27   Supremo Tribunal Federal – **RE 102816/RJ. Relator: Min. OCTAVIO GALLOTTI. Julgamento: 19/6/1987. Órgão Julgador: 1ª Turma.** *DJU*: 6/11/1987. p. 24441: "**CARACTERIZANDO-SE O IMÓVEL RURAL POR SUA DESTINAÇÃO OU UTILIZAÇÃO ECONÔMICA E NÃO PELA LOCALIZAÇÃO** [destaque: PBA], **NÃO SE CONFIGURA A ALEGAÇÃO DE NEGATIVA DE VIGÊNCIA DO ART. 3º DO ATO COMPLEMENTAR Nº 45-69 E OUTRAS DISPOSIÇÕES QUE, VEDAM OU RESTRINGEM A SUA AQUISIÇÃO POR ESTRANGEIROS. ALIENAÇÃO DE IMÓVEIS. CONVOLAÇÃO, EM PRINCIPAL, DO OBJETIVO SOCIAL QUE ERA SECUNDÁRIO. PODERES DA DIRETORIA DE SOCIEDADE ANÔNIMA RECUSADOS PELO ACÓRDÃO RECORRIDO, DIANTE DA INTERPRETAÇÃO DO ESTATUTO E DA NATUREZA DOS ATOS PRÓPRIOS DA ADMINISTRAÇÃO, SEM FERIR O DISPOSTO NOS ARTIGOS 90, 94, 104, 105, 119 E 121 DO DECRETO-LEI Nº 2.627-40. DIVERGÊNCIA JURISPRUDENCIAL NÃO CONFIGURADA, TUDO CULMINANDO EM QUE NÃO SE CONHEÇA DO PRIMEIRO RECURSO EXTRAORDINÁRIO. SUBSTABELECIMENTO SIMPLES. O SILÊNCIO SOBRE A CLÁUSULA DE RESERVA NÃO EXCLUI A ATUAÇÃO DO OUTORGANTE, MOTIVO PELO QUAL, PERSISTINDO UM ADVOGADO EM COMUM AOS LITISCONSORTES, NÃO SE LHES FACULTA O PRAZO EM DOBRO, PREVISTO NO ART. 191 DO CÓDIGO DE PROCESSO CIVIL. SEGUNDO RECURSO EXTRAORDINÁRIO DE QUE NÃO SE CONHECE, POR INTEMPESTIVO.**

28   AgRg no REsp 679173/SC. Relatora: Ministra DENISE ARRUDA. 1ª Turma. *DJ* 18/10/2007, p. 267: AGRAVO REGIMENTAL NO RECURSO ESPECIAL. TRIBUTÁRIO. IPTU. VIOLAÇÃO DO ART. 32, § 1º, DO CTN. NÃO OCORRÊNCIA. **IMÓVEL** SITUADO NA ZONA URBANA. ART. 15 DO DECRETO 57/66. CRITÉRIO DA DESTINAÇÃO ECONÔMICA. NECESSIDADE DE COMPROVAÇÃO. AGRAVO REGIMENTAL DESPROVIDO. 1. O critério da **localização** do **imóvel** é insuficiente para que se decida sobre a incidência do IPTU ou ITR, sendo necessário observar-se o critério da destinação econômica, conforme já decidiu a Egrégia 2ª Turma, com base em posicionamento do STF sobre a vigência do DL nº 57/66 (AgRg no Ag 498.512/RS, 2ª Turma, Rel. Min. Francisco Peçanha Martins, *DJ* de 16.5.2005). 2. Não tendo o agravante comprovado perante as instâncias ordinárias que o seu **imóvel** é destinado economicamente à atividade **rural,** deve incidir sobre ele o Imposto Predial e Territorial Urbano. 3. Agravo regimental desprovido.

dade. Por força do alagamento, indiscutivelmente, criou-se uma nova realidade física que, *ex vi lege*, deverá ter outra área destinada a Reserva Legal. A obrigação, no entanto, permanece com o proprietário, não havendo qualquer norma legal que a transfira para o expropriante. Observe-se que os pequenos proprietários, conforme o § 9º do artigo 16, têm direito a averbação gratuita, não cabendo falar--se em custos pela averbação. Veja-se o inteiro teor da norma em comento: "*§ 9º A averbação da reserva legal da pequena propriedade ou posse rural familiar é gratuita, devendo o Poder Público prestar apoio técnico e jurídico, quando necessário*".

No que diz respeito à reserva legal na Amazônia, o artigo 16 não prima pela clareza. Com efeito, o Código fala em *Amazônia Legal* e não em *bioma amazônia*, como seria de se esperar. Pelo que se pode ver do artigo 3º, I, o conceito de Amazônia legal adotado pelo código é político e não ecológico, reproduzindo, em grande medida, o artigo 2º da Lei nº 1.806, de 6 de janeiro de 1953, que assim dispunha:

> *"A Amazônia brasileira, para efeito de planejamento econômico e execução do plano definido nesta lei, abrange a região compreendida pelos Estados do Pará e do Amazonas, pelos territórios federais do Acre, Amapá, Guaporé e Rio Branco, e ainda, a parte do Estado de Mato Grosso a norte do paralelo 16º, a do Estado de Goiás a norte do paralelo 13º e do Maranhão a oeste do meridiano de 44º."*

Como decorre da literalidade da norma, o conceito foi criado com o objetivo de planejamento econômico, não sendo razoável que se imagine que, no verdadeiro universo contido na região definida pela lei, somente se encontre um único bioma. Aliás, a natureza política do conceito de Amazônia é confirmada pela legislação de planejamento econômico que se seguiu à Lei nº 1.806/1953. Vejam-se os seguintes artigos:

> **"LEI Nº 5.173 DE 27/10/1966**
>
> Art. 2º A Amazônia para efeitos desta lei, abrange a região compreendida pelos Estados do Acre, Pará e Amazonas, pelos Territórios Federais do Amapá, Roraima e Rondônia, e ainda pelas áreas do Estado de Mato Grosso a norte do paralelo 16º, do Estado de Goiás a norte do paralelo 13º e do Estado do Maranhão a oeste do meridiano de 44º.
>
> **LEI COMPLEMENTAR Nº 31 DE 11/10/1977**
>
> Art. 45. A Amazônia, a que se refere o artigo 2º da Lei nº 5.173, de 27 de outubro de 1966, compreenderá também toda a área do Estado de Mato Grosso."

A definição do bioma é complexa e devem ser levadas em consideração algumas questões. Em primeiro lugar, vale a pena trazer à colação a atribuição do Ministério do Meio Ambiente, tal como definida pela Medida Provisória nº 1.911- -10, de 24 de setembro de 1999, que "altera dispositivos da Lei nº 9.649, de 27 de maio de 1998, que dispõe sobre a organização da Presidência da República e dos Ministérios, e dá outras providências":

> "Art. 1º A Lei nº 9.649, de 27 de maio de 1998, passa a vigorar com as seguintes alterações:
>
> ....
>
> "Art. 14. Os assuntos que constituem área de competência de cada Ministério são os seguintes:
>
> XII – Ministério do Meio Ambiente:
>
> a) política nacional do meio ambiente e dos recursos hídricos;
>
> b) política de preservação, conservação e utilização sustentável de ecossistemas, e biodiversidade e florestas;
>
> c) proposição de estratégias, mecanismos e instrumentos econômicos e sociais para a melhoria da qualidade ambiental e do uso sustentável dos recursos naturais;
>
> d) políticas para integração do meio ambiente e produção;
>
> e) políticas e programas ambientais para a Amazônia Legal; e
>
> f) zoneamento ecológico-econômico."

Assim, parece evidente que a definição e localização dos diferentes biomas dentro da Amazônia Legal é essencial para que o Ministério do Meio Ambiente possa cumprir a sua incumbência legal de definir políticas e programas ambientais para a Amazônia Legal, sendo de sua atribuição tal indicação. Por sua vez, compete à Fundação Instituto Brasileiro de Geografia e Estatística (IBGE) assegurar informações e estudos de natureza estatística, geográfica, cartográfica e demográfica necessários ao conhecimento da realidade física, econômica e social do país, visando especificamente ao planejamento econômico e social e à segurança nacional. Assim, em princípio somente pode se aplicar o percentual de 80% de reserva legal nas áreas reconhecidas pelo Ministério do Meio Ambiente e pelo IBGE como sendo integrantes do bioma amazônico; contudo, dependendo da escala da carta que as localize, é razoável que pesquisa de campo, realizada com metodologia e equipe técnica qualificada, possa identificar a presença de outro bioma no interior da Amazônia legal que, repita-se, é conceito político e não ecológico.

Observe-se, ademais, que o inciso I, ao estabelecer o percentual de reserva legal a ser mantido na Amazônia Legal, utilizou-se apenas do termo *floresta*, vez que há uma clara desnecessidade de que se acrescente o vocábulo *Amazônica*, até mesmo porque tal vocábulo não tem qualquer significado técnico. Imagine-se, por exemplo, uma floresta plantada, para fins de produção de celulose, dentro da Amazônia legal. Pelo simples fato de que ela está no território da Amazônia Legal deverá ser instituída a reserva legal em 80% da área? A resposta só pode ser negativa. O objetivo da lei é preservar a floresta nativa que constitui o bioma Amazônia. Veja-se que as alíneas *a*, *b* e *c* do inciso I do artigo 12 reconhecem, no mínimo, a existência de três biomas na Amazônia Legal: (i) área de florestas (sic), (ii) cerrado e (iii) campos gerais com a incidência de percentuais mínimos diferentes, a saber: 80, 35 e 20%. Nas demais regiões do país adota-se o percentual de 20% sobre a área do imóvel rural. Importante observar que os imóveis situados na Amazônia Legal terão a sua reserva fixada conforme os biomas que ostentar (art. 12, § 2º).

Na hipótese de fracionamento (*rectius*: desmembramento) do imóvel, o valor a ser considerado para a fixação do percentual de reserva legal é o tamanho do imóvel antes do desmembramento, qualquer que seja a sua finalidade, inclusive para fins de reforma agrária. Após a implantação do Cadastro Ambiental Rural,[29] não poderão os órgãos de controle ambiental autorizar supressão de vegetação caso o imóvel não tenha sido nele registrado, excepcionando-se o caso do artigo 30, quando a Reserva Legal já tenha sido devidamente averbada junto à matrícula, com a identificação do seu perímetro e localização, desonerando-se o proprietário da obrigação de fornecer ao órgão ambiental as informações relativas à Reserva Legal previstas no inciso III, § 1º, do artigo 29.

Quando os municípios situados na Amazônia Legal contarem com mais de 50% de sua área composta por unidades de conservação de domínio Público e de Terras indígenas demarcadas, o percentual de reserva legal poderá ser reduzido para 50%, para fins de recomposição de florestas (inciso I). A medida é boa, contudo, nada se justifica que unidades de conservação privadas não possam servir de base para a composição do percentual municipal. Há flagrante violação do princípio da isonomia em relação, por exemplo, às Reservas Particulares do Patrimônio Natural e aos Monumentos Naturais.

---

[29]   Decreto nº 7.029, de 10 de dezembro de 2009: Art. 3º **São instrumentos do Programa Mais Ambiente: II – Cadastro Ambiental Rural – CAR: sistema eletrônico de identificação georreferenciada da propriedade rural ou posse rural, contendo a delimitando das áreas de preservação permanente, da reserva legal e remanescentes de vegetação nativa localizadas no interior do imóvel, para fins de controle e monitoramento;**

Art. 13. Quando indicado pelo Zoneamento Ecológico-Econômico – ZEE estadual, realizado segundo metodologia unificada, o poder público federal poderá:

I – reduzir, exclusivamente para fins de regularização, mediante recomposição, regeneração ou compensação da Reserva Legal de imóveis com área rural consolidada, situados em área de floresta localizada na Amazônia Legal, para até 50% (cinquenta por cento) da propriedade, excluídas as áreas prioritárias para conservação da biodiversidade e dos recursos hídricos.

II – ampliar as áreas de Reserva Legal em até 50% (cinquenta por cento) dos percentuais previstos nesta Lei, para cumprimento de metas nacionais de proteção à biodiversidade ou de redução de emissão de gases de efeito estufa.

§ 1º No caso previsto no inciso I do *caput*, o proprietário ou possuidor de imóvel rural que mantiver Reserva Legal conservada e averbada em área superior aos percentuais exigidos no referido inciso poderá instituir servidão ambiental sobre a área excedente, nos termos da Lei nº 6.938, de 31 de agosto de 1981, e Cota de Reserva Ambiental.

§ 2º Os Estados que não possuem seus Zoneamentos Ecológico-Econômicos – ZEEs segundo a metodologia unificada, estabelecida em norma federal, terão o prazo de 5 (cinco) anos, a partir da data da publicação desta Lei, para a sua elaboração e aprovação.

O Zoneamento econômico-ecológico é conceito que não encontra definição normativa na Lei nº 6.938, de 31 de agosto de 1981, que instituiu a Política Nacional do Meio Ambiente, a qual, em seu artigo 9º, II, definiu como um de seus instrumentos o *zoneamento ambiental*.[30] Foi o Decreto nº 4.297, de 10 de julho de 2002, que, ao "regulamentar" o dispositivo legal, alterou-lhe o nome, o que, em termos estritamente jurídicos, é uma ultrapassagem do poder regulamentar que não abrange a alteração de nome de institutos jurídicos, por melhores que sejam as intenções do Administrador. Superada a questão formal, deve ser dito que o zoneamento ecológico-econômico é um instrumento para a utilização do solo, levando-se em consideração as potencialidades econômicas e os requisitos necessários para a conservação do meio ambiente. Há que se observar que, nos precisos termos da Constituição Federal, o planejamento para o setor privado é

---

[30]   Art. 9º São Instrumentos da Política Nacional do Meio Ambiente: [...] II – o zoneamento ambiental;

meramente indicativo,[31] ademais, como instrumento de planejamento, na forma da Constituição, as suas diretrizes devem ser estabelecidas em lei. Não havendo proibição legal para atividade a ser realizada em determinada área de planejamento, *no atual regime constitucional*, não me parece que ela seja aplicável ao particular. De qualquer forma, de acordo com o Zoneamento ecológico-econômico, poderá haver redução da reserva legal em áreas de floresta situadas na Amazônia Legal, quando se tratar de área rural consolidada. Tal hipótese aplica-se, somente, para os casos de "regularização", ou seja, situações nas quais já exista um fato consumado. A norma, contudo, não se aplica nas chamadas áreas prioritárias para a conservação da biodiversidade, de recursos hídricos e corredores ecológicos.

A lei, de forma inteiramente inconstitucional, admite que as áreas de reserva legal possam ser ampliadas em até 50% para o cumprimento das metas nacionais de proteção da diversidade biológica ou redução das emissões de gases de efeito estufa. Como se sabe, a intervenção na propriedade é matéria reservada à lei. Assim, somente a lei poderia dispor sobre tal ampliação e não ato administrativo. Na hipótese de que o Executivo, efetivamente, se utilize do dispositivo constante do inciso II, deverá haver a compensação financeira ao proprietário equivalente ao valor da área ampliada e de sua produção comprovada.

A Reserva Legal averbada que ultrapasse o percentual legalmente exigível poderá ser oferecida a terceiro como servidão florestal.

Art. 14. A localização da área de Reserva Legal no imóvel rural deverá levar em consideração os seguintes estudos e critérios:

I – o plano de bacia hidrográfica;

II – o Zoneamento Ecológico-Econômico;

III – a formação de corredores ecológicos com outra Reserva Legal, com Área de Preservação Permanente, com Unidade de Conservação ou com outra área legalmente protegida;

IV – as áreas de maior importância para a conservação da biodiversidade; e

V – as áreas de maior fragilidade ambiental.

---

[31] Art. 174. Como agente normativo e regulador da atividade econômica, o Estado exercerá, na forma da lei, as funções de fiscalização, incentivo e planejamento, sendo este determinante para o setor público e indicativo para o setor privado. § 1º A lei estabelecerá as diretrizes e bases do planejamento do desenvolvimento nacional equilibrado, o qual incorporará e compatibilizará os planos nacionais e regionais de desenvolvimento.

§ 1º O órgão estadual integrante do Sisnama ou instituição por ele habilitada deverá aprovar a localização da Reserva Legal após a inclusão do imóvel no CAR, conforme o art. 29 desta Lei.

§ 2º Protocolada a documentação exigida para análise da localização da área de Reserva Legal, ao proprietário ou possuidor rural não poderá ser imputada sanção administrativa, inclusive restrição a direitos, por qualquer órgão ambiental competente integrante do SISNAMA, em razão da não formalização da área de Reserva Legal.

Redação original	MP 571/2012	Lei nº 12.727/2012
Art. 14 [...]	Art. 14 [...]	Art. 14 [...]
§ 2º Protocolada a documentação exigida para análise da localização da área de Reserva Legal, ao proprietário ou possuidor rural não poderá ser imputada sanção administrativa, inclusive restrição a direitos, em razão da não formalização da área de Reserva Legal.	§ 2º Protocolada a documentação exigida para análise da localização da área de Reserva Legal, ao proprietário ou possuidor rural não poderá ser imputada sanção administrativa, inclusive restrição a direitos, por qualquer órgão ambiental competente integrante do SISNAMA, em razão da não formalização da área de Reserva Legal.	§ 2º Protocolada a documentação exigida para a análise da localização da área de Reserva Legal, ao proprietário ou possuidor rural não poderá ser imputada sanção administrativa, inclusive restrição a direitos, por qualquer órgão ambiental competente integrante do Sisnama, em razão da não formalização da área de Reserva Legal.

A definição da área de imóvel rural a ser mantida como Reserva Legal depende de aprovação do órgão de controle ambiental, não sendo uma prerrogativa exclusiva do proprietário ou do posseiro, incumbindo ao órgão ambiental emitir sua concordância com o local a ser designado. Para tal, a Administração deverá levar em consideração critérios legais estabelecidos pelo artigo 15 ora comentado. Os critérios são os seguintes: (i) plano de bacia hidrográfica; (ii) zoneamento ecológico-econômico; (iii) formação de corredores ecológicos com outra Reserva Legal, Área de Preservação Permanente, unidade de conservação ou outra área legalmente protegida; (iv) áreas de maior importância para a conservação da biodiversidade; e (v) áreas de maior fragilidade ambiental. A lei fala em *levar em consideração*, logo, não se trata de uma obrigação, mas de um cuidado que deve ser observado. Situações de natureza prática podem determinar que nem todos os fatores sejam considerados, por exemplo, a inexistência de um plano de bacia hidrográfica.

O § 1º determina que o órgão ambiental deverá aprovar a indicação da Reserva Legal, após a inscrição no cadastro ambiental rural. No que se refere à possibilidade de "instituição habilitada" "aprovar" a localização da Reserva Legal, há uma terceirização da atividade de polícia que, em princípio, é questionável. Tratando-se de uma instituição pública devidamente reconhecida e capacitada tecnicamente para tal, admite-se a hipótese. Quanto à extensão de tal possibilidade a particulares, penso ser a hipótese inaceitável. Nada impede, contudo, que sejam contratados pareceres sobre casos concretos para que o poder público, à luz do opinamento, aprove ou desaprove a área de Reserva Legal indicada.

Por fim, o § 2º, reconhecendo a fragilidade das estruturas administrativas estatais, determina que, uma vez protocolizado requerimento de localização da Reserva Legal, fica o particular eximido de qualquer penalidade pela não observância do cumprimento da Reserva Legal.

Art. 15. Será admitido o cômputo das Áreas de Preservação Permanente no cálculo do percentual da Reserva Legal do imóvel, desde que:

I – o benefício previsto neste artigo não implique a conversão de novas áreas para o uso alternativo do solo;

II – a área a ser computada esteja conservada ou em processo de recuperação, conforme comprovação do proprietário ao órgão estadual integrante do Sisnama; e

III – o proprietário ou possuidor tenha requerido inclusão do imóvel no Cadastro Ambiental Rural – CAR, nos termos desta Lei.

§ 1º O regime de proteção da Área de Preservação Permanente não se altera na hipótese prevista neste artigo.

§ 2º O proprietário ou possuidor de imóvel com Reserva Legal conservada e inscrita no Cadastro Ambiental Rural – CAR de que trata o art. 29, cuja área ultrapasse o mínimo exigido por esta Lei, poderá utilizar a área excedente para fins de constituição de servidão ambiental, Cota de Reserva Ambiental e outros instrumentos congêneres previstos nesta Lei.

§ 3º O cômputo de que trata o *caput* aplica-se a todas as modalidades de cumprimento da Reserva Legal, abrangendo a regeneração, a recomposição e, na hipótese do art. 16, a compensação (Redação dada pela Medida Provisória nº 571, de 2012).

Redação original	MP 571/2012	Lei nº 12.727/2012
Art. 15 [...]	Art. 15 [...]	Art. 15 [...]
§ 3º O cômputo de que trata o **caput** aplica-se a todas as modalidades de cumprimento da Reserva Legal, abrangendo tanto a regeneração, como a recomposição e a compensação, em qualquer de suas modalidades.	§ 3º O cômputo de que trata o **caput** aplica-se a todas as modalidades de cumprimento da Reserva Legal, abrangendo a regeneração, a recomposição e, na hipótese do art. 16, a compensação.	§ 3º O cômputo de que trata o **caput** aplica-se a todas as modalidades de cumprimento da Reserva Legal, abrangendo a regeneração, a recomposição e a compensação.
		§ 4º É dispensada a aplicação do inciso I do **caput** deste artigo, quando as Áreas de Preservação Permanente conservadas ou em processo de recuperação, somadas às demais florestas e outras formas de vegetação nativa existentes em imóvel, ultrapassarem:
		I – 80% (oitenta por cento) do imóvel rural localizado em áreas de floresta na Amazônia Legal; e
		II – (VETADO).

A lei, acertadamente, admite que as áreas de preservação permanente sejam consideradas como parcela das áreas destinadas ao cômputo da Reserva Legal, mediante determinadas condições que são taxativas e não podem ser ampliadas por ato administrativo, haja vista que são exceções e as exceções em direito devem ser interpretadas restritivamente, como ensina a boa doutrina.

As condições estabelecidas normativamente são: (i) não conversão de novas áreas para uso alternativo do solo; (ii) a área a ser computada esteja "conservada" ou em " processo de recuperação", conforme atestado pelo órgão ambiental; (iii) o proprietário ou possuidor tenha inscrito o imóvel no cadastro Ambiental Rural.

Uso alternativo do solo é conceito normativo contemplado no próprio Código, conforme o disposto no artigo 3º, VI.[32] Não é o *uso alternativo* conceito fechado,

---

[32]   Art. 3º Para os efeitos desta Lei, entende-se por: [...] VI – Uso alternativo do solo: substituição de vegetação nativa e formações sucessoras por outras coberturas do solo, como atividades agropecuárias, industriais, de geração e transmissão de energia, de mineração e de transporte, assentamentos urbanos ou outras formas de ocupação humana.

haja vista que o legislador, ao defini-lo, utilizou-se dos termos *como* e *outras*, que denotam mera exemplificação. Aqui, o administrador deve estar atento para não descaracterizar o instituto ao autorizar usos alternativos. A determinação de que a área esteja "conservada" é abstrata, demandando, também aqui, regulamentação. Área "conservada" deve ser entendida como "não degradada", não devendo, em minha opinião, o administrador entendê-la como área intocada; milita em favor da tese ora esposada a possibilidade de o cômputo de áreas em "processo de recuperação" (*Rectius*: regeneração), que poderá ser natural ou induzido; o processo induzido é a recuperação propriamente dita e tem relação com dano praticado à área; a regeneração é o processo natural de recomposição da vegetação.

As áreas de preservação permanente que forem incluídas no cômputo da Reserva Legal não perderão tais características, permanecendo sob o regime jurídico que lhes é próprio, inclusive para fins de supressão. A medida é acertada e não traz qualquer prejuízo ao proprietário do imóvel rural. Na hipótese de que imóvel rural disponha de Reserva Legal superior ao percentual legalmente exigível, admite-se que a porção que sobejar possa ser utilizada em favor de terceiros, mediante os incentivos econômicos e títulos criados pelo próprio Código. Por fim, com exceção do regime jurídico especial que deve ser mantido nas áreas de preservação permanente incorporadas às áreas de reserva legal, a adição deve ser considerada para todos os efeitos legais, conforme determinação expressa da norma.

Art. 16. Poderá ser instituído[33] Reserva Legal em regime de condomínio ou coletiva entre propriedades rurais, respeitado o percentual previsto no art. 12 em relação a cada imóvel, mediante a aprovação do órgão competente do Sisnama.

Parágrafo único. No parcelamento de imóveis rurais, a área de Reserva Legal poderá ser agrupada em regime de condomínio entre os adquirentes.

Redação original	Lei nº 12.727/2012
Art. 16. Poderá ser instituído Reserva Legal em regime de condomínio ou coletiva entre propriedades rurais, respeitado o percentual previsto no art. 12 em relação a cada imóvel, mediante a aprovação do órgão competente do Sisnama.	Art. 16. Poderá ser instituído Reserva Legal em regime de condomínio ou coletiva entre propriedades rurais, respeitado o percentual previsto no art. 12 em relação a cada imóvel.

---

[33]   Publicado com erro no *Diário Oficial* de 28 de maio de 2012.

O imóvel rural, por medida de política governamental, destinado a evitar a proliferação de minifúndios,[34] por sua vez, a Lei nº 5.868/1972 estabelece em seu artigo 8º que

> "Art. 8º Para fins de transmissão, a qualquer título, na forma do Art. 65 da Lei número 4.504, de 30 de novembro de 1964, nenhum imóvel rural poderá ser desmembrado ou dividido em área de tamanho inferior à do módulo calculado para o imóvel ou da fração mínima de parcelamento fixado no § 1º deste artigo, prevalecendo a de menor área.
>
> § 1º A fração mínima de parcelamento será:
>
> a) o módulo correspondente à exploração hortigranjeira das respectivas zonas típicas, para os Municípios das capitais dos Estados;
>
> b) o módulo correspondente às culturas permanentes para os demais Municípios situados nas zonas típicas A, B e C;
>
> c) o módulo correspondente à pecuária para os demais Municípios situados na zona típica D.
>
> § 2º Em Instrução Especial aprovada pelo Ministro da Agricultura, o INCRA poderá estender a outros Municípios, no todo ou em parte, cujas condições demográficas e socioeconômicas o aconselhem, a fração mínima de parcelamento prevista para as capitais dos Estados.
>
> § 3º São considerados nulos e de nenhum efeito quaisquer atos que infrinjam o disposto neste artigo não podendo os serviços notariais lavrar escrituras dessas áreas, nem ser tais atos registrados nos Registros de Imóveis, sob pena de responsabilidade administrativa, civil e criminal de seus titulares ou prepostos.
>
> § 4º O disposto neste artigo não se aplica aos casos em que a alienação da área se destine comprovadamente a sua anexação ao prédio rústico, confrontante, desde que o imóvel do qual se desmembre permaneça com área igual ou superior à fração mínima do parcelamento.
>
> § 5º O disposto neste artigo aplica-se também às transações celebradas até esta data e ainda não registradas em Cartório, desde que se enquadrem nas condições e requisitos ora estabelecidos."

---

[34]   Lei nº 4.504/1964: Art. 4º Para os efeitos desta Lei, definem-se: [...] IV – "Minifúndio", o imóvel rural de área e possibilidades inferiores às da propriedade familiar.

Havendo divisão [parcelamento] da propriedade rural, aquelas resultantes poderão, em conjunto, estabelecer as áreas de Reserva Legal, com as respectivas averbações. O importante é que sejam reservadas áreas cuja soma corresponda ao que seria a Reserva Legal obrigatória para a propriedade desmembrada. A medida é boa, pois possibilita a manutenção da vegetação nativa e, concomitantemente, favorece o desenvolvimento das atividades agrárias.

Seção II
Do Regime de Proteção da Reserva Legal

Art. 17. A Reserva Legal deve ser conservada com cobertura de vegetação nativa pelo proprietário do imóvel rural, possuidor ou ocupante a qualquer título, pessoa física ou jurídica, de direito público ou privado.

§ 1º Admite-se a exploração econômica da Reserva Legal mediante manejo sustentável, previamente aprovado pelo órgão competente do Sisnama, de acordo com as modalidades previstas no art. 20.

§ 2º Para fins de manejo de Reserva Legal na pequena propriedade ou posse rural familiar, os órgãos integrantes do Sisnama deverão estabelecer procedimentos simplificados de elaboração, análise e aprovação de tais planos de manejo.

§ 3º É obrigatória a suspensão imediata das atividades em Área de Reserva Legal desmatada irregularmente após 22 de julho de 2008.[35] (Redação dada pela Medida Provisória nº 571, de 2012).

§ 4º Sem prejuízo das sanções administrativas, cíveis e penais cabíveis, deverá ser iniciado o processo de recomposição da Reserva Legal em até dois anos contados a partir da data da publicação desta Lei, devendo tal processo ser concluído nos prazos estabelecidos pelo Programa de Regularização Ambiental – PRA, de que trata o art. 59. (Incluído pela Medida Provisória nº 571, de 2012).

---

[35]   Direito anterior: § 3º É obrigatória a suspensão imediata das atividades em Área de Reserva Legal desmatada irregularmente após 22 de julho de 2008, e deverá ser iniciado o processo de recomposição, no todo ou em parte, sem prejuízo das sanções administrativas, cíveis e penais cabíveis, não extrapolando a 2 (dois) anos essa comprovação, contados a partir da data da publicação desta Lei ou, se a conduta for a ela posterior, da data da supressão da vegetação, vedado o uso da área para qualquer finalidade distinta da prevista neste artigo.

Redação original	MP nº 571/2012	Lei nº 12.727/2012
Art. 17 [...]	Art. 17	Art. 17 [...]
§ 3º É obrigatória a suspensão imediata das atividades em Área de Reserva Legal desmatada irregularmente após 22 de julho de 2008, e deverá ser iniciado o processo de recomposição, no todo ou em parte, sem prejuízo das sanções administrativas, cíveis e penais cabíveis, não extrapolando a 2 (dois) anos essa comprovação, contados a partir da data da publicação desta Lei ou, se a conduta for a ela posterior, da data da supressão da vegetação, vedado o uso da área para qualquer finalidade distinta da prevista neste artigo.	§ 3º É obrigatória a suspensão imediata das atividades em Área de Reserva Legal desmatada irregularmente após 22 de julho de 2008. § 4º Sem prejuízo das sanções administrativas, cíveis e penais cabíveis, deverá ser iniciado o processo de recomposição da Reserva Legal em até dois anos contados a partir da data da publicação desta Lei, devendo tal processo ser concluído nos prazos estabelecidos pelo Programa de Regularização Ambiental – PRA, de que trata o art. 59.	§ 3º É obrigatória a suspensão imediata das atividades em área de Reserva Legal desmatada irregularmente após 22 de julho de 2008. § 4º Sem prejuízo das sanções administrativas, cíveis e penais cabíveis, deverá ser iniciado, nas áreas de que trata o § 3º deste artigo, o processo de recomposição da Reserva Legal em até 2 (dois) anos contados a partir da data da publicação desta Lei, devendo tal processo ser concluído nos prazos estabelecidos pelo Programa de Regularização Ambiental – PRA, de que trata o art. 59.

A Reserva Legal, pelo que se pode observar do artigo ora comentado e, diferentemente das Áreas de Preservação Permanente, pode ser explorada economicamente pelo proprietário ou posseiro. Contudo, o regime de exploração a ser admitido nas áreas de Reserva Legal não se confunde com o permitido no restante da posse ou propriedade rural. É necessário, contudo, que o órgão de controle ambiental aprove o plano de manejo a ser posto em prática na área de Reserva Legal. O § 2º determina a obrigatoriedade, para os órgãos integrantes do SISNAMA, do estabelecimento de regras simplificadas para o manejo da Reserva Legal na pequena propriedade ou posse familiar, seja no que diz respeito à elaboração, análise ou aprovação.

Pelo § 3º foi determinada a imediata suspensão das atvidades que venham sendo realizadas em áreas de *"Reserva Legal desmatada irregularmente após 22 de julho de 2008"*. A norma é bem intencionada, porém, de difícil cumprimento. Em primeiro lugar, saber o que foi ou não desmatado antes ou depois de 22 de julho de 2008 demanda um nível de informação e organização que, infelizmente, está além da capacidade de grande parte de nossos órgãos ambientais. E em segundo lugar, a identificação e demarcação da Reserva Legal depende de aprovação do órgão ambiental para que possa ser averbada junto ao Registro de Imóveis, na respectiva matrícula da propriedade, ou Termo de Compromisso com o posseiro. Caso tais medidas não tenham sido adotadas, não há que se falar em "desmatamento irregular de Reserva Legal", pois tal reserva não tem existência legítima, se as medidas necessárias não tivessem sido tomadas. O § 4º é, na verdade, inaplicável. De fato, o artigo confere o prazo de dois anos para o início das atividades de recomposição da Reserva Legal que não esteja sendo observada. Por outro lado, várias normas do Novo Código Florestal estabeleceram o marco de 22 de julho de 2008 como data limite para a aceitação do não cumprimento de exigências relativas à manutenção de Reserva Legal e Áreas de Preservação Permanente. Assim, tem-se o prazo de seis anos, ou quase isso, para que se exija o total cumprimento das mencionadas normas.

| Lei nº 9.873, de 23 de novembro de 1999 | Art. 1º Prescreve em cinco anos a ação punitiva da Administração Pública Federal, direta e indireta, no exercício do poder de polícia, objetivando apurar infração à legislação em vigor, contados da data da prática do ato ou, no caso de infração permanente ou continuada, do dia em que tiver cessado.

§ 1º Incide a prescrição no procedimento administrativo paralisado por mais de três anos, pendente de julgamento ou despacho, cujos autos serão arquivados de ofício ou mediante requerimento da parte interessada, sem prejuízo da apuração da responsabilidade funcional decorrente da paralisação, se for o caso.

§ 2º Quando o fato objeto da ação punitiva da Administração também constituir crime, a prescrição reger-se-á pelo prazo previsto na lei penal. |
| Lei nº 9.605/1998 | Art. 48. Impedir ou dificultar a regeneração natural de florestas e demais formas de vegetação:

Pena – detenção, de seis meses a um ano, e multa. |

Lei nº 9.605/1998	Art. 50. Destruir ou danificar florestas nativas ou plantadas ou vegetação fixadora de dunas, protetora de mangues, objeto de especial preservação: Pena – detenção, de três meses a um ano, e multa.
Lei nº 9.605/1998	Art. 46. Receber ou adquirir, para fins comerciais ou industriais, madeira, lenha, carvão e outros produtos de origem vegetal, sem exigir a exibição de licença do vendedor, outorgada pela autoridade competente, e sem munir-se da via que deverá acompanhar o produto até final beneficiamento: Pena – detenção, de seis meses a um ano, e multa.
Código Penal	Art. 109. A prescrição, antes de transitar em julgado a sentença final, salvo o disposto no § 1º do art. 110 deste Código, regula-se pelo máximo da pena privativa de liberdade cominada ao crime, verificando-se: (Redação dada pela Lei nº 12.234, de 2010) [...] V – em quatro anos, se o máximo da pena é igual a um ano ou, sendo superior, não excede a dois;

Conforme demonstrado pelo quadro acima, parece evidente que as sanções administrativas e penais que poderiam incidir nas hipóteses ventiladas no artigo estão ou estarão, inapelavelmente, prescritas, uma vez encerrado o prazo concedido pelo artigo ora comentado.

Art. 18. A área de Reserva Legal deverá ser registrada no órgão ambiental competente por meio de inscrição no CAR de que trata o art. 29, sendo vedada a alteração de sua destinação, nos casos de transmissão, a qualquer título, ou de desmembramento, com as exceções previstas nesta Lei.

§ 1º A inscrição da Reserva Legal no CAR será feita mediante a apresentação de planta e memorial descritivo, contendo a indicação das coordenadas geográficas com pelo menos um ponto de amarração, conforme ato do Chefe do Poder Executivo.

§ 2º Na posse, a área de Reserva Legal é assegurada por termo de compromisso firmado pelo possuidor com o órgão competente do Sisnama, com força de título executivo extrajudicial, que explicite, no mínimo, a localização da área de Reserva Legal e as obrigações assumidas pelo possuidor por força do previsto nesta Lei.

§ 3º A transferência da posse implica a sub-rogação das obrigações assumidas no termo de compromisso de que trata o § 2º.

§ 4º O registro da Reserva Legal no CAR desobriga a averbação no Cartório de Registro de Imóveis.

A Lei de Registros Públicos determina a averbação da Reserva Legal junto à matrícula do imóvel, assim, a exigência estabelecida pelo artigo 18 do Novo Código Florestal somente pode ser entendida *como mais um registro* a ser cobrado do proprietário do imóvel, pois o sistema registrário imobiliário existente em nosso país, não admite o registro imobiliário fora das instituições registrais constitucionalmente previstas. Assim, o Cadastro Ambiental Rural – CAR deve ser considerado como meramente administrativo e sem nenhum efeito concreto para a caracterização da propriedade e para a publicidade do registro. Evidentemente que, uma vez averbada a Reserva Legal, dada a sua natureza jurídica de obrigação *propter rem*, não há possibilidade jurídica de mudança da sua destinação, sendo portanto redundante o artigo, nesse trecho. Da mesma forma, é da própria natureza da obrigação real a sua transmissão ao novo proprietário, haja vista que ela acompanha o bem, somente se admitindo a exoneração do proprietário com a alienação do bem.

O § 1º, sem qualquer natureza de norma geral, estabelece exigências mínimas para a "inscrição da Reserva Legal no CAR" (*rectius*: inscrição do imóvel com a identificação da reserva legal), a saber: planta e memorial descritivo, com a indicação das coordenadas geográficas com pelo menos um ponto de amarração.[36]

Quando se tratar de Reserva Legal de posse, o posseiro deverá firmar termo de compromisso com o "órgão competente do Sisnama" (qual?), com força de título executivo extrajudicial cujo conteúdo, no mínimo, deverá contemplar a localização da área de Reserva Legal e as obrigações assumidas pelo possuidor. É importante observar que, na hipótese, é aplicável o artigo 586 do Código de Processo Civil,[37] sendo necessário que o título implique em obrigação certa, líquida e exigível. A prática tem demonstrado que a imensa maioria dos Termos de Com-

---

[36] Ponto de referência terrestre.

[37] Art. 586. A execução para cobrança de crédito fundar-se-á sempre em título de obrigação certa, líquida e exigível.

promisso ou Termos de Ajustamento de Conduta elaborados pelos órgãos de controle ambiental são extremamente confusos, mal redigidos e, portanto, incapazes de gerar certeza, liquidez e exigibilidade.

A Reserva Legal, como definido na própria lei em comento, é obrigação real e, portanto, aderida ao imóvel. A Lei de Registros Públicos determina que:

> "Art. 167. No Registro de Imóveis, além da matrícula, serão feitos.
>
> [...]
>
> II – a averbação:
>
> 22. da reserva legal;"

Pelo que se vê do § 4º do artigo em comento, o registro da Reserva Legal no Cadastro Ambiental Rural – CAR, criado pelo artigo 29 da lei, teria abolido a necessidade da averbação da Reserva Legal junto à matrícula do imóvel. Contudo, não é assim que, em meu entendimento, a matéria está posta. Com efeito, a Reserva Legal é uma obrigação que acompanha o imóvel rural e, portanto, a sua existência deve ser averbada no mesmo local no qual se encontra registrado o imóvel, como uma medida de lógica, razoabilidade e, sobretudo, juridicidade. Como se sabe, a propriedade se transfere pelo registro do título, tal como determinado no Código Civil;[38] por outro lado, o Registro de Imóveis é o local no qual devem estar arrolados todos os gravames da propriedade. Como se pode ver o legislador, no caso, não dispôs sobre proteção às florestas e outras formas de vegetação, mas sobre registros públicos, de forma descontextualizada e fora dos objetivos da lei. Aliás, vale relembrar que a Lei nº 6.015, de 31 de dezembro de 1973, determina o seguinte:

> "Art. 1º Os serviços concernentes aos Registros Públicos, estabelecidos pela legislação civil para autenticidade, segurança e eficácia dos atos jurídicos, ficam sujeitos ao regime estabelecido nesta Lei.
>
> § 1º Os Registros referidos neste artigo são os seguintes:
>
> I – o registro civil de pessoas naturais;

---

[38] Código Civil: Art. 1.245. Transfere-se entre vivos a propriedade mediante o registro do título translativo no Registro de Imóveis. § 1º Enquanto não se registrar o título translativo, o alienante continua a ser havido como dono do imóvel. § 2º Enquanto não se promover, por meio de ação própria, a decretação de invalidade do registro, e o respectivo cancelamento, o adquirente continua a ser havido como dono do imóvel. Art. 1.246. O registro é eficaz desde o momento em que se apresentar o título ao oficial do registro, e este o prenotar no protocolo. Art. 1.247. Se o teor do registro não exprimir a verdade, poderá o interessado reclamar que se retifique ou anule. Parágrafo único. Cancelado o registro, poderá o proprietário reivindicar o imóvel, independentemente da boa-fé ou do título do terceiro adquirente.

II – o registro civil de pessoas jurídicas;

III – o registro de títulos e documentos;

IV – o registro de imóveis.

§ 2º Os demais registros reger-se-ão por leis próprias.

Art. 2º Os registros indicados no § 1º do artigo anterior ficam a cargo de serventuários privativos nomeados de acordo com o estabelecido na Lei de Organização Administrativa e Judiciária do Distrito Federal e dos Territórios e nas Resoluções sobre a Divisão e Organização Judiciária dos Estados, e serão feitos:

I – o do item I, nos ofícios privativos, ou nos cartórios de registro de nascimentos, casamentos e óbitos;

II – os dos itens II e III, nos ofícios privativos, ou nos cartórios de registro de títulos e documentos;

III – os do item IV, nos ofícios privativos, ou nos cartórios de registro de imóveis."

Não bastasse isso, não é demasiado relembrar que os serviços de registro e notariado têm previsão constitucional,[39] o que nos leva a duvidar da constitucionalidade da norma ora comentada. Ademais, o registro da Reserva Legal junto ao órgão ambiental é gerador de insegurança jurídica, pois o registro da propriedade não corresponderia à realidade da situação legal do imóvel. Por tudo o que foi acima exposto, não me parece que o § 4º seja juridicamente válido.

Art. 19. A inserção do imóvel rural em perímetro urbano definido mediante lei municipal não desobriga o proprietário ou posseiro da manutenção da área de Reserva Legal, que só será extinta concomitantemente ao registro do parcelamento do solo para fins urbanos aprovado segundo a legislação específica e consoante as diretrizes do plano diretor de que trata o § 1º do art. 182 da Constituição Federal.

---

[39] Constituição Federal: Art. 236. Os serviços notariais e de registro são exercidos em caráter privado, por delegação do Poder Público. § 1º Lei regulará as atividades, disciplinará a responsabilidade civil e criminal dos notários, dos oficiais de registro e de seus prepostos, e definirá a fiscalização de seus atos pelo Poder Judiciário. § 2º Lei federal estabelecerá normas gerais para fixação de emolumentos relativos aos atos praticados pelos serviços notariais e de registro. § 3º O ingresso na atividade notarial e de registro depende de concurso público de provas e títulos, não se permitindo que qualquer serventia fique vaga, sem abertura de concurso de provimento ou de remoção, por mais de seis meses.

O artigo, apesar de suas linhas transversas, é uma importante confirmação de opinião que venho sustentando há longo prazo, no sentido de que não há que se falar em Reserva Legal em imóvel urbano, haja vista que a categoria jurídica é essencialmente voltada para os imóveis rurais. Permito-me trazer à colação o seguinte trecho de obra especificamente voltada para o estudo de áreas protegidas e suas relações com o direito de propriedade constitucional:[40]

> "A Reserva Legal se justifica como instituto jurídico aplicável ao solo com vocação agrícola, pois como se depreende de sua definição normativa, é área que, obrigatoriamente, deve ser mantida hígida com vistas a assegurar o uso sustentável dos recursos naturais e a reabilitação dos processos ecológicos nas áreas que foram desflorestadas com vistas à implantação de atividades agrícolas ou rurais, bem como manter uma memória da vegetação original, impedindo que ela se perca em razão de uma atividade agrícola sem maiores controles."

Assim, se a área na qual estiver localizada a propriedade rural for transformada em área urbana, ou área de expansão urbana, existe a possibilidade de que, ao ser registrado o parcelamento do solo, o regime jurídico da Reserva Legal se encerre em relação àquele imóvel, desde que o parcelamento do solo tenha sido regularmente registrado, conforme as diretrizes constantes da Lei nº 6.766, de 19 de dezembro de 1979. É importante que se observe que, quando o parcelamento vier a ocorrer em Município integrante de Região Metropolitana, é de se aplicar o artigo 13 da Lei nº 6.766, de 19 de dezembro de 1979, o qual determina a oitiva do Estado membro da federação para a concessão ou não de anuência prévia para o registro do parcelamento.[41] Diversas leis estaduais de parcelamento do solo têm exigido a anuência prévia do Estado para todas as hipóteses contidas nos incisos do artigo 13 da Lei Federal; contudo, em meu ponto de vista, tal exigência é ilegal, pois o parágrafo único do artigo em referência somente faz tal exigência para as hipóteses de parcelamento em regiões metropolitanas. A anuência, em

---

[40]   ANTUNES, Paulo de Bessa. *Áreas protegidas e propriedade constitucional*. São Paulo: Atlas, 2011, p. 146.

[41]   Lei nº 6.766/1979 Art. 13. Aos Estados caberá disciplinar a aprovação pelos Municípios de loteamentos e desmembramentos nas seguintes condições: I – quando localizados em áreas de interesse especial, tais como as de proteção aos mananciais ou ao patrimônio cultural, histórico, paisagístico e arqueológico, assim definidas por legislação estadual ou federal; II – quando o loteamento ou desmembramento localizar-se em área limítrofe do município, ou que pertença a mais de um município, nas regiões metropolitanas ou em aglomerações urbanas, definidas em lei estadual ou federal; III – quando o loteamento abranger área superior a 1.000.000 m². Parágrafo único. No caso de loteamento ou desmembramento localizado em área de município integrante de região metropolitana, o exame e a anuência prévia à aprovação do projeto caberão à autoridade metropolitana.

todas as hipóteses, correspondia à redação original do *caput* do artigo 13,[42] o qual foi revogado pela Lei nº 9.785/1999.

Art. 20. No manejo sustentável da vegetação florestal da Reserva Legal, serão adotadas práticas de exploração seletiva nas modalidades de manejo sustentável sem propósito comercial para consumo na propriedade e manejo sustentável para exploração florestal com propósito comercial.

A Reserva Legal admite a prática do manejo sustentável, o qual poderá ter finalidade (i) comercial ou (ii) não comercial. O único requisito é que a atividade seja realizada de forma seletiva, ou seja, não poderá ser realizada atividade de forma seletiva, o que deverá ser definido no plano de manejo aprovado para a propriedade.

Art. 21. É livre a coleta de produtos florestais não madeireiros, tais como frutos, cipós, folhas e sementes, devendo-se observar:

I – os períodos de coleta e volumes fixados em regulamentos específicos, quando houver;

II – a época de maturação dos frutos e sementes;

III – técnicas que não coloquem em risco a sobrevivência de indivíduos e da espécie coletada no caso de coleta de flores, folhas, cascas, óleos, resinas, cipós, bulbos, bambus e raízes.

A atividade extrativista é livre nas Reservas Legais, desde que os produtos não sejam madeira ou diretamente derivados dela. A Lei admite alguma restrição a ser fixada em regulamento, especialmente aquelas relacionadas (i) aos períodos de coleta, (ii) aos volumes dos produtos coletados, (iii) à época da maturação de frutos e sementes, sempre com a utilização de técnicas que não acarretem riscos para a sobrevivência de indivíduos e da própria espécie coletada. Pelos artigos seguintes, percebe-se que o artigo 21 diz respeito às atividades que não tenham natureza intensiva nem comercial de porte significativo. A norma não fala das hipóteses de coleta de flores, folhas, cascas, óleos, resinas, cipós, bulbos, bambus e raízes com finalidades científicas ou de acesso aos recursos genéticos. Em tais casos deverão incidir as normas especiais sobre o tema e não a regra geral estabelecida pelo Novo Código Florestal.

---

[42] Art. 13. Caberão aos Estados o exame e a anuência prévia para a aprovação, pelos Municípios, de loteamento e desmembramento nas seguintes condições: [...]

Art. 22. O manejo florestal sustentável da vegetação da Reserva Legal com propósito comercial depende de autorização do órgão competente e deverá atender as seguintes diretrizes e orientações:

I – não descaracterizar a cobertura vegetal e não prejudicar a conservação da vegetação nativa da área;

II – assegurar a manutenção da diversidade das espécies;

III – conduzir o manejo de espécies exóticas com a adoção de medidas que favoreçam a regeneração de espécies nativas.

Como se percebe do artigo 22, admite-se o manejo de espécies exóticas nas áreas de Reserva Legal. Aqui se está diante de um verdadeiro colapso do sistema de Reserva Legal, pois se a principal justificativa para a manutenção e existência da Reserva Legal é a manutenção e perpetuação das espécies nativas – fundamento último do objetivo do Novo Código Florestal, aliás, lei sobre a proteção da vegetação nativa –, admitir a vegetação exótica como parte da Reserva Legal é um contrassenso e uma contrafação. Há que se perguntar, inclusive, se é constitucional a norma que determina manejar vegetação exótica, haja vista que estas não merecem proteção especial em nosso regime constitucional. De toda forma, o artigo estabeleceu critérios a serem observados quando da emissão da autorização de manejo sustentável em área de Reserva Legal.

Art. 23. O manejo sustentável para exploração florestal eventual sem propósito comercial, para consumo no próprio imóvel, independe de autorização dos órgãos competentes, devendo apenas ser declarados previamente ao órgão ambiental a motivação da exploração e o volume explorado, limitada a exploração anual a 20 (vinte) metros cúbicos.

A matéria, em meu ponto de vista, carece de regulamentação. Em princípio, há que se definir o que está compreendido no conceito de "exploração eventual sem propósito comercial", assim como o "consumo próprio no imóvel". Sem a definição de tais conceitos, a norma cuja vontade parece ser a de facilitar a vida para o pequeno proprietário ou posseiro pode se transformar em *Habeas Corpus* para exploração predatória, sob uma cobertura legal. Por outro lado, os 20 m³ autorizados igualmente necessitam de regulamentação precisa, pois dependendo da densidade dos produtos florestais, pois dependendo dela, os 20 m³ poderão ser muita ou pouca coisa. Por fim, sem um inventário florestal preciso, o cumprimento da norma é, simplesmente, impossível; sem uma informação adequada sobre o estoque, impossível saber quanto foi cortado.

Art. 24. No manejo florestal nas áreas fora de Reserva Legal, aplica-se igualmente o disposto nos arts. 21, 22 e 23.

O artigo parece, à primeira vista, incoerente, pois estabelece, salvo melhor juízo, um regime de manejo igual para as áreas de Reserva Legal e para as "fora" da Reserva Legal. Das duas uma: ou excesso de restrição fora da Reserva Legal, ou excesso de permissividade na Reserva Legal. Somente o tempo dirá a resposta.

Seção III
Do Regime de Proteção das Áreas Verdes Urbanas

Art. 25. O poder público municipal contará, para o estabelecimento de áreas verdes urbanas, com os seguintes instrumentos:

I – o exercício do direito de preempção para aquisição de remanescentes florestais relevantes, conforme dispõe a Lei nº 10.257, de 10 de julho de 2001;

II – a transformação das Reservas Legais em áreas verdes nas expansões urbanas;

III – o estabelecimento de exigência de áreas verdes nos loteamentos, empreendimentos comerciais e na implantação de infraestrutura; e

IV – aplicação em áreas verdes de recursos oriundos da compensação ambiental.

O artigo ora analisado é daqueles que poderíamos dizer *misplaced*,[43] pois em uma única norma trata de assuntos diversos, impacta outras normas jurídicas e é de constitucionalidade discutível. Em primeiro lugar, há que se observar que a matéria disciplinada são as áreas verdes urbanas, cuja definição se encontra no artigo 3º , XX, cujos termos são os seguintes:

> "área verde urbana: espaços, públicos ou privados, com predomínio de vegetação, preferencialmente nativa, natural ou recuperada, previstos no Plano Diretor, nas Leis de Zoneamento Urbano e Uso do Solo do Município, indisponíveis para construção de moradias, destinados aos propósitos de recreação, lazer, melhoria da qualidade ambiental urbana, proteção dos recursos hídricos, manutenção ou melhoria paisagística, proteção de bens e manifestações culturais".

---

43   Deslocado.

Em realidade, o artigo 25 estabeleceu instrumentos de política urbana, sem a menor necessidade, haja vista a existência do chamado Estatuto das Cidades,[44] que é lei capaz de atender às demandas de uma regulamentação geral da política urbana, essa sim de competência federal. O inciso I, em surpreendente texto, estabelece como um dos instrumentos criados pelo Novo Código Florestal, aquele já previsto no Estatuto da Cidade, ou seja, o direito de preempção, no caso para a aquisição de remanescentes florestais, no caso para a constituição das áreas verdes, matéria, repita-se, já objeto de lei.

A transformação das Reservas Legais em áreas verdes nas expansões urbanas é medida racional e lógica, pois não faz o menor sentido a manutenção de áreas de Reserva Legal em zonas urbanas ou de expansão urbana. Evidentemente que os critérios para a adoção de áreas verdes deverá diferir daqueles existentes para as Reservas Legais, pois do contrário, o legislador teria "trocado seis por meia dúzia". Nos distritos industriais, por exemplo, deverão ser utilizados critérios que assegurem a possibilidade de expansão da atividade industrial de forma tranquila e sem as exigências que hoje existem. Deve ser considerado o Distrito Industrial como um todo e não cada lote individualmente, como em muitos casos se tem

---

[44]   Do direito de preempção. Art. 25. O direito de preempção confere ao Poder Público municipal preferência para aquisição de imóvel urbano objeto de alienação onerosa entre particulares. § 1º Lei municipal, baseada no plano diretor, delimitará as áreas em que incidirá o direito de preempção e fixará prazo de vigência, não superior a cinco anos, renovável a partir de um ano após o decurso do prazo inicial de vigência. § 2º O direito de preempção fica assegurado durante o prazo de vigência fixado na forma do § 1º, independentemente do número de alienações referentes ao mesmo imóvel. Art. 26. O direito de preempção será exercido sempre que o Poder Público necessitar de áreas para: I – regularização fundiária; II – execução de programas e projetos habitacionais de interesse social; III – constituição de reserva fundiária; IV – ordenamento e direcionamento da expansão urbana; V – implantação de equipamentos urbanos e comunitários; VI – criação de espaços públicos de lazer e áreas verdes; VII – criação de unidades de conservação ou proteção de outras áreas de interesse ambiental; VIII – proteção de áreas de interesse histórico, cultural ou paisagístico; IX – (VETADO). Parágrafo único. A lei municipal prevista no § 1º do art. 25 desta Lei deverá enquadrar cada área em que incidirá o direito de preempção em uma ou mais das finalidades enumeradas por este artigo. Art. 27. O proprietário deverá notificar sua intenção de alienar o imóvel, para que o Município, no prazo máximo de trinta dias, manifeste por escrito seu interesse em comprá-lo. § 1º À notificação mencionada no *caput* será anexada proposta de compra assinada por terceiro interessado na aquisição do imóvel, da qual constarão preço, condições de pagamento e prazo de validade. § 2º O Município fará publicar, em órgão oficial e em pelo menos um jornal local ou regional de grande circulação, edital de aviso da notificação recebida nos termos do *caput* e da intenção de aquisição do imóvel nas condições da proposta apresentada. § 3º Transcorrido o prazo mencionado no *caput* sem manifestação, fica o proprietário autorizado a realizar a alienação para terceiros, nas condições da proposta apresentada. § 4º Concretizada a venda a terceiro, o proprietário fica obrigado a apresentar ao Município, no prazo de trinta dias, cópia do instrumento público de alienação do imóvel. § 5º A alienação processada em condições diversas da proposta apresentada é nula de pleno direito. § 6º Ocorrida a hipótese prevista no § 5º o Município poderá adquirir o imóvel pelo valor da base de cálculo do IPTU ou pelo valor indicado na proposta apresentada, se este for inferior àquele.

sido exigido, gerando situações difíceis de administrar e com nenhum resultado ambiental palpável.

O inciso III, igualmente, é uma repetição de normas já existentes e, portanto, era perfeitamente dispensável. A lei do parcelamento do solo[45] já dispõe de normas referentes ao assunto.

Por fim, o inciso IV estabelece a possibilidade de "aplicação em áreas verdes de recursos oriundos da compensação ambiental. Embora a norma não diga, aparentemente, estamos diante da compensação ambiental estabelecida pela Lei do Sistema Nacional de Unidades de Conservação – SNUC.[46] A compensação ambiental é tema polêmico e, na prática, tem sido utilizada para os mais inusitados fins, desviando-se da sua concepção original que era "apoiar" a implantação de unidades de conservação do grupo de proteção integral. A utilização de verbas

---

[45]   Lei de Parcelamento do Solo: Art. 9º Orientado pelo traçado e diretrizes oficiais, quando houver, o projeto, contendo desenhos, memorial descritivo e cronograma de execução das obras com duração máxima de quatro anos, será apresentado à Prefeitura Municipal, ou ao Distrito Federal, quando for o caso, acompanhado de certidão atualizada da matrícula da gleba, expedida pelo Cartório de Registro de Imóveis competente, de certidão negativa de tributos municipais e do competente instrumento de garantia, ressalvado o disposto no § 4º do art. 18. § 1º Os desenhos conterão pelo menos: I – a subdivisão das quadras em lotes, com as respectivas dimensões e numeração; II – o sistema de vias com a respectiva hierarquia; III – as dimensões lineares e angulares do projeto, com raios, cordas, arcos, pontos de tangência e ângulos centrais das vias; IV – os perfis longitudinais e transversais de todas as vias de circulação e praças; V – a indicação dos marcos de alinhamento e nivelamento localizados nos ângulos de curvas e vias projetadas; VI – a indicação em planta e perfis de todas as linhas de escoamento das águas pluviais. § 2º O memorial descritivo deverá conter, obrigatoriamente, pelo menos: I – a descrição sucinta do loteamento, com as suas características e a fixação da zona ou zonas de uso predominante; II – as condições urbanísticas do loteamento e as limitações que incidem sobre os lotes e suas construções, além daquelas constantes das diretrizes fixadas; III – a indicação das áreas públicas que passarão ao domínio do município no ato de registro do loteamento.

[46]   Lei nº 9.985, de 18 de julho de 2000: Art. 36. Nos casos de licenciamento ambiental de empreendimentos de significativo impacto ambiental, assim considerado pelo órgão ambiental competente, com fundamento em estudo de impacto ambiental e respectivo relatório – EIA/RIMA, o empreendedor é obrigado a apoiar a implantação e manutenção de unidade de conservação do Grupo de Proteção Integral, de acordo com o disposto neste artigo e no regulamento desta Lei. § 1º O montante de recursos a ser destinado pelo empreendedor para esta finalidade não pode ser inferior a meio por cento dos custos totais previstos para a implantação do empreendimento, sendo o percentual fixado pelo órgão ambiental licenciador, de acordo com o grau de impacto ambiental causado pelo empreendimento. § 2º Ao órgão ambiental licenciador compete definir as unidades de conservação a serem beneficiadas, considerando as propostas apresentadas no EIA/ RIMA e ouvido o empreendedor, podendo inclusive ser contemplada a criação de novas unidades de conservação. § 3º Quando o empreendimento afetar unidade de conservação específica ou sua zona de amortecimento, o licenciamento a que se refere o *caput* deste artigo só poderá ser concedido mediante autorização do órgão responsável por sua administração, e a unidade afetada, mesmo que não pertencente ao Grupo de Proteção Integral, deverá ser uma das beneficiárias da compensação definida neste artigo.

oriundas da compensação ambiental em áreas verdes urbanas demanda regulamentação muito rígida, pois a amplitude do conceito de áreas verdes urbanas pode implicar apoios a atividades completamente fora dos objetivos protecionistas da norma. Veja-se a definição normativa.

> "Área verde urbana: espaços, públicos ou privados, com predomínio de vegetação, preferencialmente nativa, natural ou recuperada, previstos no Plano Diretor, nas Leis de Zoneamento Urbano e Uso do Solo do Município, indisponíveis para construção de moradias, destinados aos propósitos de recreação, lazer, melhoria da qualidade ambiental urbana, proteção dos recursos hídricos, manutenção ou melhoria paisagística, proteção de bens e manifestações culturais."

Por que não um campo de futebol ou um local para realização de festas caipiras?

CAPÍTULO V
DA SUPRESSÃO DE VEGETAÇÃO PARA USO ALTERNATIVO DO SOLO

Art. 26. A supressão de vegetação nativa para uso alternativo do solo,[1] tanto de domínio público como de domínio privado, dependerá do cadastramento do imóvel no CAR, de que trata o art. 29, e de prévia autorização do órgão estadual competente do Sisnama.[2]

---

[1]   Direito Anterior: Lei nº 4.771/1965: Art. 37-A. Não é permitida a conversão de florestas ou outra forma de vegetação nativa para uso alternativo do solo na propriedade rural que possui área desmatada, quando for verificado que a referida área encontra-se abandonada, subutilizada ou utilizada de forma inadequada, segundo a vocação e capacidade de suporte do solo. (Incluído pela Medida Provisória nº 2.166-67, de 2001)

[2]   Direito Anterior: Art. 37-A. Não é permitida a conversão de florestas ou outra forma de vegetação nativa para uso alternativo do solo na propriedade rural que possui área desmatada, quando for verificado que a referida área encontra-se abandonada, subutilizada ou utilizada de forma inadequada, segundo a vocação e capacidade de suporte do solo. (Incluído pela Medida Provisória nº 2.166-67, de 2001) § 1º Entende-se por área abandonada, subutilizada ou utilizada de forma inadequada, aquela não efetivamente utilizada, nos termos do § 3º, do art. 6º da Lei nº 8.629, de 25 de fevereiro de 1993, ou que não atenda aos índices previstos no art. 6º da referida Lei, ressalvadas as áreas de pousio na pequena propriedade ou posse rural familiar ou de população tradicional. (Incluído pela Medida Provisória nº 2.166-67, de 2001) § 2º As normas e mecanismos para a comprovação da necessidade de conversão serão estabelecidos em regulamento, considerando, dentre outros dados relevantes, o desempenho da propriedade nos últimos três anos, apurado nas declarações anuais do Imposto sobre a Propriedade Territorial Rural – ITR. (Incluído pela Medida Provisória nº 2.166-67, de 2001) § 3º A regulamentação de que trata o § 2º estabelecerá procedimentos simplificados: (Incluído pela Medida Provisória nº 2.166-67, de 2001) I – para a pequena propriedade rural; e (Incluído pela Medida Provisória nº 2.166-67, de 2001) II – para as demais

§ 1º (VETADO).[3]

§ 2º (VETADO).

§ 3º No caso de reposição florestal, deverão ser priorizados projetos que contemplem a utilização de espécies nativas do mesmo bioma onde ocorreu a supressão.

§ 4º O requerimento de autorização de supressão de que trata o *caput* conterá, no mínimo, as seguintes informações:

I – a localização do imóvel, das Áreas de Preservação Permanente, da Reserva Legal e das áreas de uso restrito, por coordenada geográfica, com pelo menos um ponto de amarração do perímetro do imóvel;

II – a reposição ou compensação florestal, nos termos do § 4º do art. 33;

III – a utilização efetiva e sustentável das áreas já convertidas;

IV – o uso alternativo da área a ser desmatada.

O uso alternativo do solo, conforme o conceito normativo estabelecido pelo inciso VI do artigo 3º da Lei, é a "substituição de vegetação nativa e formações sucessoras por outras coberturas do solo, como atividades agropecuárias, industriais, de geração e transmissão de energia, de mineração e de transporte, assentamentos urbanos ou outras formas de ocupação humana". Assim, o legislador

---

propriedades que venham atingindo os parâmetros de produtividade da região e que não tenham restrições perante os órgãos ambientais. (Incluído pela Medida Provisória nº 2.166-67, de 2001) § 4º Nas áreas passíveis de uso alternativo do solo, a supressão da vegetação que abrigue espécie ameaçada de extinção, dependerá da adoção de medidas compensatórias e mitigadoras que assegurem a conservação da espécie. (Incluído pela Medida Provisória nº 2.166-67, de 2001) § 5º Se as medidas necessárias para a conservação da espécie impossibilitarem a adequada exploração econômica da propriedade, observar-se-á o disposto na alínea "b" do art. 14. (Incluído pela Medida Provisória nº 2.166-67, de 2001) § 6º É proibida, em área com cobertura florestal primária ou secundária em estágio avançado de regeneração, a implantação de projetos de assentamento humano ou de colonização para fim de reforma agrária, ressalvados os projetos de assentamento agro-extrativista, respeitadas as legislações específicas. (Incluído pela Medida Provisória nº 2.166-67, de 2001)

[3]   §§ 1º e 2º do art. 26: § 1º Compete ao órgão federal de meio ambiente a aprovação de que trata o caput deste artigo: I – nas florestas públicas de domínio da União; II – nas unidades de conservação criadas pela União, exceto Áreas de Proteção Ambiental; III – nos empreendimentos potencialmente causadores de impacto ambiental nacional ou regional. § 2º Compete ao órgão ambiental municipal a aprovação de que trata o *caput* deste artigo: I – nas florestas públicas de domínio do Município; II – nas unidades de conservação criadas pelo Município, exceto Áreas de Proteção Ambiental; III – nos casos que lhe forem delegados por convênio ou outro instrumento admissível, ouvidos, quando couber, os órgãos competentes da União, dos Estados e do Distrito Federal. **Razão dos vetos:** As proposições tratam de forma parcial e incompleta matéria recentemente disciplinada pela Lei Complementar nº 140, de 8 de dezembro de 2011.

partiu do princípio de que as florestas e as demais formas de vegetação devem permanecer tal como foram criadas pela natureza, somente se admitindo o desmatamento, "uso alternativo", em determinadas condições bem definidas. O uso alternativo é a supressão de vegetação feita com a autorização das autoridades públicas para a implantação de uma determinada atividade lícita.

No regime estabelecido pelo Novo Código Florestal foi adicionado o requisito de prévio registro no CAR para que a supressão de vegetação com vistas ao uso alternativo possa ser concedida, sempre que se tratar de vegetação nativa. Pelo novo regime, cabe ao órgão estadual de controle ambiental a autorização para a supressão de vegetação com vistas ao uso alternativo do solo. Contudo, a supressão de vegetação é matéria que foi amplamente tratada na Lei Complementar nº 140, de 8 de dezembro de 2011 que assim determinou:

Supressão de vegetação na LC nº 140/2011		
União	Estados	Municípios
(i) florestas públicas federais, terras devolutas federais ou unidades de conservação instituídas pela União, exceto em APAs; e (ii) atividades ou empreendimentos licenciados ou autorizados, ambientalmente, pela União;	(i) florestas públicas estaduais ou unidades de conservação do Estado, exceto em Áreas de Proteção Ambiental (APAs); (ii) imóveis rurais, observadas as atribuições previstas no inciso XV do art. 7º; e (iii) atividades ou empreendimentos licenciados ou autorizados, ambientalmente, pelo Estado;	(i) a supressão e o manejo de vegetação, de florestas e formações sucessoras em florestas públicas municipais e unidades de conservação instituídas pelo Município, exceto em Áreas de Proteção Ambiental (APAs); e (ii) a supressão e o manejo de vegetação, de florestas e formações sucessoras em empreendimentos licenciados ou autorizados, ambientalmente, pelo Município.

Como se vê, o artigo 29, como salientado nos vetos aos parágrafos, cuida de matéria reservada à Lei Complementar, pois a supressão de vegetação e as competências para a concessão de autorização foram consideradas medidas de cooperação administrativa. Assim, o *caput* padece do mesmo vício dos parágrafos vetados, pois estabelece competir ao órgão estadual de meio ambiente emitir a autorização para a supressão de vegetação, o que não corresponde aos termos da Lei Complementar de regência. Ao que parece, pouco se andou no sentido de esclarecer situações dúbias e de conflito entre órgãos administrativos. Não é ocioso relembrar que a supressão de vegetação deve ser autorizada de forma criteriosa e, a partir de conhecimento, por parte do órgão ambiental, do "estoque" de vegetação em determinada área, para que ele não se transforme em legalização do desmatamento.

É verdade que a Lei Complementar nº 140/2011 estabelece que:

> *"Art. 11. A lei poderá estabelecer regras próprias para atribuições relativas à autorização de manejo e supressão de vegetação, considerada a sua caracterização como vegetação primária ou secundária em diferentes estágios de regeneração, assim como a existência de espécies da flora ou da fauna ameaçadas de extinção".*

Contudo, não é o caso. Assim, independentemente do que se contém no artigo 26 ora comentado, aplicável o § 2º do artigo 13 da Lei Complementar que estipula competir ao órgão ambiental licenciador a emissão de autorização de supressão de vegetação.[4]

Determina o § 3º que, quando se tratar de reposição florestal, esta deverá ser feita prioritariamente mediante projetos que se utilizem de espécies nativas do mesmo bioma no qual tenha ocorrido a supressão de vegetação. Penso que, na hipótese, a não utilização de espécies nativas deve ser fundamentada em critérios ambientais, haja vista que o espírito da lei é a conservação da vegetação nativa e não a sua substituição por vegetação exótica. O § 4º, fugindo ao que se espera de uma norma geral, estabelece os elementos mínimos que deverão constar do requerimento de autorização para a supressão de vegetação: (i) a localização do imóvel, das Áreas de Preservação Permanente, da Reserva Legal e das áreas de uso restrito, por coordenada geográfica, com pelo menos um ponto de amarração do perímetro do imóvel; (ii) a reposição ou compensação florestal, nos termos do § 4º do art. 33; (iii) a utilização efetiva e sustentável das áreas já convertidas; (iv) o uso alternativo da área a ser desmatada.

Assim, o interessado deverá indicar a localização do imóvel, utilizando-se de metodologia de georreferenciamento, constando a indicação das Áreas de Preservação Permanente, da Reserva Legal e das áreas de uso restrito. Deverá, ainda, comprometer-se com a reposição ou compensação florestal tal como estabelecidas pelo § 4º do artigo 33 do Novo Código Florestal. Quanto à utilização sustentável

---

4   Art. 13. Os empreendimentos e atividades são licenciados ou autorizados, ambientalmente, por um único ente federativo, em conformidade com as atribuições estabelecidas nos termos desta Lei Complementar. § 1º Os demais entes federativos interessados podem manifestar-se ao órgão responsável pela licença ou autorização, de maneira não vinculante, respeitados os prazos e procedimentos do licenciamento ambiental. § 2º A supressão de vegetação decorrente de licenciamentos ambientais é autorizada pelo ente federativo licenciador.

e efetiva das áreas já convertidas, a lei não é clara, pois não se sabe se somente serão autorizadas novas conversões com a demonstração de que as áreas remanescentes da propriedade ou posse estão sendo utilizadas efetiva e sustentavelmente. A matéria, evidentemente, pende de regulamentação. Por fim, deverá ser indicado o uso alternativo que se pretende dar à área a ser desmatada.

Art. 27. Nas áreas passíveis de uso alternativo do solo, a supressão de vegetação que abrigue espécie da flora ou da fauna ameaçada de extinção, segundo lista oficial publicada pelos órgãos federal ou estadual ou municipal do Sisnama, ou espécies migratórias, dependerá da adoção de medidas compensatórias e mitigadoras que assegurem a conservação da espécie.

As áreas passíveis de uso alternativo do solo são todas aquelas que não estão submetidas à proibição expressa. As vedações expressas de conversão para uso alternativo do solo, com temperos, são as seguintes:

Conversão de Uso Alternativo Vedada

Art. 61-A, § 11	A realização das atividades previstas no *caput* observará critérios técnicos de conservação do solo e da água indicados no PRA previsto nesta Lei, sendo vedada a conversão de novas áreas para uso alternativo do solo nesses locais.
Art. 63	Nas áreas rurais consolidadas nos locais de que tratam os incisos V, VIII, IX e X do art. 4º, será admitida a manutenção de atividades florestais, culturas de espécies lenhosas, perenes ou de ciclo longo, bem como da infraestrutura física associada ao desenvolvimento de atividades agrossilvipastoris, vedada a conversão de novas áreas para uso alternativo do solo.
Art. 67	Nos imóveis rurais que detinham, em 22 de julho de 2008, área de até 4 (quatro) módulos fiscais e que possuam remanescente de vegetação nativa em percentuais inferiores ao previsto no art. 12, a Reserva Legal será constituída com a área ocupada com a vegetação nativa existente em 22 de julho de 2008, vedadas novas conversões para uso alternativo do solo.
Art. 28	Não é permitida a conversão de vegetação nativa para uso alternativo do solo no imóvel rural que possuir área abandonada.

Nas demais áreas, caberá ao órgão de controle ambiental, uma vez presentes espécies da flora e da fauna arroladas em listas de espécies ameaçadas de extinção ou migratórias, estabelecer medidas capazes de assegurar-lhes a sobrevivência.

No que se refere às aves migratórias, em princípio, deve ser observada a Lista estabelecida pelo Instituto Chico Mendes de Conservação da Biodiversidade.[5] Já no que diz respeito às espécies ameaçadas de extinção, estas devem ser procuradas na Lista estabelecida pelo Instituto Brasileiro do Meio Ambiente e dos Recursos Naturais Renováveis – IBAMA, dividindo-se em Flora e Fauna. Há ampla possibilidade de Estados e Municípios estabelecerem suas listas próprias. Existindo listas locais e regionais, estas devem prevalecer sobre as nacionais, devido ao fato de serem mais específicas.

No regime da Lei nº 4.771/1965, a matéria foi regulamentada pelo Decreto nº 5.975, de 30 de novembro de 2006, que assim disciplinou a matéria:

> "Art. 10. A exploração de florestas e formações sucessoras que implique a supressão a corte raso de vegetação arbórea natural somente será permitida mediante autorização de supressão para o uso alternativo do solo expedida pelo órgão competente do SISNAMA.
>
> § 1º Entende-se por uso alternativo do solo a substituição de florestas e formações sucessoras por outras coberturas do solo, tais como projetos de assentamento para reforma agrária, agropecuários, industriais, de geração e transmissão de energia, de mineração e de transporte.
>
> § 2º O requerimento de autorização de supressão de que trata o caput será disciplinado em norma específica pelo órgão ambiental competente, devendo indicar, no mínimo, as seguintes informações:
>
> I – a localização georreferenciada do imóvel, das áreas de preservação permanente e de reserva legal;
>
> II – o cumprimento da reposição florestal;
>
> III – a efetiva utilização das áreas já convertidas; e
>
> IV – o uso alternativo a que será destinado o solo a ser desmatado.
>
> § 3º Fica dispensado das indicações georreferenciadas da localização do imóvel, das áreas de preservação permanente e da reserva legal, de que trata o inciso I do § 2º, o pequeno proprietário rural ou possuidor familiar, assim definidos no art. 1º, § 2º, inciso I, da Lei nº 4.771, de 1965.

---

5   Disponível em: <http://www4.icmbio.gov.br/cemave/index.php?id_menu=117>. Acesso em: 26 de junho de 2012.

§ 4º O aproveitamento da matéria-prima nas áreas onde houver a supressão para o uso alternativo do solo será precedido de levantamento dos volumes existentes, conforme ato normativo específico do IBAMA."

Como se vê, o legislador pouco inovou e, basicamente, limitou-se a transformar em lei o que era decreto.

Art. 28. Não é permitida a conversão de vegetação nativa para uso alternativo do solo no imóvel rural que possuir área abandonada.[6]

O conceito de área abandonada utilizado pelo Novo Código Florestal é o mesmo utilizado para a Reforma Agrária, tal como definido pela Lei nº 8.629, de 25 de fevereiro de 1993, que *"dispõe sobre a regulamentação dos dispositivos constitucionais relativos à reforma agrária, previstos no Capítulo III, Título VII, da Constituição Federal"*, tal como se depreende do inciso XXVI do artigo 3º da lei de proteção das florestas e vegetação nativa.

> "Lei nº 8.629/1993
>
> Art. 6º Considera-se propriedade produtiva aquela que, explorada econômica e racionalmente, atinge, simultaneamente, graus de utilização da terra e de eficiência na exploração, segundo índices fixados pelo órgão federal competente.
>
> [...]
>
> § 3º Considera-se efetivamente utilizadas:
>
> I – as áreas plantadas com produtos vegetais;
>
> II – as áreas de pastagens nativas e plantadas, observado o índice de lotação por zona de pecuária, fixado pelo Poder Executivo;

---

[6]   Direito Anterior: Lei nº 4.771/1965: Art. 37-A. Não é permitida a conversão de florestas ou outra forma de vegetação nativa para uso alternativo do solo na propriedade rural que possui área desmatada, quando for verificado que a referida área encontra-se abandonada, subutilizada ou utilizada de forma inadequada, segundo a vocação e capacidade de suporte do solo. (Incluído pela Medida Provisória nº 2.166-67, de 2001) § 1º Entende-se por área abandonada, subutilizada ou utilizada de forma inadequada, aquela não efetivamente utilizada, nos termos do § 3º, do art. 6º da Lei nº 8.629, de 25 de fevereiro de 1993, ou que não atenda aos índices previstos no art. 6º da referida Lei, ressalvadas as áreas de pousio na pequena propriedade ou posse rural familiar ou de população tradicional. (Incluído pela Medida Provisória nº 2.166-67, de 2001) § 2º As normas e mecanismos para a comprovação da necessidade de conversão serão estabelecidos em regulamento, considerando, dentre outros dados relevantes, o desempenho da propriedade nos últimos três anos, apurado nas declarações anuais do Imposto sobre a Propriedade Territorial Rural – ITR. (Incluído pela Medida Provisória nº 2.166-67, de 2001)

III – as áreas de exploração extrativa vegetal ou florestal, observados os índices de rendimento estabelecidos pelo órgão competente do Poder Executivo, para cada Microrregião Homogênea, e a legislação ambiental;

IV – as áreas de exploração de florestas nativas, de acordo com plano de exploração e nas condições estabelecidas pelo órgão federal competente;

V – as áreas sob processos técnicos de formação ou recuperação de pastagens ou de culturas permanentes, tecnicamente conduzidas e devidamente comprovadas, mediante documentação e Anotação de Responsabilidade Técnica.

§ 4º No caso de consórcio ou intercalação de culturas, considera-se efetivamente utilizada a área total do consórcio ou intercalação."

Observe-se que a Lei nº 8.629/1993 não trata de áreas abandonadas mas, isso sim, de áreas subutilizadas ou não efetivamente utilizadas. Por se tratar de direito de propriedade, o conceito de que se valeu o legislador é inadequado e passível de gerar controvérsia. O abandono pressupõe a vontade deliberada de renúncia ao direito, o que não é o caso. Com efeito, leciona Maria Helena Diniz:[7]

> *"Abandono da Posse e da Propriedade: Direito Civil. 1. Abandono da posse. Ocorre quando o possuidor, intencionalmente, se afasta do bem com o escopo de se privar de sua disponibilidade física e de não mais exercer sobre ele quaisquer atos possessórios [...] 2. Abandono da propriedade imobiliária. Ato unilateral em que o titular do domínio se desfaz, voluntariamente, do seu imóvel, porque não mais quer continuar sendo, por várias razões, seu dono [...]"*

Há incompatibilidade na utilização de conceitos de subutilização concebidos no contexto da produtividade rural, como parâmetro para a aplicação da legislação de proteção ao meio ambiente. De toda sorte, aquele que possuir área subutilizada não poderá obter autorização para uso alternativo.

---

7   DINIZ, Maria Helena. *Dicionário Jurídico*. São Paulo: Saraiva, 1998. v. 1 (A-C), p. 5.

CAPÍTULO VI
DO CADASTRO AMBIENTAL RURAL

Art. 29. É criado o Cadastro Ambiental Rural – CAR, no âmbito do Sistema Nacional de Informação sobre Meio Ambiente – SINIMA, registro público eletrônico de âmbito nacional, obrigatório para todos os imóveis rurais, com a finalidade de integrar as informações ambientais das propriedades e posses rurais, compondo base de dados para controle, monitoramento, planejamento ambiental e econômico e combate ao desmatamento.

§ 1º A inscrição do imóvel rural no CAR deverá ser feita, preferencialmente, no órgão ambiental municipal ou estadual, que, nos termos do regulamento, exigirá do possuidor ou proprietário: (Redação dada pela Medida Provisória nº 571, de 2012).

I – identificação do proprietário ou possuidor rural;

II – comprovação da propriedade ou posse;

III – identificação do imóvel por meio de planta e memorial descritivo, contendo a indicação das coordenadas geográficas com pelo menos um ponto de amarração do perímetro do imóvel, informando a localização dos remanescentes de vegetação nativa, das Áreas de Preservação Permanente, das Áreas de Uso Restrito, das áreas consolidadas e, caso existente, também da localização da Reserva Legal.

§ 2º O cadastramento não será considerado título para fins de reconhecimento do direito de propriedade ou posse, tampouco elimina a necessidade de cumprimento do disposto no art. 2º da Lei nº 10.267, de 28 de agosto de 2001.[1]

§ 3º A inscrição no CAR será obrigatória para todas as propriedades e posses rurais, devendo ser requerida no prazo de 1 (um) ano contado da sua implantação, prorrogável, uma única vez, por igual período por ato do Chefe do Poder Executivo.

Redação original	MP nº 571/2012	Lei nº 12.727/2012
Art. 29 ...	Art. 29....	Art. 29....
§ 1º A inscrição do imóvel rural no CAR deverá ser feita no órgão ambiental municipal, estadual ou federal, que, nos termos do regulamento, exigirá do possuidor ou proprietário: [...]	§ 1º A inscrição do imóvel rural no CAR deverá ser feita, preferencialmente, no órgão ambiental municipal ou estadual, que, nos termos do regulamento, exigirá do possuidor ou proprietário: [...]	§ 1º A inscrição do imóvel rural no CAR deverá ser feita, preferencialmente, no órgão ambiental municipal ou estadual, que, nos termos do regulamento, exigirá do proprietário ou possuidor rural: [...]

---

1 Art. 2º Os arts. 1º, 2º e 8º da Lei nº 5.868, de 12 de dezembro de 1972, passam a vigorar com as seguintes alterações: "Art. 1º [...] § 1º As revisões gerais de cadastros de imóveis a que se refere o § 4º do art. 46 da Lei nº 4.504, de 30 de novembro de 1964, serão realizadas em todo o País nos prazos fixados em ato do Poder Executivo, para fins de recadastramento e de aprimoramento do Sistema de Tributação da Terra – STT e do Sistema Nacional de Cadastro Rural – SNCR. § 2º Fica criado o Cadastro Nacional de Imóveis Rurais – CNIR, que terá base comum de informações, gerenciada conjuntamente pelo INCRA e pela Secretaria da Receita Federal, produzida e compartilhada pelas diversas instituições públicas federais e estaduais produtoras e usuárias de informações sobre o meio rural brasileiro. § 3º A base comum do CNIR adotará código único, a ser estabelecido em ato conjunto do INCRA e da Secretaria da Receita Federal, para os imóveis rurais cadastrados de forma a permitir sua identificação e o compartilhamento das informações entre as instituições participantes. § 4º Integrarão o CNIR as bases próprias de informações produzidas e gerenciadas pelas instituições participantes, constituídas por dados específicos de seus interesses, que poderão por elas ser compartilhados, respeitadas as normas regulamentadoras de cada entidade." (NR) Art. 2º [...] § 3º Ficam também obrigados todos os proprietários, os titulares de domínio útil ou os possuidores a qualquer título a atualizar a declaração de cadastro sempre que houver alteração nos imóveis rurais, em relação à área ou à titularidade, bem como nos casos de preservação, conservação e proteção de recursos naturais. Art. 8º [...] § 3º São considerados nulos e de nenhum efeito quaisquer atos que infrinjam o disposto neste artigo não podendo os serviços notariais lavrar escrituras dessas áreas, nem ser tais atos registrados nos Registros de Imóveis, sob pena de responsabilidade administrativa, civil e criminal de seus titulares ou prepostos. [...]

O Cadastro Ambiental Rural (CAR) é mais um dos inúmeros cadastros de terras que se tentou ou se tenta implantar no país. Nada nos leva a crer que ele terá destino diverso daqueles que o antecederam. A Lei nº 601, de 18 de setembro de 1850, em seu artigo 13 dispunha que:

> "Art. 13. O mesmo Governo fará organizar por freguezias o registro das terras possuidas, sobre as declaracões feitas pelos respectivos possuidores, impondo multas e penas áquelles que deixarem de fazer nos prazos marcados as ditas declarações, ou as fizerem inexactas."

Aos 30 de janeiro de 1854 foi baixado o Decreto nº 1.318, que "manda executar a Lei nº 601 de 18 de Setembro de 1850". Contudo, o registro dos imóveis rurais permaneceu um objetivo a ser alcançado. Em 1964, com a edição do Estatuto da Terra foi criado o Cadastro Rural, conforme estipulado em seu artigo 46.[2] Por sua vez, a Lei nº 5.868, de 12 de dezembro de 1972, criou o

---

[2]   Art. 46. O Instituto Brasileiro de Reforma Agrária promoverá levantamentos, com utilização, nos casos indicados, dos meios previstos no Capítulo II do Título I, para a elaboração do cadastro dos imóveis rurais em todo o país, mencionando I – dados para caracterização dos imóveis rurais com indicação: a) do proprietário e de sua família; b) dos títulos de domínio, da natureza da posse e da forma de administração; c) da localização geográfica; d) da área com descrição das linhas de divisas e nome dos respectivos confrontantes; e) das dimensões das testadas para vias públicas; f) do valor das terras, das benfeitorias, dos equipamentos e das instalações existentes discriminadamente; II – natureza e condições das vias de acesso e respectivas distâncias dos centros demográficos mais próximos com população: a) até 5.000 habitantes; b) de mais de 5.000 a 10.000 habitantes; c) de mais de 10.000 a 20.000 habitantes; d) de mais de 20.000 a 50.000 habitantes; e) de mais de 50.000 a 100.000 habitantes; f) de mais de 100.000 habitantes; III – condições da exploração e do uso da terra, indicando: a) as percentagens da superfície total em cerrados, matas, pastagens, glebas de cultivo (especificadamente em exploração e inexplorados) e em áreas inaproveitáveis; b) os tipos de cultivo e de criação, as formas de proteção e comercialização dos produtos; c) os sistemas de contrato de trabalho, com discriminação de arrendatários, parceiros e trabalhadores rurais; d) as práticas conservacionistas empregadas e o grau de mecanização; e) os volumes e os índices médios relativos à produção obtida; f) as condições para o beneficiamento dos produtos agropecuários. § 1º Nas áreas prioritárias de reforma agrária serão complementadas as fichas cadastrais elaboradas para atender às finalidades fiscais, com dados relativos ao relevo, às pendentes, à drenagem, aos solos e a outras características ecológicas que permitam avaliar a capacidade do uso atual e potencial, e fixar uma classificação das terras para os fins de realização de estudos microeconômicos, visando, essencialmente, à determinação por amostragem para cada zona e forma de exploração: a) das áreas mínimas ou módulos de propriedade rural determinados de acordo com elementos enumerados neste parágrafo e, mais a força de trabalho do conjunto familiar médio, o nível tecnológico predominante e a renda familiar a ser obtida; b) dos limites máximos permitidos de áreas dos imóveis rurais, os quais não excederão a seiscentas vezes o módulo médio da propriedade rural nem a seiscentas vezes a área média dos imóveis rurais, na respectiva zona; c) das dimensões ótimas do imóvel rural do ponto de vista do rendimento econômico; d) do valor das terras em função das características do imóvel rural, da classificação da capacidade potencial de uso e da vocação agrícola das terras; e) dos limites mínimos de produtividade agrícola

Sistema Nacional de Cadastro Rural, regulamentado pelo Decreto nº 72.106, de 18 de abril de 1973. No particular, vale ressaltar que o sítio internet do Ministério da Agricultura e Produção Agrícola indica 83 entradas para a busca "cadastro rural".[3] A Lei de Registros Públicos exige que do registro do imóvel rural constem as informações constantes do Cadastro Rural.[4]

Não se olvide dos cadastro criado pela Lei nº 9.393, de 19 de dezembro de 1996, que *"dispõe sobre o Imposto sobre a Propriedade Territorial Rural – ITR, sobre pagamento da dívida representada por Títulos da Dívida Agrária e dá outras providências",* administrado pela Receita Federal.

É inteiramente despropositado que se criem mais cadastros, quando na realidade deveriam ser utilizados os existentes e a base de dados consolidadas em um instrumento único que fosse capaz de assegurar o cumprimento dos objetivos da norma de proteção ao meio ambiente.

---

para confronto com os mesmos índices obtidos em cada imóvel nas áreas prioritárias de reforma agrária. § 2º Os cadastros serão organizados de acordo com normas e fichas aprovadas pelo Instituto Brasileiro de Reforma Agrária na forma indicada no regulamento, e poderão ser executados centralizadamente pelos órgãos de valorização regional, pelos Estados ou pelos Municípios, caso em que o Instituto Brasileiro de Reforma Agrária lhes prestará assistência técnica e financeira com o objetivo de acelerar sua realização em áreas prioritárias de Reforma Agrária. § 3º Os cadastros terão em vista a possibilidade de garantir a classificação, a identificação e o grupamento dos vários imóveis rurais que pertençam a um único proprietário, ainda que situados em municípios distintos, sendo fornecido ao proprietário o certificado de cadastro na forma indicada na regulamentação desta Lei. § 4º Os cadastros serão continuamente atualizados para inclusão das novas propriedades que forem sendo constituídas e, no mínimo, de cinco em cinco anos serão feitas revisões gerais para atualização das fichas já levantadas. § 5º Poderão os proprietários requerer a atualização de suas fichas, dentro de um ano da data das modificações substanciais relativas aos respectivos imóveis rurais, desde que comprovadas as alterações, a critério do Instituto Brasileiro de Reforma Agrária. § 6º No caso de imóvel rural em comum por força de herança, as partes ideais, para os fins desta Lei, serão consideradas como se divisão houvesse, devendo ser cadastrada a área que, na partilha, tocaria a cada herdeiro e admitidos os demais dados médios verificados na área total do imóvel rural. § 7º O cadastro inscreverá o valor de cada imóvel de acordo com os elementos enumerados neste artigo, com base na declaração do proprietário relativa ao valor da terra nua, quando não impugnado pelo Instituto Brasileiro de Reforma Agrária, ou o valor que resultar da avaliação cadastral.

3   <http://sistemasweb.agricultura.gov.br/sislegis/action/detalhaAto.do?method=consultarLegi slacaoFederal>. Acesso em: 25 de junho de 2012.

4   Lei de Registros Públicos: Art. 176 – O Livro nº 2 – Registro Geral – será destinado, à matrícula dos imóveis e ao registro ou averbação dos atos relacionados no art. 167 e não atribuídos ao Livro nº 3. § 1º A escrituração do Livro nº 2 obedecerá às seguintes normas: I – cada imóvel terá matrícula própria, que será aberta por ocasião do primeiro registro a ser feito na vigência desta Lei; II – são requisitos da matrícula: 1) o número de ordem, que seguirá ao infinito; 2) a data; 3) a identificação do imóvel, que será feita com indicação: (Redação dada pela Lei nº 10.267, de 2001) a – se rural, do código do imóvel, dos dados constantes do CCIR, da denominação e de suas características, confrontações, localização e área; (Incluída pela Lei nº 10.267, de 2001)

O CAR foi criado no âmbito do Sistema Nacional de Informação sobre o Meio Ambiente – SINIMA, que é um dos instrumentos da Política Nacional do Meio Ambiente. É instrumento importante, porém, ainda longe da implementação necessária. Conforme se observa do § 1º do artigo, o legislador não sabe o que fazer com o CAR, pois, estabelece que a inscrição deverá ser feita, "preferencialmente", no órgão ambiental municipal ou estadual; evidentemente que "preferencialmente" só pode ser em um deles, haja vista que não se pode ter preferência sem que se indique quem é o preferido. Cuida-se de uma tentativa de acomodação para que, na prática, o CAR seja relegado ao esquecimento. Além do mais, não poderá o regulamento da lei determinar que os órgãos ambientais estaduais ou municipais façam isto ou aquilo, pois falece competência ao Executivo Federal para disciplinar a Ação de órgãos ambientais de outra esfera federativa. Por outro lado, os órgãos ambientais não são órgãos de registro de imóveis e não têm, nem terão em futuro próximo, qualquer capacidade de realizar o pretendido cadastro ambiental. Desvia-se os órgãos de controle ambiental de suas atividades primordiais, consignando-lhes tarefas estranhas aos seus objetivos institucionais.

A inscrição no CAR deve ser feita com, no mínimo, a indicação dos seguintes dados: (i) identificação do proprietário ou possuidor rural; (ii) comprovação da propriedade ou posse; (iii) identificação do imóvel por meio de planta e memorial descritivo, contendo a indicação das coordenadas geográficas com pelo menos um ponto de amarração do perímetro do imóvel, informando a localização dos remanescentes de vegetação nativa, das Áreas de Preservação Permanente, das Áreas de Uso Restrito, das áreas consolidadas e, caso existente, também da localização da Reserva Legal.

O § 2º, de forma dispensável, declara que o *"cadastramento não será considerado título para fins de reconhecimento do direito de propriedade ou posse, tampouco elimina a necessidade de cumprimento do disposto no* art. 2º da Lei nº 10.267, de 28 de agosto de 2001". De fato, a propriedade decorre da inscrição no Registro de Imóveis e a posse é uma situação de fato. Da mesma forma, não há qualquer base fática ou legal para se entender que a inscrição no CAR pudesse desobrigar do cumprimento de qualquer norma legal. Na forma do constante no § 3º, a *"inscrição no CAR será obrigatória para todas as propriedades e posses rurais, devendo ser requerida no prazo de 1 (um) ano contado da sua implantação, prorrogável, uma única vez, por igual período por ato do Chefe do Poder Executivo"*.

A implantação do CAR, como se depreende das normas constantes do artigo em comento, é matéria que se prolongará no tempo, tendo em vista a necessidade de sua efetiva instituição, a necessidade de que se defina quais serão os órgãos responsáveis pelo CAR, e existe a possibilidade de que tudo isso comece a ser feito dois anos após a regulamentação da Lei.

Art. 30. Nos casos em que a Reserva Legal já tenha sido averbada na matrícula do imóvel e em que essa averbação identifique o perímetro e a localização da reserva, o proprietário não será obrigado a fornecer ao órgão ambiental as informações relativas à Reserva Legal previstas no inciso III do § 1º do art. 29.

Parágrafo único. Para que o proprietário se desobrigue nos termos do *caput*, deverá apresentar ao órgão ambiental competente a certidão de registro de imóveis onde conste a averbação da Reserva Legal ou termo de compromisso já firmado nos casos de posse.

Os imóveis cujas Reservas Legais tenham sido averbadas estão dispensados do fornecimento das informações requeridas pelo inciso III do § 1º do artigo 29, desde que apresente o Termo de Compromisso ou a averbação da Reserva Legal devidamente registrados no Registro de Imóveis. A exigência é redundante e demonstra, mais uma vez, a mais absoluta inviabilidade da implementação do CAR, nas bases em que foi concebido. Como se sabe, o Termo de Compromisso tratado no artigo é firmado com o próprio órgão ambiental e, portanto, deveria haver uma cópia em seu poder; da mesma forma ocorre com as Reservas Legais averbadas, pois elas necessitam da aprovação do órgão ambiental para serem demarcadas e, portanto, registradas. E além disso, para que serve o SINIMA se não para consolidar informações que já estão, ou deveriam estar, na posse dos órgãos ambientais? E por último, tais informações, em tese, estão disponíveis nos Registros de Imóveis, cabendo ao órgão ambiental requerer as certidões. Mais uma vez, a Administração pune aqueles que cumpriram a Lei, em benefício daqueles que agiram em contravenção à norma.

CAPÍTULO VII
DA EXPLORAÇÃO FLORESTAL

Art. 31. A exploração de florestas nativas e formações sucessoras, de domínio público ou privado, ressalvados os casos previstos nos arts. 21, 23 e 24, dependerá de licenciamento pelo órgão competente do Sisnama, mediante aprovação prévia de Plano de Manejo Florestal Sustentável – PMFS que contemple técnicas de condução, exploração, reposição florestal e manejo compatíveis com os variados ecossistemas que a cobertura arbórea forme.[1]

---

[1]   Direito Anterior: Lei nº 4.771/1965: Art. 19. A exploração de florestas e formações sucessoras, tanto de domínio público como de domínio privado, dependerá de prévia aprovação pelo órgão estadual competente do Sistema Nacional do Meio Ambiente – SISNAMA, bem como da adoção de técnicas de condução, exploração, reposição florestal e manejo compatíveis com os variados ecossistemas que a cobertura arbórea forme. (Redação dada pela Lei nº 11.284, de 2006) (Regulamento) § 1º Compete ao Ibama a aprovação de que trata o **caput** deste artigo: (Redação dada pela Lei nº 11.284, de 2006) I – nas florestas públicas de domínio da União; (Incluído pela Lei nº 11.284, de 2006) II – nas unidades de conservação criadas pela União; (Incluído pela Lei nº 11.284, de 2006) III – nos empreendimentos potencialmente causadores de impacto ambiental nacional ou regional, definidos em resolução do Conselho Nacional do Meio Ambiente – CONAMA. (Incluído pela Lei nº 11.284, de 2006) § 2º Compete ao órgão ambiental municipal a aprovação de que trata o **caput** deste artigo: (Incluído pela Lei nº 11.284, de 2006) I – nas florestas públicas de domínio do Município; (Incluído pela Lei nº 11.284, de 2006) II – nas unidades de conservação criadas pelo Município; (Incluído pela Lei nº 11.284, de 2006) III – nos casos que lhe forem delegados por convênio ou outro instrumento admissível, ouvidos, quando couber, os órgãos competentes da União, dos Estados e do Distrito Federal. (Incluído pela Lei nº 11.284, de 2006) § 3º No caso de reposição florestal, deverão ser priorizados projetos que contemplem a utilização de espécies nativas. (Incluído pela Lei nº 11.284, de 2006)

§ 1º O PMFS atenderá os seguintes fundamentos técnicos e científicos:

I – caracterização dos meios físico e biológico;

II – determinação do estoque existente;

III – intensidade de exploração compatível com a capacidade de suporte ambiental da floresta;

IV – ciclo de corte compatível com o tempo de restabelecimento do volume de produto extraído da floresta;

V – promoção da regeneração natural da floresta;

VI – adoção de sistema silvicultural adequado;

VII – adoção de sistema de exploração adequado;

VIII – monitoramento do desenvolvimento da floresta remanescente;

IX – adoção de medidas mitigadoras dos impactos ambientais e sociais.

§ 2º A aprovação do PMFS pelo órgão competente do Sisnama confere ao seu detentor a licença ambiental para a prática do manejo florestal sustentável, não se aplicando outras etapas de licenciamento ambiental.

§ 3º O detentor do PMFS encaminhará relatório anual ao órgão ambiental competente com as informações sobre toda a área de manejo florestal sustentável e a descrição das atividades realizadas.

§ 4º O PMFS será submetido a vistorias técnicas para fiscalizar as operações e atividades desenvolvidas na área de manejo.

§ 5º Respeitado o disposto neste artigo, serão estabelecidas em ato do Chefe do Poder Executivo disposições diferenciadas sobre os PMFS em escala empresarial, de pequena escala e comunitário.

§ 6º Para fins de manejo florestal na pequena propriedade ou posse rural familiar, os órgãos do Sisnama deverão estabelecer procedimentos simplificados de elaboração, análise e aprovação dos referidos PMFS.

§ 7º Compete ao órgão federal de meio ambiente a aprovação de PMFS incidentes em florestas públicas de domínio da União.

O Novo Código Florestal não define *manejo florestal sustentável*, limitando-se a definir o *manejo sustentável* (artigo 3º, VII). Aqui, mais uma vez, o legislador permitiu que se instalasse a possibilidade de controvérsia e indefinição, graças ao precário nível técnico da lei. Assim, o intérprete há de se socorrer da definição constante da Lei nº 11.284, de 2 de março de 2006, que "dispõe sobre a gestão de florestas públicas para a produção sustentável; institui, na estrutura do Ministério do Meio Ambiente, o Serviço Florestal Brasileiro – SFB; cria o Fundo Nacional de Desenvolvimento Florestal – FNDF; altera as Leis n°s 10.683, de 28 de maio de 2003, 5.868, de 12 de dezembro de 1972, 9.605, de 12 de fevereiro de 1998, 4.771, de 15 de setembro de 1965, 6.938, de 31 de agosto de 1981, e 6.015, de 31 de dezembro de 1973; e dá outras providências".

Nos termos da lei em questão, artigo 3º, VI, manejo florestal sustentável é a

"administração da floresta para a obtenção de benefícios econômicos, sociais e ambientais, respeitando-se os mecanismos de sustentação do ecossistema objeto do manejo e considerando-se, cumulativa ou alternativamente, a utilização de múltiplas espécies madeireiras, de múltiplos produtos e subprodutos não madeireiros, bem como a utilização de outros bens e serviços de natureza florestal."

Em nível regulamentar, o Decreto nº 5.975, de 30 de novembro de 2006, que

"Regulamenta os arts. 12, parte final, 15, 16, 19, 20 e 21 da Lei nº 4.771, de 15 de setembro de 1965, o art. 4º, inciso III, da Lei nº 6.938, de 31 de agosto de 1981, o art. 2º da Lei nº 10.650, de 16 de abril de 2003, altera e acrescenta dispositivos aos Decretos n°s 3.179, de 21 de setembro de 1999, e 3.420, de 20 de abril de 2000, e dá outras providências",

estabelece no parágrafo único de seu artigo 2º a seguinte definição de Plano de Manejo Florestal Sustentável:

"Entende-se por PMFS o documento técnico básico que contém as diretrizes e procedimentos para a administração da floresta, visando a obtenção de benefícios econômicos, sociais e ambientais, observada a definição de manejo florestal sustentável, prevista no art. 3º, inciso VI, da Lei nº 11.284, de 2 de março de 2006".

Conforme definido no *caput*, a exploração de florestas nativas e formações sucessoras, de domínio público ou privado, ressalvados os casos previstos nos artigos 21, 23 e 24, dependerá de licenciamento pelo órgão competente do Sisnama, mediante aprovação prévia de Plano de Manejo Florestal Sustentável – PMFS que contemple técnicas de condução, exploração, reposição florestal e manejo compatíveis com os variados ecossistemas que a cobertura arbórea forme. Assim, é necessário que, previamente à atividade exploratória de florestas nativas ou formações sucessoras, seja elaborado plano de manejo florestal sustentável, ou seja, uma metodologia a ser aplicada e observada na exploração da floresta nativa ou da formação sucessora. Tal plano, dependente de regulamentação, será exigido e exigível de todas as atividades exploratórias que venham a se implantar após a regulamentação anteriormente mencionada. O § 1º estabeleceu os fundamentos técnicos e científicos que deverão fazer parte do plano de manejo florestal sustentado, a saber: (i) caracterização dos meios físico e biológico; (ii) determinação do estoque existente; (iii) intensidade de exploração compatível com a capacidade de suporte ambiental da floresta; (iv) ciclo de corte compatível com o tempo de restabelecimento do volume de produto extraído da floresta; (v) promoção da regeneração natural da floresta; (vi) adoção de sistema silvicultural adequado; (vii) adoção de sistema de exploração adequado; (viii) monitoramento do desenvolvimento da floresta remanescente; (ix) adoção de medidas mitigadoras dos impactos ambientais e sociais.

A matéria encontra regulamentação anterior no Decreto nº 5.975/2006, cujo artigo 3º é praticamente idêntico ao texto de lei ora comentado.[2]

O § 2º, infelizmente, se utiliza da expressão *órgão competente do Sisnama* para indicar a autoridade ambiental encarregada do exame e, se for o caso, aprovação do plano de manejo florestal sustentável, mediante a expedição de licença ambiental para a atividade apenas. As demais atividades que venham a ser executadas pelo empreendedor, se forem consideradas potencialmente causadoras de impacto ambiental, necessitarão de licenças específicas. Confere ao seu detentor a licença ambiental para a prática do manejo florestal sustentável, não se aplicando outras etapas de licenciamento ambiental. A execução do PMFS deverá ser informada ao órgão responsável pela licença ambiental, anualmente, contendo as informações relativas à área manejada.

O plano de manejo florestal sustentado "será submetido a vistorias técnicas" (*rectius*: auditorias) para fiscalizar as operações e atividades desenvolvidas na área submetida ao regime de manejo. O § 5º, assim como em outras oportunidades da lei ora em exame, utiliza-se de fraseologia incompatível com texto legal: "Respeitado o disposto neste artigo, serão estabelecidas em ato do Chefe do Poder

---

[2]   Art. 3º O PMFS atenderá aos seguintes fundamentos técnicos e científicos I – caracterização do meio físico e biológico; II – determinação do estoque existente; III – intensidade de exploração compatível com a capacidade da floresta; IV – ciclo de corte compatível com o tempo de restabelecimento do volume de produto extraído da floresta; V – promoção da regeneração natural da floresta; VI – adoção de sistema silvicultural adequado; VII – adoção de sistema de exploração adequado; VIII – monitoramento do desenvolvimento da floresta remanescente; e IX – adoção de medidas mitigadoras dos impactos ambientais e sociais. Parágrafo único. A elaboração, apresentação, execução e avaliação técnica do PMFS observarão ato normativo específico do Ministério do Meio Ambiente.

Da Exploração Florestal 235

Executivo disposições diferenciadas sobre os PMFS em escala empresarial, de pequena escala e comunitário". Melhor teria feito se tivesse simplesmente dito: regulamento estabelecerá as exigências para os PMFS empresarial, de pequena escala e comunitário. Observando-se que "escala empresarial" não se confunde com tamanho.[3] Os planos de manejo florestal sustentáveis das pequenas propriedades ou posses rurais familiares deverão ser simplificados.

Art. 32. São isentos de PMFS:

I – a supressão de florestas e formações sucessoras para uso alternativo do solo;

II – o manejo e a exploração de florestas plantadas localizadas fora das Áreas de Preservação Permanente e de Reserva Legal;

III – a exploração florestal não comercial realizada nas propriedades rurais a que se refere o inciso V do art. 3º ou por populações tradicionais.

O artigo estabelece as hipóteses de inexigência de Plano de Manejo Florestal Sustentável. Em meu entendimento, as hipóteses devem ser encaradas como de "número fechado". Justifico-me, a finalidade social do Novo Código Florestal, em princípio, é a proteção das florestas e demais formas de vegetação nativa, assim, a utilização de tais bens jurídicos tutelados deve ser feita de forma capaz de garantir a perenidade dos recursos e a manutenção constante dos estoques. O manejo florestal bem realizado é capaz de garantir os objetivos da norma. Assim, as exceções ao manejo florestal não podem ser ampliadas pelo poder regulamentar, muito menos pela via interpretativa da Administração. Registre-se, aliás, que das hipóteses mencionadas no artigo, aquelas constantes dos incisos I e II são óbvias e não necessitam de maiores explicações.

A pequena propriedade ou posse rurais que não sejam exploradas comercialmente estão excluídas da obrigação de adotar o Plano de Manejo Florestal Sustentável, o mesmo em relação às populações tradicionais; para essas últimas, contudo, entendo que se a exploração for em escala significativa, conforme atestado pelo órgão de controle ambiental, será necessária a adoção do manejo sustentável.

No regime da Lei nº 4.771/1965, a regulamentação efetivada pelo Decreto nº 5.975/2006 estabeleceu que: "*Art. 9º Estão isentas de PMFS: I – a supressão*

---

3 Código Civil: Art. 982. Salvo as exceções expressas, considera-se empresária a sociedade que tem por objeto o exercício de atividade própria de empresário sujeito a registro (art. 967); e, simples, as demais. Parágrafo único. Independentemente de seu objeto, considera-se empresária a sociedade por ações; e, simples, a cooperativa.

de florestas e formações sucessoras para uso alternativo do solo, devidamente auto-rizada; e II – o manejo de florestas plantadas localizadas fora de áreas de reserva legal". Assim, o regime do Novo Código Florestal está marcado pelo chamado compromisso social e, de fato, é mais permissivo que o anterior.

Art. 33. As pessoas físicas ou jurídicas que utilizam matéria-prima florestal em suas atividades devem suprir-se de recursos oriundos de:[4]

I – florestas plantadas;

II – PMFS de floresta nativa aprovado pelo órgão competente do Sisnama;

III – supressão de vegetação nativa autorizada pelo órgão competente do Sisnama;

IV – outras formas de biomassa florestal definidas pelo órgão competente do Sisnama.

§ 1º São obrigadas à reposição florestal as pessoas físicas ou jurídicas que utilizam matéria-prima florestal oriunda de supressão de vegetação nativa ou que detenham autorização para supressão de vegetação nativa.

§ 2º É isento da obrigatoriedade da reposição florestal aquele que utilize:

I – costaneiras, aparas, cavacos ou outros resíduos provenientes da atividade industrial;

II – matéria-prima florestal:

a) oriunda de PMFS;

b) oriunda de floresta plantada;

c) não madeireira.

---

[4]   Direito Anterior: Lei nº 4.771/1965: Art. 20. As empresas industriais que, por sua natureza, consumirem grande quantidades de matéria-prima florestal serão obrigadas a manter, dentro de um raio em que a exploração e o transporte sejam julgados econômicos, um serviço organizado, que assegure o plantio de novas áreas, em terras próprias ou pertencentes a terceiros, cuja produção sob exploração racional, seja equivalente ao consumido para o seu abastecimento. Parágrafo único. O não cumprimento do disposto neste artigo, além das penalidades previstas neste Código, obriga os infratores ao pagamento de uma multa equivalente a 10% (dez por cento) do valor comercial da matéria-prima florestal nativa consumida além da produção da qual participe. Art. 21. As empresas siderúrgicas, de transporte e outras, à base de carvão vegetal, lenha ou outra matéria--prima florestal, são obrigadas a manter florestas próprias para exploração racional ou a formar, diretamente ou por intermédio de empreendimentos dos quais participem, florestas destinadas ao seu suprimento. Parágrafo único. A autoridade competente fixará para cada empresa o prazo que lhe é facultado para atender ao disposto neste artigo, dentro dos limites de 5 a 10 anos.

§ 3º A isenção da obrigatoriedade da reposição florestal não desobriga o interessado da comprovação perante a autoridade competente da origem do recurso florestal utilizado.

§ 4º A reposição florestal será efetivada no Estado de origem da matéria--prima utilizada, mediante o plantio de espécies preferencialmente nativas, conforme determinações do órgão competente do Sisnama.

O artigo tem por objetivo estabelecer os critérios legais para a utilização da chamada "matéria-prima florestal", termo aliás que não consta do glossário estabelecido no artigo 3º. Mais uma vez, entendo útil o recurso ao glossário estabelecido pela Lei de Concessões Florestais, Lei nº 11.284, de 2 de março de 2006, a qual estabelece em seu artigo 3º o seguinte:

> "Art. 3º Para os fins do disposto nesta Lei, consideram-se:
>
> [...]
>
> II – recursos florestais: elementos ou características de determinada floresta, potencial ou efetivamente geradores de produtos ou serviços florestais;
>
> III – produtos florestais: produtos madeireiros e não madeireiros gerados pelo manejo florestal sustentável;
>
> IV – serviços florestais: turismo e outras ações ou benefícios decorrentes do manejo e conservação da floresta, não caracterizados como produtos florestais."

Assim, a matéria-prima florestal é o que foi conceituado normativamente como recurso florestal, que nada mais é do que a utilização dos elementos constantes da floresta com finalidade econômica. O revogado Código Florestal dispunha em seu artigo 20 que:

> "Art. 20. As empresas industriais que, por sua natureza, consumirem grande quantidades de matéria-prima florestal serão obrigadas a manter, dentro de um raio em que a exploração e o transporte sejam julgados econômicos, um serviço organizado, que assegure o plantio de novas áreas, em terras próprias ou pertencentes a terceiros, cuja produção sob exploração racional, seja equivalente ao consumido para o seu abastecimento.
>
> Parágrafo único. O não cumprimento do disposto neste artigo, além das penalidades previstas neste Código, obriga os infratores ao pagamento de uma multa equivalente a 10% (dez por cento) do valor comercial da matéria-prima florestal nativa consumida além da produção da qual participe.

Art. 21. As empresas siderúrgicas, de transporte e outras, à base de carvão vegetal, lenha ou outra matéria-prima florestal, são obrigadas a manter florestas próprias para exploração racional ou a formar, diretamente ou por intermédio de empreendimentos dos quais participem, florestas destinadas ao seu suprimento.

Parágrafo único. A autoridade competente fixará para cada empresa o prazo que lhe é facultado para atender ao disposto neste artigo, dentro dos limites de 5 a 10 anos."

O artigo em questão foi regulamentado pelo Decreto nº 5.975, de 30 de novembro de 2006, que, em seu artigo 11, dispõe:

"Art. 11. As empresas que utilizarem matéria-prima florestal são obrigadas a se suprir de recursos oriundos de:

I – manejo florestal, realizado por meio de PMFS devidamente aprovado;

II – supressão da vegetação natural, devidamente autorizada;

III – florestas plantadas; e

IV – outras fontes de biomassa florestal, definidas em normas específicas do órgão ambiental competente.

Parágrafo único. As fontes de matéria-prima florestal utilizadas, observado o disposto no *caput*, deverão ser informadas anualmente ao órgão competente."

Como se pode ver, o Novo Código Florestal praticamente reproduziu os termos do decreto, elevando-o à condição de lei, sem acrescentar qualquer novidade ao tema.

A reposição florestal é matéria, até aqui, tratada pelo Decreto nº 5.975/2006, sendo definida como "*compensação do volume de matéria-prima extraído de vegetação natural pelo volume de matéria-prima resultante de plantio florestal para geração de estoque ou recuperação de cobertura florestal*". Vale ressaltar que o artigo 3º do Novo Código Florestal não define a compensação florestal, como seria de se esperar, ante ao largo rol de conceitos normativos estabelecidos naquele artigo. O artigo ora examinado, assim como o anterior, praticamente reproduz o texto do Decreto nº 5.975/2006 quanto ao particular, muito embora, como é uma característica do Novo Código Florestal, tenha uma tendência a ser mais permissivo que o direito anterior.[5]

A reposição é uma obrigação, estabelecida em favor da manutenção dos estoques florestais do país. A ela estão obrigados todos aqueles que usem matéria-prima florestal oriunda de supressão de vegetação nativa ou que "detenham" autorização para supressão de vegetação nativa. Evidentemente que a mera detenção de autorização para supressão de vegetação nativa não pode gerar obrigação de recomposição. A obrigação é do titular da autorização e não do mero detentor. O ideal é que a autoridade administrativa estabeleça sistema de concomitância entre a utilização da autorização de supressão de vegetação (ASV) e a recomposição, evitando-se delongas na atividade de recomposição. Outra medida que a

---

[5]   Art. 14. É obrigada à reposição florestal a pessoa física ou jurídica que I – utiliza matéria--prima florestal oriunda de supressão de vegetação natural II – detenha a autorização de supressão de vegetação natural. § 1º O responsável por explorar vegetação em terras públicas, bem como o proprietário ou possuidor de área com exploração de vegetação, sob qualquer regime, sem autorização ou em desacordo com essa autorização, fica também obrigado a efetuar a reposição florestal. § 2º O detentor da autorização de supressão de vegetação fica desonerado do cumprimento da reposição florestal efetuada por aquele que utiliza a matéria-prima florestal. § 3º A comprovação do cumprimento da reposição por quem utiliza a matéria-prima florestal oriunda de supressão de vegetação natural, não processada ou em estado bruto, deverá ser realizada dentro do período de vigência da autorização de supressão de vegetação. § 4º Fica desobrigado da reposição o pequeno proprietário rural ou possuidor familiar, assim definidos no art. 1º, § 2º, inciso I, da Lei nº 4.771, de 1965, detentor da autorização de supressão de vegetação natural, que não utilizar a matéria--prima florestal ou destiná-la ao consumo. Art. 15. Fica isento da obrigatoriedade da reposição florestal aquele que comprovadamente utilize: I – resíduos provenientes de atividade industrial, tais como costaneiras, aparas, cavacos e similares; II – matéria-prima florestal: a) oriunda de supressão da vegetação autorizada, para benfeitoria ou uso doméstico dentro do imóvel rural de sua origem; b) oriunda de PMFS; c) oriunda de floresta plantada; e d) não madeireira, salvo disposição contrária em norma específica do Ministério de Meio Ambiente. Parágrafo único. A isenção da obrigatoriedade da reposição florestal não desobriga o interessado da comprovação junto à autoridade competente da origem do recurso florestal utilizado. Art. 16. Não haverá duplicidade na exigência de reposição florestal na supressão de vegetação para atividades ou empreendimentos submetidos ao licenciamento ambiental nos termos do art. 10 da Lei nº 6.938, de 31 de agosto de 1981. Art. 17. A reposição florestal dar-se-á no Estado de origem da matéria-prima utilizada, por meio da apresentação de créditos de reposição florestal. Art. 18. O órgão competente verificará a adoção de técnica de reposição florestal, de que trata o art. 19 da Lei nº 4.771, de 1965, por meio das operações de concessão e transferência de créditos de reposição florestal, de apuração de débitos de reposição florestal e a compensação entre créditos e débitos, registradas em sistema informatizado e disponibilizado por meio da Rede Mundial de Computadores – Internet. Parágrafo único. A geração do crédito da reposição florestal dar-se-á somente após a comprovação do efetivo plantio de espécies florestais adequadas, preferencialmente nativas. Art. 19. O plantio de florestas com espécies nativas em áreas de preservação permanente e de reserva legal degradadas poderá ser utilizado para a geração de crédito de reposição florestal. Parágrafo único. Não será permitida a supressão de vegetação ou intervenção na área de preservação permanente, exceto nos casos de utilidade pública, de interesse social ou de baixo impacto, devidamente caracterizados e motivados em procedimento administrativo próprio, quando não existir alternativa técnica e locacional ao empreendimento proposto, nos termos do art. 4º da Lei nº 4.771, de 1965.

lei poderia ter previsto é a criação de uma caução garantidora de recomposição que, em meu modo de ver, é instrumento jurídico e moderno, superior às atuais práticas, que são quase extorsivas, condicionando à prática de determinados atos as concessões de licenças ambientais. Não se aplica a obrigatoriedade de reposição florestal àqueles que se utilizem de (i) "costaneiras,[6] aparas,[7] cavacos[8] ou outros resíduos provenientes da atividade industrial", (ii) matéria-prima florestal (a) oriunda de PMFS; (b) oriunda de floresta plantada; (c) não madeireira. As isenções se justificam pois as origens apontadas têm por objetivo permitir que a utilização de produtos florestais se faça sem a destruição da vegetação nativa. O § 3º estabeleceu uma presunção no sentido de que os recursos florestais têm por origem as florestas nativas, cabendo ao usuário demonstrar a origem de sua matéria-prima. Diante dos graves problemas de conservação das florestas nativas brasileiras, justifica-se a opção do legislador.

A norma contida no § 4º merece crítica, pois ao admitir a reposição florestal mediante o plantio de espécies exóticas, *"plantio de espécies preferencialmente nativas"*, cria-se uma possibilidade concreta de diminuição tolerada, e até mesmo incentivada, da cobertura florestal nativa do país.

Art. 34. As empresas industriais que utilizam grande quantidade de matéria--prima florestal são obrigadas a elaborar e implementar Plano de Suprimento Sustentável – PSS, a ser submetido à aprovação do órgão competente do Sisnama.

§ 1º O PSS assegurará produção equivalente ao consumo de matéria--prima florestal pela atividade industrial.

§ 2º O PSS incluirá, no mínimo:

I – programação de suprimento de matéria-prima florestal;

II – indicação das áreas de origem da matéria-prima florestal georreferenciadas;

III – cópia do contrato entre os particulares envolvidos, quando o PSS incluir suprimento de matéria-prima florestal oriunda de terras pertencentes a terceiros.

---

[6]   Costaneira: s.f. A primeira e última tábua de um tronco serrado em diversas folhas (Disponível em: <http://www.dicio.com.br/costaneira>. Acesso em: 1 de julho de 2012).

[7]   Apara: s.f. Fragmento de um objeto que se apara ou desbasta; resíduo, limalha, sobra, resto: as aparas de um lápis apontado (Disponível em: <http://www.dicio.com.br/apara>. Acesso em: 1 de julho de 2012).

[8]   Cavaco: s.m. Lasca de madeira; graveto (Disponível em: <http://www.dicio.com.br/cavaco>. Acesso em: 1 de julho de 2012.

§ 3º Admite-se o suprimento mediante matéria-prima em oferta no mercado:

I – na fase inicial de instalação da atividade industrial, nas condições e durante o período, não superior a 10 (dez) anos, previstos no PSS, ressalvados os contratos de suprimento mencionados no inciso III do § 2º;

II – no caso de aquisição de produtos provenientes do plantio de florestas exóticas, licenciadas por órgão competente do Sisnama, o suprimento será comprovado posteriormente mediante relatório anual em que conste a localização da floresta e as quantidades produzidas.

§ 4º O PSS de empresas siderúrgicas, metalúrgicas ou outras que consumam grandes quantidades de carvão vegetal ou lenha estabelecerá a utilização exclusiva de matéria-prima oriunda de florestas plantadas ou de PMFS e será parte integrante do processo de licenciamento ambiental do empreendimento.

§ 5º Serão estabelecidos, em ato do Chefe do Poder Executivo, os parâmetros de utilização de matéria-prima florestal para fins de enquadramento das empresas industriais no disposto no *caput*.

Grande quantidade de matéria-prima é conceito que demanda definição normativa; no regime da Lei nº 4.771/1965, o Decreto nº 5.75/2006, em seu artigo 12, estabeleceu os seguintes critérios classificatórios para o consumo de matéria-prima florestal:

> "Art. 12. As empresas, cujo consumo anual de matéria-prima florestal seja superior aos limites a seguir definidos, devem apresentar ao órgão competente o Plano de Suprimento Sustentável para o atendimento ao disposto nos arts. 20 e 21 da Lei nº 4.771, de 1965:
>
> I – cinquenta mil metros cúbicos de toras;
>
> II – cem mil metros cúbicos de lenha; ou
>
> III – cinquenta mil metros de carvão vegetal.
>
> § 1º O Plano de Suprimento Sustentável incluirá:
>
> I – a programação de suprimento de matéria-prima florestal;
>
> II – o contrato entre os particulares envolvidos quando o Plano de Suprimento Sustentável incluir plantios florestais em terras de terceiros;
>
> III – a indicação das áreas de origem da matéria-prima florestal georreferenciadas ou a indicação de pelo menos um ponto de azimute para áreas com até vinte hectares.

§ 2º A apresentação do Plano de Suprimento Sustentável não exime a empresa de informar as fontes de matéria-prima florestal utilizadas, nos termos do parágrafo único do art. 11, e do cumprimento da reposição florestal, quando couber."

Assim como em outros artigos, o Novo Código Florestal limitou-se a modificar o *status* normativo das regras preexistentes. O Plano de Suprimento Sustentável – PSS é o instrumento de gestão cujo objetivo é manter a equivalência entre a produção e consumo da matéria-prima florestal pela indústria, com vistas a assegurar a preservação das florestas nativas. A lei estabeleceu o seguinte conteúdo mínimo para o PSS: (i) programação de suprimento de matéria-prima florestal; (ii) indicação das áreas de origem da matéria-prima florestal georreferenciadas; (iii) cópia do contrato entre os particulares envolvidos, quando o PSS incluir suprimento de matéria-prima florestal oriunda de terras pertencentes a terceiros.

A atividade econômica poderá de terceiros adquirir fontes de matéria-prima florestal disponível no mercado nos seguintes casos: (i) na fase inicial de instalação da atividade, nas condições e durante o período, não superior a dez anos, previstos no PSS, ressalvados os contratos de suprimento mencionados no inciso III do § 2º do artigo 34, ora comentado; (ii) no caso de aquisição de produtos provenientes do plantio de florestas exóticas, licenciadas por órgão competente do Sisnama, o suprimento será comprovado posteriormente mediante relatório anual em que conste a localização da floresta e as quantidades produzidas.

Os Planos de Suprimento Sustentáveis de indústrias siderúrgicas, metalúrgicas ou outras atividades consideradas como "grande consumidoras de carvão vegetal" ou lenha deverão estabelecer a *utilização exclusiva* de matéria-prima oriunda de florestas plantadas ou de áreas nas quais seja praticado o Plano de Manejo Florestal Sustentado. De acordo com o § 4º, tais condições devem ser integradas no processo de licenciamento ambiental da atividade industrial.

O § 5º determina que o estabelecimento de parâmetros para o enquadramento das indústrias em categorias de consumo, regulamentação da norma, será fixado por "ato do Chefe do Executivo" (*rectius*: decreto). Do meu ponto de vista, cuida-se de decreto presidencial para as hipóteses de licenciamento federal. Há que se repudiar, por falta de amparo jurídico, uma tendência que vem se consolidando em matéria ambiental que é a edição de atos administrativos estaduais ou municipais para "regulamentar" a aplicação de leis federais, como nos dão exemplo as "regulamentações" estaduais da famosa compensação ambiental criada pela Lei Federal nº 9.985/2000, como, por exemplo, é o caso do Decreto nº 45.175, de 17 de setembro de 2009, do estado de Minas Gerais, que *"estabelece metodologia de gradação de impactos ambientais e procedimentos para fixação e aplicação da compensação ambiental"*.

CAPÍTULO VIII
DO CONTROLE DA ORIGEM DOS PRODUTOS FLORESTAIS

Art. 35. O controle da origem da madeira, do carvão e de outros produtos ou subprodutos florestais incluirá sistema nacional que integre os dados dos diferentes entes federativos, coordenado, fiscalizado e regulamentado pelo órgão federal competente do SISNAMA.[1] (Redação dada pela Medida Provisória nº 571, de 2012)

§ 1º O plantio ou o reflorestamento com espécies florestais nativas independem de autorização prévia, desde que observadas as limitações e condições previstas nesta Lei, devendo ser informados ao órgão competente, no prazo de até 1 (um) ano, para fins de controle de origem. (Redação dada pela Medida Provisória nº 571, de 2012)

§ 2º É livre a extração de lenha e demais produtos de florestas plantadas nas áreas não consideradas Áreas de Preservação Permanente e Reserva Legal.

---

[1] Direito Anterior: Art. 35. O controle da origem da madeira, do carvão e de outros produtos ou subprodutos florestais incluirá sistema nacional que integre os dados dos diferentes entes federativos, coordenado e fiscalizado pelo órgão federal competente do Sisnama. § 1º O plantio ou reflorestamento com espécies florestais nativas ou exóticas independem de autorização prévia, desde que observadas as limitações e condições previstas nesta Lei, devendo ser informados ao órgão competente, no prazo de até 1 (um) ano, para fins de controle de origem.

§ 3º O corte ou a exploração de espécies nativas plantadas em área de uso alternativo do solo serão permitidos independentemente de autorização prévia, devendo o plantio ou reflorestamento estar previamente cadastrado no órgão ambiental competente e a exploração ser previamente declarada nele para fins de controle de origem.

§ 4º Os dados do sistema referido no *caput* serão disponibilizados para acesso público por meio da rede mundial de computadores, cabendo ao órgão federal coordenador do sistema fornecer os programas de informática a serem utilizados e definir o prazo para integração dos dados e as informações que deverão ser aportadas ao sistema nacional.

§ 5º O órgão federal coordenador do sistema nacional poderá bloquear a emissão de Documento de Origem Florestal – DOF dos entes federativos não integrados ao sistema e fiscalizar os dados e relatórios respectivos. (Incluído pela Medida Provisória nº 571, de 2012).

Redação original	MP nº 571/2012	Lei nº 12.727/2012
Art. 35. O controle da origem da madeira, do carvão e de outros produtos ou subprodutos florestais incluirá sistema nacional que integre os dados dos diferentes entes federativos, coordenado e fiscalizado pelo órgão federal competente do Sisnama.	Art. 35. O controle da origem da madeira, do carvão e de outros produtos ou subprodutos florestais incluirá sistema nacional que integre os dados dos diferentes entes federativos, coordenado, fiscalizado e regulamentado pelo órgão federal competente do SISNAMA. § 1º O plantio ou o reflorestamento com espécies florestais nativas independem de autorização prévia, desde que observadas as limitações e condições previstas nesta Lei, devendo ser informados ao órgão competente, no prazo de até 1 (um) ano, para fins de controle de origem.	Art. 35. O controle da origem da madeira, do carvão e de outros produtos ou subprodutos florestais incluirá sistema nacional que integre os dados dos diferentes entes federativos, coordenado, fiscalizado e regulamentado pelo órgão federal competente do Sisnama.

O artigo tem por objetivo permitir a implantação de um sistema nacional capaz de controlar a origem da madeira, do carvão e de outros produtos ou subprodutos florestais, integrando dados dos diversos entes federativos em um único banco de dados. A medida, se efetivamente vier a ser implantada, é altamente importante, pois a demonstração da origem lícita dos produtos e subprodutos florestais é fundamental para que o desmatamento seja paralisado. Contudo, a medida, ou outras com o mesmo desiderato, não é nova, pois no direito anterior havia previsão expressa de tais controles.

O proprietário rural, na hipótese de plantio ou reflorestamento com espécies nativas, está dispensado de buscar autorização, bastando que observe as normas legais e que, no prazo de um ano após o plantio ou reflorestamento, informe o órgão de controle ambiental, para fins de controle de origem.

Nas áreas destinadas ao uso alternativo, tanto o corte como a exploração de espécies nativas plantadas são permitidos independentemente de autorização prévia, devendo o plantio ou reflorestamento estar previamente cadastrado no órgão ambiental competente e a exploração ser previamente declarada, com vistas ao controle de origem.

O § 4º expressa mais uma das diversas minúcias inteiramente incompatíveis com o que se pode esperar de uma "norma geral", assim, definindo-se que os dados referentes ao *caput* serão disponíveis na Internet, estabeleceu-se que cabe "*ao órgão federal coordenador do sistema fornecer os programas de informática a serem utilizados e definir o prazo para integração dos dados e as informações que deverão ser aportadas ao sistema nacional*".

O § 5º estabelece medida que, do ponto de vista federativo, é discutível, haja vista que autoriza ao "órgão federal coordenador do sistema nacional" bloquear a emissão de Documento de Origem Florestal – DOF dos entes federativos não integrados ao sistema e fiscalizar os dados e relatórios respectivos; ora, a emissão do DOF é de atribuição dos diversos entes federativos e, portanto, está além da capacidade legal do órgão coordenador impedir o exercício de uma competência legítima de ente federativo.

Art. 36. O transporte, por qualquer meio, e o armazenamento de madeira, lenha, carvão e outros produtos ou subprodutos florestais oriundos de florestas de espécies nativas, para fins comerciais ou industriais, requerem licença do órgão competente do Sisnama, observado o disposto no art. 35.

§ 1º A licença prevista no *caput* será formalizada por meio da emissão do DOF, que deverá acompanhar o material até o beneficiamento final.

§ 2º Para a emissão do DOF, a pessoa física ou jurídica responsável deverá estar registrada no Cadastro Técnico Federal de Atividades Potencialmente Poluidoras ou Utilizadoras de Recursos Ambientais, previsto no art. 17 da Lei nº 6.938, de 31 de agosto de 1981.

§ 3º Todo aquele que recebe ou adquire, para fins comerciais ou industriais, madeira, lenha, carvão e outros produtos ou subprodutos de florestas de espécies nativas é obrigado a exigir a apresentação do DOF e munir-se da via que deverá acompanhar o material até o beneficiamento final.

§ 4º No DOF deverão constar a especificação do material, sua volumetria e dados sobre sua origem e destino.

§ 5º O órgão ambiental federal do SISNAMA regulamentará os casos de dispensa da licença prevista no *caput*. (Incluído pela Medida Provisória nº 571, de 2012)

O artigo significa a elevação ao nível de norma legal de diversas regulamentações administrativas que, desde a Portaria MMA nº 253, de 18 de agosto de 2006, haviam estabelecido o Documento de Origem Florestal – DOF. O DOF é uma licença ambiental específica para o transporte e armazenamento de lenha, carvão e outros produtos e subprodutos florestais, oriundos de florestas de espécies nativas, para fins comerciais ou industriais. Observa-se que os fins industriais, necessariamente, não precisam ser comerciais. O DOF pode ser expedido por qualquer órgão ambiental dotado de atribuição para fiscalizar a atividade florestal, não sendo de competência exclusiva do órgão de controle ambiental federal. O DOF deve acompanhar todo o ciclo de vida do produto florestal até o seu beneficiamento final. O § 2º estabelece uma exigência burocrática sem sentido, pois se o DOF for emitido pelo órgão ambiental estadual, qual a necessidade de cadastro no órgão federal? Já o § 3º transfere para o particular a obrigação de fiscalização ambiental ao determinar que: "Todo aquele que recebe ou adquire, para fins comerciais ou industriais, madeira, lenha, carvão e outros produtos ou subprodutos de florestas de espécies nativas é obrigado a exigir a apresentação do DOF e munir-se da via que deverá acompanhar o material até o beneficiamento final". Assim, o destinatário somente poderá receber produtos florestais mediante a exibição e retenção de via da licença ambiental específica. É mais uma medida com vistas a tentar coibir a circulação ilegal de madeira e produtos florestais. O seu êxito depende da existência de uma enorme rede de controle e fiscalização que, ainda, é um objetivo distante a ser alcançado no futuro.

O DOF deverá conter a especificação do material, sua volumetria e dados sobre sua origem e destino. Por sua vez, o § 5º, assim como diversos outros estabelece, que "*o órgão ambiental federal do SISNAMA regulamentará os casos de dispensa da licença prevista no* caput." Como se sabe, a regulamentação de lei é ato da competência exclusiva do Chefe do Poder Executivo, conforme estabelecido pela Constituição Federal. Portanto, é discutível a constitucionalidade do parágrafo ora examinado.

O DOF já foi, por diversas vezes, discutido em sede judicial.

> "*AMBIENTAL. ATIVIDADES MADEIREIRAS. CADASTRO EM SISTEMA PRÓPRIO DE CONTROLE E PROTEÇÃO. REQUISITOS PARA O CADASTRAMENTO. DESCUMPRIMENTO. EVENTUAL OCORRÊNCIA DE FRAUDE NA OPERAÇÃO DO SISTEMA. SUSPENSÃO DO CADASTRO E DA LICENÇA AMBIENTAL SEM MANIFESTAÇÃO DA EMPRESA AFETADA. CONTRADITÓRIO E AMPLA DEFESA DIFERIDOS. POSSIBILIDADE. BUSCA PELA PRESERVAÇÃO AMBIENTAL. 1. Trata-se de recurso ordinário em mandado de segurança interposto por Indústria e Comércio de madeiras Ferrazzo Ltda., com fundamento na alínea b do inciso II do artigo 105 da Constituição da República vigente, contra acórdão do Tribunal de Justiça do Mato Grosso que reconheceu a legalidade das Portarias nº 72/2006 e 105/2006, as quais são responsáveis pela instalação de sindicância para a apuração de fatos supostamente fraudulentos e pela suspensão do cadastro da empresa recorrente junto ao CC-Sema por descumprimento de requisitos legais. 2. Nas razões recursais, sustenta a recorrente, em síntese, que as restrições [a ela] impostas (suspensão de suas atividades), proveniente das aludidas portarias, configuram flagrante sanção administrativa, sem, contudo, ter-lhe possibilitado o exercício de seu direito constitucional de defesa, em total desrespeito ao devido processo legal (fl. 281). Alega, ainda, que tais medidas são desprovidas de razoabilidade. 3. A empresa impetrante (ora recorrente) teve seu cadastro junto ao CC-Sema – Cadastro de Consumidores de Produtos **Florestais** – suspenso em razão de suposta divergência entre os estoques de madeira declarados pela recorrente e os efetivamente comercializados. 4. O CC-Sema tem por objetivo o controle dos empreendimentos destinados a extração, coleta, beneficiamento, transformação, industrialização, armazenagem e consumo de produtos, subprodutos ou matéria-prima originária de qualquer formação **florestal**. 5. O cadastramento junto ao CC-Sema permite que as empresas consumidoras tenham acesso ao Sisflora – Sistema de Comercialização e Transporte de Produtos **Florestais**, que é o sistema responsável pela organização operacional das atividades de cadastro, licenciamento,*

*transporte, comercialização e reposição **florestal**, com a maioria das atividades realizadas por meios virtuais (internet). 6. Para se cadastrar no CC-Sema, o usuário deve apresentar uma série de **documentos**, dentre eles a Declaração de Estoque de Toras de **Origem Florestal** Nativa e a Declaração de Estoque de Produtos Madeireiros. Os estoques declarados podem ser homologados após a apresentação de certidão ou declaração do Ibama, facultando-se a realização de vistorias quando haja indícios de inexatidão de dados. 7. A confirmação da regularidade dos dados da empresa e da sua declaração de estoque são condições suficientes para habilitar a empresa a emitir as Guias **Florestais** e efetuar normalmente suas transações comerciais. 8. Ocorre que algumas empresas vieram a ser suspensas por suspeitas de fraude na inserção de créditos de madeira. Ficou provado, no âmbito administrativo, que um estagiário do órgão competente estava inserindo créditos para madeireiras que não correspondiam a situação real de estoque (tendo sido descumprido, portanto, requisito de cadastramento – compatibilidade entre estoque declarado e estoque existente). 9. Entre as empresas que tiveram o acesso ao CC-Sema suspenso está a recorrente – suspensa, consequentemente, também a licença ambiental. 10. A suspensão do cadastro, no caso, encontra amparo não só na necessidade genérica de preservação do meio ambiente (art. 225 da Constituição da República vigente) – na medida em que as atividades que envolvem a extração e comercialização de madeira são potencialmente lesivas ao patrimônio ambiental –, mas também na norma específica do art. 19 da Resolução Conama nº 237/97 – pela qual "[o] órgão ambiental competente, mediante decisão motivada, poderá modificar os condicionantes e as medidas de controle e adequação, suspender ou cancelar uma licença expedida, quando ocorrer: I – violação ou inadequação de quaisquer condicionantes ou normas legais; II – omissão ou falsa descrição de informações relevantes que subsidiaram a expedição da licença; III – superveniência de graves riscos ambientais e de saúde. No caso em tela, há enquadramento nos três incisos. 11. Não há ofensa ao princípio do devido processo legal porque, embora a suspensão da licença tenha se dado em caráter inicial, sem a possibilidade de manifestação da recorrente, o contraditório e a ampla defesa serão (ou deverão ser) respeitados durante a sindicância aberta para averiguar as fraudes (Portarias nⁿᵒˢ 72/2006 e 105/2006). Trata-se, portanto, de contraditório e ampla defesa diferidos, e não inexistentes. 12. Recurso ordinário não provido." (Ministro Mauro Campbell Marques)*[2]

---

2   Superior Tribunal de Justiça. ROMS 200702515058. ROMS – RECURSO ORDINÁRIO EM MANDADO DE SEGURANÇA – 25488. 2ª TURMA. DJE: 16/9/2009.

*"ADMINISTRATIVO. IBAMA. CADASTRAMENTO, EXPEDIÇÃO DE **DOCUMENTO** DE **ORIGEM FLORESTAL** – DOF E CERTIDÕES CONDICIONADOS À QUITAÇÃO DE DÉBITOS JUNTO AO ÓRGÃO COMPETENTE. ILEGALIDADE. I – Afigura-se abusiva e ilegal a exigência de quitação de débitos junto ao órgão fiscalizador do meio ambiente, no caso, o Instituto Brasileiro do Meio Ambiente e dos Recursos Naturais Renováveis – IBAMA, para concessão de autorização para o exercício de atividade econômica, instituída mediante portaria administrativa, e/ou instrução normativa, que, por não configurarem lei, em sentido estrito, não se prestam a criar direitos e obrigações e estabelecer restrições às pessoas, na ordem jurídica. Os eventuais débitos da empresa junto à autarquia devem ser cobrados observando-se o devido processo legal. II – Apelação e remessa oficial desprovidas. Sentença confirmada.*[3] *(DESEMBARGADOR FEDERAL SOUZA PRUDENTE)*

Art. 37. O comércio de plantas vivas e outros produtos oriundos da flora nativa dependerá de licença do órgão estadual competente do Sisnama e de registro no Cadastro Técnico Federal de Atividades Potencialmente Poluidoras ou Utilizadoras de Recursos Ambientais, previsto no art. 17 da Lei nº 6.938, de 31 de agosto de 1981, sem prejuízo de outras exigências cabíveis.

Parágrafo único. A exportação de plantas vivas e outros produtos da flora dependerá de licença do órgão federal competente do Sisnama, observadas as condições estabelecidas no *caput*.

O artigo é, evidentemente, um excesso. Estabelecer que o comércio de plantas vivas oriundas da flora nativa depende de licença ambiental e registro no Cadastro Técnico Federal de Atividades Potencialmente Poluidoras é um dos grandes descalabros do Novo Código Florestal. Qual o sentido de se exigir licença ambiental para uma floricultura? Na cidade do Rio de Janeiro, por exemplo, existem dezenas, senão centenas, de quiosques em praças públicas que comercializam as mais diferentes espécies de plantas vivas, inclusive nativas. Todos deverão obter uma licença ambiental e a inscrição no Cadastro Técnico Federal de Atividades Poluidoras? O legislador errou a mão. Veja-se que o licenciamento é exigido "sem prejuízo de outras exigências cabíveis".

---

[3]   Tribunal Regional Federal da 1ª Região. AMS 201036000008873. AMS – APELAÇÃO EM MANDADO DE SEGURANÇA – 201036000008873. 5ª TURMA. *e-DJF1*: 15/6/2012, p. 532.

CAPÍTULO IX
DA PROIBIÇÃO DO USO DE FOGO E DO CONTROLE DOS INCÊNDIOS

Art. 38. É proibido o uso de fogo na vegetação, exceto nas seguintes situações:[1]

I – em locais ou regiões cujas peculiaridades justifiquem o emprego do fogo em práticas agropastoris ou florestais, mediante prévia aprovação do órgão estadual ambiental competente do Sisnama, para cada imóvel rural ou de forma regionalizada, que estabelecerá os critérios de monitoramento e controle;

II – emprego da queima controlada em Unidades de Conservação, em conformidade com o respectivo plano de manejo e mediante prévia aprovação do órgão gestor da Unidade de Conservação, visando ao manejo conservacionista da vegetação nativa, cujas características ecológicas estejam associadas evolutivamente à ocorrência do fogo;

III – atividades de pesquisa científica vinculada a projeto de pesquisa devidamente aprovado pelos órgãos competentes e realizada por instituição de pesquisa reconhecida, mediante prévia aprovação do órgão ambiental competente do Sisnama.

---

[1] Direito Anterior: Lei nº 4.771/1965: Art. 27. É proibido o uso de fogo nas florestas e demais formas de vegetação. Parágrafo único. Se peculiaridades locais ou regionais justificarem o emprego do fogo em práticas agropastoris ou florestais, a permissão será estabelecida em ato do Poder Público, circunscrevendo as áreas e estabelecendo normas de precaução.

§ 1º Na situação prevista no inciso I, o órgão estadual ambiental competente do Sisnama exigirá que os estudos demandados para o licenciamento da atividade rural contenham planejamento específico sobre o emprego do fogo e o controle dos incêndios.

§ 2º Excetuam-se da proibição constante no *caput* as práticas de prevenção e combate aos incêndios e as de agricultura de subsistência exercidas pelas populações tradicionais e indígenas.

§ 3º Na apuração da responsabilidade pelo uso irregular do fogo em terras públicas ou particulares, a autoridade competente para fiscalização e autuação deverá comprovar o nexo de causalidade entre a ação do proprietário ou qualquer preposto e o dano efetivamente causado.

§ 4º É necessário o estabelecimento de nexo causal na verificação das responsabilidades por infração pelo uso irregular do fogo em terras públicas ou particulares.

O uso de fogo na agricultura é elemento polêmico e que, nos dias atuais, tem suscitado muito debate e discussão; contudo, é uma prática milenar da agricultura, como demonstram Marcel Mazoyer e Laurence Roudart:[2]

> *"Os cultivos de derrubada-queimada são praticados em meios arbóreos variados: floresta densa, floresta secundária, capoeira, savana arborizada etc. São praticados em terrenos previamente desmatados por uma roçada, ou seja por um abate seguido de queimada, mas sem destocagem. As parcelas desmatadas são cultivadas apenas durante um, dois ou no máximo três anos, raramente mais do que isso, e depois são abandonadas no pousio florestal por um ou vários decênios, até serem novamente desmatadas e cultivadas. [...]*
>
> *Na medida em que todas essas reservas virgens foram sendo ocupadas pelo homem e a densidade da população continuando a aumentar, a frequência e a intensidade dos desmatamentos aumentaram, iniciando-se uma dinâmica do desmatamento (ou de desflorestamento) das terras cultivadas com o sistema de derrubada-queimada, o que acabou tornando impossível a continuidade desse cultivo."*

O sistema é, ainda hoje, muito praticado, motivo pelo qual o Novo Código Florestal estabeleceu regras para a sua utilização. O impacto do sistema de derrubada-queimada é de tal ordem que Mazoyer e Roudart qualificam-no como

---

2   MAZOYER, Marcel; ROUDART, Laurence. *História das agriculturas no mundo*. Tradução de Cláudia F. Falluh Balduino Ferreira. São Paulo: UNESP e Brasília: NEAD, 2010. p. 129-130.

"*a maior transformação ecológica da história*".[3] A derrubada-queimada, no longo prazo e, sobretudo em função do aumento das populações e a pressão por novas áreas agricultáveis, é problema que precisa ser combatido com maior produtividade agrícola, melhor qualidade do solo para que se evite a sua savanização e melhores preços para os agricultores, sobretudo os pequenos.

A utilização do fogo, como técnica agrícola sem autorização da autoridade administrativa, é infração administrativa contra o meio ambiente, tal como constante no Decreto nº 6.514, de 22 de julho de 2008.[4]

No regime do Código Florestal revogado, Lei nº 4.771/1965, o artigo 27, que cuidava da matéria, fora regulamentado pelo Decreto nº 2.661, de 8 de julho de 1998, que "*regulamenta o parágrafo único do art. 27 da Lei nº 4.771, de 15 de setembro de 1965 (código florestal), mediante o estabelecimento de normas de precaução relativas ao emprego do fogo em práticas agropastoris e florestais, e dá outras providências*". Ao regulamentar o Código Florestal, o decreto estabeleceu que é vedado o emprego do fogo: (i) nas florestas e demais formas de vegetação; (ii) para queima pura e simples, assim entendida aquela não carbonizável, de: a) aparas de madeira e resíduos florestais produzidos por serrarias e madeireiras, como forma de descarte desses materiais; b) material lenhoso, quando seu aproveitamento for economicamente viável; (iii) numa faixa de: a) quinze metros dos limites das faixas de segurança das linhas de transmissão e distribuição de energia elétrica; b) cem metros ao redor da área de domínio de subestação de energia elétrica; c) vinte e cinco metros ao redor da área de domínio de estações de telecomunicações; d) cinquenta metros a partir de aceiro, que deve ser preparado, mantido limpo e não cultivado, de dez metros de largura ao redor das Unidades de Conservação; e) quinze metros de cada lado de rodovias estaduais e federais e de ferrovias, medidos a partir da faixa de domínio; (iv) no limite da linha que simultaneamente corresponda: a) à área definida pela circunferência de raio igual a seis mil metros, tendo como ponto de referência o centro geométrico da pista de pouso e decolagem de aeródromos públicos; b) à área cuja linha perimetral é definida a partir da linha que delimita a área patrimonial de aeródromo público, dela distanciando no mínimo dois mil metros, extremamente, em qualquer de seus pontos.

O decreto admite a chamada "queima controlada", conforme as normas e condições estabelecidas por ele. A queima controlada é o emprego do fogo como fator de produção e manejo em atividades agropastoris ou florestais, e para fins

---

[3]   MAZOYER, Marcel; ROUDART, Laurence. *História das agriculturas no mundo*. Tradução de Cláudia F. Falluh Balduino Ferreira. São Paulo: UNESP e Brasília: NEAD, 2010. p. 156.

[4]   *Art. 58. Fazer uso de fogo em áreas agropastoris sem autorização do órgão competente ou em desacordo com a obtida: Multa de R$ 1.000,00 (mil reais), por hectare ou fração.*

de pesquisa científica e tecnológica, em áreas com limites físicos previamente definidos. Ela, contudo, somente pode ser praticada mediante a expedição de prévia autorização a ser obtida pelo interessado junto ao órgão do Sistema Nacional do Meio Ambiente – SISNAMA, com atuação na área onde se realizará a operação.

É condição para a obtenção da autorização para a queima controlada que o interessado (i) defina as técnicas, os equipamentos e a mão de obra a serem utilizados; (ii) faça o reconhecimento da área e avalie o material a ser queimado; (iii) promova o enleiramento dos resíduos de vegetação, de forma a limitar a ação do fogo; (iv) prepare aceiros de no mínimo três metros de largura, ampliando a faixa quando as condições ambientais, topográficas, climáticas e o material combustível assim determinarem; (v) providencie pessoal treinado para atuar no local da operação, com equipamentos apropriados ao redor da área, e evitar propagação do fogo fora dos limites estabelecidos; (vi) comunique formalmente aos confrontantes a intenção de realizar a Queima Controlada, com o esclarecimento de que, oportunamente, e com a antecedência necessária, a operação será confirmada com a indicação da data, hora do início e do local onde será realizada a queima; (vii) preveja a realização da queima em dia e horário apropriados, evitando-se os períodos de temperatura mais elevada e respeitando-se as condições dos ventos predominantes no momento da operação; (viii) providencie o oportuno acompanhamento de toda a operação de queima, até sua extinção, com vistas à adoção de medidas adequadas de contenção do fogo na área definida para o emprego do fogo. O aceiro deverá ter sua largura duplicada quando se destinar à proteção de áreas de florestas e de vegetação natural, de preservação permanente, de reserva legal, aquelas especialmente protegidas em ato do poder público e de imóveis confrontantes pertencentes a terceiros.

Uma vez que o interessado tenha protocolizado o requerimento de Queima Controlada, o órgão competente do SISNAMA, no prazo máximo de 15 dias, deverá expedir a autorização correspondente, ficando o interessado autorizado a realizar a queima, conforme comunicado, salvo se se tratar de área sujeita à realização de vistoria prévia a que se refere o artigo 7º do decreto.

A vistoria prévia é obrigatória em áreas: (i) que contenham restos de exploração florestal; (ii) limítrofes às sujeitas a regime especial de proteção, estabelecido em ato do poder público.

A Autorização de Queima Controlada é específica e transitória, devendo conter apenas o suficiente à realização da operação de emprego do fogo, dela constando, expressamente, o compromisso formal do requerente, sob pena de incorrer em infração legal, de que comunicará aos confrontantes a área e a hora de realização da queima, nos termos em que foi autorizado. Admite-se a "revalidação" da Autorização de Queima Controlada concedida anteriormente para a mesma área, para os mesmos fins e para o mesmo interessado, ficando dispensada nova apresentação dos documentos previstos já apresentados, salvo os comprovantes de comunicação aos confrontantes, de que trata o inciso VI do artigo 4º.

Os órgãos integrantes do SISNAMA poderão estabelecer escalonamento regional do processo de Queima Controlada, com base nas condições atmosféricas e na demanda de Autorizações de Queima Controlada, para controle dos níveis de fumaça produzidos. Também poderão determinar a suspensão da Queima Controlada da região ou município quando: (i) constatados risco de vida, danos ambientais ou condições meteorológicas desfavoráveis; (ii) a qualidade do ar atingir índices prejudiciais à saúde humana, constatados por equipamentos e meios adequados, oficialmente reconhecidos como parâmetros; (iii) os níveis de fumaça, originados de queimadas, atingirem limites mínimos de visibilidade, comprometendo e colocando em risco as operações aeronáuticas, rodoviárias e de outros meios de transporte.

A Autorização de Queima Controlada será suspensa ou cancelada pela autoridade ambiental nos seguintes casos: (i) em que se registrarem risco de vida, danos ambientais ou condições meteorológicas desfavoráveis; (ii) de interesse e segurança pública; (iii) de descumprimento das normas vigentes.

A matéria é muito controvertida e tem dado margem a inúmeras decisões judiciais, das quais destaco algumas:

> "DIREITO AMBIENTAL. LAVOURA DE CANA-DE-AÇÚCAR – QUEI-MADAS. CÓDIGO FLORESTAL. ART. 27. 1. Tratando-se de atividade produtiva, mormente as oriundas dos setores primário e secundário, o legislador tem buscado, por meio da edição de leis e normas que possibilitem a viabilização do desenvolvimento sustentado, conciliar os interesses do segmento produtivo com os da população, que tem direito ao meio ambiente equilibrado. 2. Segundo a disposição do art. 27 da Lei nº 4.771/85, é proibido o uso de fogo nas florestas e nas demais formas de vegetação – as quais abrangem todas as espécies –, independentemente de serem culturas permanentes ou renováveis. Isso ainda vem corroborado no parágrafo único do mencionado artigo, que ressalva a possibilidade de se obter permissão do Poder Público para a prática de queimadas em atividades agropastoris, se as peculiaridades regionais assim indicarem. 3. Tendo sido realizadas queimadas de palhas de cana-de-açúcar sem a respectiva licença ambiental, e sendo certo que tais queimadas poluem a atmosfera terrestre, evidencia-se a ilicitude do ato, o que impõe a condenação à obrigação de não fazer, consubstanciada na abstenção de tal prática. Todavia, a condenação à indenização em espécie a ser revertida ao 'Fundo Estadual para Reparação de Interesses Difu-

sos' depende da efetiva comprovação do dano, mormente em situações como a verificada nos autos, em que a queimada foi realizada em apenas 5 hectares de terras, porção ínfima frente ao universo regional (Ribeirão Preto em São Paulo), onde as culturas são de inúmeros hectares a mais. 4. Recurso especial parcialmente provido." (Ministro João Otávio Noronha)[5]

Art. 39. Os órgãos ambientais do Sisnama, bem como todo e qualquer órgão público ou privado responsável pela gestão de áreas com vegetação nativa ou plantios florestais, deverão elaborar, atualizar e implantar planos de contingência para o combate aos incêndios florestais.

Art. 40. O Governo Federal deverá estabelecer uma Política Nacional de Manejo e Controle de Queimadas, Prevenção e Combate aos Incêndios Florestais, que promova a articulação institucional com vistas na substituição do uso do fogo no meio rural, no controle de queimadas, na prevenção e no combate aos incêndios florestais e no manejo do fogo em áreas naturais protegidas.

§ 1º A Política mencionada neste artigo deverá prever instrumentos para a análise dos impactos das queimadas sobre mudanças climáticas e mudanças no uso da terra, conservação dos ecossistemas, saúde pública e fauna, para subsidiar planos estratégicos de prevenção de incêndios florestais.

§ 2º A Política mencionada neste artigo deverá observar cenários de mudanças climáticas e potenciais aumentos de risco de ocorrência de incêndios florestais.

Ambos os artigos pretendem estabelecer as bases legais para a adoção de políticas governamentais que sejam capazes de diminuir a prática da utilização de fogo na agricultura e, sobretudo, a existência de incêndios florestais. O artigo 39 tem como destinatários todos aqueles responsáveis pela gestão de "áreas com vegetação nativa ou plantada", determinando o dever de elaborar, atualizar e implantar planos de contingência para o combate aos incêndios florestais. No artigo existem dois aspectos fundamentais: um deles (i) diz respeito ao planejamento, importantíssimo já o (ii) segundo, não tratado pela norma, diz respeito aos orçamentos e verbas capazes de dar operacionalidade aos planos estabelecidos. De fato, sem a existência de orçamentos e o interesse pela elaboração de tais planos, o artigo se transformará em letra morta. Observe-se que o plano nacional

---

[5]   Superior Tribunal de Justiça – RESP 2002200654347 – SP. 2ª Turma. *DJU*: 26/3/2007, p. 217.

de contingência para acidentes de poluição marítima é uma mera declaração de intenções que permanece por mais de década sem qualquer atitude concreta por parte das autoridades responsáveis pela sua elaboração.

O artigo 40 tem por objetivo inserir o combate aos incêndios no contexto das mudanças climáticas globais e da redução das emissões de carbono.

CAPÍTULO X
DO PROGRAMA DE APOIO E INCENTIVO À PRESERVAÇÃO E RECUPERAÇÃO DO MEIO AMBIENTE

Art. 41. É o Poder Executivo federal autorizado a instituir, sem prejuízo do cumprimento da legislação ambiental, programa de apoio e incentivo à conservação do meio ambiente, bem como para adoção de tecnologias e boas práticas que conciliem a produtividade agropecuária e florestal, com redução dos impactos ambientais, como forma de promoção do desenvolvimento ecologicamente sustentável, observados sempre os critérios de progressividade, abrangendo as seguintes categorias e linhas de ação:

I – pagamento ou incentivo a serviços ambientais como retribuição, monetária ou não, às atividades de conservação e melhoria dos ecossistemas e que gerem serviços ambientais, tais como, isolada ou cumulativamente:

a) o sequestro, a conservação, a manutenção e o aumento do estoque e a diminuição do fluxo de carbono;

b) a conservação da beleza cênica natural;

c) a conservação da biodiversidade;

d) a conservação das águas e dos serviços hídricos;

e) a regulação do clima;

f) a valorização cultural e do conhecimento tradicional ecossistêmico;

g) a conservação e o melhoramento do solo;

h) a manutenção de Áreas de Preservação Permanente, de Reserva Legal e de uso restrito;

II – compensação pelas medidas de conservação ambiental necessárias para o cumprimento dos objetivos desta Lei, utilizando-se dos seguintes instrumentos, dentre outros:

a) obtenção de crédito agrícola, em todas as suas modalidades, com taxas de juros menores, bem como limites e prazos maiores que os praticados no mercado;

b) contratação do seguro agrícola em condições melhores que as praticadas no mercado;

c) dedução das Áreas de Preservação Permanente, de Reserva Legal e de uso restrito da base de cálculo do Imposto sobre a Propriedade Territorial Rural – ITR, gerando créditos tributários;

d) destinação de parte dos recursos arrecadados com a cobrança pelo uso da água, na forma da Lei nº 9.433, de 8 de janeiro de 1997, para a manutenção, recuperação ou recomposição das Áreas de Preservação Permanente, de Reserva Legal e de uso restrito na bacia de geração da receita;

e) linhas de financiamento para atender iniciativas de preservação voluntária de vegetação nativa, proteção de espécies da flora nativa ameaçadas de extinção, manejo florestal e agroflorestal sustentável realizados na propriedade ou posse rural, ou recuperação de áreas degradadas;

f) isenção de impostos para os principais insumos e equipamentos, tais como: fios de arame, postes de madeira tratada, bombas d'água, trado de perfuração de solo, dentre outros utilizados para os processos de recuperação e manutenção das Áreas de Preservação Permanente, de Reserva Legal e de uso restrito;

III – incentivos para comercialização, inovação e aceleração das ações de recuperação, conservação e uso sustentável das florestas e demais formas de vegetação nativa, tais como:

a) participação preferencial nos programas de apoio à comercialização da produção agrícola;

b) destinação de recursos para a pesquisa científica e tecnológica e a extensão rural relacionadas à melhoria da qualidade ambiental.

§ 1º Para financiar as atividades necessárias à regularização ambiental das propriedades rurais, o programa poderá prever:

I – destinação de recursos para a pesquisa científica e tecnológica e a extensão rural relacionadas à melhoria da qualidade ambiental;

II – dedução da base de cálculo do imposto de renda do proprietário ou possuidor de imóvel rural, pessoa física ou jurídica, de parte dos gastos efetuados com a recomposição das Áreas de Preservação Permanente, de Reserva Legal e de uso restrito cujo desmatamento seja anterior a 22 de julho de 2008;

III – utilização de fundos públicos para concessão de créditos reembolsáveis e não reembolsáveis destinados à compensação, recuperação ou recomposição das Áreas de Preservação Permanente, de Reserva Legal e de uso restrito cujo desmatamento seja anterior a 22 de julho de 2008.

§ 2º O programa previsto no *caput* poderá, ainda, estabelecer diferenciação tributária para empresas que industrializem ou comercializem produtos originários de propriedades ou posses rurais que cumpram os padrões e limites estabelecidos nos arts. 4º, 6º, 11 e 12 desta Lei, ou que estejam em processo de cumpri-los.

§ 3º Os proprietários ou possuidores de imóveis rurais inscritos no CAR, inadimplentes em relação ao cumprimento do termo de compromisso ou PRA ou que estejam sujeitos a sanções por infrações ao disposto nesta Lei, exceto aquelas suspensas em virtude do disposto no Capítulo XIII, não são elegíveis para os incentivos previstos nas alíneas *a* a *e* do inciso II do *caput* deste artigo até que as referidas sanções sejam extintas.

§ 4º As atividades de manutenção das Áreas de Preservação Permanente, de Reserva Legal e de uso restrito são elegíveis para quaisquer pagamentos ou incentivos por serviços ambientais, configurando adicionalidade para fins de mercados nacionais e internacionais de reduções de emissões certificadas de gases de efeito estufa.

§ 5º O programa relativo a serviços ambientais previsto no inciso I do *caput* deste artigo deverá integrar os sistemas em âmbito nacional e estadual, objetivando a criação de um mercado de serviços ambientais.

§ 6º Os proprietários localizados nas zonas de amortecimento de Unidades de Conservação de Proteção Integral são elegíveis para receber apoio técnico-financeiro da compensação prevista no art. 36 da Lei nº 9.985, de 18 de julho de 2000, com a finalidade de recuperação e manutenção de áreas prioritárias para a gestão da unidade.

Redação original	MP nº 571/2012	Lei nº 12.727/2012
Art. 41. É o Poder Executivo federal autorizado a instituir, no prazo de 180 (cento e oitenta) dias, contado da data da publicação desta Lei, sem prejuízo do cumprimento da legislação ambiental, programa de apoio e incentivo à conservação do meio ambiente, bem como para adoção de tecnologias e boas práticas que conciliem a produtividade agropecuária e florestal, com redução dos impactos ambientais, como forma de promoção do desenvolvimento ecologicamente sustentável, observados sempre os critérios de progressividade, abrangendo as seguintes categorias e linhas de ação:	Art. 41. É o Poder Executivo federal autorizado a instituir, sem prejuízo do cumprimento da legislação ambiental, programa de apoio e incentivo à conservação do meio ambiente, bem como para adoção de tecnologias e boas práticas que conciliem a produtividade agropecuária e florestal, com redução dos impactos ambientais, como forma de promoção do desenvolvimento ecologicamente sustentável, observados sempre os critérios de progressividade, abrangendo as seguintes categorias e linhas de ação:	Art. 41. É o Poder Executivo federal autorizado a instituir, sem prejuízo do cumprimento da legislação ambiental, programa de apoio e incentivo à conservação do meio ambiente, bem como para adoção de tecnologias e boas práticas que conciliem a produtividade agropecuária e florestal, com redução dos impactos ambientais, como forma de promoção do desenvolvimento ecologicamente sustentável, observados sempre os critérios de progressividade, abrangendo as seguintes categorias e linhas de ação:

O artigo 41, ora comentado, é meramente autorizativo, não implicando em qualquer obrigatoriedade por parte do Executivo, com relação à implementação do amplo conjunto de medidas nele dispostas. Leis "autorizativas" são problemáticas. Pelo que se vê do artigo, a autorização é apenas para o Poder Executivo federal, haja vista que a lei geral federal não poderia determinar medidas a serem seguidas, do ponto de vista administrativo, pelos Estados e Municípios, tendo em vista a autonomia constitucional por eles ostentada. Os programas mencionados deverão ser estabelecidos "sem prejuízo do cumprimento da legislação ambiental", o que é uma redundância, haja vista que não poderiam ser estabelecidos programas governamentais que contrariassem qualquer legislação, inclusive a ambiental. Os programas devem ter por objetivo (i) apoio e incentivo à conservação do meio ambiente, (ii) adoção de tecnologia e boas práticas capazes de conciliar a produtividade agrícola e florestal com a redução de impactos negativos sobre o meio ambiente, como promoção do desenvolvimento ecologicamente sustentável, *observados sempre os critérios de progressividade*.

As linhas de ação definidas para os programas devem contemplar: I – pagamento ou incentivo a serviços ambientais como retribuição, monetária ou não, às atividades de conservação e melhoria dos ecossistemas e que gerem serviços ambientais, tais como, isolada ou cumulativamente: (a) o sequestro, a conservação, a manutenção e o aumento do estoque e a diminuição do fluxo de carbono; (b) a conservação da beleza cênica natural; (c) a conservação da biodiversidade; (d) a conservação das águas e dos serviços hídricos; (e) a regulação do clima; (f) a valorização cultural e do conhecimento tradicional ecossistêmico; (g) a conservação e o melhoramento do solo; (h) a manutenção de Áreas de Preservação Permanente, de Reserva Legal e de uso restrito; II – compensação pelas medidas de conservação ambiental necessárias para o cumprimento dos objetivos do Novo Código Florestal, utilizando-se dos seguintes instrumentos, dentre outros: (a) obtenção de crédito agrícola, em todas as suas modalidades, com taxas de juros menores, bem como limites e prazos maiores que os praticados no mercado; (b) contratação do seguro agrícola em condições melhores que as praticadas no mercado; (c) dedução das Áreas de Preservação Permanente, de Reserva Legal e de uso restrito da base de cálculo do Imposto sobre a Propriedade Territorial Rural – ITR, gerando créditos tributários; (d) destinação de parte dos recursos arrecadados com a cobrança pelo uso da água, na forma da Lei nº 9.433, de 8 de janeiro de 1997, para a manutenção, recuperação ou recomposição das Áreas de Preservação Permanente, de Reserva Legal e de uso restrito na bacia de geração da receita; (e) linhas de financiamento para atender iniciativas de preservação voluntária de vegetação nativa, proteção de espécies da flora nativa ameaçadas de extinção, manejo florestal e agroflorestal sustentável realizados na propriedade ou posse rural, ou recuperação de áreas degradadas; (f) isenção de impostos para os principais insumos e equipamentos, tais como: fios de arame, postes de madeira tratada, bombas d'água, trado de perfuração de solo, dentre outros utilizados para os processos de recuperação e manutenção das Áreas de Preservação Permanente, de Reserva Legal e de uso restrito; III – incentivos para comercialização, inovação e aceleração das ações de recuperação, conservação e uso sustentável das florestas e demais formas de vegetação nativa, tais como: (a) participação preferencial nos programas de apoio à comercialização da produção agrícola; (b) destinação de recursos para a pesquisa científica e tecnológica e a extensão rural relacionadas à melhoria da qualidade ambiental.

O conjunto de medidas acima é impressionante e só pode ser considerado como uma declaração de princípios sem qualquer compromisso com a realidade, como se espera poder demonstrar. O principal elemento que pode ser identificado nas medidas acima é a natureza econômica, seja pela via do pagamento de serviços ambientais, seja pela via da isenção de impostos, facilitação de crédito e estipulação de preços e juros menores do que os praticados pelo mercado. Nesse ponto, torna-se importante relembrar a lição de Stephen Holmes e Cass R. Sunstein:[1] *"To the obvious truth that rights depend on government must be added a logical corollary, one which rich implications: rights cost Money."*[2] Assim, o conjunto de medidas verbalizadas na lei, sem uma clara indicação de seu custeio e das repercussões para o conjunto da sociedade, implicam em *transferência de renda* que deveria ser bem explicitada, de forma que a sociedade com ela concordasse ou dele discordasse, se fosse o caso.

A compensação pelas medidas de conservação ambiental é, em tese, justa; contudo, a compensação financeira pela observância de uma norma geral e oponível a todos os cidadãos parece ser medida com "nome e CPF" e, além disso, distoante do critério adotado pelo governo em outras ocasiões quando intervém sobre a propriedade privada, como é o caso do Tombamento, por exemplo. Seria importante que, no embalo da renovação, fossem revistos os critérios de oneração dos proprietários de bens tombados e outros que sofrem gravames instituídos pelo Poder Público, muitas vezes com o completo esvaziamento dos direitos de propriedade.

A relação das possíveis medidas compensatórias, contudo, demanda reflexão. Especialmente deve ser observada aquela referente à *"obtenção de crédito agrícola, em todas as suas modalidades, com taxas de juros menores, bem como limites e prazos maiores que os praticados no mercado"*. Não há dúvida que aqui há transferência de renda e subsídio à atividade rural.

Como nos lembra Alberto André Barreto Martins,[3] *"institucionalizado em 1965, através da Lei nº 4.829, de 5 de novembro daquele ano, o Crédito Rural é um importante instrumento de incentivo à produção, investimento e comercialização agropecuária e, consequentemente, à economia nacional"*. Deve ser registrado que o *crédito rural já é mais favorável ao devedor* do que os créditos normalmente praticados no mercado financeiro.

Quanto à contratação do seguro agrícola, em condições melhores do que as praticadas pelo mercado, há que se considerar que, tal como o crédito rural, o seguro agrícola já possui condições melhores do que as "praticadas pelo mercado", como se pode ver: (i) Sem em franquia, (ii) Isenção de I.O.F. (Imposto sobre Operações Financeiras), (iii) Inspeção sem custos para o agricultor, (iv) Operacionalização simplificada, (v) Financiamento do prêmio do seguro pelo Banco do Brasil,

---

[1]   HOLMES, Stephen; SUNSTEIN, Cass R. *The cost of rights*: why liberty depends on taxes. New York: W.W. Norton, 1999. p. 15.

[2]   À óbvia verdade de que os direitos dependem do governo deve ser acrescentado um corolário lógico, com ricas implicações: direitos custam dinheiro.

[3]   Disponível em: <http://www.ambito-juridico.com.br/site/?n_link=revista_artigos_leitura& artigo_id=7156&revista_caderno=8>. Acesso em: 2 de julho de 2012.

(vi) Garantia contra as adversidades climáticas do plantio até a colheita, (vii) para a safra de verão 2011/2012, o Governo Federal subsidia 50% do prêmio do seguro, excluindo o custo de emissão da apólice e limitado a R$ 96 mil por CPF/CNPJ, nos estados elegíveis para a comercialização do seguro agrícola, (viii) os produtores ainda podem contar com descontos referentes à subvenção estadual, nos casos dos estados que proporcionam a concessão, que é acumulativa com a federal, desde que o segurado não apresente restrição junto ao CADIN Federal e/ou Estaduais, como é o caso do seguro agrícola do Banco do Brasil.[4]

É possível a dedução das Áreas de Preservação Permanente, de Reserva Legal e de uso restrito da base de cálculo do Imposto sobre a Propriedade Territorial Rural – ITR, gerando créditos tributários. Quanto ao particular, veja-se as seguintes decisões:

> "TRIBUTÁRIO – AMBIENTAL – PROCESSO CIVIL – **ITR** – RESERVA LEGAL – PERCENTUAL MAIOR QUE O MÍNIMO LEGAL – ART. 16 DO CÓDIGO FLORESTAL – ATO VOLUNTÁRIO – DEDUÇÃO DA BASE DE CÁLCULO – POSSIBILIDADE – PRESTAÇÃO JURISDICIONAL – SUFICIÊNCIA. 1. Não ocorre ofensa ao art. 535, II, do CPC, se o Tribunal de origem decide, fundamentadamente, as questões essenciais ao julgamento da lide. 2. O **ITR** possui função extrafiscal de proteção ao meio ambiente, razão pela qual a legislação pertinente prevê, no art. 10, II, a da Lei 9.393/96, a possibilidade de dedução da base de cálculo do imposto o percentual relativo à reserva legal, conceituada como a área localizada no interior de uma propriedade ou posse rural, excetuada a de **preservação permanente**, necessária ao uso sustentável dos recursos naturais, à conservação e reabilitação dos processos ecológicos, à conservação da biodiversidade e ao abrigo e proteção de fauna e flora nativas. 3. É possível aumentar o limite mínimo de reserva legal imposto pela legislação, por ato voluntário, após confirmação da destinação da área ao fim ambiental por órgão estadual competente e atendidos os demais requisitos legais. 4. Recurso especial não provido." (Ministra ELIANA CALMON)[5]

> PROCESSUAL CIVIL. TRIBUTÁRIO. RECURSO ESPECIAL. **ITR**. BASE DE CÁLCULO. EXCLUSÃO DA ÁREA DE **PRESERVAÇÃO PERMANENTE** E RESERVA LEGAL. ISENÇÃO. PRINCÍPIO DA LEGALI-

---

[4]   Disponível em: <http://www.bbseguros.com.br/alianca/rural/bb-seguro-agricola-faturamento.html>. Acesso em: 3 de julho de 2012.

[5]   Superior Tribunal de Justiça. RESP 200901864450. RESP – RECURSO ESPECIAL – 1158999. 2ª TURMA. *DJE*: 17/8/2010.

DADE TRIBUTÁRIA. LEI Nº 9.393/96. VIOLAÇÃO DO ART. 535 DO CPC. NÃO OCORRÊNCIA. 1. A área de reserva legal é isenta do **ITR**, consoante o disposto no art. 10, § 1º, II, *a*, da Lei 9.393, de 19 de dezembro de 1996, por isso que ilegítimo o condicionamento do reconhecimento do referido benefício à prévia averbação dessa área no Registro de Imóveis. (Precedentes: REsp 998.727/TO, Rel. Ministro HUMBERTO MARTINS, SEGUNDA TURMA, julgado em 06/04/2010, *DJe* 16/04/2010; REsp 1060886/PR, Rel. Ministro LUIZ FUX, PRIMEIRA TURMA, julgado em 01/12/2009, *DJe* 18/12/2009; REsp 665.123/PR, Rel. Ministra ELIANA CALMON, SEGUNDA TURMA, julgado em 12/12/2006, DJ 05/02/2007) 2. O **ITR** é tributo sujeito à homologação, porquanto o § 7º, do art. 10, daquele diploma normativo dispõe que: "Art. 10. A apuração e o pagamento do **ITR** serão efetuados pelo contribuinte, independentemente de prévio procedimento da administração tributária, nos prazos e condições estabelecidos pela Secretaria da Receita Federal, sujeitando-se a homologação posterior. [...] § 7º A declaração para fim de isenção do **ITR** relativa às áreas de que tratam as alíneas *a* e *d* do inciso II, § 1º, deste artigo, não está sujeita à prévia comprovação por parte do declarante, ficando o mesmo responsável pelo pagamento do imposto correspondente, com juros e multa previstos nesta Lei, caso fique comprovado que a sua declaração não é verdadeira, sem prejuízo de outras sanções aplicáveis.' (Incluído pela Medida Provisória nº 2.166-67, de 2001) 3. A isenção não pode ser conjurada por força de interpretação ou integração analógica, máxime quando a lei tributária especial reafirmou o benefício através da Lei nº 11.428/2006, reiterando a exclusão da área de reserva legal de incidência da exação (art. 10, II, *a* e IV, *b*), verbis: 'Art. 10. A apuração e o pagamento do **ITR** serão efetuados pelo contribuinte, independentemente de prévio procedimento da administração tributária, nos prazos e condições estabelecidos pela Secretaria da Receita Federal, sujeitando-se a homologação posterior. [...] II – área tributável, a área total do imóvel, menos as áreas: a) de **preservação permanente** e de reserva legal, previstas na Lei nº 4.771, de 15 de setembro de 1965, com a redação dada pela Lei nº 7.803, de 18 de julho de 1989; V – área aproveitável, a que for passível de exploração agrícola, pecuária, granjeira, aquícola ou florestal, excluídas as áreas: a) ocupadas por benfeitorias úteis e necessárias; b) de que tratam as alíneas do inciso II deste parágrafo; 4. A imposição fiscal obedece ao princípio da legalidade estrita, impondo ao julgador, na apreciação da lide, ater-se aos critérios estabelecidos em lei. 5.

Consectariamente, decidiu com acerto o acórdão *a quo* ao firmar entendimento no sentido de que, *litteris*: 'Assim, entendo que deve ser promovida a subtração da área de reserva legal. Embora não houvesse a averbação da área demarcada como reserva legal na época do fato gerador (1998), o que só ocorreu em 2002, entendo que deve haver a subtração de 20% da área do imóvel. Deve-se considerar como área de reserva apenas o limite mínimo de 20% estabelecido pelo art. 16 da Lei nº 4.771/65, e é o caso dos autos. Mesmo enquanto não averbada, havia a proteção legal sobre o mínimo de 20% da área rural. Convém lembrar que a imposição fiscal obedece ao princípio da legalidade estrita, o que impõe ao julgador na apreciação da lide ater-se aos critérios estabelecidos em lei e ao conteúdo da prova produzida, quando existente. Se é verdadeira a assertiva de que a 'Administração Pública' não pode ir contra fato que ela mesmo deu origem, também o é que o juiz não está adstrito às alegações das partes, devendo aplicar, em matéria tributária, as disposições legais pertinentes. No que tange ao imposto referente ao exercício de 1998, à época já se encontrava em vigor a Lei nº 9.393/96, que, inovando o regramento legal até então existente, promoveu alteração significativa na sistemática de lançamento do **ITR** – abandonou o lançamento de ofício (art. 6º da Lei nº 8.847/94) para adotar o lançamento por homologação (art. 10 da Lei 9.393/96). Mero ato administrativo de averbação não pode ilidir a prova material da existência da área de reserva legal, consubstanciada em ato de vistoria e/ou prova pericial, esta rejeitada de plano." 6. Os embargos de declaração que enfrentam explicitamente a questão embargada não ensejam recurso especial pela violação do artigo 535, II, do CPC. 7. Ademais, o magistrado não está obrigado a rebater, um a um, os argumentos trazidos pela parte, desde que os fundamentos utilizados tenham sido suficientes para embasar a decisão. 8. Recurso especial a que se nega provimento. (Ministro Luiz Fux)[6]

A destinação de parte dos recursos arrecadados com a cobrança pelo uso da água, na forma da Lei nº 9.433, de 8 de janeiro de 1997, para a manutenção, recuperação ou recomposição das Áreas de Preservação Permanente, de Reserva Legal e de uso restrito na bacia de geração da receita, é adequada e, de certa forma, já vem sendo adotada pelos Comitês de Bacias Hidrográficas.

---

[6] Superior Tribunal de Justiça. RESP 200701647955. RESP – RECURSO ESPECIAL – 969091. 1ª TURMA. DJE DATA: 1/7/2010.

As linhas de financiamento para atender iniciativas de preservação voluntária de vegetação nativa, proteção de espécies da flora nativa ameaçadas de extinção, manejo florestal e agroflorestal sustentável realizados na propriedade ou posse rural, ou recuperação de áreas degradadas, são medidas que pendem de regulamentação.

A *isenção de impostos* para os principais insumos e equipamentos, tais como: fios de arame, postes de madeira tratada, bombas d'água, trado de perfuração de solo, dentre outros utilizados para os processos de recuperação e manutenção das Áreas de Preservação Permanente, de Reserva Legal e de uso restrito é outra medida prevista na lei.

> *"A isenção é instituto de natureza jurídica polêmica. Classicamente definida como 'hipótese de não incidência legalmente qualificada', a doutrina mais moderna a vem entendo como norma impeditiva do exercício da competência tributária em certas situações, em razão da mutilação de um ou de alguns aspectos da hipótese de incidência, conforme ensina Paulo de Barros Carvalho (Curso de Direito Tributário).*
>
> *A isenção tem sempre por fonte a lei (art. 150, § 6º, CF), lei essa da mesma pessoa política competente para instituir o tributo de cuja exoneração se trate, uma vez vedada, como regra, pela Constituição vigente, a possibilidade de concessão de isenção heterônoma, isto é, aquela concedida por pessoa política distinta daquela a que foi outorgada a competência para instituir o tributo (art. 151, III, CF; vide comentário ao parágrafo único do art. 13, CTN).*
>
> *A outorga de isenção deve ser necessariamente fundada em razões de interesse público, sob pena de vulnerar-se o princípio da isonomia e, mais especialmente, uma de suas manifestações no campo tributário, qual seja, o princípio da generalidade da tributação. A lei de isenção deve identificar precisamente o(s) tributo(s) a que se refere e as condições necessárias à sua fruição.*
>
> *As isenções podem ser classificadas em isenções técnicas e isenções políticas. As primeiras são aquelas legitimamente reconhecidas diante da ausência de capacidade contributiva, como é o caso da isenção destinada à preservação do 'mínimo vital', assim entendido como mínimo de riqueza para uma pessoa física sustentar a si e a sua família com dignidade, ou para uma pessoa jurídica desenvolver suas atividades. Já as isenções políticas beneficiam, em regra, pessoas que detêm capacidade de contribuir, mas são outorgadas em função de outras finalidades, prestigiadas constitucionalmente (cf. nosso Princípio da Capacidade Contributiva, Malheiros).*

A isenção pode ser outorgada em função do âmbito territorial, uma vez existente justificativa para o tratamento diferenciado, em respeito ao princípio da isonomia. O art. 151, I da Constituição, ao contemplar o princípio da uniformidade tributária, consequente do Princípio federativo, autoriza a União a conceder incentivos fiscais destinados a promover o equilíbrio do desenvolvimento socioeconômico entre as diferentes regiões do país."[7]

O § 1º estabelece uma relação meramente exemplificativa de medidas de política econômica que poderão ser estabelecidas pelo Executivo com vistas à regularização ambiental das propriedades rurais, tais como: (i) destinação de recursos para a pesquisa científica e tecnológica e a extensão rural relacionadas à melhoria da qualidade ambiental; (ii) dedução da base de cálculo do imposto de renda do proprietário ou possuidor de imóvel rural, pessoa física ou jurídica, de parte dos gastos efetuados com a recomposição das Áreas de Preservação Permanente, de Reserva Legal e de uso restrito cujo desmatamento seja anterior a 22 de julho de 2008; (iii) utilização de fundos públicos para concessão de créditos reembolsáveis e não reembolsáveis destinados à compensação, recuperação ou recomposição das Áreas de Preservação Permanente, de Reserva Legal e de uso restrito cujo desmatamento seja anterior a 22 de julho de 2008.

Admite-se, também, o estabelecimento de "diferenciação" tributária para empresas que industrializem ou comercializem produtos originários de propriedades ou posses rurais que cumpram os padrões e limites estabelecidos nos artigos 4º, 6º, 11 e 12 da Lei, ou que estejam em processo de cumpri-los, isto é, poderão ser estabelecidas alíquotas tributárias próprias nas condições estabelecidas na lei. Contudo, a implementação da determinação não é trivial, pois o sistema tributário nacional é muito rígido e a linha divisória entre o tratamento favorecido em função de uma política de intervenção econômica e o privilégio é muito tênue.

Determina o § 3º que somente aqueles proprietários e posseiros, inscritos no CAR, adimplentes com os compromissos assumidos em Termo de Compromisso ou PRA podem se candidatar aos benefícios e incentivos estabelecidos nas alíneas *a* até *e* do inciso II do *caput* do artigo. A medida é acertada.

O § 4º se explica no contexto estabelecido pela Lei nº 12.187, de 29 de dezembro de 2009, que instituiu a Política Nacional sobre a Mudança do Clima – PNMC, buscando dar concretude, dentre outros, aos incisos VI, VII e VIII do

---

7   COSTA, Regina Helena. In: FREITAS, Vladimir Passos de. *Código Tributário Nacional comentado*. 5. ed. São Paulo: Revista dos Tribunais, 2004. p. 729.

artigo 4º da PNMC.[8] A mesma lei criou, em seu artigo 9º, o Mercado Brasileiro de Redução de Emissões, o qual deverá ser operacionalizado *"em bolsas de mercadorias e futuros, bolsas de valores e entidades de balcão organizado, autorizadas pela Comissão de Valores Mobiliários – CVM, onde se dará a negociação de títulos mobiliários representativos de emissões de gases de efeito estufa evitadas certificadas"*.

O Mercado Brasileiro de Redução de Emissões é:

> "O Mercado Brasileiro de Redução de Emissões é resultado de uma iniciativa conjunta do Ministério de Desenvolvimento Indústria e Comércio Exterior (MDIC) e da Bolsa de Mercadorias e Futuros (BM&F), visando estruturar a negociação em bolsa de créditos de carbono, oriundos de projetos de MDL. O mercado, lançado em São Paulo em 6 de dezembro de 2004, é o primeiro desse tipo em um país em desenvolvimento. O MBRE tornou-se operacional em setembro de 2005 com um Banco de Projetos, que pretende dar visibilidade e facilitar a comercialização de Projetos de MDL (potenciais e já estruturados). Sua função econômica é a de atrair investimentos diretos do exterior, que contribuem para o desenvolvimento econômico; estimular projetos de tecnologia limpa; e tornar o país uma referência no mercado internacional, no que se refere aos instrumentos ambientais. Para assegurar a qualidade e consistência dos projetos, a BM&F firmou convênio com institutos de pesquisa e ensino com especialização no tema, para revisão e aprovação das intenções de projetos submetidos a registro, devendo as intenções de cada projeto estar de acordo com a metodologia do Protocolo de Quioto. O MBRE conta com um Sistema de Registro de Contratos a Termo de Reduções Certificadas, na Bolsa de Valores do Rio de Janeiro (BVRJ), com o objetivo de dar credibilidade e transparência às negociações do mercado de carbono; e um Programa de Capacitação de Curto Prazo de Participantes do Mercado. O MBRE foi criado para facilitar o acesso de médios empresários a um mercado relativamente complexo, por causa de exigências como o registro de projetos de MDLs no Conselho Executivo do Protocolo de Quioto, sediado na Alemanha."[9]

---

[8]   Art. 4º A Política Nacional sobre Mudança do Clima – PNMC visará: [...] VI – à preservação, à conservação e à recuperação dos recursos ambientais, com particular atenção aos grandes biomas naturais tidos como Patrimônio Nacional; VII – à consolidação e à expansão das áreas legalmente protegidas e ao incentivo aos reflorestamentos e à recomposição da cobertura vegetal em áreas degradadas; VIII – ao estímulo ao desenvolvimento do Mercado Brasileiro de Redução de Emissões – MBRE.

[9]   Disponível em: <http//: www.mudancasclimaticas.andi.org.br/content/mercado-brasileiro-de-reducao-de-emissoes-mbre>. Acesso em: 3 de julho de 2012.

A manutenção das áreas de preservação permanente e de reserva legal e de uso restrito são obrigações legais e, em tese, não poderiam ser consideradas como elegíveis para pagamentos ou incentivos por serviços ambientais, haja vista que o cumprimento da lei não pode ser considerado como uma melhoria em relação a uma situação "normal". Contudo, no contexto específico do Brasil e, tendo em vista as pressões internacionais pela manutenção de nossas florestas, a medida adotada parece adequada. Aliás, a medida deveria ter sido aprofundada de forma que as APPs de "transição" não existissem, evitando-se a descaracterização do instituto como é o caso de admitir áreas de preservação permanente proporcionais ao tamanho do imóvel rural, como faz o Novo Código Florestal.

O que a norma pretende é dar condições para que a conservação da floresta nativa possa ser incluída como um elemento nas diferentes transações econômicas que tendem a ser desenvolvidas em relação aos créditos de carbono. É importante apresentar o glossário básico dos temas contidos no parágrafo.

A adicionalidade é:

> "Característica de iniciativa (projetos, ações, políticas públicas etc.) onde a redução de emissões de gases do efeito estufa (GEE) ou a maior capacidade de remoção de CO_2 da atmosfera é adicional ao que ocorreria na ausência desta iniciativa. Trata-se de um dos principais critérios para a aprovação de projetos de MDL (Mecanismos de Desenvolvimento Limpo), uma vez que comprova a eficácia do mecanismo proposto. Pode-se dizer que a diferença entre o cenário observado na ausência de um projeto de MDL, isto é, o cenário 'business as usual' (concentração atmosférica de CO_2) e o cenário após a execução da atividade do projeto (concentração de CO_2 atmosférico reduzido ou CO_2 removido) representa a adicionalidade do projeto."[10]

Emissões certificadas:

> "Representam as reduções de emissões de gases de efeito estufa decorrentes de atividades de projetos elegíveis para o MDL (Mecanismos de Desenvolvimento Limpo). As RCEs podem ser vendidas para países do Anexo I, que as utilizam como forma de cumprimento parcial de suas metas de redução de emissão de gases de efeito estufa (GEE). As Reduções Certificadas devem ter adicionalidade, isto é, devem reduzir os níveis de emissão a um nível

---

[10]   Disponível em: <http://www.mudancasclimaticas.andi.org.br/content/adicionalidade>. Acesso em: 3 de julho de 2012.

menor do que ocorreria sem o projeto certificado. As unidades de emissão são as seguintes:

a) Unidade de Emissão Atribuída (UCA) – Igual a 1 tonelada (métrica) de CO_2 equivalente emitido, calculada utilizando o Potencial de Aquecimeto Global (GWP);

b) Unidade de Redução de Emissões (ERU) – Igual a 1 tonelada (métrica) de CO_2 não emitido (reduzido ou sequestrado), por meio de projeto de implementação conjunta, entre países do Anexo B. A redução também deve ter adicionalidade e a Unidade de Redução de Emissão é calculada utilizando o Potencial de Aquecimento Global (GWP);

c) Unidade de Redução Certificada de Emissões (CER) – Igual a 1 tonelada (métrica) de dióxido de carbono não emitido, reduzido ou sequestrado, por meio de um projeto do MDL, calculada utilizando o Potencial de Aquecimento Global (GWP). Estas unidades podem ser utilizadas por países do Anexo I como forma de cumprimento parcial de suas metas de redução de emissão de gases de efeito estufa (GEE)."[11]

A ideia básica é que as florestas possam ser consideradas como aptas a servir elementos capazes de equilibrar a emissão de gases efeitos estufa, remunerando-se o proprietário dos imóveis por tal serviço.

Conforme determinado pelo § 5º, o programa relativo ao pagamento ou incentivo a serviços ambientais como retribuição, monetária ou não, às atividades de conservação e melhoria dos ecossistemas e que gerem serviços ambientais, tais como, isolada ou cumulativamente: (a) o sequestro, a conservação, a manutenção e o aumento do estoque e a diminuição do fluxo de carbono; (b) a conservação da beleza cênica natural; (c) a conservação da biodiversidade; (d) a conservação das águas e dos serviços hídricos; (e) a regulação do clima; (f) a valorização cultural e do conhecimento tradicional ecossistêmico; (g) a conservação e o melhoramento do solo; (h) a manutenção de Áreas de Preservação Permanente, de Reserva Legal e de uso restrito, deverá ser integrado em um sistema capaz de abarcar os níveis nacional e estadual, com vistas ao estabelecimento de um mercado de serviços ambientais que tenha uma expressão econômica, com vistas a melhorar a qualidade ambiental e proteger as florestas e demais formas de vegetação nativa.

O § 6º estabeleceu uma medida de "justiça ambiental" e que deve ser estimulada, que é a possibilidade de que os "proprietários localizados" (*rectius*: os

---

11   Disponível em: <http://www.mudancasclimaticas.andi.org.br/content/certificado-de-reducao-de-emissao-ou-reducoes-certificadas-de-emissoes-rces>. Acesso em: 3 de julho de 2012.

proprietários de propriedades localizadas) nas zonas de amortecimento de Unidades de Conservação de Proteção Integral (*rectius*: do grupo de Proteção Integral) sejam elegíveis para o recebimento de apoio técnico-financeiro com verbas oriundas da compensação ambiental estabelecida pelo art. 36 da Lei nº 9.985, de 18 de julho de 2000, com a finalidade de recuperação e manutenção de áreas prioritárias para a gestão da unidade. Isso faz com que as restrições estabelecidas nas zonas de amortecimento sejam mais legítimas e possam efetivamente ser observadas pelos vizinhos das Unidades de Conservação. A medida é altamente salutar.

Art. 42. É o Governo Federal autorizado a implantar programa para conversão da multa prevista no art. 50 do Decreto nº 6.514, de 22 de julho de 2008,[12] destinado aos imóveis rurais, referente a autuações vinculadas a desmatamentos promovidos sem autorização ou licença, em data anterior a 22 de julho de 2008.

Redação original	Lei nº 12.727/2012
Art. 42. É o Governo Federal autorizado a implantar programa para conversão da multa prevista no art. 50 do Decreto nº 6.514, de 22 de julho de 2008, destinado aos imóveis rurais, referente a autuações vinculadas a desmatamentos promovidos sem autorização ou licença, em data anterior a 22 de julho de 2008.	Art. 42. O Governo Federal implantará programa para conversão da multa prevista no art. 50 do Decreto nº 6.514, de 22 de julho de 2008, destinado a imóveis rurais, referente a autuações vinculadas a desmatamentos em áreas onde não era vedada a supressão, que foram promovidos sem autorização ou licença, em data anterior a 22 de julho de 2008.

A conversão da multa em serviços de recuperação e melhoria ambiental está prevista no Decreto nº 6.514, de 22 de junho de 2008, sendo uma prerrogativa do autuado que a ela tem direito. Por outro lado, como já foi amplamente demonstrado neste livro, a norma é inócua, pois ante os prazos de prescrição e os prazos concedidos para a efetivação do atendimento às obrigações de manutenção das

---

[12]   Art. 50. Destruir ou danificar florestas ou qualquer tipo de vegetação nativa ou de espécies nativas plantadas, objeto de especial preservação, sem autorização ou licença da autoridade ambiental competente: Multa de R$ 5.000,00 (cinco mil reais) por hectare ou fração. § 1º A multa será acrescida de R$ 500,00 (quinhentos reais) por hectare ou fração quando a situação prevista no *caput* se der em detrimento de vegetação secundária no estágio inicial de regeneração do bioma Mata Atlântica. § 2º Para os fins dispostos no art. 49 e no *caput* deste artigo, são consideradas de especial preservação as florestas e demais formas de vegetação nativa que tenham regime jurídico próprio e especial de conservação ou preservação definido pela legislação.

Áreas de Preservação Permanente e de Reserva Legal, as Possíveis sanções são inaplicáveis.

Art. 43. (VETADO).[13]

Art. 44. É instituída a Cota de Reserva Ambiental – CRA, título nominativo representativo de área com vegetação nativa, existente ou em processo de recuperação:[14]

I – **sob regime de servidão ambiental, instituída na forma do art. 9º-A da Lei nº 6.938, de 31 de agosto de 1981;**

II – **correspondente à área de Reserva Legal instituída voluntariamente sobre a vegetação que exceder os percentuais exigidos no art. 12 desta Lei;**

III – **protegida na forma de Reserva Particular do Patrimônio Natural – RPPN, nos termos do art. 21 da Lei nº 9.985, de 18 de julho de 2000;**

---

[13]   Art. 43. As empresas concessionárias de serviços de abastecimento de água e de geração de energia hidrelétrica, públicas e privadas, deverão investir na recuperação e na manutenção de vegetação nativa em Áreas de Preservação Permanente existentes na bacia hidrográfica em que ocorrer a exploração. § 1º Aplica-se o disposto no *caput*, no caso de concessionárias de geração de energia hidrelétrica, apenas às novas concessões outorgadas a partir da data da publicação desta Lei, ou àquelas prorrogadas, devendo constar no edital de licitação, quando houver, a exigência dessa obrigação. § 2º A empresa deverá disponibilizar em seu sítio na internet, ou mediante publicação em jornal de grande circulação, prestação de contas anual dos gastos efetivados com a recuperação e a manutenção de Áreas de Preservação Permanente, sendo facultado ao Ministério Público, em qualquer hipótese, fiscalizar a adequada destinação desses recursos. § 3º A empresa concessionária de serviço de abastecimento de água disporá de 180 (cento e oitenta) dias, contados da data da publicação desta Lei, para realizar as adaptações necessárias ao cumprimento do disposto neste artigo. **Razão do veto:** O dispositivo impõe aos concessionários de serviços de abastecimento de água e de geração de energia elétrica o dever de recuperar, manter e preservar as áreas de preservação permanente de toda a bacia hidrográfica em que se localiza o empreendimento e não apenas da área no qual este está instalado. Trata-se de obrigação desproporcional e desarrazoada, particularmente em virtude das dimensões das bacias hidrográficas brasileiras, que muitas vezes perpassam várias unidades da federação. A manutenção do dispositivo contraria o interesse público, uma vez que ocasionaria um enorme custo adicional às atividades de abastecimento de água e geração de energia elétrica no País, impactando diretamente os valores das tarifas cobradas por esses serviços.

[14]   Direito Anterior: Lei nº 4.771/1965: Art. 44-B. Fica instituída a Cota de Reserva Florestal – CRF, título representativo de vegetação nativa sob regime de servidão florestal, de Reserva Particular do Patrimônio Natural ou reserva legal instituída voluntariamente sobre a vegetação que exceder os percentuais estabelecidos no art. 16 deste Código. (Incluído pela Medida Provisória nº 2.166-67, de 2001) Parágrafo único. A regulamentação deste Código disporá sobre as características, natureza e prazo de validade do título de que trata este artigo, assim como os mecanismos que assegurem ao seu adquirente a existência e a conservação da vegetação objeto do título. (Incluído pela Medida Provisória nº 2.166-67, de 2001)

IV – existente em propriedade rural localizada no interior de Unidade de Conservação de domínio público que ainda não tenha sido desapropriada.

§ 1º A emissão de CRA será feita mediante requerimento do proprietário, após inclusão do imóvel no CAR e laudo comprobatório emitido pelo próprio órgão ambiental ou por entidade credenciada, assegurado o controle do órgão federal competente do Sisnama, na forma de ato do Chefe do Poder Executivo.

§ 2º A CRA não pode ser emitida com base em vegetação nativa localizada em área de RPPN instituída em sobreposição à Reserva Legal do imóvel.

§ 3º A Cota de Reserva Florestal – CRF emitida nos termos do art. 44-B da Lei nº 4.771, de 15 de setembro de 1965, passa a ser considerada, pelo efeito desta Lei, como Cota de Reserva Ambiental.

§ 4º Poderá ser instituída CRA da vegetação nativa que integra a Reserva Legal dos imóveis a que se refere o inciso V do art. 3º desta Lei.

A Cota de Reserva Ambiental – CRA é um título representativo de uma área coberta com vegetação nativa. O seu objetivo é que ele possa exprimir um valor econômico a ser utilizado em transações, como forma de remunerar o proprietário da área coberta por vegetação nativa pelo serviço ambiental de mantê-la hígida. A CRA é o título que sucedeu à extinta Cota de Reserva Florestal – CRF criada pelo artigo 44-B da revogada Lei nº 4.771/1965.

A antiga Cota de Reserva Florestal tinha semelhanças com a cédula do produtor rural – CPR, que necessita de registro junto a sistema de registro e de liquidação financeira, administrado pela Câmara de Custódia e Liquidação (CETIP), vinculada ao Banco Central do Brasil.

A matéria referente à natureza jurídica do título representativo da Cota de Reserva Ambiental deve ser vista à luz do Direito Comercial, mais especificamente, dos títulos de crédito. Dada a especialização da matéria, sirvo-me do ensinamento de Fábio Ulhoa Coelho:[15]

> A classificação dos títulos de crédito se faz por quatro principais critérios, a saber: a) quanto ao modelo; b) quanto à estrutura; c) quanto às hipóteses de emissão; d) quanto à circulação.
>
> O primeiro desses critérios distingue os títulos de crédito entre aqueles de modelo livre e os de modelo vinculado. No primeiro grupo, de que são exemplos a letra de câmbio e a nota promissó-

---

15   COELHO, Fábio Ulhoa. *Manual de direito comercial*. 21. ed. São Paulo: Saraiva, 2011. p. 236-238.

ria, estão os títulos de crédito cuja forma não precisa observar um padrão normativamente estabelecido. Os seus requisitos devem ser cumpridos para que se constituam títulos de crédito, mas a lei não determina uma forma específica para eles. Já o grupo dos títulos de modelo vinculado, em que se encontram o cheque e a duplicata mercantil, reúne aqueles em relação aos quais o direito definiu um padrão para o preenchimento dos requisitos específicos de cada um. Um cheque somente será um cheque se lançado no formulário próprio fornecido, por talão, pelo próprio banco sacado. Mesmo que se lancem, em um instrumento diverso, todos os requisitos que a lei estabelece para o cheque, este instrumento não será título de crédito, não produzirá os efeitos jurídicos do cheque.

No tocante ao critério pertinente à estrutura, os títulos de crédito serão ordem de pagamento ou promessa de pagamento. No primeiro caso, o saque cambial dá nascimento a três situações jurídicas distintas: a de quem dá a ordem, a do destinatário da ordem e a do beneficiário da ordem de pagamento. No caso da promessa, apenas duas situações jurídicas distintas emergem do saque cambial: a de quem promete pagar e a do beneficiário da promessa. A letra de câmbio, o cheque e a duplicata mercantil são ordens de pagamento, ao passo que a nota promissória é uma promessa de pagamento.

Quanto às hipóteses de emissão, os títulos de crédito ou são causais ou não causais (também chamados de abstratos), segundo a lei circunscreva, ou não, as causas que autorizam a sua criação. Um título causal somente pode ser emitido se ocorrer o fato que a lei elegeu como causa possível para sua emissão, ao passo que um título não causal, ou abstrato, pode ser criado por qualquer causa, para representar obrigação de qualquer natureza no momento do saque. A duplicata mercantil, exemplo de título causal, somente pode ser criada para representar obrigação decorrente de compra e venda mercantil. Já o cheque e a nota promissória podem ser emitidos para representar obrigações das mais diversas naturezas.

Finalmente, em relação ao ato jurídico que opera a transferência da titularidade do crédito representado pela cártula, ou seja, quanto à circulação, os títulos de crédito podem ser ao portador ou nominativos. Os títulos ao portador são aqueles que, por não identificarem o seu credor, são transmissíveis por mera tradição, enquanto os títulos nominativos são os que identificam o seu credor e, portanto, a sua transferência pressupõe, além da tradição, a prática de um outro ato jurídico. Os títulos de crédito nominativos ou são 'à ordem' ou 'não à ordem'. Os nominativos com a cláusula 'à ordem' circulam mediante tradição acompanhada de endosso, e os com a cláusula 'não à ordem' circulam com a tradição acompanhada de cessão civil de crédito. Endosso e cessão civil são atos jurídicos transladadores da titularidade de crédito que se diferenciam quanto aos efeitos, conforme se examinará no momento apropriado (Cap. 18, item 3). No Código Civil de 2002, o conceito de títulos nominativos é diverso. Seriam desta categoria os títulos em que o nome do favorecido consta de registros do emitente (art. 921) e cuja circulação depende de alterações neste registro. Não há, no meio brasileiro, nenhum título de crédito que atenda a esta condição."

O título pode representar área com vegetação nativa, existente ou em recuperação, constituída por: (i) área em regime de servidão ambiental, instituída na forma do art. 9º-A da Lei nº 6.938, de 31 de agosto de 1981; (ii) área de Reserva Legal instituída voluntariamente sobre a vegetação que exceder os percentuais exigidos no art. 12 da Lei; (iii) área protegida na forma de Reserva Particular do Patrimônio Natural – RPPN, nos termos do art. 21 da Lei nº 9.985, de 18 de julho de 2000; (iv) área existente em propriedade rural localizada no interior de Unidade de Conservação de domínio público que ainda não tenha sido desapropriada.

O número iv é a repetição de um equívoco que, seguidamente, vem sendo praticado: considerar como de domínio público os imóveis situados em Unidades de Conservação *que ainda não tenha sido desapropriada*". É elementar que domínio público significa propriedade pública, e se a desapropriação não foi efetivada, não há propriedade pública. Por outro lado, se o Estado admite a emissão de CRA em tais casos, ou seja, reconhece o bom estado de conservação e proteção ambiental do terreno, completamente destituída de razoabilidade e sentido a desapropriação. Ademais, uma vez emitida a CRA e, posteriormente, ocorrendo a desapropriação do imóvel com a sua efetiva incorporação ao patrimônio público, desaparece o título, perde seu valor? Como fica o terceiro que dele faça uso legítimo?

Determina o § 1º do artigo que

> *"a emissão de CRA será feita mediante requerimento do proprietário, após inclusão do imóvel no CAR e laudo comprobatório emitido pelo próprio órgão ambiental ou por entidade credenciada, assegurado o controle do órgão federal competente do Sisnama, na forma de ato do Chefe do Poder Executivo".*

Por proibição expressa contida no § 2º, a CRA não poderá ser emitida com base em vegetação nativa localizada em área de RPPN instituída em sobreposição à Reserva Legal do imóvel. Cuida-se de disposição razoável, pois a existência da RPPN sobre toda a área impede que remanesçam outras formas de proteção e, com isso, evita-se a dupla titulação para uma mesma área. Admite-se, também, que a pequena propriedade familiar possa ser beneficiada com os títulos da CRA.

As Cotas de Reserva Florestal, emitidas na forma do art. 44-B da Lei nº 4.771, de 15 de setembro de 1965, foram convertidas em Cotas de Reserva Ambiental, independentemente de qualquer outra regulamentação.

Art. 45. A CRA será emitida pelo órgão competente do Sisnama em favor de proprietário de imóvel incluído no CAR que mantenha área nas condições previstas no art. 44.

§ 1º O proprietário interessado na emissão da CRA deve apresentar ao órgão referido no *caput* proposta acompanhada de:

I – certidão atualizada da matrícula do imóvel expedida pelo registro de imóveis competente;

II – cédula de identidade do proprietário, quando se tratar de pessoa física;

III – ato de designação de responsável, quando se tratar de pessoa jurídica;

IV – certidão negativa de débitos do Imposto sobre a Propriedade Territorial Rural – ITR;

V – memorial descritivo do imóvel, com a indicação da área a ser vinculada ao título, contendo pelo menos um ponto de amarração georreferenciado relativo ao perímetro do imóvel e um ponto de amarração georreferenciado relativo à Reserva Legal.

§ 2º Aprovada a proposta, o órgão referido no *caput* emitirá a CRA correspondente, identificando:

I – o número da CRA no sistema único de controle;

II – o nome do proprietário rural da área vinculada ao título;

III – a dimensão e a localização exata da área vinculada ao título, com memorial descritivo contendo pelo menos um ponto de amarração georreferenciado;

IV – o bioma correspondente à área vinculada ao título;

V – a classificação da área em uma das condições previstas no art. 46.

§ 3º O vínculo de área à CRA será averbado na matrícula do respectivo imóvel no registro de imóveis competente.

§ 4º O órgão federal referido no *caput* pode delegar ao órgão estadual competente atribuições para emissão, cancelamento e transferência da CRA, assegurada a implementação de sistema único de controle.

O artigo é mais um daqueles cuja técnica redacional é pobre. Ele cuida dos requisitos para a emissão do CRA, bem como indica a autoridade administrativa responsável pelo título. O *caput*, mais uma vez, utiliza a já tradicional fórmula aberta e pouco elucidativa "órgão competente do SISNAMA" como emissor da CRA em favor de proprietário de imóvel incluído no Cadastro Ambiental de Regularização. Contudo, a leitura do § 4º demonstra que a competência originária para a emissão da CRA é do IBAMA, que poderá delegá-la aos órgãos estaduais, inclusive no que tange ao seu cancelamento e a sua transferência, uma vez assegurada a implementação de sistema único de controle das emissões de CRA.

A proposta de emissão de CRA relativa às áreas contempladas no artigo 44 deve ser formulada pelo proprietário à autoridade administrativa instruída pelos seguintes documentos: (i) certidão atualizada da matrícula do imóvel expedida pelo registro de imóveis competente; (ii) cédula de identidade do proprietário, quando se tratar de pessoa física; (iii) ato de designação de responsável, quando se tratar de pessoa jurídica; (iv) certidão negativa de débitos do Imposto sobre a Propriedade Territorial Rural – ITR; (v) memorial descritivo do imóvel, com a indicação da área a ser vinculada ao título, contendo pelo menos um ponto de amarração georreferenciado relativo ao perímetro do imóvel e um ponto de amarração georreferenciado relativo à Reserva Legal. No que se refere às certidões de quitação do ITR, relembre-se de que as Áreas de Preservação permanente, as áreas de Reserva Legal e as de Uso Restrito gozam de tratamento especial em relação ao tributo.

A emissão da CRA, uma vez aprovada a proposta pelo órgão de controle ambiental, será realizada identificando-se: (i) o número da CRA no sistema único de controle; (ii) o nome do proprietário rural da área vinculada ao título; (iii) a dimensão e a localização exata da área vinculada ao título, com memorial descritivo contendo pelo menos um ponto de amarração georreferenciado; (iv) o bioma correspondente à área vinculada ao título; (v) a classificação da área em uma das condições previstas no artigo 46. Uma vez emitida a CRA, ela deverá ser averbada junto à matrícula do imóvel, identificando-se a vinculação.

Art. 46. Cada CRA corresponderá a 1 (um) hectare:

I – de área com vegetação nativa primária ou com vegetação secundária em qualquer estágio de regeneração ou recomposição;

II – de áreas de recomposição mediante reflorestamento com espécies nativas.

§ 1º O estágio sucessional ou o tempo de recomposição ou regeneração da vegetação nativa será avaliado pelo órgão ambiental estadual competente com base em declaração do proprietário e vistoria de campo.

§ 2º A CRA não poderá ser emitida pelo órgão ambiental competente quando a regeneração ou recomposição da área forem improváveis ou inviáveis.

A cada CRA deve corresponder 1 (um) hectare do imóvel ao qual esteja vinculada; assim, a cada imóvel corresponderão tantas CRAs quantos forem os hectares da propriedade, não se admitindo, em princípio, a emissão de CRAs para imóveis menores. Podem ser objeto de vinculação aos títulos aqui comentados: (i) área com vegetação nativa primária ou com vegetação secundária em qualquer estágio de regeneração ou recomposição e (ii) áreas de recomposição mediante reflorestamento com espécies nativas, observadas as dimensões mínimas.

O § 1º é motivo de preocupação, pois como determinado pelo artigo 45, a CRA é emitida pelo órgão federal, que poderá delegar a atribuição ao órgão estadual; contudo, a norma é expressa ao estabelecer que "*o estágio sucessional ou o tempo de recomposição ou regeneração da vegetação nativa será avaliado pelo órgão ambiental estadual competente com base em declaração do proprietário e vistoria de campo*". Assim, mesmo que a CRA venha a ser emitida pelo IBAMA, caberá ao órgão estadual a certificação quanto às condições ambientais da área objeto do título a ser emitido. Louvável o espírito de descentralização, contudo, necessário se faz um excelente nível de coordenação entre o órgão federal e os estaduais, sob pena da criação de uma estrutura burocrática incapaz de tornar realidade o propósito da norma. De outra banda, é necessário que sejam feitas auditorias periódicas nas terras oferecidas para CRA, a fim de que se evite a emissão de CRAs inconsistentes e sem a necessária representatividade ambiental. Cabe ao proprietário do imóvel informar o estágio da vegetação, mediante laudo técnico ofertado por profissional habilitado, o qual será avaliado pelo órgão de controle ambiental, com vistoria em campo obrigatória, como se depreende da lei. A vistoria em campo deverá, inclusive, avaliar as condições de recomposição e regeneração, negando a emissão da CRA nas hipóteses de baixa probabilidade ou inviabilidade.

Art. 47. É obrigatório o registro da CRA pelo órgão emitente, no prazo de 30 (trinta) dias, contado da data da sua emissão, em bolsas de mercadorias de âmbito nacional ou em sistemas de registro e de liquidação financeira de ativos autorizados pelo Banco Central do Brasil.

A matéria depende de regulamentação a ser efetivada pelo Banco Central do Brasil. O texto legal é autoexplicativo, não demandando maiores comentários.

Art. 48. A CRA pode ser transferida, onerosa ou gratuitamente, a pessoa física ou a pessoa jurídica de direito público ou privado, mediante termo assinado pelo titular da CRA e pelo adquirente.

§ 1º A transferência da CRA só produz efeito uma vez registrado o termo previsto no *caput* no sistema único de controle.

§ 2º A CRA só pode ser utilizada para compensar Reserva Legal de imóvel rural situado no mesmo bioma da área à qual o título está vinculado.

§ 3º A CRA só pode ser utilizada para fins de compensação de Reserva Legal se respeitados os requisitos estabelecidos no § 6º do art. 66.

§ 4º A utilização de CRA para compensação da Reserva Legal será averbada na matrícula do imóvel no qual se situa a área vinculada ao título e na do imóvel beneficiário da compensação.

Como é da própria essência dos títulos de crédito, a CRA pode ser "transferida", (*Rectius*: negociada), onerosa ou gratuitamente, a pessoa física ou a pessoa jurídica de direito público ou privado, mediante *termo assinado pelo titular da CRA e pelo adquirente*. O vocábulo *termo* denuncia a inexistência de técnica jurídica, pois o correto seria a utilização do vocábulo *contrato* e não *termo*, cuja índole é eminentemente administrativa. Os efeitos da alienação da CRA somente se produzirão após o registro do contrato no sistema único de controle previsto no *caput* do artigo e, até aqui, pendente de regulamentação.

A utilização da CRA para fins de equacionamento de passivos ambientais está sujeita às seguintes condições: (i) compensar Reserva Legal de imóvel rural situado no mesmo bioma da área à qual o título esteja vinculado, (ii) observados os requisitos do § 6º do artigo 66,[16] (iii) averbação da utilização da CRA para

---

[16] Art. 66. O proprietário ou possuidor de imóvel rural que detinha, em 22 de julho de 2008, área de Reserva Legal em extensão inferior ao estabelecido no art. 12, poderá regularizar sua situação, independentemente da adesão ao PRA, adotando as seguintes alternativas, isolada ou conjuntamente: [...] § 5º A compensação de que trata o inciso III do *caput* deverá ser precedida pela inscrição da propriedade no CAR e poderá ser feita mediante: I – aquisição de Cota de Reserva

compensação da Reserva Legal na matrícula do imóvel ao qual o título esteja vinculado e na do imóvel beneficiário da compensação.

Art. 49. Cabe ao proprietário do imóvel rural em que se situa a área vinculada à CRA a responsabilidade plena pela manutenção das condições de conservação da vegetação nativa da área que deu origem ao título.

§ 1º A área vinculada à emissão da CRA com base nos incisos I, II e III do art. 44 desta Lei poderá ser utilizada conforme PMFS.

§ 2º A transmissão *inter vivos* ou *causa mortis* do imóvel não elimina nem altera o vínculo de área contida no imóvel à CRA.

O artigo é uma mera reiteração de normas legais expressas e claras. A CRA não é um título de propriedade e, portanto, a sua emissão não é capaz de operar a transferência jurídica de obrigações *propter rem*, ou *op rem*, as quais permanecem na esfera de responsabilidade do proprietário do imóvel, como no caso das Áreas de Preservação Permanente, das áreas de Reserva Legal ou áreas de Uso Restrito. Assim, o proprietário da área representada no título deve assegurar que as condições ambientais das áreas em questão sejam mantidas e, no caso daquelas áreas em regeneração ou recuperação, que tais condições se aperfeiçoem e, efetivamente, melhorem.

É possível a instituição de Plano de Manejo Florestal Sustentável nas áreas (i) sob regime de servidão ambiental, instituída na forma do art. 9º-A da Lei nº 6.938, de 31 de agosto de 1981, naquelas (ii) correspondentes à área de Reserva Legal instituída voluntariamente sobre a vegetação que exceder os percentuais exigidos no artigo 12 do Novo Código Florestal e, (iii) nas protegidas na forma de Reserva Particular do Patrimônio Natural – RPPN, nos termos do artigo 21 da Lei nº 9.985, de 18 de julho de 2000, que tenham servido de base para a emissão de CRA. O produto do manejo florestal sustentável, em princípio, pertence ao proprietário do imóvel e não ao portador da CRA.

Ambiental – CRA; II – arrendamento de área sob regime de servidão ambiental ou Reserva Legal; III – doação ao poder público de área localizada no interior de Unidade de Conservação de domínio público pendente de regularização fundiária; IV – cadastramento de outra área equivalente e excedente à Reserva Legal, em imóvel de mesma titularidade ou adquirida em imóvel de terceiro, com vegetação nativa estabelecida, em regeneração ou recomposição, desde que localizada no mesmo bioma. § 6º As áreas a serem utilizadas para compensação na forma do § 5º deverão: I – ser equivalentes em extensão à área da Reserva Legal a ser compensada; II – estar localizadas no mesmo bioma da área de Reserva Legal a ser compensada; III – se fora do Estado, estar localizadas em áreas identificadas como prioritárias pela União ou pelos Estados.

Art. 50. A CRA somente poderá ser cancelada nos seguintes casos:

I – por solicitação do proprietário rural, em caso de desistência de manter áreas nas condições previstas nos incisos I e II do art. 44;

II – automaticamente, em razão de término do prazo da servidão ambiental;

III – por decisão do órgão competente do Sisnama, no caso de degradação da vegetação nativa da área vinculada à CRA cujos custos e prazo de recuperação ambiental inviabilizem a continuidade do vínculo entre a área e o título.

§ 1º O cancelamento da CRA utilizada para fins de compensação de Reserva Legal só pode ser efetivado se assegurada Reserva Legal para o imóvel no qual a compensação foi aplicada.

§ 2º O cancelamento da CRA nos termos do inciso III do *caput* independe da aplicação das devidas sanções administrativas e penais decorrentes de infração à legislação ambiental, nos termos da Lei nº 9.605, de 12 de fevereiro de 1998.

§ 3º O cancelamento da CRA deve ser averbado na matrícula do imóvel no qual se situa a área vinculada ao título e do imóvel no qual a compensação foi aplicada.

O artigo cuida das hipóteses de cancelamento da CRA que, evidentemente, são restritas, pois a CRA é um instrumento negocial e, como tal, necessita de estabilidade para que possa ter credibilidade no mercado e, efetivamemte, exercer o papel para o qual foi concebida. O proprietário do imóvel cujas áreas tenham sido averbadas como vinculadas à CRA poderá solicitar o cancelamento, desde que não tenha mais intensão em mantê-las sob o regime previsto nos incisos I e II do artigo 44 da Lei; haverá extinção "automática" com o término do prazo da servidão ambiental representada pelo título; ou ainda, por decisão do órgão competente do Sisnama, no caso de degradação da vegetação nativa da área vinculada à CRA cujos custos e prazo de recuperação ambiental inviabilizem a continuidade do vínculo entre a área e o título.

O § 1º determina que: "o cancelamento da CRA utilizada para fins de compensação de Reserva Legal só pode ser efetivado se assegurada Reserva Legal para o imóvel no qual a compensação foi aplicada". Já pelo § 2º "o cancelamento da CRA nos termos do inciso III do *caput* independe da aplicação das devidas sanções administrativas e penais decorrentes de infração à legislação ambiental, nos termos da Lei nº 9.605, de 12 de fevereiro de 1998". Algumas questões devem ser suscitadas. A CRA é um título nominativo cujo destino é suprir passivos ambientais, haja vista que é representativo de áreas protegidas. Assim, o adquirente da CRA é terceiro de boa-fé em relação às querelas entre os órgãos ambientais e os proprietários. Assim, há que se resguardar os direitos do adquirente da CRA, sob pena de completa desmoralização do instrumento. Pelo que se pode entender do § 1º, somente será admitido o cancelamento da CRA se o imóvel em favor do qual ele for instituído tenha assegurada a Reserva Legal; ora, assim, só faz sentido se a Reserva Legal for assegurada pelo proprietário do imóvel vinculado ao título, pois claramente o terceiro não pode ser prejudicado. É importante que fique bem determinado e garantido que as repercussões negativas do cancelamento ou não manutenção das áreas protegidas devem recair apenas e tão somente sobre o proprietário do imóvel que solicitou a CRA; o adquirente deve estar garantido pelo título, salvo em hipóteses em que se possa comprovar a sua má-fé. Uma vez cancelada a CRA, deverão ser feitas as devidas averbações nos respectivos Registros de Imóveis.

CAPÍTULO XI
DO CONTROLE DO DESMATAMENTO

Art. 51. O órgão ambiental competente, ao tomar conhecimento do desmatamento em desacordo com o disposto nesta Lei, deverá embargar a obra ou atividade que deu causa ao uso alternativo do solo, como medida administrativa voltada a impedir a continuidade do dano ambiental, propiciar a regeneração do meio ambiente e dar viabilidade à recuperação da área degradada.

§ 1º O embargo restringe-se aos locais onde efetivamente ocorreu o desmatamento ilegal, não alcançando as atividades de subsistência ou as demais atividades realizadas no imóvel não relacionadas com a infração.

§ 2º O órgão ambiental responsável deverá disponibilizar publicamente as informações sobre o imóvel embargado, inclusive por meio da rede mundial de computadores, resguardados os dados protegidos por legislação específica, caracterizando o exato local da área embargada e informando em que estágio se encontra o respectivo procedimento administrativo.

§ 3º A pedido do interessado, o órgão ambiental responsável emitirá certidão em que conste a atividade, a obra e a parte da área do imóvel que são objetos do embargo, conforme o caso.

O artigo trata do embargo administrativo contra o desmatamento. Na realidade, a matéria é objeto de regulamentação pelo Decreto nº 6.514, de 22 de julho de 2008,[1] tantas vezes citado neste trabalho.

---

[1]   Art. 15-A. O embargo de obra ou atividade restringe-se aos locais onde efetivamente caracterizou-se a infração ambiental, não alcançando as demais atividades realizadas em áreas não embargadas da propriedade ou posse ou não correlacionadas com a infração. (Incluído pelo Decreto nº 6.686, de 2008) Art. 15-B. A cessação das penalidades de suspensão e embargo dependerá de decisão da autoridade ambiental após a apresentação, por parte do autuado, de documentação que regularize a obra ou atividade. (Incluído pelo Decreto nº 6.686, de 2008) Art. 16. No caso de áreas irregularmente desmatadas ou queimadas, o agente autuante embargará quaisquer obras ou atividades nelas localizadas ou desenvolvidas, excetuando as atividades de subsistência. (Redação dada pelo Decreto nº 6.686, de 2008) § 1º O agente autuante deverá colher todas as provas possíveis de autoria e materialidade, bem como da extensão do dano, apoiando-se em documentos, fotos e dados de localização, incluindo as coordenadas geográficas da área embargada, que deverão constar do respectivo auto de infração para posterior georreferenciamento. (Incluído pelo Decreto nº 6.686, de 2008) § 2º Não se aplicará a penalidade de embargo de obra ou atividade, ou de área, nos casos em que a infração de que trata o **caput** se der fora da área de preservação permanente ou reserva legal, salvo quando se tratar de desmatamento não autorizado de mata nativa. (Incluído pelo Decreto nº 6.686, de 2008) Art. 17. O embargo de área irregularmente explorada e objeto do Plano de Manejo Florestal Sustentável – PMFS não exonera seu detentor da execução de atividades de manutenção ou recuperação da floresta, na forma e prazos fixados no PMFS e no termo de responsabilidade de manutenção da floresta. (Redação dada pelo Decreto nº 6.686, de 2008) Art. 18. O descumprimento total ou parcial de embargo, sem prejuízo do disposto no art. 79, ensejará a aplicação cumulativa das seguintes sanções: I – suspensão da atividade que originou a infração e da venda de produtos ou subprodutos criados ou produzidos na área ou local objeto do embargo infringido; e II – cancelamento de registros, licenças ou autorizações de funcionamento da atividade econômica junto aos órgãos ambientais e de fiscalização. (Redação dada pelo Decreto nº 6.686, de 2008) § 1º O órgão ou entidade ambiental promoverá a divulgação dos dados do imóvel rural, da área ou local embargado e do respectivo titular em lista oficial, resguardados os dados protegidos por legislação específica para efeitos do disposto no inciso III do art. 4º da Lei nº 10.650, de 16 de abril de 2003, especificando o exato local da área embargada e informando que o auto de infração encontra-se julgado ou pendente de julgamento. (Incluído pelo Decreto nº 6.686, de 2008) § 2º A pedido do interessado, o órgão ambiental autuante emitirá certidão em que conste a atividade, a obra e a parte da área do imóvel que são objetos do embargo, conforme o caso. (Incluído pelo Decreto nº 6.686, de 2008).

CAPÍTULO XII
DA AGRICULTURA FAMILIAR

Art. 52. A intervenção e a supressão de vegetação em Áreas de Preservação Permanente e de Reserva Legal para as atividades eventuais ou de baixo impacto ambiental, previstas no inciso X do art. 3º, excetuadas as alíneas *b* e *g*, quando desenvolvidas nos imóveis a que se refere o inciso V do art. 3º, dependerão de simples declaração ao órgão ambiental competente, desde que esteja o imóvel devidamente inscrito no CAR.

É pouco usual que uma lei destinada à proteção das florestas e das demais formas de vegetação nativa tenha capítulo voltado para a agricultura familiar, matéria mais condizente com uma lei de política agrícola ou fundiária. Contudo, a existência do capítulo é fruto dos inúmeros embates políticos congressuais que uniram os grandes e pequenos produtores rurais aos ocupantes de áreas consolidadas em áreas de preservação permanentes "urbanas" para o estabelecimento de uma lei "florestal" cuja característica mais marcante é o reconhecimento e a aceitação de fatos consumados em desfavor do meio ambiente, a transformação de decretos em lei e a pequena criatividade para estimular a conservação florestal. Pelo que se pode observar do artigo, há autorização tácita para que as atividades de agricultura familiar sejam desenvolvidas nas Áreas de Preservação Permanente e de Reserva Legal, desde que "eventuais ou de baixo impacto ambiental", tal como previstas no inciso X do artigo 3º , excetuadas as alíneas *b* e *g*, quando, desenvolvidas nos imóveis a que se refere o inciso V do artigo 3º, dependerão de simples declaração ao órgão ambiental competente, desde que esteja o imóvel devidamente inscrito no CAR.

Sem desmerecer o desiderato de tornar as coisas mais fáceis para a propriedade familiar, fato é que as possibilidades de desvirtuamento da norma são inúmeras. Veja-se a seguinte decisão judicial:[1]

> *"ADMINISTRATIVO. PROPRIEDADE RURAL LOCALIZADA EM ÁREA DE PRESERVAÇÃO DO MEIO AMBIENTE. LAVRATURA DO AUTO DE INFRAÇÃO EM DECORRÊNCIA DOS DANOS À UNIDADE DE PRESERVAÇÃO. 1. O parágrafo único do art. 2º da Lei nº 10.227/2001, ao determinar a exclusão de área com edificação da delimitação definitiva do parque nacional em questão, pressupôs a existência de edificação íntegra, que pudesse ser utilizada para o seu fim. Sendo assim, o imóvel dos autores não pode ser excluído dos limites do parque em razão desta alegação específica. 2. Os autores plantam aipim em aproximadamente 1 hectare e banana em 7 hectares, o que não pode ser considerado como forma de agricultura intensiva, já que esta pressupõe o uso intensivo de meios de produção, além da produção de grandes quantidades de um único tipo de produto, o que não é o caso. 3. Os autores não utilizam o imóvel objeto dos autos como residência, mas somente para plantação e passeios nos finais de semana. Ademais, a plantação realizada pelos autores não é de subsistência, pois destinada à venda, apenas como forma de complementação da renda familiar. 4. A lavratura do auto de infração mostrou-se correta, eis que a área do imóvel localiza-se em uma unidade de proteção ambiental, fato este de conhecimento dos apelantes quando da compra do imóvel."* (Desembargadora Federal Marga Inge Barth Tessler)

Art. 53. Para o registro no CAR da Reserva Legal, nos imóveis a que se refere o inciso V do art. 3º, o proprietário ou possuidor apresentará os dados identificando a área proposta de Reserva Legal, cabendo aos órgãos competentes integrantes do Sisnama, ou instituição por ele habilitada, realizar a captação das respectivas coordenadas geográficas.

Parágrafo único. O registro da Reserva Legal nos imóveis a que se refere o inciso V do art. 3º é gratuito, devendo o poder público prestar apoio técnico e jurídico.

---

[1]   Tribunal Regional Federal da 4ª Região. AC 200470000169270. 4ª TURMA. *D.E.* 22/3/2010.

A medida adotada pelo artigo é importante, pois é um reconhecimento das dificuldades técnicas e financeiras do agricultor familiar, no que se refere à organização de documentos e os custos envolvidos na questão. Assim, para o registro de sua Reserva Legal, bastará ao agricultor familiar indicar a área proposta, cabendo ao Poder Público providenciar a indicação das coordenadas geográficas, bem como os demais elementos necessários ao registro. O parágrafo único determina que o "Registro da Reserva Legal" (*rectius*: a averbação no Registro de Imóveis) é gratuito. A matéria é de direito registral e deve levar em conta as normas específicas do registro imobiliário, sobretudo no que diz respeito à compensação da remuneração dos oficiais de registro público, haja vista a necessidade de rigor e segurança nas averbações.

Art. 54. Para cumprimento da manutenção da área de reserva legal nos imóveis a que se refere o inciso V do art. 3º, poderão ser computados os plantios de árvores frutíferas, ornamentais ou industriais, compostos por espécies exóticas, cultivadas em sistema intercalar ou em consórcio com espécies nativas da região em sistemas agroflorestais.

Parágrafo único. O poder público estadual deverá prestar apoio técnico para a recomposição da vegetação da Reserva Legal nos imóveis a que se refere o inciso V do art. 3º.

O artigo admite, como parte da área destinada à Reserva Legal, sejam computados os plantios de árvores frutíferas, ornamentais ou industriais, compostos por espécies exóticas, cultivadas em sistema intercalar ou em consórcio com espécies nativas da região em sistemas agroflorestais. A norma cuida de técnicas agrícolas e, nesse aspecto, foge ao objetivo do presente livro; contudo, percebe-se que na agricultura familiar, o legislador praticamente aboliu a Reserva Legal, pois os objetivos de manutenção de percentual do imóvel rural com vegetação nativa foram desvirtuados por uma amplíssima possibilidade de substituição de espécies.

O parágrafo único determina que o Poder Público estadual "deverá prestar" assistência técnica para a recomposição da vegetação de Reserva Legal dos imóveis tratados pelo inciso V do artigo 3º. Aqui se repete a interferência do Legislativo federal sobre o Executivo dos estados. Em primeiro lugar, há que se observar que sem o repasse dos necessários recursos financeiros a norma tende a ser letra morta, pois ela implica em aumento de despesas, havendo espaço para fundadas dúvidas quanto à constitucionalidade.

Art. 55. A inscrição no CAR dos imóveis a que se refere o inciso V do art. 3º observará procedimento simplificado no qual será obrigatória apenas a apresentação dos documentos mencionados nos incisos I e II do § 1º do art. 29 e de croqui indicando o perímetro do imóvel, as Áreas de Preservação Permanente e os remanescentes que formam a Reserva Legal.

A norma é de natureza processual e nada tem a ver com a proteção das florestas e demais formas de vegetação. Nas hipóteses em que os Estados mantenham o Cadastro Ambiental Rural (CAR), eles poderão estabelecer os mecanismos mais adequados às suas necessidades, não ficando obrigados, em minha opinião, a dar cumprimento à norma ora comentada. Na hipótese de o CAR ser federal, caberá ao Ibama observar as disposições aqui examinadas.

Art. 56. O licenciamento ambiental de PMFS comercial nos imóveis a que se refere o inciso V do art. 3º se beneficiará de procedimento simplificado de licenciamento ambiental.

§ 1º O manejo sustentável da Reserva Legal para exploração florestal eventual, sem propósito comercial direto ou indireto, para consumo no próprio imóvel a que se refere o inciso V do art. 3º, independe de autorização dos órgãos ambientais competentes, limitada a retirada anual de material lenhoso a 2 (dois) metros cúbicos por hectare.

§ 2º O manejo previsto no § 1º não poderá comprometer mais de 15% (quinze por cento) da biomassa da Reserva Legal nem ser superior a 15 (quinze) metros cúbicos de lenha para uso doméstico e uso energético, por propriedade ou posse rural, por ano.

§ 3º Para os fins desta Lei, entende-se por manejo eventual, sem propósito comercial, o suprimento, para uso no próprio imóvel, de lenha ou madeira serrada destinada a benfeitorias e uso energético nas propriedades e posses rurais, em quantidade não superior ao estipulado no § 1º deste artigo.

§ 4º Os limites para utilização previstos no § 1º deste artigo no caso de posse coletiva de populações tradicionais ou de agricultura familiar serão adotados por unidade familiar.

§ 5º As propriedades a que se refere o inciso V do art. 3º são desobrigadas da reposição florestal se a matéria-prima florestal for utilizada para consumo próprio.

O Licenciamento ambiental do Plano de Manejo Florestal Sustentável deverá ser simplificado, observadas as seguintes condições: (i) o manejo sustentável da Reserva Legal para exploração florestal eventual, sem propósito comercial direto ou indireto, para consumo no próprio imóvel a que se refere o inciso V do art. 3º, independe de autorização dos órgãos ambientais, limitada a retirada anual de material lenhoso a dois metros cúbicos por hectare; (ii) o manejo tratado no § 1º do artigo em comento não poderá comprometer mais de 15% (quinze por cento) da biomassa da Reserva Legal nem ser superior a 15 metros cúbicos de lenha para uso doméstico e uso energético, por propriedade ou posse rural, por ano; (iii) para os fins da Lei, entende-se por manejo eventual, sem propósito comercial, o suprimento, para uso no próprio imóvel, de lenha ou madeira serrada destinada a benfeitorias e uso energético nas propriedades e posses rurais, em quantidade não superior ao estipulado no § 1º do artigo; (iv) os limites para utilização previstos no § 1º do artigo no caso de posse coletiva de populações tradicionais ou de agricultura familiar serão adotados por unidade familiar; (v) as propriedades a que se refere o inciso V do art. 3º são desobrigadas da reposição florestal se a matéria-prima florestal for utilizada para consumo próprio.

As normas que deveriam ser gerais, na verdade, descem a detalhes que, nem sempre, corresponderão às realidades locais.

Art. 57. Nos imóveis a que se refere o inciso V do art. 3º, o manejo florestal madeireiro sustentável da Reserva Legal com propósito comercial direto ou indireto depende de autorização simplificada do órgão ambiental competente, devendo o interessado apresentar, no mínimo, as seguintes informações:

I – dados do proprietário ou possuidor rural;

II – dados da propriedade ou posse rural, incluindo cópia da matrícula do imóvel no Registro Geral do Cartório de Registro de Imóveis ou comprovante de posse;

III – croqui da área do imóvel com indicação da área a ser objeto do manejo seletivo, estimativa do volume de produtos e subprodutos florestais a serem obtidos com o manejo seletivo, indicação da sua destinação e cronograma de execução previsto.

Nas propriedades ou posse familiares é admissível o manejo da Reserva Legal com finalidades comerciais, diretas ou indiretas, o qual depende de autorização (*rectius*: licenciamento) simplificada na qual deverão constar, pelo menos, as seguintes informações: (i) dados do proprietário ou possuidor rural; (ii) dados da propriedade ou posse rural, incluindo cópia da matrícula do imóvel no Registro Geral do Cartório de Registro de Imóveis ou comprovante de posse; (iii) croqui da área do imóvel com indicação da área a ser objeto do manejo seletivo, estimativa do volume de produtos e subprodutos florestais a serem obtidos com o manejo seletivo, indicação da sua destinação e cronograma de execução previsto.

Art. 58. Assegurado o controle e a fiscalização dos órgãos ambientais competentes dos respectivos planos ou projetos, assim como as obrigações do detentor do imóvel, o Poder Público poderá instituir programa de apoio técnico e incentivos financeiros, podendo incluir medidas indutoras e linhas de financiamento para atender, prioritariamente, os imóveis a que se refere o inciso V do *caput* do art. 3º, nas iniciativas de: (Redação dada pela Medida Provisória nº 571, de 2012)

I – preservação voluntária de vegetação nativa acima dos limites estabelecidos no art. 12;

II – proteção de espécies da flora nativa ameaçadas de extinção;

III – implantação de sistemas agroflorestal e agrossilvipastoril;

IV – recuperação ambiental de Áreas de Preservação Permanente e de Reserva Legal;

V – recuperação de áreas degradadas;

VI – promoção de assistência técnica para regularização ambiental e recuperação de áreas degradadas;

VII – produção de mudas e sementes;

VIII – pagamento por serviços ambientais.

Redação original	MP nº 571/2012	Lei nº 12.727/2012
Art. 58. Assegurado o devido controle e fiscalização dos órgãos ambientais competentes dos respectivos planos ou projetos, assim como as obrigações do detentor do imóvel, o poder público instituirá programa de apoio técnico e incentivos financeiros, podendo incluir medidas indutoras e linhas de financiamento para atender, prioritariamente, os imóveis a que se refere o inciso V do art. 3º, nas iniciativas de:	Art. 58. Assegurado o controle e a fiscalização dos órgãos ambientais competentes dos respectivos planos ou projetos, assim como as obrigações do detentor do imóvel, o Poder Público poderá instituir programa de apoio técnico e incentivos financeiros, podendo incluir medidas indutoras e linhas de financiamento para atender, prioritariamente, os imóveis a que se refere o inciso V do **caput** do art. 3º, nas iniciativas de:	Art. 58. Assegurado o controle e a fiscalização dos órgãos ambientais competentes dos respectivos planos ou projetos, assim como as obrigações do detentor do imóvel, o poder público poderá instituir programa de apoio técnico e incentivos financeiros, podendo incluir medidas indutoras e linhas de financiamento para atender, prioritariamente, os imóveis a que se refere o inciso V do **caput** do art. 3º, nas iniciativas de:

O artigo, com natureza "autorizativa", estabelece que o poder público poderá instituir diversas medidas de apoio técnico e financeiro com vistas à proteção das florestas e demais formas de vegetação; curiosamente, estabeleceu-se que "assegurado o controle e a fiscalização dos órgãos ambientais" competentes, as medidas poderão ser implementadas. É difícil saber qual o papel de controle que um órgão ambiental, poderá exercer em medidas de natureza financeira ou tributária, por exemplo. Aliás, o artigo reforça uma velha prática equivocada dos órgãos ambientais que é a ilusão de que poderão cuidar de tudo aquilo que diga respeito ao meio ambiente, o que está longe de ser verdade. Fizessem adequadamente as suas tarefas nas suas áreas de atribuição e estariam prestando relevante serviço ao país e ao meio ambiente.

As medidas contempladas pela norma são: (i) preservação voluntária de vegetação nativa acima dos limites estabelecidos no art. 12; (ii) proteção de espécies da flora nativa ameaçadas de extinção; (iii) implantação de sistemas agroflorestal e agrossilvipastoril; (iv) recuperação ambiental de Áreas de Preservação Permanente e de Reserva Legal; (v) recuperação de áreas degradadas; (vi) promoção de assistência técnica para regularização ambiental e recuperação de áreas degradadas; (vii) produção de mudas e sementes; (viii) pagamento por serviços ambientais.

As medidas, certamente, têm potencial de serem extremamente benéficas para o meio ambiente e para os proprietários que a elas aderirem, desde que estabelecidos critérios econômicos e financeiros aptos a efetivamente engajarem os segmentos interessados na política mencionada.

CAPÍTULO XIII
DISPOSIÇÕES TRANSITÓRIAS

Seção I
Disposições Gerais

Art. 59. A União, os Estados e o Distrito Federal deverão, no prazo de 1 (um) ano, contado a partir da data da publicação desta Lei, prorrogável por uma única vez, por igual período, por ato do Chefe do Poder Executivo, implantar Programas de Regularização Ambiental – PRAs de posses e propriedades rurais, com o objetivo de adequá-las aos termos deste Capítulo.

§ 1º Na regulamentação dos PRAs, a União estabelecerá, em até 180 (cento e oitenta) dias a partir da data da publicação desta Lei, sem prejuízo do prazo definido no *caput*, normas de caráter geral, incumbindo-se aos Estados e ao Distrito Federal o detalhamento por meio da edição de normas de caráter específico, em razão de suas peculiaridades territoriais, climáticas, históricas, culturais, econômicas e sociais, conforme preceitua o art. 24 da Constituição Federal.

§ 2º A inscrição do imóvel rural no CAR é condição obrigatória para a adesão ao PRA, devendo esta adesão ser requerida pelo interessado no prazo de 1 (um) ano, contado a partir da implantação a que se refere o *caput*, prorrogável por uma única vez, por igual período, por ato do Chefe do Poder Executivo.

§ 3º Com base no requerimento de adesão ao PRA, o órgão competente integrante do Sisnama convocará o proprietário ou possuidor para assinar o termo de compromisso, que constituirá título executivo extrajudicial.

§ 4º No período entre a publicação desta Lei e a implantação do PRA em cada Estado e no Distrito Federal, bem como após a adesão do interessado ao PRA e enquanto estiver sendo cumprido o termo de compromisso, o proprietário ou possuidor não poderá ser autuado por infrações cometidas antes de 22 de julho de 2008, relativas à supressão irregular de vegetação em Áreas de Preservação Permanente, de Reserva Legal e de uso restrito.

§ 5º A partir da assinatura do termo de compromisso, serão suspensas as sanções decorrentes das infrações mencionadas no § 4º deste artigo e, cumpridas as obrigações estabelecidas no PRA ou no termo de compromisso para a regularização ambiental das exigências desta Lei, nos prazos e condições neles estabelecidos, as multas referidas neste artigo serão consideradas como convertidas em serviços de preservação, melhoria e recuperação da qualidade do meio ambiente, regularizando o uso de áreas rurais consolidadas conforme definido no PRA.

A norma tem por objetivo estabelecer regras de direito transitório. Assim como em tantas outras vezes, o artigo é de constitucionalidade questionável, haja vista que determina que os Estados e o Distrito Federal, por *ato do Chefe do Executivo", em prazo de 1 (um) ano a partir da publicação da Lei, admitindo-se prorrogação, "por uma única vez"*, implantem Programa de Regularização Ambiental de posses e propriedades rurais, com o objetivo de adequá-las aos termos dos dispositivos ora examinados. Todavia, há fortes indícios de que o *caput* do artigo em comento avançou sobre a autonomia constitucional dos Estados e do próprio Distrito Federal ao determinar ações a serem tomadas, bem como ao indicar a autoridade política que deveria praticar os atos administrativos. É interessante observar que, contraditória e curiosamente, o § 1º estabeleceu que

> *"na regulamentação dos PRAs, a União estabelecerá, em até 180 (cento e oitenta) dias a partir da data da publicação desta Lei, sem prejuízo do prazo definido no* caput, *normas de caráter geral, incumbindo-se aos Estados e ao Distrito Federal o detalhamento por meio da edição de normas de caráter específico, em razão de suas peculiaridades territoriais, climáticas, históricas, culturais, econômicas e sociais, conforme preceitua o art. 24 da Constituição Federal".*

Ou seja, finalmente o legislador federal reconheceu, ainda que por vias transversas e dispondo sobre direito transitório, que a competência federal é para o estabelecimento de normas gerais em matéria de florestas, cabendo aos Estados e ao Distrito Federal estabelecer normas específicas para as suas realidades regionais.

O ingresso dos imóveis no PRA somente poderá ocorrer se, previamente, ele estiver inscrito no CAR. A adesão ao PRA pode ser feita em prazo de um ano a partir de sua implantação, prazo prorrogável por igual período.

Uma vez que o interessado tenha requerido a sua adesão ao PRA, nasce o direito de firmar Termo de Compromisso com a Administração com vistas a regularizar as pendências ambientais que tenha em função do descumprimento de normas de proteção às florestas.

O § 4º estabeleceu uma sistemática curiosa, pois determina que

> *"no período entre a publicação desta Lei e a implantação do PRA em cada Estado e no Distrito Federal, bem como após a adesão do interessado ao PRA e enquanto estiver sendo cumprido o termo de compromisso, o proprietário ou possuidor não poderá ser autuado por infrações cometidas antes de 22 de julho de 2008, relativas à supressão irregular de vegetação em Áreas de Preservação Permanente, de Reserva Legal e de uso restrito".*

Na prática, o § 4º estabelece uma anistia administrativa para as infrações que, eventualmente, tenham sido praticadas em desfavor da proteção das florestas e demais formas de vegetação. De fato, como se sabe, as multas administrativas prescrevem no prazo de cinco anos. Com efeito, a Lei nº 9.873, de 23 de novembro de 1999, determina em seu artigo 1º que:

> "Art. 1º Prescreve em cinco anos a ação punitiva da Administração Pública Federal, direta e indireta, no exercício do poder de polícia, objetivando apurar infração à legislação em vigor, contados da data da prática do ato ou, no caso de infração permanente ou continuada, do dia em que tiver cessado.
>
> § 1º Incide a prescrição no procedimento administrativo paralisado por mais de três anos, pendente de julgamento ou despacho, cujos autos serão arquivados de ofício ou mediante requerimento da parte interessada, sem prejuízo da apuração da responsabilidade funcional decorrente da paralisação, se for o caso.
>
> § 2º Quando o fato objeto da ação punitiva da Administração também constituir crime, a prescrição reger-se-á pelo prazo previsto na lei penal."

Ora, o Novo Código Florestal foi publicado aos 28 de maio de 2012; considerando-se que foi concedido prazo de um ano, prorrogável por mais um para a edição das normas relativas ao PRA, assim, a exigência pode ser estendida até, no mínimo, 28 de maio de 2014, sendo certo que o *dies a quo* é 22 de julho de 2008, ou seja, cerca de seis anos antes da plena exigibilidade do PRA; logo, no meu ponto de vista, foi concedida ampla anistia administrativa, através da adoção de um mecanismo diversionista.

O § 5º estabelece que

> *"a partir da assinatura do termo de compromisso, serão suspensas as sanções decorrentes das infrações mencionadas no § 4º deste artigo e, cumpridas as obrigações estabelecidas no PRA ou no termo de compromisso para a regularização ambiental das exigências desta Lei, nos prazos e condições neles estabelecidos, as multas referidas neste artigo serão consideradas como convertidas em serviços de preservação, melhoria e recuperação da qualidade do meio ambiente, regularizando o uso de áreas rurais consolidadas conforme definido no PRA".*

O parágrafo parece-me inócuo diante dos termos da Lei nº 9.873/99 e das sucessivas possibilidades de prorrogação da aplicação de sanções.

Art. 60. A assinatura de termo de compromisso para regularização de imóvel ou posse rural perante o órgão ambiental competente, mencionado no art. 59, suspenderá a punibilidade dos crimes previstos nos arts. 38, 39 e 48 da Lei nº 9.605, de 12 de fevereiro de 1998, enquanto o termo estiver sendo cumprido.

§ 1º A prescrição ficará interrompida durante o período de suspensão da pretensão punitiva.

§ 2º Extingue-se a punibilidade com a efetiva regularização prevista nesta Lei.

A norma é de natureza penal e processual penal. Deve ser entendida em conjunto com as normas contidas no artigo 59 do Novo Código Florestal. Pelo dispositivo contido no *caput*, a celebração de Termo de Compromisso com o órgão de controle ambiental tem o condão de "suspender a punibilidade", tendo por efeito paralisar qualquer ação penal que tenha sido ajuizada em desfavor do compromissado; a regularização da posse ou propriedade rural extingue a punibilidade.

Seção II
Das Áreas Consolidadas em Áreas de Preservação Permanente

Art. 61. (VETADO).[1]

---

[1]   **Art. 61**: Nas Áreas de Preservação Permanente é autorizada, exclusivamente, a continuidade das atividades agrossilvipastoris, de ecoturismo e de turismo rural em áreas rurais consolidadas até 22 de julho de 2008. § 1º A existência das situações previstas no *caput* deverá ser informada no CAR para fins de monitoramento, sendo exigida, nesses casos, a adoção de técnicas de conservação do solo e da água que visem à mitigação dos eventuais impactos. § 2º Antes mesmo da disponibilização do CAR de que trata o § 1º, no caso das intervenções já existentes, é o proprietário ou possuidor responsável pela conservação do solo e da água, por meio de adoção de boas práticas agronômicas. § 3º A realização das atividades previstas no *caput* observará critérios técnicos de conservação do solo e da água indicados no PRA previsto nesta Lei, sendo vedada a conversão de novas áreas para uso alternativo do solo nestes locais. § 4º Para os imóveis rurais que possuam áreas consolidadas em Áreas de Preservação Permanente ao longo de cursos d'água naturais, com largura de até 10 (dez) metros, será admitida a manutenção de atividades agrossilvipastoris, de ecoturismo ou de turismo rural, independentemente do tamanho da propriedade, sendo obrigatória a recomposição das faixas marginais em 15 (quinze) metros, contados da borda da calha do leito regular. § 5º Aos proprietários e possuidores dos imóveis rurais da agricultura familiar e dos que, em 22 de julho de 2008, detinham até 4 (quatro) módulos fiscais e desenvolviam atividades agrossilvipastoris nas áreas consolidadas em Áreas de Preservação Permanente, para o fim de recomposição das faixas marginais a que se refere o § 4º deste artigo, é garantido que a exigência de recomposição, soma-das as áreas das demais Áreas de Preservação Permanente do imóvel, não ultrapassará o limite da Reserva Legal estabelecida para o respectivo imóvel. § 6º Nos casos de áreas rurais consolidadas em Áreas de Preservação Permanente no entorno de nascentes, será admitida a manutenção de atividades agrossilvipastoris, de ecoturismo ou de turismo rural, sendo obrigatória a recomposição do raio mínimo de 30 (trinta) metros. § 7º Será admitida a manutenção de residências e da infra-estrutura associada às atividades agrossilvipastoris, de ecoturismo e de turismo rural, inclusive o acesso a essas atividades, independentemente das determinações contidas no § 4º, desde que não estejam em área de risco de agravamento de processos erosivos e de inundações e sejam observados critérios técnicos de conservação do solo e da água. § 8º A recomposição de que trata este artigo poderá ser feita, isolada ou conjuntamente, pelos seguintes métodos: I – condução de regeneração natural de espécies nativas; II – plantio de espécies nativas; III – plantio de espécies nativas conju-gado com a condução da regeneração natural de espécies nativas. § 9º Em todos os casos previstos neste artigo, o poder público, verificada a existência de risco de agravamento de processos erosivos e de inundações, determinará a adoção de medidas mitigadoras que garantam a estabilidade das margens e a qualidade da água, após deliberação do Conselho Estadual de Meio Ambiente ou de órgão colegiado estadual equivalente. § 10. A partir da data da publicação desta Lei e até o tér-mino do prazo de adesão ao PRA de que trata o § 2º do art. 59, é autorizada a continuidade das atividades desenvolvidas nas áreas de que trata o *caput*, as quais deverão ser informadas no CAR, para fins de monitoramento, sendo exigida a adoção de medidas de conservação do solo e da água. **Razões do veto**: Ao tratar da recomposição de áreas de preservação permanente em áreas rurais consolidadas, a redação aprovada é imprecisa e vaga, contrariando o interesse público e causando grande insegurança jurídica quanto à sua aplicação. O dispositivo parece conceder uma ampla anistia aos que descumpriram a legislação que regula as áreas de preservação permanente até 22 de julho de 2008, de forma desproporcional e inadequada. Com isso, elimina a possibilidade de recomposição de uma porção relevante da vegetação do País. Ademais, ao incluir apenas regras para recomposição de cobertura vegetal ao largo de cursos d'água de até dez metros de largura,

Art. 61-A. Nas Áreas de Preservação Permanente é autorizada, exclusivamente, a continuidade das atividades agrossilvipastoris, de ecoturismo e de turismo rural em áreas rurais consolidadas até 22 de julho de 2008. (Incluído pela Medida Provisória nº 571, de 2012)

§ 1º Para os imóveis rurais com área de até 1 (um) módulo fiscal que possuam áreas consolidadas em Áreas de Preservação Permanente ao longo de cursos d'água naturais, será obrigatória a recomposição das respectivas faixas marginais em 5 (cinco) metros, contados da borda da calha do leito regular, independentemente da largura do curso d'água. (Incluído pela Medida Provisória nº 571, de 2012)

§ 2º Para os imóveis rurais com área superior a 1 (um) módulo fiscal e de até 2 (dois) módulos fiscais que possuam áreas consolidadas em Áreas de Preservação Permanente ao longo de cursos d'água naturais, será obrigatória a recomposição das respectivas faixas marginais em 8 (oito) metros, contados da borda da calha do leito regular, independente da largura do curso d'água. (Incluído pela Medida Provisória nº 571, de 2012)

§ 3º Para os imóveis rurais com área superior a 2 (dois) módulos fiscais e de até 4 (quatro) módulos fiscais que possuam áreas consolidadas em Áreas de Preservação Permanente ao longo de cursos d'água naturais, será obrigatória a recomposição das respectivas faixas marginais em 15 (quinze) metros, contados da borda da calha do leito regular, independentemente da largura do curso d'água. (Incluído pela Medida Provisória nº 571, de 2012)

§ 4º Para os imóveis rurais com área superior a 4 (quatro) módulos fiscais que possuam áreas consolidadas em Áreas de Preservação Permanente ao longo de cursos d'água naturais, será obrigatória a recomposição das respectivas faixas marginais: (Incluído pela Medida Provisória nº 571, de 2012)

I – em 20 (vinte) metros, contados da borda da calha do leito regular, para imóveis com área superior a 4 (quatro) e de até 10 (dez) módulos fiscais, nos cursos d'agua com até 10 (dez) metros de largura; e (Incluído pela Medida Provisória nº 571, de 2012)

---

silenciando sobre os rios de outras dimensões e outras áreas de preservação permanente, o texto deixa para os produtores rurais brasileiros uma grande incerteza quanto ao que pode ser exigido deles no futuro em termos de recomposição. Por fim, a proposta não articula parâmetros ambientais com critérios sociais e produtivos, exigindo que os níveis de recomposição para todos os imóveis rurais, independentemente de suas dimensões, sejam praticamente idênticos. Tal perspectiva ignora a desigual realidade fundiária brasileira, onde, segundo o Instituto Nacional de Colonização e Reforma Agrária – INCRA, 90% dos estabelecimentos rurais possuem até quatro módulos fiscais e ocupam apenas 24% da área rural do País.

II – nos demais casos, em extensão correspondente à metade da largura do curso d'água, observado o mínimo de 30 (trinta) e o máximo de 100 (cem) metros, contados da borda da calha do leito regular. (Incluído pela Medida Provisória nº 571, de 2012)

§ 5º Nos casos de áreas rurais consolidadas em Áreas de Preservação Permanente no entorno de nascentes e olhos d'água perenes, será admitida a manutenção de atividades agrossilvipastoris, de ecoturismo ou de turismo rural, sendo obrigatória a recomposição do raio mínimo de: (Incluído pela Medida Provisória nº 571, de 2012)

I – 5 (cinco) metros, para imóveis rurais com área de até 1 (um) módulo fiscal; (Incluído pela Medida Provisória nº 571, de 2012)

II – 8 (oito) metros, para imóveis rurais com área superior a 1 (um) módulo fiscal e de até 2 (dois) módulos fiscais; e (Incluído pela Medida Provisória nº 571, de 2012)

III – 15 (quinze) metros, para imóveis rurais com área superior a 2 (dois) módulos fiscais. (Incluído pela Medida Provisória nº 571, de 2012)

§ 6º Para os imóveis rurais que possuam áreas consolidadas em Áreas de Preservação Permanente no entorno de lagos e lagoas naturais, será admitida a manutenção de atividades agrossilvipastoris, de ecoturismo ou de turismo rural, sendo obrigatória a recomposição de faixa marginal com largura mínima de: (Incluído pela Medida Provisória nº 571, de 2012)

I – 5 (cinco) metros, para imóveis rurais com área de até 1 (um) módulo fiscal; (Incluído pela Medida Provisória nº 571, de 2012)

II – 8 (oito) metros, para imóveis rurais com área superior a 1 (um) módulo fiscal e de até 2 (dois) módulos fiscais; (Incluído pela Medida Provisória nº 571, de 2012)

III – 15 (quinze) metros, para imóveis rurais com área superior a 2 (dois) módulos fiscais e de até 4 (quatro) módulos fiscais; e (Incluído pela Medida Provisória nº 571, de 2012)

IV – 30 (trinta) metros, para imóveis rurais com área superior a 4 (quatro) módulos fiscais. (Incluído pela Medida Provisória nº 571, de 2012)

§ 7º Nos casos de áreas rurais consolidadas em veredas, será obrigatória a recomposição das faixas marginais, em projeção horizontal, delimitadas a partir do espaço brejoso e encharcado, de largura mínima de: (Incluído pela Medida Provisória nº 571, de 2012)

I – 30 (trinta) metros, para imóveis rurais com área de até 4 (quatro) módulos fiscais; e (Incluído pela Medida Provisória nº 571, de 2012)

II – 50 (cinquenta) metros, para imóveis rurais com área superior a 4 (quatro) módulos fiscais. (Incluído pela Medida Provisória nº 571, de 2012)

§ 8º Será considerada, para os fins do disposto no *caput* e nos §§ 1º a 7º, a área detida pelo imóvel rural em 22 de julho de 2008. (Incluído pela Medida Provisória nº 571, de 2012)

§ 9º A existência das situações previstas no *caput* deverá ser informada no CAR para fins de monitoramento, sendo exigida, nesses casos, a adoção de técnicas de conservação do solo e da água que visem à mitigação dos eventuais impactos. (Incluído pela Medida Provisória nº 571, de 2012)

§ 10. Antes mesmo da disponibilização do CAR, no caso das intervenções já existentes, é o proprietário ou possuidor responsável pela conservação do solo e da água, por meio de adoção de boas práticas agronômicas. (Incluído pela Medida Provisória nº 571, de 2012)

§ 11. A realização das atividades previstas no *caput* observará critérios técnicos de conservação do solo e da água indicados no PRA previsto nesta Lei, sendo vedada a conversão de novas áreas para uso alternativo do solo nesses locais. (Incluído pela Medida Provisória nº 571, de 2012)

§ 12. Será admitida a manutenção de residências e da infraestrutura associada às atividades agrossilvipastoris, de ecoturismo e de turismo rural, inclusive o acesso a essas atividades, independentemente das determinações contidas no *caput* e nos §§ 1º a 7º, desde que não estejam em área que ofereça risco à vida ou à integridade física das pessoas. (Incluído pela Medida Provisória nº 571, de 2012)

§ 13. A recomposição de que trata este artigo poderá ser feita, isolada ou conjuntamente, pelos seguintes métodos: (Incluído pela Medida Provisória nº 571, de 2012).

I – condução de regeneração natural de espécies nativas; (Incluído pela Medida Provisória nº 571, de 2012)

II – plantio de espécies nativas; (Incluído pela Medida Provisória nº 571, de 2012)

III – plantio de espécies nativas conjugado com a condução da regeneração natural de espécies nativas; (Incluído pela Medida Provisória nº 571, de 2012)

IV – plantio de espécies lenhosas, perenes ou de ciclo longo, sendo nativas e exóticas, no caso dos imóveis a que se refere o inciso V do *caput* do art. 3º.[2]

§ 14. Em todos os casos previstos neste artigo, o Poder Público, verificada a existência de risco de agravamento de processos erosivos ou de inundações, determinará a adoção de medidas mitigadoras que garantam a estabilidade das margens e a qualidade da água, após deliberação do Conselho Estadual de Meio Ambiente ou de órgão colegiado estadual equivalente. (Incluído pela Medida Provisória nº 571, de 2012)

§ 15. A partir da data da publicação desta Lei e até o término do prazo de adesão ao PRA de que trata o § 2º do art. 59, é autorizada a continuidade das atividades desenvolvidas nas áreas de que trata o *caput*, as quais deverão ser informadas no CAR, para fins de monitoramento, sendo exigida a adoção de medidas de conservação do solo e da água. (Incluído pela Medida Provisória nº 571, de 2012)

§ 16. As Áreas de Preservação Permanente localizadas em imóveis inseridos nos limites de Unidades de Conservação de Proteção Integral criadas por ato do Poder Público até a data de publicação desta Lei não são passíveis de ter quaisquer atividades consideradas como consolidadas nos termos do *caput* e dos parágrafos anteriores, ressalvado o que dispuser o Plano de Manejo elaborado e aprovado de acordo com as orientações emitidas pelo órgão competente do SISNAMA, nos termos do que dispuser regulamento do Chefe do Poder Executivo, devendo o proprietário, possuidor ou ocupante a qualquer título, adotar todas as medidas indicadas. (Incluído pela Medida Provisória nº 571, de 2012)

§ 17. Em bacias hidrográficas consideradas críticas, conforme previsto em legislação específica, o Chefe do Poder Executivo poderá, em ato próprio, estabelecer metas e diretrizes de recuperação ou conservação da vegetação nativa superiores às definidas no *caput* e nos §§ 1º a 7º, como projeto prioritário, ouvidos o Comitê de Bacia Hidrográfica e o Conselho Estadual de Meio Ambiente. (Incluído pela Medida Provisória nº 571, de 2012)

---

2   IV – plantio de espécies lenhosas, perenes ou de ciclo longo, sendo nativas e exóticas. (Incluído pela Medida Provisória nº 571, de 2012)

MP nº 571/2012	Lei nº 12.727/2012
Art. 61-A. Nas Áreas de Preservação Permanente é autorizada, exclusivamente, a continuidade das atividades agrossilvipastoris, de ecoturismo e de turismo rural em áreas rurais consolidadas até 22 de julho de 2008.	Art. 61-A. Nas Áreas de Preservação Permanente, é autorizada, exclusivamente, a continuidade das atividades agrossilvipastoris, de ecoturismo e de turismo rural em áreas rurais consolidadas até 22 de julho de 2008.
§ 1º Para os imóveis rurais com área de até 1 (um) módulo fiscal que possuam áreas consolidadas em Áreas de Preservação Permanente ao longo de cursos d'água naturais, será obrigatória a recomposição das respectivas faixas marginais em 5 (cinco) metros, contados da borda da calha do leito regular, independentemente da largura do curso d'água.	§ 1º Para os imóveis rurais com área de até 1 (um) módulo fiscal que possuam áreas consolidadas em Áreas de Preservação Permanente ao longo de cursos d'água naturais, será obrigatória a recomposição das respectivas faixas marginais em 5 (cinco) metros, contados da borda da calha do leito regular, independentemente da largura do curso d'água.
§ 2º Para os imóveis rurais com área superior a 1 (um) módulo fiscal e de até 2 (dois) módulos fiscais que possuam áreas consolidadas em Áreas de Preservação Permanente ao longo de cursos d'água naturais, será obrigatória a recomposição das respectivas faixas marginais em 8 (oito) metros, contados da borda da calha do leito regular, independente da largura do curso d'água.	§ 2º Para os imóveis rurais com área superior a 1 (um) módulo fiscal e de até 2 (dois) módulos fiscais que possuam áreas consolidadas em Áreas de Preservação Permanente ao longo de cursos d'água naturais, será obrigatória a recomposição das respectivas faixas marginais em 8 (oito) metros, contados da borda da calha do leito regular, independentemente da largura do curso d'água.
§ 3º Para os imóveis rurais com área superior a 2 (dois) módulos fiscais e de até 4 (quatro) módulos fiscais que possuam áreas consolidadas em Áreas de Preservação Permanente ao longo de cursos d'água naturais, será obrigatória a recomposição das respectivas faixas marginais em 15 (quinze) metros, contados da borda da calha do leito regular, independentemente da largura do curso d'água.	§ 3º Para os imóveis rurais com área superior a 2 (dois) módulos fiscais e de até 4 (quatro) módulos fiscais que possuam áreas consolidadas em Áreas de Preservação Permanente ao longo de cursos d'água naturais, será obrigatória a recomposição das respectivas faixas marginais em 15 (quinze) metros, contados da borda da calha do leito regular, independentemente da largura do curso d'água.
§ 4º Para os imóveis rurais com área superior a 4 (quatro) módulos fiscais que possuam áreas consolidadas em Áreas de Preservação Permanente ao longo de cursos d'água naturais, será obrigatória a recomposição das respectivas faixas marginais:	§ 4º Para os imóveis rurais com área superior a 4 (quatro) módulos fiscais que possuam áreas consolidadas em Áreas de Preservação Permanente ao longo de cursos d'água naturais, será obrigatória a recomposição das respectivas faixas marginais:

I – em 20 (vinte) metros, contados da borda da calha do leito regular, para imóveis com área superior a 4 (quatro) e de até 10 (dez) módulos fiscais, nos cursos d'agua com até 10 (dez) metros de largura; e

II – nos demais casos, em extensão correspondente à metade da largura do curso d'água, observado o mínimo de 30 (trinta) e o máximo de 100 (cem) metros, contados da borda da calha do leito regular.

§ 5º Nos casos de áreas rurais consolidadas em Áreas de Preservação Permanente no entorno de nascentes e olhos d'água perenes, será admitida a manutenção de atividades agrossilvipastoris, de ecoturismo ou de turismo rural, sendo obrigatória a recomposição do raio mínimo de:

I – 5 (cinco) metros, para imóveis rurais com área de até 1 (um) módulo fiscal;

II – 8 (oito) metros, para imóveis rurais com área superior a 1 (um) módulo fiscal e de até 2 (dois) módulos fiscais; e

III – 15 (quinze) metros, para imóveis rurais com área superior a 2 (dois) módulos fiscais.

§ 6º Para os imóveis rurais que possuam áreas consolidadas em Áreas de Preservação Permanente no entorno de lagos e lagoas naturais, será admitida a manutenção de atividades agrossilvipastoris, de ecoturismo ou de turismo rural, sendo obrigatória a recomposição de faixa marginal com largura mínima de:

I – 5 (cinco) metros, para imóveis rurais com área de até 1 (um) módulo fiscal;

II – 8 (oito) metros, para imóveis rurais com área superior a 1 (um) módulo fiscal e de até 2 (dois) módulos fiscais; e

III – 15 (quinze) metros, para imóveis rurais com área superior a 2 (dois) módulos fiscais e de até 4 (quatro) módulos fiscais; e

I – (VETADO); e

II – nos demais casos, conforme determinação do PRA, observado o mínimo de 20 (vinte) e o máximo de 100 (cem) metros, contados da borda da calha do leito regular.

§ 5º Nos casos de áreas rurais consolidadas em Áreas de Preservação Permanente no entorno de nascentes e olhos d'água perenes, será admitida a manutenção de atividades agrossilvipastoris, de ecoturismo ou de turismo rural, sendo obrigatória a recomposição do raio mínimo de 15 (quinze) metros.

§ 6º Para os imóveis rurais que possuam áreas consolidadas em Áreas de Preservação Permanente no entorno de lagos e lagoas naturais, será admitida a manutenção de atividades agrossilvipastoris, de ecoturismo ou de turismo rural, sendo obrigatória a recomposição de faixa marginal com largura mínima de:

I – 5 (cinco) metros, para imóveis rurais com área de até 1 (um) módulo fiscal;

II – 8 (oito) metros, para imóveis rurais com área superior a 1 (um) módulo fiscal e de até 2 (dois) módulos fiscais;

III – 15 (quinze) metros, para imóveis rurais com área superior a 2 (dois) módulos fiscais e de até 4 (quatro) módulos fiscais; e

IV – 30 (trinta) metros, para imóveis rurais com área superior a 4 (quatro) módulos fiscais.

§ 7º Nos casos de áreas rurais consolidadas em veredas, será obrigatória a recomposição das faixas marginais, em projeção horizontal, delimitadas a partir do espaço brejoso e encharcado, de largura mínima de:

I – 30 (trinta) metros, para imóveis rurais com área de até 4 (quatro) módulos fiscais; e

IV – 30 (trinta) metros, para imóveis rurais com área superior a 4 (quatro) módulos fiscais.

§ 7º Nos casos de áreas rurais consolidadas em veredas, será obrigatória a recomposição das faixas marginais, em projeção horizontal, delimitadas a partir do espaço brejoso e encharcado, de largura mínima de:

I – 30 (trinta) metros, para imóveis rurais com área de até 4 (quatro) módulos fiscais; e

II – 50 (cinquenta) metros, para imóveis rurais com área superior a 4 (quatro) módulos fiscais.

§ 8º Será considerada, para os fins do disposto no **caput** e nos §§ 1º a 7º, a área detida pelo imóvel rural em 22 de julho de 2008.

§ 9º A existência das situações previstas no **caput** deverá ser informada no CAR para fins de monitoramento, sendo exigida, nesses casos, a adoção de técnicas de conservação do solo e da água que visem à mitigação dos eventuais impactos.

§ 10. Antes mesmo da disponibilização do CAR, no caso das intervenções já existentes, é o proprietário ou possuidor responsável pela conservação do solo e da água, por meio de adoção de boas práticas agronômicas.

§ 11. A realização das atividades previstas no **caput** observará critérios técnicos de conservação do solo e da água indicados no PRA previsto nesta Lei, sendo vedada a conversão de novas áreas para uso alternativo do solo nesses locais.

§ 12. Será admitida a manutenção de residências e da infraestrutura associada às atividades agrossilvipastoris, de ecoturismo e de turismo rural, inclusive o acesso a essas atividades, independentemente das determinações contidas no **caput** e nos §§

II – 50 (cinquenta) metros, para imóveis rurais com área superior a 4 (quatro) módulos fiscais.

§ 8º Será considerada, para os fins do disposto no **caput** e nos §§ 1º a 7º, a área detida pelo imóvel rural em 22 de julho de 2008.

§ 9º A existência das situações previstas no **caput** deverá ser informada no CAR para fins de monitoramento, sendo exigida, nesses casos, a adoção de técnicas de conservação do solo e da água que visem à mitigação dos eventuais impactos.

§ 10. Antes mesmo da disponibilização do CAR, no caso das intervenções já existentes, é o proprietário ou possuidor rural responsável pela conservação do solo e da água, por meio de adoção de boas práticas agronômicas.

§ 11. A realização das atividades previstas no **caput** observará critérios técnicos de conservação do solo e da água indicados no PRA previsto nesta Lei, sendo vedada a conversão de novas áreas para uso alternativo do solo nesses locais.

§ 12. Será admitida a manutenção de residências e da infraestrutura associada às atividades agrossilvipastoris, de ecoturismo e de turismo rural, inclusive o acesso a essas atividades, independentemente das determinações contidas no **caput** e nos §§ 1º a 7º, desde que não estejam em área que ofereça risco à vida ou à integridade física das pessoas.

§ 13. A recomposição de que trata este artigo poderá ser feita, isolada ou conjuntamente, pelos seguintes métodos:

I – condução de regeneração natural de espécies nativas;

II – plantio de espécies nativas;

III – plantio de espécies nativas conjugado com a condução da regeneração natural de espécies nativas;

1º a 7º, desde que não estejam em área que ofereça risco à vida ou à integridade física das pessoas.

§ 13. A recomposição de que trata este artigo poderá ser feita, isolada ou conjuntamente, pelos seguintes métodos:

I – condução de regeneração natural de espécies nativas;

II – plantio de espécies nativas;

III – plantio de espécies nativas conjugado com a condução da regeneração natural de espécies nativas;

IV – plantio de espécies lenhosas, perenes ou de ciclo longo, sendo nativas e exóticas, no caso dos imóveis a que se refere o inciso V do **caput** do art. 3º.

§ 14. Em todos os casos previstos neste artigo, o Poder Público, verificada a existência de risco de agravamento de processos erosivos ou de inundações, determinará a adoção de medidas mitigadoras que garantam a estabilidade das margens e a qualidade da água, após deliberação do Conselho Estadual de Meio Ambiente ou de órgão colegiado estadual equivalente.

§ 15. A partir da data da publicação desta Lei e até o término do prazo de adesão ao PRA de que trata o § 2º do art. 59, é autorizada a continuidade das atividades desenvolvidas nas áreas de que trata o **caput**, as quais deverão ser informadas no CAR, para fins de monitoramento, sendo exigida a adoção de medidas de conservação do solo e da água.

§ 16. As Áreas de Preservação Permanente localizadas em imóveis inseridos nos limites de Unidades de Conservação de Proteção Integral criadas por ato do Poder Público até a data de publicação desta Lei não são passíveis de ter quaisquer atividades consideradas como consolidadas nos

IV – plantio intercalado de espécies lenhosas, perenes ou de ciclo longo, exóticas com nativas de ocorrência regional, em até 50% (cinquenta por cento) da área total a ser recomposta, no caso dos imóveis a que se refere o inciso V do **caput** do art. 3º;

V – (VETADO).

§ 14. Em todos os casos previstos neste artigo, o poder público, verificada a existência de risco de agravamento de processos erosivos ou de inundações, determinará a adoção de medidas mitigadoras que garantam a estabilidade das margens e a qualidade da água, após deliberação do Conselho Estadual de Meio Ambiente ou de órgão colegiado estadual equivalente.

§ 15. A partir da data da publicação desta Lei e até o término do prazo de adesão ao PRA de que trata o § 2º do art. 59, é autorizada a continuidade das atividades desenvolvidas nas áreas de que trata o **caput**, as quais deverão ser informadas no CAR para fins de monitoramento, sendo exigida a adoção de medidas de conservação do solo e da água.

§ 16. As Áreas de Preservação Permanente localizadas em imóveis inseridos nos limites de Unidades de Conservação de Proteção Integral criadas por ato do poder público até a data de publicação desta Lei não são passíveis de ter quaisquer atividades consideradas como consolidadas nos termos do **caput** e dos §§ 1º a 15, ressalvado o que dispuser o Plano de Manejo elaborado e aprovado de acordo com as orientações emitidas pelo órgão competente do Sisnama, nos termos do que dispuser regulamento do Chefe do Poder Executivo, devendo o proprietário, possuidor rural ou ocupante a qualquer título adotar todas as medidas indicadas.

termos do **caput** e dos parágrafos anteriores, ressalvado o que dispuser o Plano de Manejo elaborado e aprovado de acordo com as orientações emitidas pelo órgão competente do SISNAMA, nos termos do que dispuser regulamento do Chefe do Poder Executivo, devendo o proprietário, possuidor ou ocupante a qualquer título, adotar todas as medidas indicadas.

§ 17. Em bacias hidrográficas consideradas críticas, conforme previsto em legislação específica, o Chefe do Poder Executivo poderá, em ato próprio, estabelecer metas e diretrizes de recuperação ou conservação da vegetação nativa superiores às definidas no **caput** e nos §§ 1º a 7º, como projeto prioritário, ouvidos o Comitê de Bacia Hidrográfica e o Conselho Estadual de Meio Ambiente.

§ 17. Em bacias hidrográficas consideradas críticas, conforme previsto em legislação específica, o Chefe do Poder Executivo poderá, em ato próprio, estabelecer metas e diretrizes de recuperação ou conservação da vegetação nativa superiores às definidas no **caput** e nos §§ 1º a 7º, como projeto prioritário, ouvidos o Comitê de Bacia Hidrográfica e o Conselho Estadual de Meio Ambiente.

§ 18. (VETADO).

O artigo 61-A e seus 17 (!) parágrafos pretendem regulamentar as atividades que já estão sendo praticadas nas Áreas de Preservação Permanente, ou seja, busca legitimar e legalizar aquilo que vinha sendo realizado em contravenção às normas existentes. A própria extensão do artigo é prova suficiente que a tarefa não é trivial; ao contrário, é árdua. Como se pretende demonstrar, os critérios utilizados para a solução da problemática, antes lançaram mais incógnitas do que esclareceram. Pela disposição do *caput* do artigo 61-A, admitiu-se a autorização, exclusivamente, da continuidade das atividades agrossilvipastoris, de ecoturismo e de turismo rural em áreas rurais consolidadas até 22 de julho de 2008. Parece-me que se a questão era admitir atividades que vinham sendo exercidas em contravenção à norma legal aplicável, não se justifica que algumas tenham sido admitidas como autorizáveis e outras não; até mesmo porque não foram apresentadas justificativas razoáveis para a autorização.

Os parágrafos estabeleceram o critério de definição das Áreas de Preservação Permanente a serem recuperadas não pela largura dos cursos d'água, como é o critério predominante no Novo Código Florestal, mas pelo critério das dimensões da propriedade ou posse que possuam áreas consolidadas em Áreas de Preservação Permanente.

Os quadros que se seguem demonstram as diferentes áreas de preservação permanente:

Áreas de Preservação Permanente em Áreas Rurais Consolidadas	
Tamanho da Posse ou Propriedade	**Área de Preservação Permanente**
Até 1 módulo Fiscal	Em 5 (cinco) metros, contados da borda da calha do leito regular, independentemente da largura do curso d'água
> 1 Módulo Fiscal até 2 Módulos Fiscais	Em 8 (oito) metros, contados da borda da calha do leito regular, independente da largura do curso d'água
> ou = 2 Módulos Fiscais até 4 Módulos Fiscais	Em 15 (quinze) metros, contados da borda da calha do leito regular, independentemente da largura do curso d'água
> 4 Módulos Fiscais até 10 Módulos Fiscais	Em 20 (vinte) metros, contados da borda da calha do leito regular nos cursos d'agua com até 10 (dez) metros de largura nos demais casos, em extensão correspondente à metade da largura do curso d'água, observado o mínimo de 30 (trinta) e o máximo de 100 (cem) metros, contados da borda da calha do leito regular

Áreas de Preservação Permanente no entorno de nascentes e olhos d'água perenes	
Tamanho da Posse ou Propriedade	**Área Mínima de APP**
até 1 (um) módulo fiscal	5 (cinco) metros
> 1 Módulo Fiscal até 2 Módulos Fiscais	8 (oito) metros
> 2 Módulos Fiscais	15 (quinze) metros

Áreas de Preservação Permanente no entorno de lagos e lagoas naturais	
Área da propriedade ou posse	**Largura Mínima**
Até 1 Módulo Fiscal	5 (cinco) metros
> 1 Módulo Fiscal até 2 Módulos Fiscais	8 (oito) metros
> 2 Módulos Fiscais até 4 Módulos Fiscais	15 (quinze) metros
> 4 Módulos Fiscais	30 (trinta) metros

Áreas rurais consolidadas em veredas	
Área da propriedade ou posse	Distância Mínima
Até 4 Módulos Fiscais	30 metros
> 4 Módulos Fiscais	50 (cinquenta) metros

As áreas dos imóveis a serem consideradas para a definição das faixas de proteção estabelecidas pelo artigo são aquelas anteriormente ao dia 22 de julho de 2008. Ainda que exaustivas, as hipóteses estabelecidas pelos parágrafos do artigo 61-A poderão não contemplar todas as situações referentes à existência de áreas rurais consolidadas em espaços destinados às Áreas de Preservação Permanente; em tais circunstâncias, o possuidor ou proprietário rural deverá informar ao CAR para fins de monitoramento, exigindo-se, em tais casos, a adoção de técnicas de conservação do solo e da água que visem à mitigação dos eventuais impactos. Assim, o § 9º admite a possibilidade de novas hipóteses de exceção às regras gerais de observância das Áreas de Preservação Permanente, o que parece ser inteiramente fora do espírito do Novo Código Florestal e, sobretudo, dá um tratamento diferente às diversas hipóteses, pois se de um lado estabelece um critério legal e taxativo para as exceções, por outro, admite a ampliação das exceções por simples comunicação ao CAR.

O § 10 estabelece uma obrigação que pode ser qualificada como "uma obrigação natural", pois incapaz de ser verificada ou identificada com precisão: "*Antes mesmo da disponibilização do CAR, no caso das intervenções já existentes, é o proprietário ou possuidor responsável pela conservação do solo e da água, por meio de adoção de boas práticas agronômicas*".

Pelo § 11 foi vedada a conversão de novas áreas para uso alternativo, determinando-se que a realização das atividades previstas no *caput* deverá observar critérios técnicos de conservação do solo e da água indicados no PRA previsto na Lei.

No caso da existência de residências e infraestrutura associada às atividades agrossilvipastoris, de ecoturismo e de turismo rural, inclusive o acesso a essas atividades, independentemente das determinações contidas no *caput* e nos §§ 1º a 7º, desde que não estejam em área que ofereça risco à vida ou à integridade física das pessoas, foi admitida a sua permanência e manutenção. A lei admite que a recomposição tratada pelo artigo poderá ser feita pela utilização das seguintes técnicas: (i) condução de regeneração natural de espécies nativas; (ii) plantio de espécies nativas; (iii) plantio de espécies nativas conjugado com a condução da regeneração natural de espécies nativas; (iv) plantio de espécies lenhosas, perenes ou de ciclo longo, sendo nativas e exóticas, no caso dos imóveis a que se refere o inciso V do caput do art. 3º.[3]

O § 16 estabelece que

> *"as Áreas de Preservação Permanente localizadas em imóveis inseridos nos limites de Unidades de Conservação de Proteção Integral criadas por ato do Poder Público até a data de publicação desta Lei não são passíveis de ter quaisquer atividades consideradas como consolidadas nos termos do* caput *e dos parágrafos anteriores, ressalvado o que dispuser o Plano de Manejo elaborado e aprovado de acordo com as orientações emitidas pelo órgão competente do SISNAMA, nos termos do que dispuser regulamento do Chefe do Poder Executivo, devendo o proprietário, possuidor ou ocupante a qualquer título, adotar todas as medidas indicadas".*

Há várias impropriedades no parágrafo, pois as Unidades de Conservação do grupo de proteção integral, salvo o monumento natural, são de posse e domínios públicos, o que pressupõe a desapropriação daqueles que se encontrem nos limites da Unidade de Conservação "em fase de criação", haja vista que até então não há posse e domínio público sobre as terras que virão a compor a Unidade de Conservação. Por outro lado, nas Unidades de Conservação do grupo de proteção integral, a regra é que somente se admita o uso indireto, não podendo o plano de manejo determinar uso que não o admitido pela lei, no caso, o indireto.

O § 17 estabelece que:

> *"Em bacias hidrográficas consideradas críticas, conforme previsto em legislação específica, o Chefe do Poder Executivo poderá, em ato próprio, estabelecer metas e diretrizes de recuperação ou conservação da vegetação nativa superiores às definidas no* caput *e nos §§ 1º a 7º, como projeto prioritário, ouvidos o Comitê de Bacia Hidrográfica e o Conselho Estadual de Meio Ambiente".*

Aqui há uma repetição do mecanismo de delegação de função legislativa ao Executivo, o que não se admite em nosso regime constitucional, bem como invasão das competências estabelecidas pela Lei da Política Nacional de Recursos Hídricos.

Os critérios adotados pelo artigo ora comentado não são de natureza ambiental, haja vista que a dimensão das propriedades ou posse não é parâmetro seguro

---

[3]   IV – plantio de espécies lenhosas, perenes ou de ciclo longo, sendo nativas e exóticas. (Incluído pela Medida Provisória nº 571, de 2012)

para que sejam adotadas medidas de proteção de cursos d'água, no que tange à fixação das coberturas de matas ciliares. Foram utilizados critérios de natureza "social" que expressam reconhecimento por parte da Administração e do "legislador", vez que introduzidos pela via da Medida Provisória, da chamada "*força normativa dos fatos*",[4] ou uma "situação consolidada pelo tempo".[5] Contudo, se por um lado não se pode deixar de desconhecer o mérito em retirar da ilegalidade uma grande quantidade de pequenos agricultores, não se pode, igualmente, deixar de criticar a inexistência da adoção de uma política pública capaz de incentivar a desocupação gradativa das APP, em especial aquelas localizadas em áreas de mananciais, cuja importância é indiscutível.

Art. 61-B. Aos proprietários e possuidores dos imóveis rurais que, em 22 de julho de 2008, detinham até 4 (quatro) módulos fiscais e desenvolviam atividades agrossilvipastoris nas áreas consolidadas em Áreas de Preservação Permanente, é garantido que a exigência de recomposição, nos termos desta Lei, somadas todas as Áreas de Preservação Permanente do imóvel, não ultrapassará: (Incluído pela Medida Provisória nº 571, de 2012)

I – 10% (dez por cento) da área total do imóvel, para imóveis rurais com área de até 2 (dois) módulos fiscais; e (Incluído pela Medida Provisória nº 571, de 2012)

II – 20% (vinte por cento) da área total do imóvel, para imóveis rurais com área superior a 2 (dois) e de até 4 (quatro) módulos fiscais. (Incluído pela Medida Provisória nº 571, de 2012)

---

4   Supremo Tribunal Federal. ADI 3689/PA. Relator: Min. EROS GRAU. Julgamento: 10/5/2007. Plenário. *Dje*-047, 28/6/2007.

5   Supremo Tribunal Federal. RE 96442/RS – RIO GRANDE DO SUL. RECURSO EXTRAORDINÁRIO. Relator: Ministro DÉCIO MIRANDA. Julgamento: 1/6/1984. 2ª Turma. *DJU*: 22/6/1984, p. 132.

MP nº 571/2012	Lei nº 12.727/2012
Art. 61-B. Aos proprietários e possuidores dos imóveis rurais que, em 22 de julho de 2008, detinham até 4 (quatro) módulos fiscais e desenvolviam atividades agrossilvipastoris nas áreas consolidadas em Áreas de Preservação Permanente, é garantido que a exigência de recomposição, nos termos desta Lei, somadas todas as Áreas de Preservação Permanente do imóvel, não ultrapassará:	Art. 61-B. Aos proprietários e possuidores dos imóveis rurais que, em 22 de julho de 2008, detinham até 10 (dez) módulos fiscais e desenvolviam atividades agrossilvipastoris nas áreas consolidadas em Áreas de Preservação Permanente é garantido que a exigência de recomposição, nos termos desta Lei, somadas todas as Áreas de Preservação Permanente do imóvel, não ultrapassará:
I – 10% (dez por cento) da área total do imóvel, para imóveis rurais com área de até 2 (dois) módulos fiscais; e	I – 10% (dez por cento) da área total do imóvel, para imóveis rurais com área de até 2 (dois) módulos fiscais;
II – 20% (vinte por cento) da área total do imóvel, para imóveis rurais com área superior a 2 (dois) e de até 4 (quatro) módulos fiscais.	II – 20% (vinte por cento) da área total do imóvel, para imóveis rurais com área superior a 2 (dois) e de até 4 (quatro) módulos fiscais;
	III – (VETADO).

O artigo é um "complemento" ao artigo precedente, o qual determina a recuperação de Áreas de Preservação Permanente conforme a dimensão das propriedades ou posses rurais e não segundo os critérios gerais estabelecidos pela Lei ora comentada. O presente artigo, ao complementar as normas contidas no artigo 61-B, estabelece a "garantia" de que a recuperação das APPs não ultrapassará o percentual de 10% do imóvel para o caso de propriedades ou posses com até dois Módulos Fiscais de área e 20% para os imóveis com áreas compreendidas entre dois e quatro módulos fiscais. Logo, do ponto de vista prático, as APPs passaram a ser computadas em percentuais da própria área da propriedade ou posse rural e não em relação ao recurso hídrico que se pretende proteger.

Art. 61-C. Para os assentamentos do Programa de Reforma Agrária a recomposição de áreas consolidadas em Áreas de Preservação Permanente ao longo ou no entorno de cursos d'água, lagos e lagoas naturais observará as exigências estabelecidas no art. 61-A, observados os limites de cada área demarcada individualmente, objeto de contrato de concessão de uso, até a titulação por parte do Instituto Nacional de Colonização e Reforma Agrária – INCRA. (Incluído pela Medida Provisória nº 571, de 2012)

MP nº 571/2012	MP nº 571/2012
Art. 61-C. Para os assentamentos do Programa de Reforma Agrária a recomposição de áreas consolidadas em Áreas de Preservação Permanente ao longo ou no entorno de cursos d'água, lagos e lagoas naturais observará as exigências estabelecidas no art. 61-A, observados os limites de cada área demarcada individualmente, objeto de contrato de concessão de uso, até a titulação por parte do Instituto Nacional de Colonização e Reforma Agrária – INCRA.	Art. 61-C. Para os assentamentos do Programa de Reforma Agrária, a recomposição de áreas consolidadas em Áreas de Preservação Permanente ao longo ou no entorno de cursos d'água, lagos e lagoas naturais observará as exigências estabelecidas no art. 61-A, observados os limites de cada área demarcada individualmente, objeto de contrato de concessão de uso, até a titulação por parte do Instituto Nacional de Colonização e Reforma Agrária – Incra.

Os assentamentos do Programa de Reforma Agrária têm tido uma convivência conturbada com a proteção ambiental, haja vista que nem sempre existe por parte dos órgãos responsáveis pela Reforma Agrária o devido cuidado ambiental.[6] Assim, há determinação expressa de observância dos parâmetros estabelecidos pelo artigo 61-A, considerando-se os limites de cada área demarcada e, obviamente, sendo aplicável o artigo 61-B, conforme o mesmo critério. Do meu

---

[6]   O Ministério Público Federal (MPF/MS) denunciou o ex-Superintendente do Instituto Nacional de Colonização e Reforma Agrária (Incra) em Mato Grosso do Sul, Luiz Carlos Bonelli, além de 66 trabalhadores rurais do Projeto de Assentamento Teijin, localizado em Nova Andradina, distante 301 km da capital. Eles são acusados de desmatar e queimar mata nativa sem autorização ambiental, além de instalar inúmeros fornos para a produção de carvão. O crime é descrito pela Lei nº 9505/98 e prevê reclusão de 2 a quatro anos e multa. Investigação do MPF apurou que assentados do assentamento Teijin extraíam madeira de reserva legal sem licença ambiental, para produção de carvão. Luiz Carlos Bonelli – então Superintendente Regional do Incra no estado – foi conivente com as condutas ilegais dos assentados e omisso, pois não tomou nenhuma medida efetiva para conter ou sanar a destruição ao meio ambiente. De acordo com relatório do Ibama, encaminhado ao MPF, muitas famílias de assentados praticavam irregularidades contra o meio ambiente com a autorização de funcionários do Incra. Os crimes foram cometidos no período de 2006 a 2008 e só foram interrompidos após Recomendação do MPF para que o Ibama notificasse e interditasse as atividades de supressão de vegetação nativa e a instalação de fornos para a produção de carvão vegetal. O MPF constatou que Luiz Carlos Bonelli autorizou verbalmente o ingresso de cerca de 800 famílias no assentamento, mesmo sem o prévio cadastramento das pessoas e licitação para as atividades de demarcação e criação de lotes para o manejo correto das famílias. Foram identificados 348 lotes onde houve desmatamentos. 116 desses lotes estavam na área de reserva legal do assentamento. Nestas áreas foram desmatados 405 hectares e instalados 166 fornos para produção de carvão vegetal. O desmatamento variava entre 20% e 100% da área total de cada lote. Laudos técnicos anexados ao processo comprovam o desmate em corte raso de 1.018 hectares de cerrado, sendo que, deste total, 730 hectares foram desflorestados no interior das áreas de reserva legal, o que equivale a 71,7% do desmatamento total. (Com informações do MPF), in, Disponível em: <http://www.msrecord.com.br/noticia/ver/75628/mpfms-denuncia-ex-superintendente-do--incra-e-66-assentados-por-crime-ambiental>. Acesso em: 19 de junho de 2012.

312 Comentários ao Novo Código Florestal • Bessa Antunes

ponto de vista, deveria ser considerada a área de todo o assentamento e não os lotes individualmente, pois isso pode implicar em redução da área total de APP. As hipóteses individuais deveriam ser compostas em áreas especialmente destinadas à proteção ambiental, seja como APP, seja como Reserva Legal.

Art. 62. Para os reservatórios artificiais de água destinados a geração de energia ou abastecimento público que foram registrados ou tiveram seus contratos de concessão ou autorização assinados anteriormente à Medida Provisória nº 2.166-67, de 24 de agosto de 2001, a faixa da Área de Preservação Permanente será a distância entre o nível máximo operativo normal e a cota máxima maximorum.

A Medida Provisória nº 2.166, com as suas incríveis 67 (sessenta e sete!) reedições, promoveu alterações profundas na Lei nº 4.771/1965, dentre as quais o estabelecimento da obrigação, para o empreendedor, de que para a implantação de reservatórios artificiais, ele ficava obrigado a promover a *"desapropriação ou aquisição [...] das áreas de preservação permanente criadas no seu entorno, cujos parâmetros e regime de uso serão definidos por resolução do CONAMA"*. Não bastasse a criação de APP no entorno de reservatórios – que não são naturais –, a obrigação começou a ser exigida retroativamente pelos órgãos de controle ambiental.

A norma contida no artigo, claramente, impede a aplicação retroativa do estipulado na Medida Provisória.

"AGRAVO DE INSTRUMENTO. AMBIENTAL. DANO DE DIFÍCIL REPARAÇÃO. PRELIMINAR DE ILEGITIMIDADE PASSIVA. AFASTADA. **RESERVATÓRIO** DA UHE ÁGUA VERMELHA. ÁREA DE **PRESERVAÇÃO** PERMANENTE. FAIXA DE SEGURANÇA DO **RESERVATÓRIO**. APOSIÇÃO DE MARCOS. RESPONSABILIDADE DA CONCESSIONÁRIA AES TIETÊ S/A. DELIMITAÇÃO DA ÁREA CONCERNENTE AOS IMÓVEIS INDICADOS NOS PRESENTES AUTOS. 1. Afastada a preliminar de ilegitimidade passiva da AES TIETÊ S.A., visto que a empresa é a responsável pelo cuidado e **preservação** de toda a margem desapropriada do **reservatório**, conforme concessão de uso de bem público para a geração de energia elétrica outorgada pela União Federal, por intermédio da Agência Nacional de Energia Elétrica (ANEEL), assim como disposto nas Portarias nº 1.415, de 15/10/1984 e nº 170, de 04/02/1987, do Ministério das Minas e Energia. 2. A Lei nº 4.771/65 (Código Florestal) descreveu objetivamente as Áreas de **Preservação** Permanente, estabelecendo em seu art. 2º a proteção especial dessas áreas cuja criação decorre da própria lei. Nessa linha, concebeu como de **preservação** permanente a área situada ao redor dos **reservatórios** hídricos artificiais (alínea *b*). Por sua vez, a Resolução nº 302/2002, do Conselho Nacional do Meio Ambiente (CONAMA), dispôs sobre os parâmetros, definições e limites das Áreas de **Preservação** Permanente de **reservatórios** artificiais e o regime de uso do entorno (arts. 2º e 3º, I). 3. Trata-se de imóveis situados no Loteamento Estância Beira Rio, no Município de Cardoso/SP, às margens do **Reservatório** da Usina Hidrelétrica de Água Vermelha. Insta consignar que, independentemente de os imóveis em tela se situarem em zona urbana consolidada ou zona rural, é indubitável que, ao menos, parte deles inserem-se em Área de **Preservação** Permanente, inclusive abrangendo a faixa de segurança no entorno do **Reservatório** da UHE Água Vermelha. 4. É de se lembrar que as Áreas de **Preservação** Permanente consistem em espaços territoriais especialmente protegidos pelo ordenamento jurídico brasileiro, cuja cobertura vegetal deve ser necessariamente mantida, para garantir a proteção do solo, dos recursos hídricos, a estabilidade do relevo, de forma a evitar o assoreamento e assegurar a proteção das espécies animais e vegetais. 5. É imperioso reconhecer a necessidade de proteção imediata ao espaço ambiental, na medida que o uso e a ocupação irregular do entorno e adjacências ao **reservatório**, anos a fio, acarretam, em regra, efeitos devastadores e irreversíveis ao meio ambiente. Diante da existência de inúmeros aspectos controvertidos, que abrangem não só questões de fato, mas também matéria de direito, a serem consideradas no decorrer da instrução processual, a questão atinente à exata dimensão da Área de **Preservação** Permanente que circunda o **reservatório** da UHE Água Vermelha há de ser dirimida quando do julgamento da ação principal, quando então serão fixados os limites definitivos da referida área nos imóveis dos proprietários. 6. De qualquer forma, considerando as peculiaridades que envolvem o caso concreto, bem como a necessidade de garantir a efetividade à proteção do meio ambiente, por ora e desde logo, deve ser delimitada a área correspondente à faixa de segurança do **reservatório** da UHE Água Vermelha, no que concerne aos imóveis indicados nos presentes autos, situada entre a cota máxima normal de operação do **reservatório** e a cota de desapropriação (área limite do **reservatório**), de responsabilidade da concessionária AES Tietê, conforme concessão de uso de bem público para a geração de energia elétrica outorgada pela União Federal, por intermédio da Agência Nacional de Energia Elétrica (ANEEL). 7. Entretanto, é de se reconhecer que devem ser afastadas as obrigações impostas à agravante que determinaram a elaboração de plano de demarcação da faixa de segurança de todo o **reservatório** e da apresentação de cronograma para implementação desse plano, pois são medidas que extrapolam os limites da presente demanda, e que, se eventualmente mantidas, poderiam ir de encontro a outras providências judiciais já determinadas, a se considerar a existência de inúmeras ações civis públicas ajuizadas pelo Ministério Público Federal, cada qual em face de determinado proprietário de imóvel situado na Área de **Preservação** Permanente. 8. Preliminar arguida rejeitada. Agravo de instrumento parcialmente provido." (Desembargadora Federal Consuelo Yoshida)[7]

Art. 63. Nas áreas rurais consolidadas nos locais de que tratam os incisos V, VIII, IX e X do art. 4º, será admitida a manutenção de atividades florestais, culturas de espécies lenhosas, perenes ou de ciclo longo, bem como da infraestrutura física associada ao desenvolvimento de atividades agrossilvipastoris, vedada a conversão de novas áreas para uso alternativo do solo.

§ 1º O pastoreio extensivo nos locais referidos no *caput* deverá ficar restrito às áreas de vegetação campestre natural ou já convertidas para vegetação campestre, admitindo-se o consórcio com vegetação lenhosa perene[8] ou de ciclo longo.

§ 2º A manutenção das culturas e da infraestrutura de que trata o *caput* é condicionada à adoção de práticas conservacionistas do solo e da água indicadas pelos órgãos de assistência técnica rural.

§ 3º Admite-se, nas Áreas de Preservação Permanente, previstas no inciso VIII do art. 4º, dos imóveis rurais de até 4 (quatro) módulos fiscais, no âmbito do PRA, a partir de boas práticas agronômicas e de conservação do solo e da água, mediante deliberação dos Conselhos Estaduais de Meio Ambiente ou órgãos colegiados estaduais equivalentes, a consolidação de outras atividades agrossilvipastoris, ressalvadas as situações de risco de vida.

Cuida-se de mais um dispositivo cuja finalidade é a "regularização" de ocupação de fato das APPs contidas nas áreas rurais consolidadas. Assim, nas (i) encos-

---

[7]   Tribunal Regional Federal da 3ª Região. AI 00230562820094030000. AI – AGRAVO DE INSTRUMENTO – 377204. 6ª TURMA. *DJF3* CJ1: 14/7/2011.

[8]   As plantas perenes vivem mais de dois anos e subdividem-se em dois grupos: herbácias perenes, tais como muitas espécies de gramíneas [...] que não têm tecido lenhoso na sua constituição, e lenhosas perenes, que são caracterizadas por possuírem estruturas lenhosas [...] Muitas plantas perenes têm fases de crescimento vegetativo que se prolongam por enormes períodos de tempo [...] Disponível em: <http://www.infopedia.pt/$plantas-perenes>. Acesso em: 19 de junho de 2012.

tas ou partes destas com declividade superior a 45°, equivalente a 100% na linha de maior declive; (ii) bordas dos tabuleiros ou chapadas, até a linha de ruptura do relevo, em faixa nunca inferior a 100 (cem) metros em projeções horizontais; (iii) no topo de morros, montes, montanhas e serras, com altura mínima de 100 (cem) metros e inclinação média maior que 25°, as áreas delimitadas a partir da curva de nível correspondente a 2/3 da altura mínima da elevação sempre em relação à base, sendo esta definida pelo plano horizontal determinado por planície ou espelho d'água adjacente ou, nos relevos ondulados, pela cota do ponto de sela mais próximo da elevação; e (iv) nas áreas em altitude superior a 1.800 (mil e oitocentos) metros, qualquer que seja a vegetação, são admitidas as atividades mencionadas no *caput*, vedadas novas conversões para uso alternativo.

A vegetação campestre mencionada no artigo é o chamado "pasto" utilizado para a alimentação do gado, especialmente quando da exploração extensiva da atividade pecuária. A norma, mais uma vez, veda a conversão de novas áreas para uso alternativo. Há exigência para o prosseguimento das atividades que o agricultor se utilize de técnicas adequadas para a conservação da água e do solo, única hipótese em que poderá manter as estruturas existentes na área utilizada. O § 3º, também medida de delegação legislativa, admite que "outras" atividades possam vir a ser autorizadas nas áreas contempladas no inciso VIII do artigo 4º, desde que assim entendam os Conselhos Estaduais de Meio Ambiente ou órgão equivalente.

Art. 64. Na regularização fundiária de interesse social dos assentamentos inseridos em área urbana de ocupação consolidada e que ocupam Áreas de Preservação Permanente, a regularização ambiental será admitida por meio da aprovação do projeto de regularização fundiária, na forma da Lei nº 11.977, de 7 de julho de 2009.[9]

§ 1º O projeto de regularização fundiária de interesse social[10] deverá incluir estudo técnico que demonstre a melhoria das condições ambientais em relação à situação anterior com a adoção das medidas nele preconizadas.

---

[9] Lei nº 11.977, de 7 de julho de 2009: Dispõe sobre o Programa Minha Casa, Minha Vida – PMCMV e a regularização fundiária de assentamentos localizados em áreas urbanas; altera o Decreto-Lei nº 3.365, de 21 de junho de 1941, as Leis nºs 4.380, de 21 de agosto de 1964, 6.015, de 31 de dezembro de 1973, 8.036, de 11 de maio de 1990, e 10.257, de 10 de julho de 2001, e a Medida Provisória nº 2.197-43, de 24 de agosto de 2001; e dá outras providências.

[10] Da Regularização Fundiária de Interesse Social. Art. 53. A regularização fundiária de interesse social depende da análise e da aprovação pelo Município do projeto de que trata o art. 51. § 1º A aprovação municipal prevista no *caput* corresponde ao licenciamento urbanístico do projeto de regularização fundiária de interesse social, bem como ao licenciamento ambiental, se o Município tiver conselho de meio ambiente e órgão ambiental capacitado. § 2º Para efeito do disposto no § 1º, considera-se órgão ambiental capacitado o órgão municipal que possua em seus quadros ou à sua

disposição profissionais com atribuição para análise do projeto e decisão sobre o licenciamento ambiental. § 3º No caso de o projeto abranger área de Unidade de Conservação de Uso Sustentável que, nos termos da Lei nº 9.985, de 18 de julho de 2000, admita a regularização, será exigida também anuência do órgão gestor da unidade. Art. 54. O projeto de regularização fundiária de interesse social deverá considerar as características da ocupação e da área ocupada para definir parâmetros urbanísticos e ambientais específicos, além de identificar os lotes, as vias de circulação e as áreas destinadas a uso público. § 1º O Município poderá, por decisão motivada, admitir a regularização fundiária de interesse social em Áreas de Preservação Permanente, ocupadas até 31 de dezembro de 2007 e inseridas em área urbana consolidada, desde que estudo técnico comprove que esta intervenção implica a melhoria das condições ambientais em relação à situação de ocupação irregular anterior. § 2º O estudo técnico referido no § 1º deverá ser elaborado por profissional legalmente habilitado, compatibilizar-se com o projeto de regularização fundiária e conter, no mínimo, os seguintes elementos: I – caracterização da situação ambiental da área a ser regularizada; II – especificação dos sistemas de saneamento básico; III – proposição de intervenções para o controle de riscos geotécnicos e de inundações; IV – recuperação de áreas degradadas e daquelas não passíveis de regularização; V – comprovação da melhoria das condições de sustentabilidade urbano-ambiental, considerados o uso adequado dos recursos hídricos e a proteção das unidades de conservação, quando for o caso; VI – comprovação da melhoria da habitabilidade dos moradores propiciada pela regularização proposta; e VII – garantia de acesso público às praias e aos corpos d'água, quando for o caso. § 3º A regularização fundiária de interesse social em áreas de preservação permanente poderá ser admitida pelos Estados, na forma estabelecida nos §§ 1º e 2º deste artigo, na hipótese de o Município não ser competente para o licenciamento ambiental correspondente, mantida a exigência de licenciamento urbanístico pelo Município. Art. 55. Na regularização fundiária de interesse social, caberá ao poder público, diretamente ou por meio de seus concessionários ou permissionários de serviços públicos, a implantação do sistema viário e da infraestrutura básica, previstos no § 6º do art. 2º da Lei nº 6.766, de 19 de dezembro de 1979, ainda que promovida pelos legitimados previstos nos incisos I e II do art. 50. Parágrafo único. A realização de obras de implantação de infraestrutura básica e de equipamentos comunitários pelo poder público, bem como sua manutenção, pode ser realizada mesmo antes de concluída a regularização jurídica das situações dominiais dos imóveis. Art. 56. O poder público responsável pela regularização fundiária de interesse social poderá lavrar auto de demarcação urbanística, com base no levantamento da situação da área a ser regularizada e na caracterização da ocupação. § 1º O auto de demarcação urbanística deve ser instruído com: I – planta e memorial descritivo da área a ser regularizada, nos quais constem suas medidas perimetrais, área total, confrontantes, coordenadas preferencialmente georreferenciadas dos vértices definidores de seus limites, número das matrículas ou transcrições atingidas, indicação dos proprietários identificados e ocorrência de situações mencionadas no inciso I do § 5º; II – planta de sobreposição do imóvel demarcado com a situação da área constante do registro de imóveis e, quando possível, com a identificação das situações mencionadas no inciso I do § 5º; e III – certidão da matrícula ou transcrição da área a ser regularizada, emitida pelo registro de imóveis, ou, diante de sua inexistência, das circunscrições imobiliárias anteriormente competentes. § 2º O poder público deverá notificar os órgãos responsáveis pela administração patrimonial dos demais entes federados, previamente ao encaminhamento do auto de demarcação urbanística ao registro de imóveis, para que se manifestem no prazo de 30 (trinta) dias quanto: I – à anuência ou oposição ao procedimento, na hipótese de a área a ser demarcada abranger imóvel público; II – aos limites definidos no auto de demarcação urbanística, na hipótese de a área a ser demarcada confrontar com imóvel público; e III – à eventual titularidade pública da área, na hipótese de inexistência de registro anterior ou de impossibilidade de identificação dos proprietários em razão de imprecisão dos registros existentes. § 3º Na ausência de manifestação no prazo previsto no § 2º, o poder público dará continuidade à demarcação urbanística. § 4º No que se refere a áreas de domínio da União, aplicar-se-á o disposto na Seção III-A do Decreto-Lei nº 9.760, de 5 de setembro de 1946, inserida pela Lei nº 11.481, de 31 de maio de 2007, e, nas áreas de domínio dos Estados, Distrito Federal ou Municípios, a sua respectiva legislação patrimonial. § 5º O auto de demarcação urbanística poderá abranger parte ou a totalidade de um ou mais imóveis inseridos em uma ou mais das seguintes situações: I – domínio privado com proprietários não identificados, em razão de descrições imprecisas dos registros anteriores; II – domínio privado objeto do devido registro no registro de imóveis competente, ainda que de proprietários distintos; ou III – domínio público. Art. 57. Encaminhado o auto de demarcação urbanística ao registro de imóveis, o oficial deverá proceder às buscas para identificação do proprietário da área a ser regularizada e de matrículas ou transcrições que a tenham por objeto. § 1º Realizadas as buscas, o oficial do registro de imóveis deverá notificar o proprietário e os confrontantes da área demarcada, pessoalmente ou pelo correio, com aviso de recebimento, ou, ainda, por solicitação ao oficial de registro de títulos e documentos da comarca da situação do imóvel ou do domicílio de quem deva recebê-la, para, querendo, apresentarem impugnação à averbação da demarcação urbanística, no prazo de 15 (quinze) dias. § 2º O poder público responsável pela regularização deverá notificar, por edital, eventuais interessados, bem como o proprietário e os confrontantes da área demarcada, se estes não forem localizados nos endereços constantes do registro de imóveis ou naqueles fornecidos pelo poder público para notificação na forma estabelecida no § 1º. § 3º São requisitos para a notificação por edital: I – resumo do auto de demarcação urbanística, com a descrição que permita a identificação da área a ser demarcada e seu desenho simplificado; II – publicação do edital, no prazo máximo de 60 (sessenta) dias, uma vez pela imprensa oficial e uma vez em jornal de grande circulação local; e III – determinação do prazo de 15 (quinze) dias para apresentação de impugnação à averbação da demarcação urbanística. § 4º Decorrido o prazo sem impugnação, a demarcação urbanística será averbada nas matrículas alcançadas pela planta e memorial indicados no inciso I do § 1º do art. 56. § 5º (Revogado). § 6º Havendo impugnação, o oficial do registro de imóveis deverá notificar o poder público para que se manifeste no prazo de 60 (sessenta) dias. § 7º O poder público poderá propor a alteração do auto de demarcação urbanística ou adotar qualquer outra medida que possa afastar a oposição do proprietário ou dos confrontantes à regularização da área ocupada. § 8º Havendo impugnação apenas em relação à parcela da área objeto do auto de demarcação urbanística, o procedimento seguirá em relação à parcela não impugnada. § 9º O oficial de registro de imóveis deverá promover tentativa de acordo entre o impugnante e o poder público. § 10. Não havendo acordo, a demarcação urbanística será encerrada em relação à área impugnada. Art. 58. A partir da averbação do auto de demarcação urbanística, o poder público deverá elaborar o projeto previsto no art. 51 e submeter o parcelamento dele decorrente a registro. § 1º Após o registro do parcelamento de que trata o *caput*, o poder público concederá título de legitimação de posse aos ocupantes cadastrados. § 2º O título de que trata o § 1º será concedido preferencialmente em nome da mulher e registrado na matrícula do imóvel. § 3º Não será concedido legitimação de posse aos ocupantes a serem realocados em razão da implementação do projeto de regularização fundiária de interesse social, devendo o poder público assegurar-lhes o direito à moradia. Art. 59. A legitimação de posse devidamente registrada constitui direito em favor do detentor da posse direta para fins de moradia. § 1º A legitimação de posse será concedida aos moradores cadastrados pelo poder público, desde que: I – não sejam concessionários, foreiros ou proprietários de outro imóvel urbano ou rural; II – não sejam beneficiários de legitimação de posse concedida anteriormente. III – (revogado). § 2º A legitimação de posse também será concedida ao coproprietário da gleba, titular de cotas ou frações ideais, devidamente cadastrado pelo poder público, desde que exerça seu direito de propriedade em um lote individualizado e identificado no parcelamento registrado. (Incluído pela Lei nº 12.424, de 2011) Art. 60. Sem prejuízo dos direitos decorrentes da posse exercida anteriormente, o detentor do título de legitimação de posse, após 5 (cinco) anos de seu registro, poderá requerer ao oficial de registro de imóveis a conversão desse título em registro de propriedade, tendo em vista sua aquisição por

§ 2º O estudo técnico mencionado no § 1º deverá conter, no mínimo, os seguintes elementos:

I – caracterização da situação ambiental da área a ser regularizada;

II – especificação dos sistemas de saneamento básico;

III – proposição de intervenções para a prevenção e o controle de riscos geotécnicos e de inundações;

IV – recuperação de áreas degradadas e daquelas não passíveis de regularização;

V – comprovação da melhoria das condições de sustentabilidade urbano--ambiental, considerados o uso adequado dos recursos hídricos, a não ocupação das áreas de risco e a proteção das unidades de conservação, quando for o caso;

VI – comprovação da melhoria da habitabilidade dos moradores propiciada pela regularização proposta; e

VII – garantia de acesso público às praias e aos corpos d'água.

O artigo dispõe amplamente sobre política habitacional e urbana, matéria, em meu modo de ver, inteiramente estranha ao Novo Código Florestal. Ainda que pareça repetitivo, vale ser relembrado que, também aqui, o objetivo da norma é o reconhecimento de situações de fato. O artigo é, de certa forma, a confissão da falência da administração do território, ao mesmo tempo em que serve de cobertura para milhares de prefeitos e vereadores que, seguidamente, incentivaram e promoveram a ocupação de áreas de preservação permanente, por populações vulneráveis e sem recursos para a aquisição de moradias dignas e seguras, sem

---

usucapião, nos termos do art. 183 da Constituição Federal. § 1º Para requerer a conversão prevista no *caput*, o adquirente deverá apresentar: I – certidões do cartório distribuidor demonstrando a inexistência de ações em andamento que versem sobre a posse ou a propriedade do imóvel; II – declaração de que não possui outro imóvel urbano ou rural; III – declaração de que o imóvel é utilizado para sua moradia ou de sua família; e IV – declaração de que não teve reconhecido anteriormente o direito à usucapião de imóveis em áreas urbanas. § 2º As certidões previstas no inciso I do § 1º serão relativas à totalidade da área e serão fornecidas pelo poder público. § 3º No caso de área urbana de mais de 250m² (duzentos e cinquenta metros quadrados), o prazo para requerimento da conversão do título de legitimação de posse em propriedade será o estabelecido na legislação pertinente sobre usucapião. (Incluído pela Lei nº 12.424, de 2011) Art. 60-A. O título de legitimação de posse poderá ser extinto pelo poder público emitente quando constatado que o beneficiário não está na posse do imóvel e não houve registro de cessão de direitos. (Incluído pela Lei nº 12.424, de 2011) Parágrafo único. Após o procedimento para extinção do título, o poder público solicitará ao oficial de registro de imóveis a averbação do seu cancelamento, nos termos do inciso III do art. 250 da Lei nº 6.015, de 31 de dezembro de 1973.

prejuízo para o meio ambiente. Ainda que se reconheça a relevância do *Direito à Moradia*, elevado a *status* constitucional, tal como contido no *caput* do artigo 6º da Constituição Federal,[11] não há que se fazê-lo eficaz em detrimento de outros direitos, igualmente, tutelados pela Constituição Federal, no caso, o direito ao meio ambiente ecologicamente equilibrado.

O artigo aplica-se às áreas urbanas consolidadas que, na forma do inciso II do artigo 47 da Lei nº 11.977, de 7 de julho de 2009, é a

> *"parcela da área urbana com densidade demográfica superior a 50 (cinquenta) habitantes por hectare e malha viária implantada e que tenha, no mínimo, 2 (dois) dos seguintes equipamentos de infraestrutura urbana implantados: a) drenagem de águas pluviais urbanas; b) esgotamento sanitário; c) abastecimento de água potável; d) distribuição de energia elétrica; ou e) limpeza urbana, coleta e manejo de resíduos sólidos".*

Há que se observar que o artigo 65, *caput*, subordina a regularização ambiental à regularização fundiária, ou seja, estabelecida a chamada regularização fundiária quase que automaticamente ocorre a regularização ambiental, *"a regularização ambiental será admitida por meio da aprovação do projeto de regularização fundiária, na forma da Lei nº 11.977, de 7 de julho de 2009".*[12]

O § 1º estabelece que o *"projeto de regularização fundiária de interesse social deverá incluir estudo técnico que demonstre a melhoria das condições ambientais em relação à situação anterior com a adoção das medidas nele preconizadas."*

Evidentemente que, do ponto de vista da melhoria ambiental, a implantação de rede de esgotos, abastecimento de águas, urbanização e demais serviços urbanos, proporcionarão melhoria ambiental, o que é quase que um truísmo. De qualquer forma, o estudo técnico deverá ser constituído, no mínimo, pelas seguintes informações: (i) caracterização da situação ambiental da área a ser regularizada; (ii) especificação dos sistemas de saneamento básico; (iii) proposição de intervenções para a prevenção e o controle de riscos geotécnicos e de inundações; (iv)

---

11   Constituição Federal: Art. 6º São direitos sociais a educação, a saúde, a alimentação, o trabalho, a moradia, o lazer, a segurança, a previdência social, a proteção à maternidade e à infância, a assistência aos desamparados, na forma desta Constituição. (Redação dada pela Emenda Constitucional nº 64, de 2010)

12   Lei nº 11.977, de 7 de julho de 2009: "Dispõe sobre o Programa Minha Casa, Minha Vida – PMCMV e a regularização fundiária de assentamentos localizados em áreas urbanas; altera o Decreto-Lei nº 3.365, de 21 de junho de 1941, as Leis nºs 4.380, de 21 de agosto de 1964, 6.015, de 31 de dezembro de 1973, 8.036, de 11 de maio de 1990, e 10.257, de 10 de julho de 2001, e a Medida Provisória nº 2.197-43, de 24 de agosto de 2001; e dá outras providências".

recuperação de áreas degradadas e daquelas não passíveis de regularização; (v) comprovação da melhoria das condições de sustentabilidade urbano-ambiental, considerados o uso adequado dos recursos hídricos, a não ocupação das áreas de risco e a proteção das unidades de conservação, quando for o caso; (vi) comprovação da melhoria da habitabilidade dos moradores propiciada pela regularização proposta; e (vii) garantia de acesso público às praias e aos corpos d'água.

É importante observar que, desde a edição do Novo Código Florestal, por expressa determinação legal, artigo 3º, XXVII, evaporou-se a eficácia, por exemplo, do inciso V do artigo 2º da Resolução Conama nº 302, de 20 de março de 2002,[13] que define área urbana consolidada. Aliás, é importante que o aplicador da norma tenha clareza que a hipótese tratada no artigo ora comentado deve ser vista como uma exceção ao sistema de proteção das florestas e demais formas de vegetação. Assim, o conceito de área urbana consolidada deve ser utilizado restritivamente, sem ampliação de seus parâmetros, os quais são extremamente amplos quando utilizados em áreas que, formalmente, são consideradas merecedoras de proteção especial pelo direito brasileiro.

Art. 65. Na regularização fundiária de interesse específico dos assentamentos inseridos em área urbana consolidada e que ocupam Áreas de Preservação Permanente não identificadas como áreas de risco, a regularização ambiental será admitida por meio da aprovação do projeto de regularização fundiária, na forma da Lei nº 11.977, de 7 de julho de 2009.

§ 1º O processo de regularização ambiental, para fins de prévia autorização pelo órgão ambiental competente, deverá ser instruído com os seguintes elementos:

I – a caracterização físico-ambiental, social, cultural e econômica da área;

II – a identificação dos recursos ambientais, dos passivos e fragilidades ambientais e das restrições e potencialidades da área;

III – a especificação e a avaliação dos sistemas de infraestrutura urbana e de saneamento básico implantados, outros serviços e equipamentos públicos;

---

[13]   "Art. 2º [...] V – Área Urbana Consolidada: aquela que atende aos seguintes critérios: a) definição legal pelo poder público; b) existência de, no mínimo, quatro dos seguintes equipamentos de infraestrutura urbana: 1. malha viária com canalização de águas pluviais; 2. rede de abastecimento de água; 3. rede de esgoto; 4. distribuição de energia elétrica e iluminação pública; 5. recolhimento de resíduos sólidos urbanos; 6. tratamento de resíduos sólidos urbanos; e c) densidade demográfica superior a cinco mil habitantes por km².

IV – a identificação das unidades de conservação e das áreas de proteção de mananciais na área de influência direta da ocupação, sejam elas águas superficiais ou subterrâneas;

V – a especificação da ocupação consolidada existente na área;

VI – a identificação das áreas consideradas de risco de inundações e de movimentos de massa rochosa, tais como deslizamento, queda e rolamento de blocos, corrida de lama e outras definidas como de risco geotécnico;

VII – a indicação das faixas ou áreas em que devem ser resguardadas as características típicas da Área de Preservação Permanente com a devida proposta de recuperação de áreas degradadas e daquelas não passíveis de regularização;

VIII – a avaliação dos riscos ambientais;

IX – a comprovação da melhoria das condições de sustentabilidade urbano-ambiental e de habitabilidade dos moradores a partir da regularização; e

X – a demonstração de garantia de acesso livre e gratuito pela população às praias e aos corpos d'água, quando couber.

§ 2º Para fins da regularização ambiental prevista no *caput*, ao longo dos rios ou de qualquer curso d'água, será mantida faixa não edificável com largura mínima de 15 (quinze) metros de cada lado.

§ 3º Em áreas urbanas tombadas como patrimônio histórico e cultural, a faixa não edificável de que trata o § 2º poderá ser redefinida de maneira a atender aos parâmetros do ato do tombamento.

Antes de dar início ao comentário do artigo, importante reavivar o conceito de regularização fundiária de interesse específico que, assim como no caso do artigo precedente, é matéria de política habitacional e urbanística; guardando distante relação com a lei de proteção às florestas e demais formas de vegetação. O artigo, ainda que indiretamente, nos remete à Lei nº 11.977, de 7 de julho de 2009, que

> *"dispõe sobre o Programa Minha Casa, Minha Vida – PMCMV e a regularização fundiária de assentamentos localizados em áreas urbanas; altera o Decreto-Lei nº 3.365, de 21 de junho de 1941, as Leis nºs 4.380, de 21 de agosto de 1964, 6.015, de 31 de dezembro de 1973, 8.036, de 11 de maio de 1990, e 10.257, de 10 de julho de 2001, e a Medida Provisória nº 2.197-43, de 24 de agosto de 2001; e dá outras providências".*

O objeto do artigo ora comentado é a regularização ambiental de áreas urbanas consolidadas na modalidade *interesse específico*.

O artigo 46 da Lei nº 11.977, de 7 de julho de 2009, define regularização fundiária como:

> *"a regularização fundiária consiste no conjunto de medidas jurídicas, urbanísticas, ambientais e sociais que visam à regularização (sic) de assentamentos irregulares e à titulação de seus ocupantes, de modo a garantir o direito social à moradia, o pleno desenvolvimento das funções sociais da propriedade urbana e o direito ao meio ambiente ecologicamente equilibrado".*

Assim, ela se reparte em três aspectos igualmente relevantes, a saber: (i) direito à moradia, (ii) funções sociais da propriedade urbana e (iii) direito ao meio ambiente ecologicamente equilibrado. O administrador, bem como o aplicador do direito, deve, nos casos concretos submetidos às suas apreciações, buscar compatibilizar todos os elementos, com vistas a alcançar os objetivos constitucionais e legais relativos ao tema. Assim, o recurso aos conceitos normativos é elemento importante em toda a sistemática de aplicação e interpretação do direito.

Observe-se que o artigo 47 estabeleceu conceitos normativos, sendo certo que para o tema que nos interessa o inciso VIII assim dispôs:

> *"regularização fundiária de interesse específico: regularização fundiária quando não caracterizado o interesse social nos termos do inciso VII".*

Por sua vez, o inciso VII estabeleceu o seguinte:

> *"regularização fundiária de interesse social: regularização fundiária de assentamentos irregulares ocupados, predominantemente, por população de baixa renda, nos casos: a) em que a área esteja ocupada, de forma mansa e pacífica, há, pelo menos, 5 (cinco) anos; b) de imóveis situados em ZEIS; ou c) de áreas da União, dos Estados, do Distrito Federal e dos Municípios declaradas de interesse para implantação de projetos de regularização fundiária de interesse social".*

Ao se verificar o artigo 61 da Lei que instituiu o Programa Minha Casa, Minha Vida, não é difícil perceber que o Novo Código Florestal, cujo objetivo, em princípio, é a proteção de florestas e outras formas de vegetação nativa, foi mais liberal do que o programa habitacional. Com efeito, a regularização fundiária de interesse específico exige que o projeto observe as restrições de uso das áreas de preservação permanente. Veja-se os dispositivos pertinentes:

> *"Art. 61. A regularização fundiária de interesse específico depende da análise e da aprovação do projeto de que trata o art. 51 pela autoridade licenciadora, bem como da emissão das respectivas licenças urbanística e ambiental.*
>
> *§ 1º O projeto de que trata o* caput *deverá observar as restrições à ocupação de Áreas de Preservação Permanente e demais disposições previstas na legislação ambiental.*
>
> *§ 2º A autoridade licenciadora poderá exigir contrapartida e compensações urbanísticas e ambientais, na forma da legislação vigente."*

Salvo engano interpretativo, quero crer que o artigo 65, ora comentado, admite que os programas de regularização fundiária de interesse específico possam ocupar Áreas de Preservação Permanente, *in verbis*,

> "na regularização fundiária de interesse específico dos assentamentos inseridos em área urbana consolidada *e que ocupam Áreas de Preservação Permanente não identificadas como áreas de risco, a regularização ambiental será admitida por meio da aprovação do projeto de regularização fundiária, na forma da Lei nº 11.977, de 7 de julho de 2009".*

Se não há interesse social ou utilidade pública na regularização da ocupação, não faz o menor sentido que a suposta lei de proteção às florestas tome para si a solução de um problema que não foi causado pelos órgãos de controle ambiental e que, certamente, não será por eles solucionado. O inciso VIII do § 1º mantém uma vaga lembrança de uma medida de recuperação ambiental: *"a indicação das faixas ou áreas em que devem ser resguardadas as características típicas da Área de Preservação Permanente com a devida proposta de recuperação de áreas degradadas e daquelas não passíveis de regularização".*

O § 2º, utilizando-se do parâmetro constante da Lei de Parcelamento do solo urbano,[14] definiu como de 15 metros a área não edificante nas margens dos cursos d'água.[15] No contexto, a medida é adequada e corresponde a espaço bastante

---

[14]   Lei nº 6.766, de 19 de dezembro de 1979.

[15]   Art. 4º Os loteamentos deverão atender, pelo menos, aos seguintes requisitos: [...] III – ao longo das águas correntes e dormentes e das faixas de domínio público das rodovias e ferrovias, será obrigatória a reserva de uma faixa não edificável de 15 (quinze) metros de cada lado, salvo maiores exigências da legislação específica.

amplo e capaz de contemplar, simultaneamente, a proteção ambiental e a garantia de espaços urbanos para o desenvolvimento das cidades. A questão dos rios urbanos é mais de limpeza e manutenção do que de margens, sobretudo onde as ocupações são centenárias, muitas vezes.

O § 3º trata da hipótese de regularização em áreas urbanas tombadas como patrimônio histórico e cultural, quando se admite que a faixa não edificável de que trata o § 2º possa ser redefinida de maneira a atender aos parâmetros do ato do tombamento. Assim, o limite é o imposto "pelo ato do tombamento", não se aplicando restrições que não constem do mencionado ato.

Seção III
Das Áreas Consolidadas em Áreas de Reserva Legal

Art. 66. O proprietário ou possuidor de imóvel rural que detinha, em 22 de julho de 2008, área de Reserva Legal em extensão inferior ao estabelecido no art. 12, poderá regularizar sua situação, independentemente da adesão ao PRA, adotando as seguintes alternativas, isolada ou conjuntamente:

I – recompor a Reserva Legal;

II – permitir a regeneração natural da vegetação na área de Reserva Legal;

III – compensar a Reserva Legal.

§ 1º A obrigação prevista no *caput* tem natureza real e é transmitida ao sucessor no caso de transferência de domínio ou posse do imóvel rural.

§ 2º A recomposição de que trata o inciso I do *caput* deverá atender os critérios estipulados pelo órgão competente do Sisnama e ser concluída em até 20 (vinte) anos, abrangendo, a cada 2 (dois) anos, no mínimo 1/10 (um décimo) da área total necessária à sua complementação.

§ 3º A recomposição de que trata o inciso I do *caput* poderá ser realizada mediante o plantio intercalado de espécies nativas e exóticas, em sistema agroflorestal, observados os seguintes parâmetros:

I – o plantio de espécies exóticas deverá ser combinado com as espécies nativas de ocorrência regional;

II – a área recomposta com espécies exóticas não poderá exceder a 50% (cinquenta por cento) da área total a ser recuperada.

§ 4º Os proprietários ou possuidores do imóvel que optarem por recompor a Reserva Legal na forma dos §§ 2º e 3º terão direito à sua exploração econômica, nos termos desta Lei.

§ 5º A compensação de que trata o inciso III do *caput* deverá ser precedida pela inscrição da propriedade no CAR e poderá ser feita mediante:

I – aquisição de Cota de Reserva Ambiental – CRA;

II – arrendamento de área sob regime de servidão ambiental ou Reserva Legal;

III – doação ao poder público de área localizada no interior de Unidade de Conservação de domínio público pendente de regularização fundiária;

IV – cadastramento de outra área equivalente e excedente à Reserva Legal, em imóvel de mesma titularidade ou adquirida em imóvel de terceiro, com vegetação nativa estabelecida, em regeneração ou recomposição, desde que localizada no mesmo bioma.

§ 6º As áreas a serem utilizadas para compensação na forma do § 5º deverão:

I – ser equivalentes em extensão à área da Reserva Legal a ser compensada;

II – estar localizadas no mesmo bioma da área de Reserva Legal a ser compensada;

III – se fora do Estado, estar localizadas em áreas identificadas como prioritárias pela União ou pelos Estados.

§ 7º A definição de áreas prioritárias de que trata o § 6º buscará favorecer, entre outros, a recuperação de bacias hidrográficas excessivamente desmatadas, a criação de corredores ecológicos, a conservação de grandes áreas protegidas e a conservação ou recuperação de ecossistemas ou espécies ameaçados.

§ 8º Quando se tratar de imóveis públicos, a compensação de que trata o inciso III do *caput* poderá ser feita mediante concessão de direito real de uso ou doação, por parte da pessoa jurídica de direito público proprietária de imóvel rural que não detém Reserva Legal em extensão suficiente, ao órgão público responsável pela Unidade de Conservação de área localizada no interior de Unidade de Conservação de domínio público, a ser criada ou pendente de regularização fundiária.

§ 9º As medidas de compensação previstas neste artigo não poderão ser utilizadas como forma de viabilizar a conversão de novas áreas para uso alternativo do solo.

Lei nº 12.651/2012	Lei nº 12.727/2012
Art. 66. O proprietário ou possuidor de imóvel rural que detinha, em 22 de julho de 2008, área de Reserva Legal em extensão inferior ao estabelecido no art. 12, poderá regularizar sua situação, independentemente da adesão ao PRA, adotando as seguintes alternativas, isolada ou conjuntamente:	Art. 66. O proprietário ou possuidor de imóvel rural que detinha, em 22 de julho de 2008, área de Reserva Legal em extensão inferior ao estabelecido no art. 12, poderá regularizar sua situação, independentemente da adesão ao PRA, adotando as seguintes alternativas, isolada ou conjuntamente:
[...]	[...]
§ 3º A recomposição de que trata o inciso I do *caput* poderá ser realizada mediante o plantio intercalado de espécies nativas e exóticas, em sistema agroflorestal, observados os seguintes parâmetros:	§ 3º A recomposição de que trata o inciso I do *caput* poderá ser realizada mediante o plantio intercalado de espécies nativas com exóticas ou frutíferas, em sistema agroflorestal, observados os seguintes parâmetros

O artigo cuida da recomposição da área de reserva legal. É tema explosivo e que tem encontrado enorme dificuldade de aceitação. No tema, por motivos os mais diversos, a norma é ineficaz. Não consegue cumprir a sua finalidade legal, social ou econômica. Permito-me, mais uma vez, apresentar breve quadro de evolução das disposições referentes à Reserva legal.

Código de 1934	Código de 1965	Código de 1965 (alteração Lei nº 7.803/89)	Código de 1965 (alteração MP 2.166/2001)
Art. 23. ¼ da área deveria permanecer como reserva legal, salvo o disposto nos arts. 24, 31 e 52. Sem aplicação para as pequenas propriedades isoladas próximas de florestas ou situadas em zona urbana.	Art. 16. [...] a) nas regiões Leste Meridional, Sul e Centro-Oeste, esta na parte sul, limite mínimo de 20% da área de cada propriedade com cobertura arbórea. Art. 44. Na região Norte e na parte Norte da região Centro-Oeste [...] pelo menos 50% da área de cada propriedade.	II – o art. 16 passa a vigorar acrescido de dois parágrafos, numerados como §§ 2º e 3º, na forma seguinte: "Art. 16 [...] § 2º A reserva legal, assim entendida a área de, no mínimo, 20% (vinte por cento) de cada propriedade, § 3º Aplica-se às áreas de cerrado a reserva legal de 20% (vinte por cento) para todos os efeitos legais."	Art. 16. [...] I – oitenta por cento, na propriedade rural situada em área de floresta localizada na Amazônia Legal; II – trinta e cinco por cento, na propriedade rural situada em área de cerrado localizada na Amazônia Legal [...] III – vinte por cento, na propriedade rural situada em área de floresta ou outras formas de vegetação nativa localizada nas demais regiões do País; e IV – vinte por cento, na propriedade rural em área de campos gerais localizada em qualquer região do País.

Por sua vez, a Lei de Política Agrícola, Lei nº 8.171, de 17 de janeiro de 1991, também tratou do tema de reserva legal, tendo estabelecido que:

Lei de Política Agrícola	
Lei nº 8.171/1991 (original)	**Medida Provisória nº 1.956/2000**
Art. 99. A partir do ano seguinte ao de promulgação desta lei, obriga-se o proprietário rural, quando for o caso, a recompor em sua propriedade a Reserva Florestal Legal, prevista na Lei nº 4.771, de 1965, com a nova redação dada pela Lei nº 7.803, de 1989, mediante o plantio, em cada ano, de pelo menos um trinta avos da área total para complementar a referida Reserva Florestal Legal (RFL).	Art. 99. A partir do ano seguinte ao de promulgação desta lei, obriga-se o proprietário rural, quando for o caso, a recompor em sua propriedade a Reserva Florestal Legal, prevista na Lei nº 4.771, de 1965, com a nova redação dada pela Lei nº 7.803, de 1989, mediante o plantio, em cada ano, de pelo menos um trinta avos da área total para complementar a referida Reserva Florestal Legal (RFL).
§ 1º (Vetado).	§ 1º (Vetado).
§ 2º O reflorestamento de que trata o *caput* deste artigo será efetuado mediante normas que serão aprovadas pelo órgão gestor da matéria.	§ 2º O reflorestamento de que trata o *caput* deste artigo será efetuado mediante normas que serão aprovadas pelo órgão gestor da matéria

Assim, a Reserva Legal, criada em 1934, restabelecida em 1965 e reafirmada por diversas outras leis, inclusive aquela que ora se comenta, jamais foi cumprida, sendo certo que no ano de 1991, isto é, 57 anos após a sua criação (!!!), o poder público federal estabeleceu prazo de 30 anos para a sua recomposição, a qual, nos termos das leis então vigentes, só poderia ser cobrada no ano 2021, ou 2030, caso consideremos que a Medida Provisória nº 1.956 tenha aberto novo prazo de 30 anos para a recomposição da Reserva Legal.

O artigo ora comentado poderia ser conhecido como "variações sobre o mesmo tema". Perguntará o leitor: que data cabalística é a constante do *caput* do artigo, o dia 22 de julho de 2008 tem algum significado especial? Sim, tem um significado especial, pois foi naquele fatídico dia que se editou o Decreto nº 6.514, que trata das infrações administrativas contra o meio ambiente, penalizando aqueles que não deram cumprimento aos dispositivos que determinavam a recomposição das reservas legais, no caso, cuida-se do artigo nº 55, o qual, desde 2008, ainda não entrou em vigor.

Artigo 55 do Decreto nº 6.514/2008[17]	
Entrada em vigor	**Norma**
Art. 152. O disposto no art. 55 entrará em vigor cento e oitenta dias após a publicação deste Decreto.	Decreto nº 6.514/2008
Art. 152. O disposto no art. 55 entrará em vigor em 11 de dezembro de 2009.	Decreto nº 6.686/2008
Art. 152. O disposto no art. 55 entrará em vigor em 11 de junho de 2011.	Decreto nº 7.029/2009
Art. 152. O disposto no art. 55 entrará em vigor em 11 de dezembro de 2011.	Decreto nº 7.497/2011
Art. 152. O disposto no art. 55 entrará em vigor em 11 de abril de 2012.	Decreto nº 7.640/2011
Art. 152. O disposto no art. 55 entrará em vigor em 11 de junho de 2012.	Decreto nº 7.719/2012

Assim, o intérprete está diante de um caso patético de descumprimento de uma norma jurídica que, com variações, existe em nosso ordenamento há cerca de 80 anos (!!!) e, ainda, é motivo de desconfiança e perplexidade. No particular, vale a pena a citação da seguinte decisão do Superior Tribunal de Justiça:[17]

> "DIREITO AMBIENTAL – LIMITAÇÃO À PROPRIEDADE RURAL – RESERVA FLORESTAL – EXEGESE DO ART. 99 DA LEI N. 8171/91 – OBRIGAÇÃO DE RECOMPOSIÇÃO DA ÁREA NA PROPORÇÃO DE

---

[16] Art. 55. Deixar de averbar a reserva legal: Penalidade de advertência e multa diária de R$ 50,00 (cinquenta reais) a R$ 500,00 (quinhentos reais) por hectare ou fração da área de reserva legal. § 1º O autuado será advertido para que, no prazo de cento e oitenta dias, apresente termo de compromisso de regularização da reserva legal na forma das alternativas previstas na Lei nº 4.771, de 15 de setembro de 1965. § 2º Durante o período previsto no § 1º, a multa diária será suspensa. § 3º Caso o autuado não apresente o termo de compromisso previsto no § 1º nos cento e vinte dias assinalados, deverá a autoridade ambiental cobrar a multa diária desde o dia da lavratura do auto de infração, na forma estipulada neste Decreto. § 4º As sanções previstas neste artigo não serão aplicadas quando o prazo previsto não for cumprido por culpa imputável exclusivamente ao órgão ambiental. § 5º O proprietário ou possuidor terá prazo de cento e vinte dias para averbar a localização, compensação ou desoneração da reserva legal, contados da emissão dos documentos por parte do órgão ambiental competente ou instituição habilitada. § 6º No prazo a que se refere o § 5º, as sanções previstas neste artigo não serão aplicadas.

[17] Superior Tribunal de Justiça. REsp 237690/MS. RECURSO ESPECIAL 1999/0101680-0. 2ª Turma. RSTJ, v. 156, p. 173.

1/30 AVOS, CONSIDERADA A ÁREA TOTAL DA PROPRIEDADE. Não se trata, a reserva florestal, de servidão, em que o proprietário tem de suportar um ônus, mas de uma obrigação decorrente de lei, que objetiva a preservação do meio ambiente, não sendo as florestas e demais formas de vegetação bens de uso comum, mas bens de interesse comum a todos, conforme redação do art. 1º do Código Florestal. A única finalidade do art. 99 da Lei nº 8.171/91 foi a de estabelecer um prazo maior, que não o imediato, para que os proprietários procedessem à recomposição da área de floresta, não alterando em nada as demais disposições legais caracterizadoras do dever de recomposição de área de reserva legal, que se for feita a passos curtos jamais atingirá a finalidade da lei, no tocante à preservação do meio ambiente, que não pode ser visto como o conjunto de pequenas partes, mas o próprio todo. Recurso não conhecido, porquanto não violado pelo aresto *a quo* o art. 99 da Lei nº 8171/91." (Ministro Paulo Medina)

Curiosamente e muito de acordo com o nosso espírito, na medida em que os anos de descumprimento da norma iam se acumulando, novas normas mais abrangentes e ampliadoras da reserva legal iam sendo editadas. Em 1934 e 1965 havia uma conjuntura política desfavorável aos setores agrários e isso permitiu a instituição da reserva legal como conceito normativo e a sua ampliação; entretanto, nos períodos de "normalidade" política a expressão da força agrária é suficiente para bloquear a implementação da medida. A reserva legal, igualmente, pode ser considerada como um "acerto de contas", haja vista a enorme dificuldade para que se comprove a origem legal dos títulos de propriedade de terras, inclusive com a construção do "instituto jurídico da grilagem". A propósito, veja--se em Monteiro Lobato:[18] *"Grilo é uma propriedade territorial legalizada por meio de um titulo falso; grileiro é o advogado ou 'águia', qualquer manipulador de grilos. Terras 'griladas' ou 'engriladas', as que têm maromba de alquimia forense no título."* Assim, no conflito evidente entre forças políticas diversas, a norma permanece letra morta. O curioso é que o governo democrático, que é o governo das leis e não de homens, não consegue implementar a sua lei. Curioso, também, que os mais diferentes matizes ideológicos mantiveram a questão puramente no campo da retórica, com grande destaque para os governos do fim do século XX e início do século XXI. No caso do *"enforcement"* da norma, a bem da verdade, o Poder Judiciário, na medida em que é provocado, vem, como pode, tentando determinar o seu cumprimento.

---

[18]   LOBATO, Monteiro. *O "Grilo"*, in, *A onda verde*, São Paulo: Globo, 2008. p. 26.

O legislador permitiu que aqueles que até o dia 22 de julho de 2008 não estivessem cumprindo as obrigações em relação à reserva legal pudessem "regularizar" a sua situação, independentemente de adesão ao chamado PRA, mediante a adoção de três alternativas, as quais podem ser adotadas isolada ou cumulativamente; (i) recomposição da Reserva Legal; (ii) deixar a vegetação se regenerar naturalmente; e (iii) compensar a Reserva Legal. Recomposição é a utilização de mecanismos, técnicas e investimentos para o replantio das áreas de Reserva Legal; Permitir a regeneração é isolar a área e deixar com que os processos naturais atuem por si sós, recompondo a vegetação naturalmente, o que nem sempre é possível. E, finalmente, a compensação é a utilização de instrumentos jurídicos, especialmente a servidão ambiental, com vistas a instituir a área que será serviente, tendo como prédio dominante o imóvel em favor do qual a compensação esteja sendo feita.

O § 1º é redundante, pois se a obrigação, é real, é da sua própria essência acompanhar o imóvel, independentemente de quem seja o proprietário ou possuidor. O § 2º expressa mais uma daquelas normas meramente protelatórias do cumprimento da obrigação de manter Reserva Legal. Com efeito, considerando-se que o Parágrafo admite o prazo de 20 anos para a recomposição da Reserva Legal, e partindo-se do pressuposto que a manutenção de Reserva Legal é obrigação existente em nosso direito desde 1934, teremos, em tese, 98 anos para o seu adimplemento!!! Admite o § 3º a possibilidade de que a recomposição da Reserva Legal seja feita pelo plantio intercalado de espécies nativas e exóticas, o que, de certa forma, desnatura o conceito de Reserva Legal, cuja finalidade é a manutenção de uma parcela relevante de vegetação nativa nos imóveis destinados a outros fins rurais. Aquele que tenha recomposto a Reserva Legal conforme os permissivos dos §§ 2º e 3º do artigo ora comentado fará jus à sua exploração econômica, tal como definido na Lei ora comentada.

Admite-se que a compensação seja feita mediante a aquisição, pelo devedor da obrigação de manutenção da Reserva Legal, de Cota de Reserva Ambiental – CRA, denominação que seria mais adequada se fosse Cota de Servidão Ambiental, haja vista que a Reserva tratada pela Lei é a Reserva Legal e o que pode ser utilizado em benefício de terceiros é a Servidão Ambiental. Tais cotas são títulos representativos de áreas mantidas sob o regime de servidão ambiental, as quais permanecem na condição de serviente em relação ao proprietário do título, o qual indica a condição de dominante em relação ao imóvel identificado no título.

O inciso II admite, igualmente, o arrendamento da área sob o regime de servidão ambiental. A própria lei estabelece alguns requisitos básicos que deverão estar presentes no contrato cujo objeto seja a servidão ambiental.

O Direito brasileiro reconhece dois modelos básicos de contrato de arrendamento, (i) o arrendamento comercial e (ii) o arrendamento rural. Ao que parece, a lei estabeleceu um terceiro modelo de arrendamento, que é o arrendamento de servidão ambiental. Entretanto, não houve o cuidado de delinear o instituto de forma mais detalhada e precisa. Evidentemente que se podem vislumbrar problemas na futura aplicação da norma. Na verdade, a denominação arrendamento para o contrato que tenha por objeto a servidão ambiental é inadequada, pois o arrendatário assume posse do imóvel arrendado e passa a ter direito aos frutos por ele produzidos. No caso da servidão ambiental, em princípio, não é de interesse do "arrendatário" imitir-se na posse da servidão, pois passaria a ter responsabilidade de conservação e manutenção inteiramente incompatíveis com os seus objetivos econômicos. A possibilidade de arrendamento de área que se encontre sob o regime de Reserva Legal, data vênia, parece-me equivocada. De fato, uma mesma área não pode servir de Reserva Legal para dois imóveis. O que a lei quis foi dar a oportunidade de utilização de uma área que, embora submetida ao mesmo regime de Reserva Legal, sobeje a percentagem mínima de Reserva legal determinada para o bioma ou região na qual esteja localizada. Admite-se, também, como forma de regularização da Reserva Legal que o proprietário de imóvel pendente de regularização faça doação de área inserida no interior de Unidade de Conservação "de domínio público", pendente de "regularização" (*rectius*: desapropriação). Andaria melhor o legislador se tivesse afirmado a categoria de proteção da Unidade de Conservação.[19] De fato, a colocação não é ingênua, como poderia parecer. Há forte tendência política e administrativa para considerar de "domínio público" uma área em virtude de sua mera declaração como de utilidade pública para fins de desapropriação e, imediatamente, estabelecer limitações para os legítimos proprietários.

O inciso IV afirma o que o inciso II deveria ter dito e não disse especialmente no que se refere à compensação no mesmo bioma, o que é medida lógica e razoável.

O § 6º estabelece os critérios de elegibilidade para a inclusão de áreas no mecanismo de compensação estabelecido pelo § 5º, que são, a saber: (i) extensão equivalente a área a ser compensada, (ii) localização no mesmo bioma da área a ser compensada e (iii), se for localizada fora do estado no qual se situe a área a ser compensada, deverá estar incluída nas chamadas áreas prioritárias, as quais deverão ser definidas conforme o § 7º do artigo ora comentado. A definição das áreas prioritárias deverá *"favorecer, entre outros, a recuperação de bacias hidrográficas excessivamente desmatadas, a criação de corredores ecológicos, a conservação de grandes áreas protegidas e a conservação ou recuperação de ecossistemas ou espécies ameaçados"*.

---

[19]   Lei nº 9.985/2000: Art. 7º As unidades de conservação integrantes do SNUC dividem-se em dois grupos, com características específicas: I – Unidades de Proteção Integral; II – Unidades de Uso Sustentável.

O § 8º admite que na hipótese de que "imóveis públicos" (*rectius*: próprio federal, estadual ou municipal) não possuam área de Reserva Legal, a compensação tratada pelo inciso III poderá ser feita mediante concessão de direito real de uso ou doação,

> *"por parte da pessoa jurídica de direito público proprietária de imóvel rural que não detém (sic) Reserva Legal em extensão suficiente, ao órgão público responsável pela Unidade de Conservação de área localizada no interior de Unidade de Conservação de domínio público, a ser criada ou pendente de regularização fundiária".*

Por fim, o § 9º estabelece que *"as medidas de compensação previstas neste artigo não poderão ser utilizadas como forma de viabilizar a conversão de novas áreas para uso alternativo do solo."*

Art. 67. Nos imóveis rurais que detinham, em 22 de julho de 2008, área de até 4 (quatro) módulos fiscais e que possuam remanescente de vegetação nativa em percentuais inferiores ao previsto no art. 12, a Reserva Legal será constituída com a área ocupada com a vegetação nativa existente em 22 de julho de 2008, vedadas novas conversões para uso alternativo do solo.

O Direito Brasileiro reconhece as figuras do (i) módulo rural e do (ii) módulo fiscal, que são conceitos próximos, porém diferentes. O Módulo Rural é a menor fração pela qual é divisível o imóvel rural; logo, é uma medida individual e relativa a cada imóvel em particular.

O objetivo do módulo rural é garantir área suficiente de terra na qual a família trabalha direta e pessoalmente por uma família de composição média, contando apenas com a colaboração eventual de terceiro, que seja necessária para a subsistência e, igualmente, suficiente como base para a melhoria das condições econômicas e sociais da família. O Módulo Fiscal tem utilidade para que se estabeleçam critérios para a classificação do imóvel rural quanto às suas dimensões, conforme estabelecido pela Lei nº 8.629, de 25 de fevereiro de 1993. Assim, pequena propriedade é o imóvel rural cuja área compreendida tem de um a quatro módulos fiscais; média Propriedade é o imóvel rural cuja área é superior a quatro e até 15 módulos fiscais. Também se usa o Módulo Fiscal como parâmetro de definição dos beneficiários do PRONAF (pequenos agricultores de economia familiar, proprietários, meeiros, posseiros, parceiros ou arrendatários de até quatro módulos fiscais).

Art. 68. Os proprietários ou possuidores de imóveis rurais que realizaram supressão de vegetação nativa respeitando os percentuais de Reserva Legal

previstos pela legislação em vigor à época em que ocorreu a supressão são dispensados de promover a recomposição, compensação ou regeneração para os percentuais exigidos nesta Lei.

§ 1º Os proprietários ou possuidores de imóveis rurais poderão provar essas situações consolidadas por documentos tais como a descrição de fatos históricos de ocupação da região, registros de comercialização, dados agropecuários da atividade, contratos e documentos bancários relativos à produção, e por todos os outros meios de prova em direito admitidos.

§ 2º Os proprietários ou possuidores de imóveis rurais, na Amazônia Legal, e seus herdeiros necessários que possuam índice de Reserva Legal maior que 50% (cinquenta por cento) de cobertura florestal e não realizaram a supressão da vegetação nos percentuais previstos pela legislação em vigor à época poderão utilizar a área excedente de Reserva Legal também para fins de constituição de servidão ambiental, Cota de Reserva Ambiental – CRA e outros instrumentos congêneres previstos nesta Lei.

O *caput* do artigo estabelece uma importantíssima medida de direito intertemporal que é o reconhecimento expresso e claro que a Reserva Legal é parte integrante da propriedade rural e que a sua observância deve se dar de acordo com a época de abertura da matrícula do imóvel rural. Qualquer alteração posterior da área de Reserva Legal, isto é, o aumento do percentual a ser mantido com vegetação nativa, embora aplicável ao proprietário somente poderá ser exigido com a cabal indenização da produção provada e de sua projeção para o futuro. Se é certo que a lei nova dispõe para o futuro, ela deve respeitar os direitos regularmente adquiridos, ou indenizá-los; mesmo no caso das chamadas leis de ordem pública, como já decidido pelo Supremo Tribunal Federal.[20]

> "Parte(s)
>
> REQUERENTE: PROCURADOR-GERAL DA REPÚBLICA
>
> REQUERIDOS: PRESIDENTE DA REPÚBLICA E CONGRESSO NACIONAL
>
> Ementa
>
> Ação direta de inconstitucionalidade. – Se a lei alcançar os efeitos futuros de contratos celebrados anteriormente a ela, será essa lei retroativa (retroatividade mínima) porque vai interferir na causa,

---

20 Supremo Tribunal Federal. **ADI 493/DF – DISTRITO FEDERAL. AÇÃO DIRETA DE INCONS-TITUCIONALIDADE. Relator(a): Min. MOREIRA ALVES. Julgamento: 25/6/1992. Tribunal Pleno.** *DJU*: 4/9/1992. p. 14089.

que é um ato ou fato ocorrido no passado. O disposto no artigo 5, XXXVI, da Constituição Federal se aplica a toda e qualquer lei infraconstitucional, sem qualquer distinção entre lei de direito público e lei de direito privado, ou entre lei de ordem pública e lei dispositiva. Precedente do S.T.F. Ocorrência, no caso, de violação de direito adquirido. A taxa referencial (TR) não é índice de correção monetária, pois, refletindo as variações do custo primário da captação dos depósitos a prazo fixo, não constitui índice que reflita a variação do poder aquisitivo da moeda. Por isso, não há necessidade de se examinar a questão de saber se as normas que alteram índice de correção monetária se aplicam imediatamente, alcançando, pois, as prestações futuras de contratos celebrados no passado, sem violarem o disposto no artigo 5, XXXVI, da Carta Magna. Também ofendem o ato jurídico perfeito os dispositivos impugnados que alteram o critério de reajuste das prestações nos contratos já celebrados pelo sistema do Plano de Equivalência Salarial por Categoria Profissional (PES/CP). Ação direta de inconstitucionalidade julgada procedente, para declarar a inconstitucionalidade dos artigos 18, *caput* e parágrafos 1 e 4; 20; 21 e parágrafo único; 23 e parágrafos; e 24 e parágrafos, todos da Lei nº 8.177, de 1 de maio de 1991." (Ministro Moreira Alves)

As normas tratam dos meios de prova a serem utilizados pelos proprietários ou posseiros, conforme o caso.

CAPÍTULO XIV
DISPOSIÇÕES COMPLEMENTARES E FINAIS

Art. 69. São obrigados a registro no órgão federal competente do Sisnama os estabelecimentos comerciais responsáveis pela comercialização de motosserras, bem como aqueles que as adquirirem.

§ 1º A licença para o porte e uso de motosserras será renovada a cada 2 (dois) anos.

§ 2º Os fabricantes de motosserras são obrigados a imprimir, em local visível do equipamento, numeração cuja sequência será encaminhada ao órgão federal competente do Sisnama e constará nas correspondentes notas fiscais.

O artigo estabeleceu a obrigação de registro "no órgão federal competente do Sisnama", fórmula rebuscada e desnecessária para dizer IBAMA. Assim, pelo conteúdo do artigo ora comentado, os comerciantes e os adquirentes de motosseras deverão se registrar perante o IBAMA, conforme posterior definição em regulamento. Dado o tamanho do país e a quantidade de empreendimentos voltados, melhor seria uma descentralização.

O § 2º dispõe sobre notas fiscais, que é matéria da economia interna dos estados e municípios, ou na melhor das hipóteses, por ser matéria tributária deveria ser tratada por Lei Complementar federal, tal como disposto na Constituição da República.

Art. 70. Além do disposto nesta Lei e sem prejuízo da criação de unidades de conservação da natureza, na forma da Lei nº 9.985, de 18 de julho de 2000, e de outras ações cabíveis voltadas à proteção das florestas e outras formas de vegetação, o poder público federal, estadual ou municipal poderá:[1]

I – proibir ou limitar o corte das espécies da flora raras, endêmicas, em perigo ou ameaçadas de extinção, bem como das espécies necessárias à subsistência das populações tradicionais, delimitando as áreas compreendidas no ato, fazendo depender de autorização prévia, nessas áreas, o corte de outras espécies;

II – declarar qualquer árvore imune de corte, por motivo de sua localização, raridade, beleza ou condição de porta-sementes;

III – estabelecer exigências administrativas sobre o registro e outras formas de controle de pessoas físicas ou jurídicas que se dedicam à extração, indústria ou comércio de produtos ou subprodutos florestais.

O inciso I estabelece a possibilidade de que o poder público, em quaisquer de seus níveis, possa estabelecer medidas adicionais de proteção das espécies raras da flora,[2] limitando o corte ou até mesmo proibindo-o. Tais medidas, obviamente, devem ser precedidas de estudos técnicos que indiquem a necessidade e apontem o perigo que ameaça as espécies. Na existência das chamadas listas de espécies ameaçadas, os estudos técnicos são dispensáveis, haja vista que já foram realizados para a identificação das espécies sob ameaça. Espécies endêmicas, de acordo com o Instituto de Pesquisa Jardim Botânico do Rio de Janeiro,[3] são: *"plantas cuja ocorrência restringe-se à uma única área geográfica ou, ainda, a um único ecossistema"*.

É importante levar em consideração que:

> *"Uma espécie ameaçada é uma espécie cujas populações estão decrescendo a ponto de colocá-la em risco de extinção. Muitos países têm legislação que protege estas espécies, proibindo a caça e protegendo*

---

[1]   Direito anterior, Lei nº 4.771/1965: Art. 7º Qualquer árvore poderá ser declarada imune de corte, mediante ato do Poder Público, por motivo de sua localização, raridade, beleza ou condição de porta-sementes.

[2]   Expressa o conjunto de plantas de uma área geograficamente definida, possibilitando a identificação das plantas ali ocorrentes, bem como sumariza um conjunto de dados que contempla a distribuição geográfica, habitats, nomes populares, entre outros, relativos à cada espécie (Instituto de Pesquisa Jardim Botânico do Rio de Janeiro. Disponível em: <http://www.jbrj.gov.br/gloss. htm>. Acesso em: 7 de junho de 2012).

[3]   Disponível em: <http://www.jbrj.gov.br/gloss.htm>. Acesso em: 7 de junho de 2012.

seus habitats, mas essa legislação tem se demonstrado insuficiente para evitar que um número crescente de espécies deixe de existir, sem que se tenha notícia deste fato.

Não há consenso sobre os critérios de inclusão de uma espécie na lista das ameaçadas. Há uma interpretação corrente de que a preservação de espécies ameaçadas é incompatível com a exploração económica do ambiente em que vivem, que deveria ser preservado como um santuário ecológico intocável.

Isto é verdade em alguns casos extremos, mas não em todos. Cresce o número de propostas de uso económico sustentável de habitats naturais, combinando agricultura com preservação da cobertura vegetal e portanto da diversidade da flora e da fauna.

No Brasil, a legislação tem feito alguns avanços nos últimos anos, embora na prática a falta de fiscalização e a impunidade dos infratores impliquem que não seja respeitada.

CLASSIFICAÇÃO DO ESTADO DE CONSERVAÇÃO

O estado de conservação *de uma espécie é um indicador da probabilidade de que esta espécie ameaçada continue a existir. Os factores usados nesta classificação incluem a amplitude de distribuição da espécie, o nível de ameaça a que está sujeita, a variação do tamanho da população, e outros.*

Entre as classificações do estado de conservação das espécies animais e vegetais, a Lista Vermelha da UICN *(União Internacional para a Conservação da Natureza e dos Recursos Naturais) é a mais conhecida.*

A UICN *usa as seguintes categorias:*

- *Extinta EX: o último representante de espécie já morreu, ou se supõe que tenha morrido. Exemplo:* Dodo.

- *Extinta na natureza EW: existem indivíduos em cativeiro, mas não há mais populações naturais. Exemplo:* Dromedário.

- *Crítica ou criticamente ameaçada CR: sofre risco extremamente alto de extinção num futuro próximo.*

- *Em perigo EN: sofre risco muito alto de extinção num futuro próximo.*

- *Vulnerável VU: sofre alto risco de extinção a médio prazo. Exemplos:* Chita, camelo-bactriano.

- *Quase ameaçada NT: ainda não sofre risco de extinção, mas as ameaças sobre ela são crescentes.*

- *Segura ou pouco* preocupante *LC: não sofre ameaça."*[4]

O inciso II cuida de uma forma de preservação de cada indivíduo arbóreo singularmente considerado. O ato do poder público, no caso, deve ser entendido como ato do poder executivo, ao qual compete precipuamente dar execução às leis. É matéria que se encontra nos limites do poder discricionário da administração que, por motivos de conveniência e oportunidade, expedirá ou não a declaração de imunidade ao corte. Observe-se, contudo, que estamos diante de uma discricionariedade limitada, haja vista que a declaração deverá ser precedida de estudo técnico que comprove os requisitos de relevância contidos em sua (i) localização, (ii) raridade, (iii) beleza ou condição de (iv) porta-semente.

A cidade do Rio de Janeiro ostenta uma grande quantidade de árvores protegidas coletiva ou individualmente, conforme a relação constante do quadro a seguir. Nos casos concretos, a Administração tem se utilizado de dois instrumentos distintos, quais sejam, (i) o tombamento e (ii) a simples declaração de imunidade ao corte. Em ambos os casos, a proteção tem sido feita por meio de decreto. Há, entretanto, casos nos quais o Poder Legislativo tem legislado no sentido de proteger indivíduos arbóreos. É o que tem sido denominado como lei de *efeito concreto*, uma vez que não dotadas do necessário caráter de generalidade. Tais "leis", em realidade, são atos administrativos segundo remansosa jurisprudência do Supremo Tribunal Federal:[5]

> *"CONSTITUCIONAL. AÇÃO DIRETA DE INCONSTITUCIONALIDADE. LEI COM EFEITO CONCRETO. LEI DE DIRETRIZES ORÇAMENTÁRIAS: Lei 10.266, de 2001. I – Leis com efeitos concretos, assim atos administrativos em sentido material: não se admite o seu controle em abstrato, ou no controle concentrado de constitucionalidade. II – Lei de diretrizes orçamentárias, que tem objeto determinado e destinatários certos, assim sem generalidade abstrata, é lei de efeitos concretos, que não está sujeita à fiscalização jurisdicional no controle concentrado. III – Precedentes do Supremo Tribunal Federal. IV – Ação direta de inconstitucionalidade não conhecida." (Ministro Carlos Mario Velloso)*

---

[4]   Disponível em: <http://pt.wikipedia.org/wiki/Esp%C3%A9cie_amea%C3%A7ada>. Acesso em: 7 de junho de 2012.

[5]   ADI-MC 2484/DF. Relator: Min. CARLOS VELLOSO. Tribunal Pleno. *DJU* 14/11/2003, p. 11.

Nas hipóteses nas quais o poder público pretenda declarar imunes ao corte árvores que integrem o patrimônio privado, deverá a administração estabelecer procedimento administrativo próprio, facultando ao proprietário o exercício do contraditório e da ampla defesa. Dada a natureza individual da restrição administrativa ao direito de propriedade, resta a dúvida se deverá ou não correr a indenização.

Árvores protegidas na cidade do Rio de Janeiro

Tombamento Estadual Decreto "E" 1.902/1967	Árvores Notáveis em Paquetá	Obs.: Ver Port. SMO/-COR 4/2005
DECRETO "E" 2.433 – 24/10/1968	Tomba Figueira Gigante – Rua Mariz e Barros	
DECRETO Nº 2.783 – 23/9/1980	Tomba Figueira – Rua Faro, 51	24/9/1980
LEI Nº 886 – 24/7/1986	Tomba Casuarina – Rua Campo Belo, 148 – Laranjeiras	29/8/1986
DECRETO Nº 6.441 – 16/1/1987 Tomb. Mun. nº 2.783, de 23/9/1980	Tomba Jequitibá – Rua Marquês de São Vicente, 389	
LEI Nº 1.661 – 18/1/1991	Tomba palmeiras imperiais – Av. Santa Cruz – sede da Fábrica de Bangu	23/1/1991
LEI Nº 1.689 – 26/3/1991	Tomba 1 oiti, 2 amendoeiras e 2 algodoeiros – Rua Ministro Viveiros de Castro, 110	
LEI Nº 2.280 – 29/12/1994	Tomba palmeira tipo babaçu – Rua da Silva Cardoso, 1203 – Bangu	3/1/1995
DECRETO Nº 12.625 – 10/1/1994	Tomba "Pau Ferro" – Rua Marquês de Olinda, 64 – Botafogo	11/1/1994
DECRETO Nº 13.898 – 16/5/1995	Tomba "Conjunto de Amendoeiras" – Praça Paris e Deodoro	17/5/1995
LEI Nº 2.719 – 14/12/1998	Tomba Palmeiras Imperiais – Praia do Flamengo e Rua Paissandu	
LEI Nº 2.832 – 30/6/1999	Tomba árvores e monumento – Praça Afonso Pena/Tijuca	5/7/1999

LEI Nº 2.877 – 4/10/1999	Tomba tamarineiras – R. Chita / Bangu	6/10/1999
LEI Nº 3.085 – 2/8/2000	Tomba árvores – R. Hadock Lobo, 220 – Tijuca	3/8/2000
DECRETO Nº 18.998 – 5/10/2000	Tomba bem natural em Sepetiba	6/10/2000
DECRETO Nº 20.535, de 18/9/2001	Vegetação imune ao corte – Leblon, Rua Itiquira (14/003.042/2001)	19/9/2001
DECRETO Nº 20.834, de 5/12/2001	Vegetação imune ao corte – Com. Floresta da Barra – Itanhangá (14/003.688/2001)	6/12/2001
DECRETO Nº 20.835, de 5/12/2001	Vegetação imune ao corte – Com. Tijuaçu – Alto da Boa Vista (14/000.541/2001)	6/12/2001
DECRETO Nº 21.674, de 3/7/2002	Vegetação imune ao corte – Sapucaia – Estr. Rio Grande – Taquara (14/000.629/2002)	4/7/2002
DECRETO Nº 22.656, de 18/2/2003	Vegetação imune ao corte – amendoeira / Flamengo (14/005.108/2002)	19/2/2003
LEI Nº 3.622 – 22/8/2003	Tomba complexo arbóreo do Pontal	1/9/2003
LEI Nº 4.077 – 24/5/2005	Tomba árvores no Bosque da Freguesia	6/6/2005
LEI Nº 4.101 – 15/6/2005	Tomba o complexo arbóreo à Rua Arquiteto Milton Roberto e Rua "B" no PA6991 e PAL 21174 – Itanhangá	23/6/2005
DECRETO Nº 25.693 – 23/8/2005	Declara imune ao corte árvores do Largo do Machado e Figueira na R. Pedro Américo 406 – APAC Catete	24/8/2005
RESOL. SMAC Nº 399 – 21/9/2005	ÁRVORES R. Visc.Albuquerque/ Leblon Conj. Extraordinário	21/9/2005

RESOL. SMAC Nº 426 – 21/9/2006	ÁRVORES – Conj. Extraordinário (Palmeiras/Penha – 14/302.9808/2006; Tamarineiras/Grajaú – 14/302.944/2006; Casuarinas/Heitor Beltrão –14/302.943/2006; Assacu/Copacabana – 14/302.743/2006)	22/9/2006
DECRETO Nº 27.379 – 29/11/2006	IMUNE AO CORTE – Palmeiras Imperiais R. Patagônia e Quito, Penha	30/11/2006
DECRETO Nº 27.380 – 29/11/2006	IMUNE AO CORTE – Tamarineiras R. Júlio Furtado e Eng. Richard, Grajaú	30/11/2006
DECRETO Nº 27.381 – 29/11/2006	IMUNE AO CORTE – Assacu R. Pompeu Loureiro, Copacabana	30/11/2006
DECRETO Nº 27.382 – 29/11/2006	IMUNE AO CORTE – Casuarinas, R. Heitor Beltrão, Tijuca	30/11/2006
RES. SMAC Nº 434 – 20/9/2007	ÁRVORES – Conj. Extraordinário (Pau-Brasil/Itanhangá – 14/302.790/2007; Baobá/Av. Brasil Parada de Lucas – 14/302.789/2007; Jequitibá/Alto da Boa Vista – 14/302.894/2007; Figueiras/Santa Cruz – 14/302.917/2007); Paineira /I. Governador – 14/302.791/2007). 14/303.033/2007	21/9/2007
DECRETO Nº 28.788 – 4/12/2007	IMUNE AO CORTE – Pau Brasil – Itanhangá 14/302.790/2007	5/12/2007
DECRETO Nº 28.789 – 4/12/2007	IMUNE AO CORTE – Baobá – Trevo Missões – Av. Brasil 14/302.789/2007	5/12/2007
DECRETO Nº 28.790 – 4/12/2007	IMUNE AO CORTE – Jequitibá – Alto da Boa Vista 14/302.894/2007	5/12/2007
DECRETO Nº 28.791 – 4/12/2007	IMUNE AO CORTE – Fícus religiosa – Santa Cruz 14/302.917/2007	5/12/2007

DECRETO Nº 28.792 – 4/12/2007	IMUNE AO CORTE – Paineira – Ilha do Governador 14/302.791/2007	5/12/207
DECRETO Nº 29.069 – 12/3/2007	IMUNE AO CORTE – Sumaúma – R. Retiro dos Artistas, 983 – Pechincha 14/002.521/2005	13/3/2008
DECRETO Nº 29.070 – 12/3/2007	IMUNE AO CORTE – 10 Palmeiras Imperiais e 1 Tamarineira – R. Pereira Nunes, 135 e 197 – Laranjeiras 14/003.172/2003	13/3/2008
DECRETO Nº 29.070 – 12/3/2007	IMUNE AO CORTE – Fícus microcarpa – R. Alm. Milanez, em frente ao nº 36 – Magalhães Bastos 14/002.266/2005	13/3/2008
DECRETO Nº 29.216 – 17/4/2008	IMUNE AO CORTE – Fícus microcarpa – Pq. Gen. Leandro – Urca 14/304.149/2007	18/4/2008
DECRETO Nº 29.217 – 17/4/2008	IMUNE AO CORTE – Flamboyant – Av. Epitácio Pessoa, e/f ao nº 2.214 – Lagoa 14/300.280/2008	18/4/2008

O inciso III é uma consequência do fato de que a matéria de proteção às florestas e outras formas de vegetação se encontra submetida ao poder de polícia do estado, motivo pelo qual podem ser estabelecidas medidas administrativas de controle.

Art. 71. A União, em conjunto com os Estados, o Distrito Federal e os Municípios, realizará o Inventário Florestal Nacional, para subsidiar a análise da existência e qualidade das florestas do País, em imóveis privados e terras públicas.

Parágrafo único. A União estabelecerá critérios e mecanismos para uniformizar a coleta, a manutenção e a atualização das informações do Inventário Florestal Nacional.

O artigo estabelece um objetivo a ser realizado cooperativamente, que é a elaboração de inventário florestal, cujo objetivo central é o conhecimento preciso da qualidade e quantidade das florestas e cobertura vegetal brasileiras. O inventário florestal é o instrumento fundamental para qualquer planejamento que se pretenda fazer no que se refere à utilização de nossas florestas. Inventário florestal é designação genérica que pode englobar diferentes modalidades de inventários, os quais serão realizados em função das necessidades de planejamento.

Art. 72. Para efeitos desta Lei, a atividade de silvicultura, quando realizada em área apta ao uso alternativo do solo, é equiparada à atividade agrícola, nos termos da Lei nº 8.171, de 17 de janeiro de 1991, que "dispõe sobre a política agrícola".

Silvicultura é

> *"a ciência dedicada ao estudo dos métodos naturais e artificiais de regenerar e melhorar os povoamentos florestais com vistas a satisfazer as necessidades do mercado e, ao mesmo tempo, é aplicação desse estudo para a manutenção, o aproveitamento e o uso racional das florestas. O sucesso de um projeto de silvicultura depende do planejamento e implantação adequada nas várias silvias, as quais compreendem: estudo do clima, determinação da espécie e definição do material genético, produção de picas, preparo das fezes, controle de formigas e outros invasores, tratos culturais, tratos silviculturais e colheita planejada. Silvicultura também está relacionada à cultura madeireira. E o manejo de uma área de silvicultura exige a participação de técnicos de várias áreas. Busca ainda auxiliar na recuperação das florestas através do plantio de mudas, preferencialmente de caráter regional, de forma a ampliar as possibilidades de manutenção dos biomas locais visando a recuperação de recursos hídricos e manutenção de biodiversidade, de forma a aumentar a eficiência do processo"*.[6]

Apenas no que diz respeito ao setor de celulose, é importante que se tenha uma ideia da sua dimensão econômica:[7]

- 222 empresas com atividade em 539 municípios, localizados em 18 Estados;
- 2,2 milhões de hectares de florestas plantadas para fins industriais;
- 2,9 milhões de hectares de florestas preservadas;
- 2,7 milhões de hectares de área florestal total certificada;

---

[6] Disponível em: <http://pt.wikipedia.org/wiki/Silvicultura>. Acesso em: 28/5/2012.

[7] Disponível em: <www.bracelpa.org.br/bra2/sites/default/files/estatisticas/booklet.pdf>. Acesso em: 28/5/2012.

- Exportações 2011: US$ 7,2 bilhões;

- Saldo Comercial 2011: US$ 5,1 bilhões;

- Impostos pagos: R$ 2,2 bilhões;

- Investimentos: US$ 12 bilhões nos últimos dez anos;

- Emprego: 115 mil empregos diretos (indústria, 68 mil, florestas, 47 mil); e

- 575 mil empregos indiretos.

O tratamento dado pela Lei de Proteção da Vegetação nativa brasileira à matéria foi adequado, pois de fato tratar de florestas plantadas como se fossem nativas, como vinha sendo a tendência anterior, era inteiramente destituído de qualquer lógica ou racionalidade.

Art. 73. Os órgãos centrais e executores do Sisnama criarão e implementarão, com a participação dos órgãos estaduais, indicadores de sustentabilidade, a serem publicados semestralmente, com vistas em aferir a evolução dos componentes do sistema abrangidos por disposições desta Lei.

A norma tem como destinatários o Ministério do Meio Ambiente e o Instituto Brasileiro do Meio Ambiente e dos Recursos Naturais Renováveis – IBAMA, os quais, na forma da Lei nº 6.938, de 31 de agosto de 1981,[8] artigo 6º, III e IV, ostentam a condição de órgão central e órgão executor da Política Nacional do Meio Ambiente. Criou-se a obrigação da instituição de critérios para a aferição da evolução da aplicação dos dispositivos estabelecidos pela Lei, como forma de examinar a sua eficácia. É importante a medida, haja vista que ter a exata dimensão do nível de atendimento e eficácia de uma norma jurídica é fundamental para que adaptações e mudanças sejam propostas com base em dados reais e não em meros palpites, como faz parte de nossa tradição.

Art. 74. A Câmara de Comércio Exterior – CAMEX, de que trata o art. 20-B da Lei nº 9.649, de 27 de maio de 1998, com a redação dada pela Medida Pro-

---

[8]   Art. 6º Os órgãos e entidades da União, dos Estados, do Distrito Federal, dos Territórios e dos Municípios, bem como as fundações instituídas pelo Poder Público, responsáveis pela proteção e melhoria da qualidade ambiental, constituirão o Sistema Nacional do Meio Ambiente – SISNAMA, assim estruturado: [...] III – órgão central: a Secretaria do Meio Ambiente da Presidência da República, com a finalidade de planejar, coordenar, supervisionar e controlar, como órgão federal, a política nacional e as diretrizes governamentais fixadas para o meio ambiente; IV – órgão executor: o Instituto Brasileiro do Meio Ambiente e dos Recursos Naturais Renováveis, com a finalidade de executar e fazer executar, como órgão federal, a política e diretrizes governamentais fixadas para o meio ambiente.

visória nº 2.216-37, de 31 de agosto de 2001, é autorizada a adotar medidas de restrição às importações de bens de origem agropecuária ou florestal produzidos em países que não observem normas e padrões de proteção do meio ambiente compatíveis com as estabelecidas pela legislação brasileira.

A norma estabelece a possibilidade de criação da chamada barreira não alfandegária contra a exportação de produtos oriundos de outros países, sob o pretexto de aplicação de normas de proteção ao meio ambiente. É uma medida que não atende aos interesses do Brasil, pois a restrição cuja possibilidade foi admitida pela norma é a mesma contra a qual o Brasil se bate na arena internacional, mediante a qual os mais estranhos motivos são apresentados para barrar os produtos agrícolas e florestais brasileiros.

Art. 75. Os PRAs instituídos pela União, Estados e Distrito Federal deverão incluir mecanismo que permita o acompanhamento de sua implementação, considerando os objetivos e metas nacionais para florestas, especialmente a implementação dos instrumentos previstos nesta Lei, a adesão cadastral dos proprietários e possuidores de imóvel rural, a evolução da regularização das propriedades e posses rurais, o grau de regularidade do uso de matéria-prima florestal e o controle e prevenção de incêndios florestais.

O artigo determina que os Planos de Regularização Ambiental, em todos os níveis de governo, tenham mecanismos capazes de fornecer informação sobre a evolução de suas implantações, levando em consideração os objetivos e metas estabelecidos para a proteção de florestas e com especial ênfase no monitoramento do desempenho dos instrumentos instituídos pela lei ora comentada, tais como a adesão dos proprietários aos sistemas de cadastro, com indicação da evolução da chamada regularização ambiental de propriedades e posses, bem como a avaliação do uso da matéria-prima florestal e a eficiência do controle e prevenção dos incêndios florestais. É norma de natureza administrativa a ser implementada pelos diversos níveis da Administração Pública, com vistas a estabelecer bancos de dados capazes de fornecer informaçãoes para a mais adequada gestão das florestas e demais formas de vegetação.

Art. 76. (VETADO).

O texto vetado ostentava a seguinte redação:

> "Art. 76. Com a finalidade de estabelecer as especificidades da conservação, da proteção, da regeneração e da utilização dos biomas brasileiros, o Poder Executivo federal, no prazo de 3 (três)

anos, contado da data da publicação desta Lei, enviará ao Congresso Nacional projetos de lei sobre os biomas da Amazônia, do Cerrado, da Caatinga, do Pantanal e do Pampa.

Parágrafo único. Os limites dos biomas são os estabelecidos pela Fundação Instituto Brasileiro de Geografia e Estatística – IBGE."

As razões do veto foram as seguintes:

"O dispositivo fere o princípio da separação dos Poderes conforme estabelecido no art. 2º, e no *caput* do art. 61 da Constituição Federal ao firmar prazo para que o Chefe do Poder Executivo encaminhe ao Congresso Nacional proposição legislativa."

Art. 77. (VETADO).

O texto vetado tinha a seguinte redação:

"Art. 77. Na instalação de obra ou atividade potencialmente causadora de significativa degradação do meio ambiente, será exigida do empreendedor, público ou privado, a proposta de Diretrizes de Ocupação do Imóvel, nos termos desta Lei, para apreciação do poder público no âmbito do licenciamento ambiental."

As razões do veto presidencial foram as seguintes:

"O dispositivo se refere a 'Diretrizes de Ocupação do Imóvel, nos termos desta Lei', sem que haja, ao longo do texto aprovado, a definição desse instrumento e de seu conteúdo, trazendo insegurança jurídica para os empreendedores públicos e privados."

Art. 78. O art. 9º-A da Lei nº 6.938, de 31 de agosto de 1981, passa a vigorar com a seguinte redação:

"Art. 9º-A. **O proprietário ou possuidor de imóvel, pessoa natural ou jurídica, pode, por instrumento público ou particular ou por termo administrativo firmado perante órgão integrante do Sisnama, limitar o uso de toda a sua propriedade ou de parte dela para preservar, conservar ou recuperar os recursos ambientais existentes, instituindo servidão ambiental.**

§ 1º O instrumento ou termo de instituição da servidão ambiental deve incluir, no mínimo, os seguintes itens:

I – memorial descritivo da área da servidão ambiental, contendo pelo menos um ponto de amarração georreferenciado;

II – objeto da servidão ambiental;

III – direitos e deveres do proprietário ou possuidor instituidor;

IV – prazo durante o qual a área permanecerá como servidão ambiental.

§ 2º A servidão ambiental não se aplica às Áreas de Preservação Permanente e à Reserva Legal mínima exigida.

§ 3º A restrição ao uso ou à exploração da vegetação da área sob servidão ambiental deve ser, no mínimo, a mesma estabelecida para a Reserva Legal.

§ 4º Devem ser objeto de averbação na matrícula do imóvel no registro de imóveis competente:

I – o instrumento ou termo de instituição da servidão ambiental;

II – o contrato de alienação, cessão ou transferência da servidão ambiental.

§ 5º Na hipótese de compensação de Reserva Legal, a servidão ambiental deve ser averbada na matrícula de todos os imóveis envolvidos.

§ 6º É vedada, durante o prazo de vigência da servidão ambiental, a alteração da destinação da área, nos casos de transmissão do imóvel a qualquer título, de desmembramento ou de retificação dos limites do imóvel.

§ 7º As áreas que tenham sido instituídas na forma de servidão florestal, nos termos do art. 44-A da Lei nº 4.771, de 15 de setembro de 1965, passam a ser consideradas, pelo efeito desta Lei, como de servidão ambiental."

O Novo Código Florestal promoveu mudanças relevantes na Lei nº 6.938, de 31 de agosto de 1981 que instituiu a Política Nacional do Meio Ambiente, seja ao determinar nova redação para o artigo 9º-A, seja acrescentando novos artigos ao diploma legal. No caso ora examinado, cuidou-se de nova redação dada ao artigo 9º-A, buscando dar contornos mais definidos à *servidão ambiental*. Como espero poder demonstrar, o legislador não foi feliz. Com efeito, o conceito básico contido na servidão ambiental é originário do conceito de *servidão*. Servidão, como nos relembra Ivanildo Figueiredo,[9]

> *"é uma limitação ao direito de propriedade, quando um imóvel ou prédio fica sujeito à restrições que impedem a sua normal fruição e uso. Assim, por exemplo, um prédio encravado dentro de outro imóvel maior precisa de uma saída para uma rua, estrada ou logradouro público. O prédio beneficiado pela servidão é denominado dominante. O prédio que concede a servidão, limitando-se o exercício da propriedade plena, é chamado prédio serviente".*

Os artigos que tratam do tema são muito confusos e demonstram que o legislador, em absoluto, desconhece o que é uma servidão e, por isso, criou um "instituto jurídico" inteiramente disforme, atécnico e capaz de confundir mais do que explicar. Em primeiro lugar, a servidão, tal como milenarmente o instituto vem sendo desenvolvido, somente pode ser estabelecida pelo proprietário ou por lei, pois é limitação ao direito de propriedade em favor de terceiro, assim, destituído de sentido o gravame estabelecido pelo possseiro, como admitido pelo artigo 9º-A, ora examinado. A finalidade da servidão ambiental, como se observa do expresso texto do artigo 9º-A, é *"limitar o uso de toda a sua propriedade ou de parte dela para preservar, conservar ou recuperar os recursos ambientais existentes, instituindo servidão ambiental"*. Assim, a servidão seria instituída sobre imóvel próprio, em benefício desse mesmo imóvel, o que é inadmissível em matéria de servidão, que é direito real sobre coisa alheia.

As servidões em geral têm dois polos: (i) o prédio dominante e (ii) o prédio serviente. No entanto, pode-se "intuir" que o instituto tem por objetivo permitir que devedor de obrigação ambiental, notadamente aquelas que dizem respeito à manutenção e/ou recuperação de áreas de preservação permanente ou de reserva legal, que não possa cumpri-la em sua propriedade ou posse, tenha o benefício de servidão em favor do imóvel cuja obrigação *propter rem* não esteja sendo observada no imóvel ao qual ela está vinculada.

As servidões foram conhecidas do antigo Direito romano, no qual *"tinham por finalidade cumprir uma função de trânsito ou de passagem entre fundos, de pessoas, animais, veículos ou água. Essa tipologia originária foi sendo sucessivamente ampliada para responder a novas necessidades dos terrenos rurais e urbanos"*, como nos indica Luiz Guilherme Loureiro.[10]

---

9   FIGUEIREDO, Ivanildo. *Direito imobiliário*. São Paulo: Atlas, 2010. p. 15.

10   LOUREIRO, Luiz Guilherme. *Direitos reais, à luz do Código Civil e do Direito Registral*. São Paulo: Método, 2004. p. 285.

A servidão ambiental, portanto, é um desdobramento do antigo conceito de servidão e, evidentemente, as disposições constantes do Código Civil são aplicáveis às servidões ambientais,[11] haja vista que estas estão contempladas no inciso III do artigo 1.225. É da natureza da servidão proporcionar utilidade para prédio diverso, como estabelece o artigo 1.378 do Código Civil.[12] As servidões civis têm a característica da perpetuidade, o que não ocorre com a servidão ambiental, que, por determinação legal expressa, pode ser temporária, como será visto no comentário ao artigo 9º-B da Lei nº 6.938/1981, adiante. A servidão ambiental é direito real.

A servidão ambiental, assim como as demais modalidades de servidão, é direito real sobre coisa alheia. Porém, diferentemente das servidões tradicionais, é possível conceber a incidência da servidão ambiental sobre coisa própria, dado que a servidão ambiental tem por finalidade promover uma compensação ambiental capaz de assegurar que determinado imóvel no qual não possam ser observadas as obrigações de manutenção, por exemplo, de reserva legal seja beneficiado pelo bloqueio de área correspondente em outro imóvel, desde que não sejam contíguos. É importante observar que a servidão ambiental é indivisível, tal como estabelecido pelo artigo 1.386 do Código Civil.[13]

A instituição da servidão ambiental é manifestação da autonomia privada do proprietário do prédio serviente e do proprietário do prédio dominante que aquiescem em estabelecer o gravame sobre a propriedade de um em favor da propriedade de outro. A nova redação do artigo 9º-A eliminou a obrigatoriedade da aquiescência do órgão ambiental com o contrato de servidão ambiental, medida importante, haja vista que o mencionado contrato é eminentemente privado. Há falha na redação do *caput* do artigo 9º-A, haja vista que a servidão não é estabelecida com a finalidade de recuperar, preservar ou conservar uma área em si mesma; a finalidade da servidão é realizar tais serviços ambientais em favor de outro prédio, dito dominante. A forma pela qual o artigo está escrito, nos leva à possibilidade de criação de uma servidão sem prédio dominante, o que desnatura inteiramente o instituto. O que parece, repita-se, é que a norma quis estabelecer

---

[11]   **Art. 1.225.** São direitos reais: **I** – a propriedade; **II** – a superfície; **III** – as servidões; **IV** – o usufruto; **V** – o uso; **VI** – a habitação; **VII** – o direito do promitente comprador do imóvel; **VIII** – o penhor; **IX** – a hipoteca; **X** – a anticrese, **XI** – a concessão de uso especial para fins de moradia; **XII** – a concessão de direito real de uso.

[12]   **Art. 1.378.** A servidão proporciona utilidade para o prédio dominante, e grava o prédio serviente, que pertence a diversos donos, e constitui-se mediante declaração expressa dos proprietários, ou por testamento, e subsequente registro no Cartório de Registro de Imóveis.

[13]   **Art. 1.386.** As servidões prediais são indivisíveis, e subsistem, no caso de divisão dos imóveis, em benefício de cada uma das porções do prédio dominante, e continuam a gravar cada uma das do prédio serviente, salvo se, por natureza, ou destino, só se aplicarem a certa parte de um ou de outro.

a possibilidade da instituição de uma "servidão", sem um prédio dominante, o que é uma contradição em relação ao regime geral das servidões, que dada a sua condição de direito real sobre coisa alheia, necessariamente, possui um prédio dominante e um serviente.

O prédio serviente não poderá oferecer em servidão ambiental as suas áreas de reserva legal ou de preservação permanente; decorre daí que somente se admite servidão ambiental o que sobeje as áreas destinadas à reserva legal ou às áreas de preservação permanente. Já o regime jurídico de uso das servidões ambientais será, no mínimo, aquele aplicável à reserva legal, obviamente sem a limitação do percentual da propriedade, que deve ser mantido sob a condição de reserva legal. Como direito real sobre coisa alheia, a servidão ambiental deve ser averbada no competente registro de imóveis. Averbar, como ensina Walter Ceneviva,[14] *"é ação de anotar, à margem do assento existente, fato jurídico que o modifica"*.

As servidões, dado o seu caráter de perpetuidade, não podem se modificar. No caso das servidões ambientais, as quais se admitem possam ser instituídas por prazo certo, não inferior a 15 anos (artigo 9º-B, § 1º), a sua imodificabilidade também se aplica ao período.

A servidão ambiental, instituída por instrumento público ou privado, ou ainda por termo administrativo celebrado com o órgão de controle ambiental, não é de uma vez instituída, determina a lei a existência de cláusulas obrigatórias no instrumento de constituição da servidão ambiental, que são: (i) memorial descritivo da área da servidão ambiental, contendo pelo menos um ponto de amarração georreferenciado; (ii) objeto da servidão ambiental; (iii) direitos e deveres (sic) do proprietário ou possuidor (sic) instituidor; (iv) prazo durante o qual a área permanecerá como servidão ambiental.

O § 2º determina que a servidão ambiental "não se aplica às Áreas de Preservação Permanente e à Reserva Legal mínima exigida". O texto é mal redigido e pouco claro; contudo, parece-me que o objetivo da norma é o de definir que as áreas de preservação permanente e o percentual mínimo de área a ser mantida como reserva legal não podem ser objeto de contrato de servidão ambiental. O regime jurídico de uso das áreas instituídas como servidão ambiental deve ser equivalente ao da reserva legal, salvo restrições maiores estabelecidas no instrumento de constituição da reserva.

Conforme determinação contida no § 4º, devem ser objeto de averbação na matrícula do imóvel no registro de imóveis competente: (i) o instrumento ou termo de instituição da servidão ambiental; (ii) o contrato de alienação, cessão ou transferência da servidão ambiental. Se a servidão for utilizada como forma

---

14   CENEVIVA, Walter. *Lei de registros públicos comentada*. 20. ed. São Paulo: Saraiva, 2010. p. 279.

de compensação de reserva legal, deverá ser feita a respectiva averbação nas matrículas dos imóveis dominantes, bem como na do serviente; nos termos da lei, "a servidão ambiental deve ser averbada na matrícula de todos os imóveis envolvidos" (sic).

O § 6º estabelece que, durante a vigência da servidão ambiental, não pode haver alteração da destinação da área, *nos casos de transmissão do imóvel a qualquer título, de desmembramento ou de retificação dos limites do imóvel*. Dado que a servidão é direito real sobre coisa alheia, evidentemente que a transferência da propriedade do imóvel serviente não tem o condão de modificar direitos de terceiros, no caso os direitos do imóvel dominante sobre parcela do imóvel serviente. O parágrafo era completamente dispensável.

O § 7º transformou as áreas instituídas na forma de servidão florestal, nos termos do art. 44-A da Lei nº 4.771, de 15 de setembro de 1965,[15] em servidões ambientais.

Art. 78-A. Após cinco anos da data da publicação desta Lei, as instituições financeiras só concederão crédito agrícola, em qualquer de suas modalidades, para proprietários de imóveis rurais que estejam inscritos no Cadastro Ambiental Rural – CAR e que comprovem sua regularidade nos termos desta Lei.

MP nº 571/2012	Lei nº 12.727/2012
Art. 78-A. Após cinco anos da data da publicação desta Lei, as instituições financeiras só concederão crédito agrícola, em qualquer de suas modalidades, para proprietários de imóveis rurais que estejam inscritos no Cadastro Ambiental Rural – CAR e que comprovem sua regularidade nos termos desta Lei.	Art. 78-A. Após 5 (cinco) anos da data da publicação desta Lei, as instituições financeiras só concederão crédito agrícola, em qualquer de suas modalidades, para proprietários de imóveis rurais que estejam inscritos no CAR.

---

[15]   Direito anterior: Art. 44-A. O proprietário rural poderá instituir servidão florestal, mediante a qual voluntariamente renuncia, em caráter permanente ou temporário, a direitos de supressão ou exploração da vegetação nativa, localizada fora da reserva legal e da área com vegetação de preservação permanente. § 1º A limitação ao uso da vegetação da área sob regime de servidão florestal deve ser, no mínimo, a mesma estabelecida para a Reserva Legal. § 2º A servidão florestal deve ser averbada à margem da inscrição de matrícula do imóvel, no registro de imóveis competente, após anuência do órgão ambiental estadual competente, sendo vedada, durante o prazo de sua vigência, a alteração da destinação da área, nos casos de transmissão a qualquer título, de desmembramento ou de retificação dos limites da propriedade.

O crédito agrícola ou crédito rural é um importante instrumento de fomento da agricultura, sendo constituído por recursos públicos, na definição do Ministério da Agricultura:

"O Crédito Rural abrange recursos destinados a custeio, investimento ou comercialização. As suas regras, finalidades e condições estão estabelecidas no Manual de Crédito Rural (MCR), elaborado pelo Banco Central do Brasil. Essas normas são seguidas por todos os agentes que compõem o Sistema Nacional de Crédito Rural (SNCR), como bancos e cooperativas de crédito.

Os créditos de custeio ficam disponíveis quando os recursos se destinam a cobrir despesas habituais dos ciclos produtivos, da compra de insumos à fase de colheita. Já os créditos de investimento são aplicados em bens ou serviços duráveis, cujos benefícios repercutem durante muitos anos. Por fim, os créditos de comercialização asseguram ao produtor rural e a suas cooperativas os recursos necessários à adoção de mecanismos que garantam o abastecimento e levem o armazenamento da colheita nos períodos de queda de preços.

O produtor pode pleitear as três modalidades de crédito rural como pessoa física ou jurídica. As cooperativas rurais são também beneficiárias naturais do sistema.

Ano a ano, o governo Federal tem alocado cada vez mais recursos para o crédito rural. A maior parte do dinheiro destina-se a créditos de custeio para cobrir os gastos rotineiros com as atividades no campo. Esse dinheiro é tomado diretamente nos bancos ou por meio das cooperativas de crédito.

A oferta de linhas de créditos para investimentos conta com recursos do Banco Nacional de Desenvolvimento Econômico e Social (BNDES) e dos Fundos Constitucionais de Financiamento do Centro-Oeste, Norte e Nordeste, conhecidos, pela ordem, como FCO, FNO e FNE."[16]

O prazo de cinco anos para a inscrição no CAR, sem que haja a vedação de concessão de crédito rural, é extremamente generoso e pouco contribui para a implementação de proteção ao meio ambiente e da própria lei ora comentada. A sociedade corre o risco de, mais uma vez, ter que conceder prazos para novas regularizações e, o que é pior, continuar subsidiando quem não está dando cumprimento às normas de proteção ao meio ambiente, em prejuízo daqueles que estão cumprindo com as suas obrigações. É um incentivo econômico ao descum-

---

[16] Disponível em: <http://www.agricultura.gov.br/politica-agricola/credito-rural>. Acesso em: 28/5/2012.

primento do direito de proteção ao meio ambiente e um desincentivo àqueles que observam e cumprem as normas vigentes.

Art. 79. A Lei nº 6.938, de 31 de agosto de 1981, passa a vigorar acrescida dos seguintes arts. 9º-B e 9º-C:

O Novo Código Florestal determinou alteração na Lei da Política Nacional do Meio Ambiente, acrescentando ao texto legal os artigos 9º-B e 9º-C. O artigo 9º da Lei nº 6.938, de 31 de agosto de 1981, é o que trata dos instrumentos da Política Nacional do Meio Ambiente, o qual, por força da Lei nº 11.284/2006, teve acrescido o inciso XIII, cuja redação é a seguinte: "*instrumentos econômicos, como concessão florestal, servidão ambiental, seguro ambiental e outros*". A mesma lei adunou o artigo 9º-A, que dispôs com maior minúcia sobre a servidão ambiental, completado agora pela adição dos artigos 9º-B e 9º-C. Assim, a Lei da Política Nacional do Meio Ambiental dispõe amplamente sobre o instituto da Servidão ambiental. Também aqui, a técnica legislativa é péssima. Com efeito, acertado que a previsão geral da existência do instituto da servidão ambiental, como instrumento da Política Nacional do Meio Ambiente, esteja contida na Lei nº 6.938/1981. Por outro lado, sendo indiscutível que a servidão ambiental é um instrumento da Política Nacional do Meio Ambiente voltado para a proteção das florestas e das demais formas de vegetação, evidente que o seu detalhamento jurídico deveria estar contemplado na lei especificamente voltada para a proteção das florestas e demais formas de vegetação. Técnica aliás utilizada pelo legislador quando cuidou da concessão florestal que foi tratada pela Lei nº 11.284, de 2 de março de 2006, curiosamente a mesma lei que instituiu a servidão ambiental. Assim, a "técnica" utilizada pelo legislador tem como resultado prático a dificuldade para o usuário da norma, o estabelecimento de padrões cada vez mais cabalísticos e obscuros para que se saiba qual lei rege que matéria.

Para evitar o equívoco no qual incorreu o legislador, a seguir farei o comentário dos artigos referentes à servidão ambiental, haja vista que, em meu entendimento, toda a matéria deveria estar contida neste Novo Código Florestal.

> "Art. 9º-B. **A servidão ambiental poderá ser onerosa ou gratuita, temporária ou perpétua.**
>
> **§ 1º O prazo mínimo da servidão ambiental temporária é de 15 (quinze) anos.**
>
> **§ 2º A servidão ambiental perpétua equivale, para fins creditícios, tributários e de acesso aos recursos de fundos públicos, à Reserva Particular do Patrimônio Natural – RPPN, definida no art. 21 da Lei nº 9.985, de 18 de julho de 2000.**

> § 3º O detentor da servidão ambiental poderá aliená-la, cedê-la ou transferi-la, total ou parcialmente, por prazo determinado ou em caráter definitivo, em favor de outro proprietário ou de entidade pública ou privada que tenha a conservação ambiental como fim social."

O artigo estabelece as modalidades de servidão, as quais poderão ser (i) quanto aos ônus, (a) onerosa ou (b) gratuita; quanto (ii) à duração, (a) temporária ou (b) gratuita. Toda servidão é onerosa, haja vista que estabelece uma limitação nos direitos de propriedade exercidos sobre um prédio em favor de outro. A lei se utilizou de conceito errôneo. O que a lei buscou estabelecer foi a possibilidade de que as servidões sejam constituídas mediante remuneração feita pelo prédio dominante em favor do prédio serviente. A matéria, obviamente, não é de lei, pois como a servidão ambiental é voluntária, os aspectos remuneratórios de sua instituição se constituem em matéria que não interessa ao estado, haja vista que tal contrato é essencialmente privado. No que diz respeito à duração da servidão, foram estabelecidas duas possibilidades, a saber: (i) temporária e (ii) perpétua. Observa-se que, em princípio, as servidões temporárias não poderiam ser instituídas como compensação por reserva legal, pois a reserva legal, necessariamente, perdura enquanto perdurar a condição rural do imóvel. No que diz respeito à servidão ambiental temporária, ela poderá se condicionar, inclusive, a evento futuro e incerto, desde que observe o prazo mínimo de 15 anos.

A servidão ambiental perpétua foi equiparada, sob alguns aspectos, às Reservas Particulares do Patrimônio Natural. Dessa forma, para os fins "creditícios", tributários e de acesso aos recursos públicos, há semelhança de regime. Fins "creditícios", supõe-se, diz respeito ao acesso aos fundos públicos de crédito; quanto aos fins tributários, a norma determina que os mesmos favores e incentivos tributários ofertados às RPPNs sejam estendidos às servidões ambientais regularmente instituídas. As servidões temporárias, inexplicavelmente, não fazem jus aos incentivos estabelecidos na norma.

O § 3º está fundado em profundo erro conceitual quanto à natureza da servidão, haja vista que a servidão é sempre instituída em favor de um prédio e não de uma pessoa. Por outro lado, não há "detentor" de servidão, haja vista que detenção é conceito jurídico previsto no artigo 1.198 do Código Civil Brasileiro.[17] Ora, o detentor é *"semelhante ao chamado 'servidor da posse'"*.[18] Logo,

---

[17]   **Art. 1.198. Considera-se detentor aquele que, achando-se em relação de dependência para com outro, conserva a posse em nome deste e em cumprimento de ordens ou instruções suas.** Parágrafo único. Aquele que começou a comportar-se do modo como prescreve este artigo, em relação ao bem e à outra pessoa, presume-se detentor, até que prove o contrário.

[18]   LOUREIRO, Luiz Guilherme. *Direitos reais, à luz do Código Civil e do Direito Registral*. São Paulo: Método, 2004. p. 58.

o detentor, por deter a posse em nome de terceiro, não pode praticar nenhum ato que implique em alienação, modificação, extinção de direitos sobre o bem cuja detenção exerce. Logo, *ab initio* existe erro conceitual, repita-se, que torna o instituto confuso e, portanto, capaz de gerar dúvidas relevantes quanto à sua aplicação e utilidade. O que o parágrafo quer dizer é que o instituidor da servidão poderá transferi-la amplamente para terceiros, necessitem ou não de áreas para o cumprimento de obrigações *propter rem* de seus imóveis, ou simplesmente tenham o desejo de áreas para serem mantidas sob o regime de proteção. Assim, um direito real sobre coisa alheia se transforma em uma figura jurídica híbrida e de contornos indefinidos, a qual não deveria ter sido designada como *servidão*, haja vista que tantas são as "novidades" em relação às servidões que se chega às raias do irreconhecível.

> **"Art. 9º-C. O contrato de alienação, cessão ou transferência da servidão ambiental deve ser averbado na matrícula do imóvel.**
>
> **§ 1º O contrato referido no *caput* deve conter, no mínimo, os seguintes itens:**
>
> **I – a delimitação da área submetida a preservação, conservação ou recuperação ambiental;**
>
> **II – o objeto da servidão ambiental;**
>
> **III – os direitos e deveres do proprietário instituidor e dos futuros adquirentes ou sucessores;**
>
> **IV – os direitos e deveres do detentor da servidão ambiental;**
>
> **V – os benefícios de ordem econômica do instituidor e do detentor da servidão ambiental;**
>
> **VI – a previsão legal para garantir o seu cumprimento, inclusive medidas judiciais necessárias, em caso de ser descumprido.**
>
> **§ 2º São deveres do proprietário do imóvel serviente, entre outras obrigações estipuladas no contrato:**
>
> **I – manter a área sob servidão ambiental;**
>
> **II – prestar contas ao detentor da servidão ambiental sobre as condições dos recursos naturais ou artificiais;**
>
> **III – permitir a inspeção e a fiscalização da área pelo detentor da servidão ambiental;**
>
> **IV – defender a posse da área serviente, por todos os meios em direito admitidos.**

§ 3º São deveres do detentor da servidão ambiental, entre outras obrigações estipuladas no contrato:

I – documentar as características ambientais da propriedade;

II – monitorar periodicamente a propriedade para verificar se a servidão ambiental está sendo mantida;

III – prestar informações necessárias a quaisquer interessados na aquisição ou aos sucessores da propriedade;

IV – manter relatórios e arquivos atualizados com as atividades da área objeto da servidão;

V – defender judicialmente a servidão ambiental."

O artigo estabelece normas de ordem pública que devem contemplar os contratos de servidão ambiental. Desnecessário dizer que tais normas estão inteiramente deslocadas no interior da Lei que estabelece a Política Nacional do Meio Ambiente, que, com o devido respeito, não tem nada a ver com contratos entre partes públicas ou privadas.

Dito isso, passa-se a analisar a matéria propriamente dita. Assim como a instituição da servidão ambiental, a alienação, a cessão ou a transferência da servidão ambiental deve ser levada à averbação perante o registro de imóveis. No particular, e mais uma vez, observe-se que o legislador não determinou acréscimo de texto na Lei de Registros Públicos para que os contratos fossem averbados, remanescendo naquela lei apenas a obrigação de registro da servidão ambiental.[19] O contrato tratado no artigo deve ter as seguintes cláusulas obrigatórias: (i) a delimitação da área sujeita à preservação, conservação ou recuperação, (ii) o objeto da servidão ambiental, (iii) os direitos e deveres do proprietário e dos futuros adquirentes e sucessores, (iv) os benefícios de ordem econômica do instituidor e do detentor da servidão ambiental, (v) previsão legal para garantir o seu cumprimento, inclusive medidas judiciais necessárias, em caso de descumprimento.

Com o devido respeito, grande parte das cláusulas obrigatórias não faz sentido. Do que se pode entender do texto, a servidão ambiental é instituída seja para cumprir metas de recuperação ambiental, seja para conservação, seja para preservação. Assim, o contrato de servidão ambiental deve indicar claramente a área que deveria ser preservada, recuperada ou conservada, que será necessariamente do imóvel dominante, e aquela, no imóvel serviente, que lhe fará as vezes. Esse é, também, o objeto da servidão ambiental. Veja-se que sendo o § 1º uma relação de cláusulas obrigatórias, não se pode pensar, *juridicamente*,

---

[19]   Art. 167. No Registro de Imóveis, além da matrícula, serão feitos. II – a averbação [...] 23. da servidão ambiental.

na inexistência de um prédio serviente, como nos dá a entender o artigo 9º-A. Os contratos não cuidam de direitos e deveres, mas de direitos e obrigações das partes contratuais; por outro lado, os sucessores das partes contratuais sucedem--nas com os mesmos direitos e obrigações, sendo absolutamente desnecessária a menção específica aos direitos e obrigações dos sucessores contratuais. Quanto aos benefícios econômicos, tal cláusula é estranha, pois como se admite a servidão ambiental gratuita, em tal caso não há *"benefício econômico"*. O inciso IV do § 1º se utiliza dos termos *instituidor* e *detentor*, esse último já submetido a crítica. Pelo que se depreende do atécnico texto, *instituidor* é o proprietário do imóvel serviente e *detentor* é o titular do imóvel dominante. No que se refere à necessidade de que o contrato contemple a previsão legal para a garantia de seu cumprimento, a obrigatoriedade é simplesmente estapafúrdia. O inadimplemento do contrato é sancionado pela sua execução. As obrigações se constituem (i) por lei, (ii) por contrato, (iii) por ato ilícito. No caso, a obrigação é de natureza contratual, não havendo que se falar em norma legal. No que tange à exigência de que do contrato constem as medidas judiciais para a garantia de seu cumprimento, data vênia, a medida, além de ilegal, é retrógrada. Com efeito, o contrato ora examinado, embora com algumas cláusulas obrigatórias, é eminentemente de direito privado, podendo ser levado à arbitragem, sendo inconstitucional a obrigatoriedade de seu exame pelo Poder Judiciário.

Conforme o § 2º do artigo 9º-C são deveres (*rectius*: obrigações) do proprietário do imóvel serviente, entre outras "obrigações" contratuais, (i) a manutenção da área sobre a qual foi instituída a servidão ambiental, (ii) prestar contas ao "detentor" (*rectius*: ao imóvel dominante) sobre as condições de conservação e manutenção dos recursos naturais e "artificiais"(?!), (iii) admitir que o titular ou seu preposto, do imóvel dominante, "fiscalize" a área oferecida em servidão ambiental, (iv) defenda a posse da área serviente contra ameaças, utilizando-se de todos os meios para tal inerentes. Como se sabe, não há qualquer obrigatoriedade para que um cidadão defenda seus direitos perante o Judiciário, ou quem quer que seja, sobretudo em matéria de direito privado.

O § 3º estabelece os "deveres" do "detentor" da servidão ambiental, que são os seguintes, além das obrigações contratuais: (i) "documentar as características ambientais da propriedade". Na verdade, esse é um direito do imóvel dominante, pois é importante o que está sendo oferecido como servidão ambiental, pois ela irá suprir e adimplir uma obrigação que é oponível ao titular do imóvel dominante; (ii) *monitorar periodicamente a propriedade para verificar se a servidão ambiental está sendo mantida*; aqui é a mesma situação anterior, cuida-se de um direito do titular do imóvel dominante; (iii) *"prestar informações necessárias a quaisquer interessados na aquisição ou aos sucessores da propriedade"*, cuida-se de uma obrigação preliminar a qualquer negócio, haja vista que, normalmente, ninguém comprará nada que não conheça; (iv) *"manter relatórios e arquivos atualizados com as atividades da área objeto da servidão"*; aqui, certamente, começa a se criar a própria descaracterização do instituto, pois a se estipularem obrigações do prédio dominante em relação a coisas que acontecem no prédio serviente (objeto da servidão), a grande facilidade oferecida pela servidão ambiental, a possibilidade de terceiros adimplirem uma obrigação ambiental em nome e à conta do devedor, começa a se transformar em uma dor de cabeça. Por fim, existe a obrigação de *"defender judicialmente a servidão ambiental"*, o que parece incongruente, pois o prédio dominante não é proprietário do prédio serviente e somente tem interesse em defender a servidão, na medida em que os seus direitos sobre ela estejam sendo prejudicados, seja lá por quem for e desde que assim entenda. O direito brasileiro não consagra a obrigatoriedade de participação de litígios, sobretudo quando se trata de direitos originados em contratos de direito privado.

Art. 80. A alínea *d* do inciso II do § 1º do art. 10 da Lei nº 9.393, de 19 de dezembro de 1996, passa a vigorar com a seguinte redação:

> "Art. 10. ....
>
> § 1º ....
>
> ....
>
> II – ....
>
> **d) sob regime de servidão ambiental;"**

A Lei nº 9.393, de 19 de dezembro de 1996, é a que *"dispõe sobre o Imposto sobre a Propriedade Territorial Rural – ITR, sobre pagamento da dívida representada por Títulos da Dívida Agrária e dá outras providências"*.

O texto da lei é o seguinte:

> "Art. 10. A apuração e o pagamento do ITR serão efetuados pelo contribuinte, independentemente de prévio procedimento da administração tributária, nos prazos e condições estabelecidos pela Secretaria da Receita Federal, sujeitando-se a homologação posterior.
>
> § 1º Para os efeitos de apuração do ITR, considerar-se-á:
>
> I – VTN, o valor do imóvel, excluídos os valores relativos a:
>
> a) construções, instalações e benfeitorias;
>
> b) culturas permanentes e temporárias;
>
> c) pastagens cultivadas e melhoradas;

d) florestas plantadas;

II – área tributável, a área total do imóvel, menos as áreas:

a) de preservação permanente e de reserva legal, previstas na Lei nº 4.771, de 15 de setembro de 1965, com a redação dada pela Lei nº 7.803, de 18 de julho de 1989;

b) de interesse ecológico para a proteção dos ecossistemas, assim declaradas mediante ato do órgão competente, federal ou estadual, e que ampliem as restrições de uso previstas na alínea anterior;

c) comprovadamente imprestáveis para qualquer exploração agrícola, pecuária, granjeira, aquícola ou florestal, declaradas de interesse ecológico mediante ato do órgão competente, federal ou estadual;

d) sob regime de servidão ambiental; (Redação dada pela Lei nº 12.651, de 2012)

e) cobertas por florestas nativas, primárias ou secundárias em estágio médio ou avançado de regeneração; (Incluído pela Lei nº 11.428, de 2006)

f) alagadas para fins de constituição de reservatório de usinas hidrelétricas autorizada pelo poder público. (Incluído pela Lei nº 11.727, de 2008)"

Também, aqui, o legislador se olvidou de promover todas as modificações necessárias.

Art. 81. O *caput* do art. 35 da Lei nº 11.428, de 22 de dezembro de 2006, passa a vigorar com a seguinte redação:

"Art. 35. A conservação, em imóvel rural ou urbano, da vegetação primária ou da vegetação secundária em qualquer estágio de regeneração do Bioma Mata Atlântica cumpre função social e é de interesse público, podendo, a critério do proprietário, as áreas sujeitas à restrição de que trata esta Lei ser computadas para efeito da Reserva Legal e seu excedente utilizado para fins de compensação ambiental ou instituição de Cota de Reserva Ambiental – CRA.

[...]" (NR)

Foi determinada modificação na Lei da Mata Atlântica de forma que o proprietário que mantenha sob conservação, seja em imóvel urbano ou rural, vegetação primária ou secundária em qualquer estágio de regeneração do Bioma Mata Atlântica, é considerado como cumpridor da função social da propriedade, podendo, a seu critério, computá-las para efeito da Reserva Legal e seu excedente utilizado para fins de compensação ambiental ou instituição de Cota de Reserva Ambiental – CRA. É medida que incentiva a conservação e, portanto, positiva.

Art. 82. São a União, os Estados, o Distrito Federal e os Municípios autorizados a instituir, adaptar ou reformular, no prazo de 6 (seis) meses, no âmbito do Sisnama, instituições florestais ou afins, devidamente aparelhadas para assegurar a plena consecução desta Lei.

Parágrafo único. As instituições referidas no *caput* poderão credenciar, mediante edital de seleção pública, profissionais devidamente habilitados para apoiar a regularização ambiental das propriedades previstas no inciso V do art. 3º, nos termos de regulamento baixado por ato do Chefe do Poder Executivo.

O artigo carece de constitucionalidade. Cuida-se da chamada Lei Autorizativa, que é um instituto que não encontra amparo em nosso Direito Constitucional, muito embora se repita com frequência enorme. É evidente que a instituição, adaptação ou reformulação de estruturas administrativas é uma competência dos Executivos que não precisa ser "autorizada" por lei. No caso vertente, a "autorização" extrapola completamente a repartição de competências e a autonomia dos entes federativos, pois é claro que falece competência à União para autorizar os Estados e os Municípios a se organizarem. Conforme ensina Sérgio Resende de Barros:[20]

> *"Em 17 de março de 1982 – ainda sob a Constituição (Emenda Constitucional nº 1/69) anterior à atual – o plenário do Supremo Tribunal Federal julgou representação (nº 993-9) por inconstitucionalidade de uma lei estadual (Lei nº 174, de 8/12/77, do Estado do Rio de Janeiro) que autorizava o Chefe do Poder Executivo a praticar ato que já era de sua competência constitucional privativa. Nesse julgamento, decidiu textualmente: O só fato de ser autorizativa a lei não modifica o juízo de sua invalidade por falta de legítima iniciativa. Não obstante a clareza do acórdão (Diário da Justiça de 8/10/82, p. 10187, Ementário nº 1.270-1, RTJ 104/46), persistiu por toda a Federação brasileira, nos níveis estadual e municipal, a prática de 'leis' autorizativas – e com tal intensidade, que sufocou*

---

20   Disponível em: <http://www.srbarros.com.br/pt/leis-autorizativas.cont>. Acesso em: 7 de junho de 2012.

aquela irrepreensível decisão do guardião supremo do ordenamento constitucional, a ponto de ser esquecida por Tribunais inferiores, que não raro têm julgado em contrário, dando por válida essa inconstitucionalidade patente."

Recente decisão do Supremo Tribunal Federal[21] aponta na direção do reconhecimento das leis autorizativas produzidas no mesmo nível federativo:

> "AGRAVO REGIMENTAL NO RECURSO EXTRAORDINÁRIO. AÇÃO DIRETA DE INCONSTITUCIONALIDADE PERANTE O TRIBUNAL DE JUSTIÇA LOCAL. LEI MUNICIPAL. AUTORIZAÇÃO. EXAME MÉDICO ANUAL. ALUNO DA REDE MUNICIPAL DE ENSINO. USURPAÇÃO DE COMPETÊNCIA DO PODER EXECUTIVO. REPERCUSSÃO GERAL NÃO EXAMINADA. AUSÊNCIA DE QUESTÃO CONSTITUCIONAL. ART. 323 DO RISTF C.C. ART. 102, III, § 3º, DA CONSTITUIÇÃO FEDERAL. PREQUESTIONAMENTO. INEXISTÊNCIA. CONTROLE ABSTRATO DE CONSTITUCIONALIDADE ESTADUAL. LEI ESTADUAL OU MUNICIPAL EM FACE DA CONSTITUIÇÃO ESTADUAL. AUSÊNCIA DE DEMONSTRAÇÃO DO PARÂMETRO DE CONTROLE NORMATIVO LOCAL QUE CORRESPONDE À NORMA DA CONSTITUIÇÃO FEDERAL DE OBSERVÂNCIA OBRIGATÓRIA PELOS DEMAIS ENTES INTEGRANTES DA FEDERAÇÃO. INVIABILIDADE DO RECURSO EXTRAORDINÁRIO. 1. A repercussão geral pressupõe recurso admissível sob o crivo dos demais requisitos constitucionais e processuais de admissibilidade (art. 323 do RISTF). 2. Consectariamente, se inexiste questão constitucional, não há como se pretender seja reconhecida 'a repercussão geral das questões constitucionais discutidas no caso' (art. 102, III, § 3º, da CF). 3. O requisito do prequestionamento é indispensável, por isso que inviável a apreciação, em sede de recurso extraordinário, de matéria sobre a qual não se pronunciou o Tribunal de origem. 4. A simples oposição dos embargos de declaração, sem o efetivo debate acerca da matéria versada pelo dispositivo constitucional apontado como malferido, não supre a falta do requisito do prequestionamento, viabilizador da abertura da instância extraordinária. Incidência da Súmula nº 282 do Supremo Tribunal Federal, verbis: é inadmissível o recurso extraordinário, quando não ventilada na decisão recorrida, a questão federal suscitada. 5. Apenas se admite recurso extraordinário de ação direta de inconstitucionalidade estadual ou distrital quando o parâmetro de con-

---

21   Supremo Tribunal Federal. RE 638729 AgR/MG – MINAS GERAIS. AG. REG. NO RECURSO EXTRAORDINÁRIO. Julgamento: 10/4/2012. 1ª Turma. DJe-099.

trole normativo local corresponder a norma da Constituição Federal de observância obrigatória pelos demais entes integrantes da Federação. Assim, é pressuposto de cabimento do recurso extraordinário interposto contra acórdão prolatado em ação direta, a demonstração de qual norma de repetição obrigatória inserida na Constituição local foi violada, medida que, analisando a petição do apelo extremo (fls. 176/207), furtou-se o recorrente. (Precedentes: RCL nº 383, Relator o Ministro Moreira Alves, Plenário, *DJ* de 21.5.93; RCL nº 596 – AgR, Relator o Ministro Néri da Silveira, Plenário, *DJ* de 14.11.96; RE nº 353.350-AgR, Relator o Ministro Carlos Velloso, 2ª Turma, *DJ* de 21.05.04; RE nº 445.903, Relator o Ministro Carlos Britto, *DJe* de 05.02.10; RE nº 482.078, Relatora a Ministra Cármen Lúcia, *DJe* 17.3.2010; RE nº 573.379, Relator o Ministro Cezar Peluso, *DJ* de 26.03.10; RE nº 575.732, Relatora a Ministra Ellen Gracie, *DJe* de 01.06.11; RE nº 562.018, Relator o Ministro Joaquim Barbosa, *DJe* de 03.10.11, entre outros). 6. *In casu*, o acórdão originariamente recorrido assentou: 'EMENTA: ADIN. LEI AUTORIZATIVA. NÃO USURPAÇÃO DE COMPETÊNCIA. Se a lei municipal, de iniciativa do próprio Poder Legislativo, envolve apenas autorização para que o administrador aja de certa maneira, não há de se falar em inconstitucionalidade nem formal nem material.' 7. Agravo regimental a que se nega provimento." (Ministro Luiz Fux)

Art. 83. Revogam-se as Leis nºˢ 4.771, de 15 de setembro de 1965, e 7.754, de 14 de abril de 1989, e suas alterações posteriores, e a Medida Provisória nº 2.166-67, de 24 de agosto de 2001.

O artigo, oficialmente, revogou o Código Florestal, antiga tradição jurídica brasileira que encontra repercussão em outras legislações de países com a mesma herança cultural jurídica que o Brasil, tais como a França[22] e diversos outros países, tais como Argentina, Chile e tantos outros.[23] É uma pena, pois a conservação da tradição jurídica, com as modernizações que se façam necessárias, é fundamental para que a ordem jurídica possa se consolidar e ser conhecida pelo seu destinatário final, que é o homem do povo. A simples revogação da Lei nº

---

[22]   Disponível em: <http://www.legifrance.gouv.fr/affichCode.do?cidTexte=LEGITEXT00000607 1514&dateTexte=20080505>. Acesso em: 28/5/2012.

[23]   Disponível em: <http://www.senado.gov.br/NOTICIAS/JORNAL/EMDISCUSSAO/codigo-florestal/organizacao-nacoes-unidas-para-agricultura-alimentacao-fao/codigo-florestal-de-po>. Acesso em: 28/5/2012.

4.771, de 15 de setembro de 1965, seria suficiente, pois as demais normas citadas limitaram-se a dar nova redação ao extinto Código Florestal.

Art. 84. Esta Lei entra em vigor na data de sua publicação.

O legislador andou mal ao determinar a entrada em vigor da Lei com a sua publicação, pois não se desconhece que o tema nela tratado é polêmico e complexo, haja vista todo o acalorado debate que acompanhou o processo legislativo e a própria aposição de inúmeros vetos presidenciais com a paralela publicação da Medida Provisória nº 571, de 25 de maio de 2012, que, note-se, é anterior à lei por ela modificada (?!). Porém, o fato é que o artigo 8º da Lei Complementar nº 95 determina que o texto utilizado para dar redação ao artigo ora comentado somente pode ser utilizado para as leis de pequena repercussão, que não é o caso.

> *"Artigo 8º A vigência da lei será indicada de forma expressa e de modo a contemplar prazo razoável para que dela se tenha amplo conhecimento, reservada a cláusula 'entra em vigor na data de sua publicação' para as leis de pequena repercussão."*

Deveria ter sido adotado período de *vacatio legis* correspondente à importância econômica e social da norma.

Brasília, 25 de maio de 2012; 191º da Independência e 124º da República.

APÊNDICE

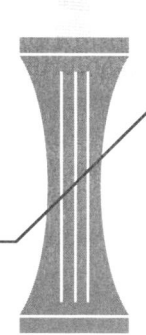

LEI Nº 12.727, DE 17 DE OUTUBRO DE 2012

Altera a Lei nº 12.651, de 25 de maio de 2012, que dispõe sobre a proteção da vegetação nativa; altera as Leis nᵒˢ 6.938, de 31 de agosto de 1981, 9.393, de 19 de dezembro de 1996, e 11.428, de 22 de dezembro de 2006; e revoga as Leis nᵒˢ 4.771, de 15 de setembro de 1965, e 7.754, de 14 de abril de 1989, a Medida Provisória nº 2.166-67, de 24 de agosto de 2001, o item 22 do inciso II do art. 167 da Lei nº 6.015, de 31 de dezembro de 1973, e o § 2º do art. 4º da Lei nº 12.651, de 25 de maio de 2012.

A PRESIDENTA DA REPÚBLICA Faço saber que o Congresso Nacional decreta e eu sanciono a seguinte Lei:

Art. 1º A Lei nº 12.651, de 25 de maio de 2012, passa a vigorar com as seguintes alterações:

"Art. 1º-A. Esta Lei estabelece normas gerais sobre a proteção da vegetação, áreas de Preservação Permanente e as áreas de Reserva Legal; a exploração florestal, o suprimento de matéria-prima florestal, o controle da origem dos produtos florestais e o controle e prevenção dos incêndios florestais, e prevê instrumentos econômicos e financeiros para o alcance de seus objetivos.

Parágrafo único. Tendo como objetivo o desenvolvimento sustentável, esta Lei atenderá aos seguintes princípios:

I – afirmação do compromisso soberano do Brasil com a preservação das suas florestas e demais formas de vegetação nativa, bem como da biodiversidade, do solo, dos recursos hídricos e da integridade do sistema climático, para o bem estar das gerações presentes e futuras;

II – reafirmação da importância da função estratégica da atividade agropecuária e do papel das florestas e demais formas de vegetação nativa na sustentabilidade, no crescimento econômico, na melhoria da qualidade de vida da população brasileira e na presença do País nos mercados nacional e internacional de alimentos e bioenergia;

III – ação governamental de proteção e uso sustentável de florestas, consagrando o compromisso do País com a compatibilização e harmonização entre o uso produtivo da terra e a preservação da água, do solo e da vegetação;

IV – responsabilidade comum da União, Estados, Distrito Federal e Municípios, em colaboração com a sociedade civil, na criação de políticas para a preservação e restauração da vegetação nativa e de suas funções ecológicas e sociais nas áreas urbanas e rurais;

V – fomento à pesquisa científica e tecnológica na busca da inovação para o uso sustentável do solo e da água, a recuperação e a preservação das florestas e demais formas de vegetação nativa;

VI – criação e mobilização de incentivos econômicos para fomentar a preservação e a recuperação da vegetação nativa e para promover o desenvolvimento de atividades produtivas sustentáveis."

"Art. 3º ....

....

XII – vereda: fitofisionomia de savana, encontrada em solos hidromórficos, usualmente com a palmeira arbórea Mauritia flexuosa – buriti emergente, sem formar dossel, em meio a agrupamentos de espécies arbustivo-herbáceas;

....

XXIV – pousio: prática de interrupção temporária de atividades ou usos agrícolas, pecuários ou silviculturais, por no máximo 5 (cinco) anos, para possibilitar a recuperação da capacidade de uso ou da estrutura física do solo;

XXV – áreas úmidas: pantanais e superfícies terrestres cobertas de forma periódica por águas, cobertas originalmente por florestas ou outras formas de vegetação adaptadas à inundação;

XXVI – área urbana consolidada: aquela de que trata o inciso II do *caput* do art. 47 da Lei nº 11.977, de 7 de julho de 2009; e

XXVII – crédito de carbono: título de direito sobre bem intangível e incorpóreo transacionável.

...." (NR)

"Art. 4º ....

I – as faixas marginais de qualquer curso d'água natural perene e intermitente, excluídos os efêmeros, desde a borda da calha do leito regular, em largura mínima de:

....

III – as áreas no entorno dos reservatórios d'água artificiais, decorrentes de barramento ou represamento de cursos d'água naturais, na faixa definida na licença ambiental do empreendimento;

IV – as áreas no entorno das nascentes e dos olhos d'água perenes, qualquer que seja sua situação topográfica, no raio mínimo de 50 (cinquenta) metros;

....

XI – em veredas, a faixa marginal, em projeção horizontal, com largura mínima de 50 (cinquenta) metros, a partir do espaço permanentemente brejoso e encharcado.

§ 1º Não será exigida Área de Preservação Permanente no entorno de reservatórios artificiais de água que não decorram de barramento ou represamento de cursos d'água naturais.

§ 2º (Revogado).

....

§ 4º Nas acumulações naturais ou artificiais de água com superfície inferior a 1 (um) hectare, fica dispensada a reserva da faixa de proteção prevista nos incisos II e III do *caput*, vedada nova supressão de áreas de vegetação nativa, salvo autorização do órgão ambiental competente do Sistema Nacional do Meio Ambiente – Sisnama.

....

§ 6º ....

....

V – não implique novas supressões de vegetação nativa.

....

§ 9º (VETADO)." (NR)

"Art. 5º Na implantação de reservatório d'água artificial destinado a geração de energia ou abastecimento público, é obrigatória a aquisição, desapropriação ou instituição de servidão administrativa pelo empreendedor das Áreas de Preservação Permanente criadas em seu entorno, conforme estabelecido no licenciamento ambiental, observando-se a faixa mínima de 30 (trinta) metros e máxima de 100 (cem) metros em área rural, e a faixa mínima de 15 (quinze) metros e máxima de 30 (trinta) metros em área urbana.

§ 1º Na implantação de reservatórios d'água artificiais de que trata o *caput*, o empreendedor, no âmbito do licenciamento ambiental, elaborará Plano Ambiental de Conservação e Uso do Entorno do Reservatório, em conformidade com termo de referência expedido pelo órgão competente do Sistema Nacional do Meio Ambiente – Sisnama, não podendo o uso exceder a 10% (dez por cento) do total da Área de Preservação Permanente.

...." (NR)

"Art. 6º ....

....

IX – proteger áreas úmidas, especialmente as de importância internacional." (NR)

"Art. 10. Nos pantanais e planícies pantaneiras, é permitida a exploração ecologicamente sustentável, devendo-se considerar as recomendações técnicas dos órgãos oficiais de pesquisa, ficando novas supressões de vegetação nativa para uso alternativo do solo condicionadas à autorização do órgão estadual do meio ambiente, com base nas recomendações mencionadas neste artigo." (NR)

"CAPÍTULO III-A
DO USO ECOLOGICAMENTE SUSTENTÁVEL
DOS APICUNS E SALGADOS

Art. 11-A. A Zona Costeira é patrimônio nacional, nos termos do § 4º do art. 225 da Constituição Federal, devendo sua ocupação e exploração dar-se de modo ecologicamente sustentável.

§ 1º Os apicuns e salgados podem ser utilizados em atividades de carcinicultura e salinas, desde que observados os seguintes requisitos:

I – área total ocupada em cada Estado não superior a 10% (dez por cento) dessa modalidade de fitofisionomia no bioma amazônico e a 35% (trinta e cinco por cento) no restante do País, excluídas as ocupações consolidadas que atendam ao disposto no § 6º deste artigo;

II – salvaguarda da absoluta integridade dos manguezais arbustivos e dos processos ecológicos essenciais a eles associados, bem como da sua produtividade biológica e condição de berçário de recursos pesqueiros;

III – licenciamento da atividade e das instalações pelo órgão ambiental estadual, cientificado o Instituto Brasileiro do Meio Ambiente e dos Recursos Naturais Renováveis – IBAMA e, no caso de uso de terrenos de marinha ou outros bens da União, realizada regularização prévia da titulação perante a União;

IV – recolhimento, tratamento e disposição adequados dos efluentes e resíduos;

V – garantia da manutenção da qualidade da água e do solo, respeitadas as Áreas de Preservação Permanente; e

VI – respeito às atividades tradicionais de sobrevivência das comunidades locais.

§ 2º A licença ambiental, na hipótese deste artigo, será de 5 (cinco) anos, renovável apenas se o empreendedor cumprir as exigências da legislação ambiental e do próprio licenciamento, mediante comprovação anual, inclusive por mídia fotográfica.

§ 3º São sujeitos à apresentação de Estudo Prévio de Impacto Ambiental – EPIA e Relatório de Impacto Ambiental – RIMA os novos empreendimentos:

I – com área superior a 50 (cinquenta) hectares, vedada a fragmentação do projeto para ocultar ou camuflar seu porte;

II – com área de até 50 (cinquenta) hectares, se potencialmente causadores de significativa degradação do meio ambiente; ou

III – localizados em região com adensamento de empreendimentos de carcinicultura ou salinas cujo impacto afete áreas comuns.

§ 4º O órgão licenciador competente, mediante decisão motivada, poderá, sem prejuízo das sanções administrativas, cíveis e penais cabíveis, bem como do dever de recuperar os danos ambientais causados, alterar as condicionantes e as medidas de controle e adequação, quando ocorrer:

I – descumprimento ou cumprimento inadequado das condicionantes ou medidas de controle previstas no licenciamento, ou desobediência às normas aplicáveis;

II – fornecimento de informação falsa, dúbia ou enganosa, inclusive por omissão, em qualquer fase do licenciamento ou período de validade da licença; ou

III – superveniência de informações sobre riscos ao meio ambiente ou à saúde pública.

§ 5º A ampliação da ocupação de apicuns e salgados respeitará o Zoneamento Ecológico-Econômico da Zona Costeira – ZEEZOC, com a individualização das áreas ainda passíveis de uso, em escala mínima de 1:10.000, que deverá ser concluído por cada Estado no prazo máximo de 1 (um) ano a partir da data da publicação desta Lei.

§ 6º É assegurada a regularização das atividades e empreendimentos de carcinicultura e salinas cuja ocupação e implantação tenham ocorrido antes de 22 de julho de 2008, desde que o empreendedor, pessoa física ou jurídica, comprove sua localização em apicum ou salgado e se obrigue, por termo de compromisso, a proteger a integridade dos manguezais arbustivos adjacentes.

§ 7º É vedada a manutenção, licenciamento ou regularização, em qualquer hipótese ou forma, de ocupação ou exploração irregular em apicum ou salgado, ressalvadas as exceções previstas neste artigo."

"Art. 12. Todo imóvel rural deve manter área com cobertura de vegetação nativa, a título de Reserva Legal, sem prejuízo da aplicação das normas sobre as Áreas de Preservação Permanente, observados os seguintes percentuais mínimos em relação à área do imóvel, excetuados os casos previstos no art. 68 desta Lei:

...." (NR)

"Art. 14. ....

....

§ 2º Protocolada a documentação exigida para a análise da localização da área de Reserva Legal, ao proprietário ou possuidor rural não poderá ser imputada sanção administrativa, inclusive restrição a direitos, por qualquer órgão ambiental competente integrante do Sisnama, em razão da não formalização da área de Reserva Legal." (NR)

"Art. 15. ....

....

§ 3º O cômputo de que trata o caput aplica-se a todas as modalidades de cumprimento da Reserva Legal, abrangendo a regeneração, a recomposição e a compensação.

§ 4º É dispensada a aplicação do inciso I do *caput* deste artigo, quando as Áreas de Preservação Permanente conservadas ou em processo de recuperação, somadas às demais florestas e outras formas de vegetação nativa existentes em imóvel, ultrapassarem:

I – 80% (oitenta por cento) do imóvel rural localizado em áreas de floresta na Amazônia Legal; e

II – (VETADO)." (NR)

"Art. 16. Poderá ser instituído Reserva Legal em regime de condomínio ou coletiva entre propriedades rurais, respeitado o percentual previsto no art. 12 em relação a cada imóvel.

...." (NR)

"Art. 17. ....

....

§ 3º É obrigatória a suspensão imediata das atividades em área de Reserva Legal desmatada irregularmente após 22 de julho de 2008.

§ 4º Sem prejuízo das sanções administrativas, cíveis e penais cabíveis, deverá ser iniciado, nas áreas de que trata o § 3º deste artigo, o processo de recomposição da Reserva Legal em até 2 (dois) anos contados a partir da data da publicação desta Lei, devendo tal processo ser concluído nos prazos estabelecidos pelo Programa de Regularização Ambiental – PRA, de que trata o art. 59." (NR)

"Art. 18. ....

....

§ 4º O registro da Reserva Legal no CAR desobriga a averbação no Cartório de Registro de Imóveis, sendo que, no período entre a data da publicação desta Lei e o registro no CAR, o proprietário ou possuidor rural que desejar fazer a averbação terá direito à gratuidade deste ato." (NR)

"Art. 29. ....

§ 1º A inscrição do imóvel rural no CAR deverá ser feita, preferencialmente, no órgão ambiental municipal ou estadual, que, nos termos do regulamento, exigirá do proprietário ou possuidor rural:

...." (NR)

"Art. 35. O controle da origem da madeira, do carvão e de outros produtos ou subprodutos florestais incluirá sistema nacional que integre os dados dos diferentes entes federativos, coordenado, fiscalizado e regulamentado pelo órgão federal competente do Sisnama.

§ 1º (VETADO).

....

§ 5º O órgão federal coordenador do sistema nacional poderá bloquear a emissão de Documento de Origem Florestal – DOF dos entes federativos não integrados ao sistema e fiscalizar os dados e relatórios respectivos." (NR)

"Art. 36. ....

....

§ 5º O órgão ambiental federal do Sisnama regulamentará os casos de dispensa da licença prevista no *caput*." (NR)

"Art. 41. É o Poder Executivo federal autorizado a instituir, sem prejuízo do cumprimento da legislação ambiental, programa de apoio e incentivo à conservação do meio ambiente, bem como para adoção de tecnologias e boas práticas que conciliem a produtividade agropecuária e florestal, com redução dos impactos ambientais, como forma de promoção do desenvolvimento ecologicamente sustentável, observados sempre os critérios de progressividade, abrangendo as seguintes categorias e linhas de ação:

....

§ 7º O pagamento ou incentivo a serviços ambientais a que se refere o inciso I deste artigo serão prioritariamente destinados aos agricultores familiares como definidos no inciso V do art. 3º desta Lei." (NR)

"Art. 42. O Governo Federal implantará programa para conversão da multa prevista no art. 50 do Decreto no 6.514, de 22 de julho de 2008, destinado a imóveis rurais, referente a autuações vinculadas a desmatamentos em áreas onde não era vedada a supressão, que foram promovidos sem autorização ou licença, em data anterior a 22 de julho de 2008." (NR)

"Art. 58. Assegurado o controle e a fiscalização dos órgãos ambientais competentes dos respectivos planos ou projetos, assim como as obrigações do detentor do imóvel, o poder público poderá instituir programa de apoio técnico e incentivos financeiros, podendo incluir medidas indutoras e linhas de financiamento para atender, prioritariamente, os imóveis a que se refere o inciso V do *caput* do art. 3º, nas iniciativas de:

...." (NR)

"Art. 59. ....

....

§ 6º (VETADO)."

"Art. 61-A. Nas Áreas de Preservação Permanente, é autorizada, exclusivamente, a continuidade das atividades agrossilvipastoris, de ecoturismo e de turismo rural em áreas rurais consolidadas até 22 de julho de 2008.

§ 1º Para os imóveis rurais com área de até 1 (um) módulo fiscal que possuam áreas consolidadas em Áreas de Preservação Permanente ao longo de cursos d'água naturais, será obrigatória a recomposição das respectivas faixas marginais em 5 (cinco) metros, contados da borda da calha do leito regular, independentemente da largura do curso d'água.

§ 2º Para os imóveis rurais com área superior a 1 (um) módulo fiscal e de até 2 (dois) módulos fiscais que possuam áreas consolidadas em Áreas de Preservação Permanente ao longo de cursos d'água naturais, será obrigatória a recomposição das respectivas faixas marginais em 8 (oito) metros, contados da borda da calha do leito regular, independentemente da largura do curso d'água.

§ 3º Para os imóveis rurais com área superior a 2 (dois) módulos fiscais e de até 4 (quatro) módulos fiscais que possuam áreas consolidadas em Áreas de Preservação Permanente ao longo de cursos d'água naturais, será obrigatória a recomposição das respectivas faixas marginais em 15 (quinze) metros, contados da borda da calha do leito regular, independentemente da largura do curso d'água.

§ 4º Para os imóveis rurais com área superior a 4 (quatro) módulos fiscais que possuam áreas consolidadas em Áreas de Preservação Permanente ao longo de cursos d'água naturais, será obrigatória a recomposição das respectivas faixas marginais:

I – (VETADO); e

II – nos demais casos, conforme determinação do PRA, observado o mínimo de 20 (vinte) e o máximo de 100 (cem) metros, contados da borda da calha do leito regular.

§ 5º Nos casos de áreas rurais consolidadas em Áreas de Preservação Permanente no entorno de nascentes e olhos d'água perenes, será admitida a manutenção de atividades agrossilvipastoris, de ecoturismo ou de turismo rural, sendo obrigatória a recomposição do raio mínimo de 15 (quinze) metros.

§ 6º Para os imóveis rurais que possuam áreas consolidadas em Áreas de Preservação Permanente no entorno de lagos e lagoas naturais, será admitida a manutenção de atividades agrossilvipastoris, de ecoturismo ou de turismo rural, sendo obrigatória a recomposição de faixa marginal com largura mínima de:

I – 5 (cinco) metros, para imóveis rurais com área de até 1 (um) módulo fiscal;

II – 8 (oito) metros, para imóveis rurais com área superior a 1 (um) módulo fiscal e de até 2 (dois) módulos fiscais;

III – 15 (quinze) metros, para imóveis rurais com área superior a 2 (dois) módulos fiscais e de até 4 (quatro) módulos fiscais; e

IV – 30 (trinta) metros, para imóveis rurais com área superior a 4 (quatro) módulos fiscais.

§ 7º Nos casos de áreas rurais consolidadas em veredas, será obrigatória a recomposição das faixas marginais, em projeção horizontal, delimitadas a partir do espaço brejoso e encharcado, de largura mínima de:

I – 30 (trinta) metros, para imóveis rurais com área de até 4 (quatro) módulos fiscais; e

II – 50 (cinquenta) metros, para imóveis rurais com área superior a 4 (quatro) módulos fiscais.

§ 8º Será considerada, para os fins do disposto no *caput* e nos §§ 1º a 7º, a área detida pelo imóvel rural em 22 de julho de 2008.

§ 9º A existência das situações previstas no *caput* deverá ser informada no CAR para fins de monitoramento, sendo exigida, nesses casos, a adoção de técnicas de conservação do solo e da água que visem à mitigação dos eventuais impactos.

§ 10. Antes mesmo da disponibilização do CAR, no caso das intervenções já existentes, é o proprietário ou possuidor rural responsável pela conservação do solo e da água, por meio de adoção de boas práticas agronômicas.

§ 11. A realização das atividades previstas no *caput* observará critérios técnicos de conservação do solo e da água indicados no PRA previsto nesta Lei, sendo vedada a conversão de novas áreas para uso alternativo do solo nesses locais.

§ 12. Será admitida a manutenção de residências e da infraestrutura associada às atividades agrossilvipastoris, de ecoturismo e de turismo rural, inclusive o acesso a essas atividades, independentemente das determinações contidas no *caput* e nos §§ 1º a 7º, desde que não estejam em área que ofereça risco à vida ou à integridade física das pessoas.

§ 13. A recomposição de que trata este artigo poderá ser feita, isolada ou conjuntamente, pelos seguintes métodos:

I – condução de regeneração natural de espécies nativas;

II – plantio de espécies nativas;

III – plantio de espécies nativas conjugado com a condução da regeneração natural de espécies nativas;

IV – plantio intercalado de espécies lenhosas, perenes ou de ciclo longo, exóticas com nativas de ocorrência regional, em até 50% (cinquenta por cento) da área total a ser recomposta, no caso dos imóveis a que se refere o inciso V do *caput* do art. 3º;

V – (VETADO).

§ 14. Em todos os casos previstos neste artigo, o poder público, verificada a existência de risco de agravamento de processos erosivos ou de inundações, determinará a adoção de medidas mitigadoras que garantam a estabilidade das margens e a qualidade da água, após deliberação do Conselho Estadual de Meio Ambiente ou de órgão colegiado estadual equivalente.

§ 15. A partir da data da publicação desta Lei e até o término do prazo de adesão ao PRA de que trata o § 2º do art. 59, é autorizada a continuidade das atividades desenvolvidas nas áreas de que trata o *caput*, as quais deverão ser informadas no CAR para fins de monitoramento, sendo exigida a adoção de medidas de conservação do solo e da água.

§ 16. As Áreas de Preservação Permanente localizadas em imóveis inseridos nos limites de Unidades de Conservação de Proteção Integral criadas por ato do poder público até a data de publicação desta Lei não são passíveis de ter quaisquer atividades consideradas como consolidadas nos termos do *caput* e dos §§ 1º a 15, ressalvado o que dispuser o Plano de Manejo elaborado e aprovado de acordo com as orientações emitidas pelo órgão competente do Sisnama, nos termos do que dispuser regulamento do Chefe do Poder Executivo, devendo o proprietário, possuidor rural ou ocupante a qualquer título adotar todas as medidas indicadas.

§ 17. Em bacias hidrográficas consideradas críticas, conforme previsto em legislação específica, o Chefe do Poder Executivo poderá, em ato próprio, estabelecer metas e diretrizes de recuperação ou conservação da vegetação nativa superiores às definidas no *caput* e nos §§ 1º a 7º, como projeto prioritário, ouvidos o Comitê de Bacia Hidrográfica e o Conselho Estadual de Meio Ambiente.

§ 18. (VETADO)."

"Art. 61-B. Aos proprietários e possuidores dos imóveis rurais que, em 22 de julho de 2008, detinham até 10 (dez) módulos fiscais e desenvolviam atividades agrossilvipastoris nas áreas consolidadas em Áreas de Preservação Permanente é garantido que a exigência de recomposição, nos termos desta Lei, somadas todas as Áreas de Preservação Permanente do imóvel, não ultrapassará:

I – 10% (dez por cento) da área total do imóvel, para imóveis rurais com área de até 2 (dois) módulos fiscais;

II – 20% (vinte por cento) da área total do imóvel, para imóveis rurais com área superior a 2 (dois) e de até 4 (quatro) módulos fiscais;

III – (VETADO)."

"Art. 61-C. Para os assentamentos do Programa de Reforma Agrária, a recomposição de áreas consolidadas em Áreas de Preservação Permanente ao longo ou no entorno de cursos d'água, lagos e lagoas naturais observará as exigências estabelecidas no art. 61-A, observados os limites de cada área demarcada individualmente, objeto de contrato de concessão de uso, até a titulação por parte do Instituto Nacional de Colonização e Reforma Agrária – Incra."

"Art. 66. ....

....

§ 3º A recomposição de que trata o inciso I do *caput* poderá ser realizada mediante o plantio intercalado de espécies nativas com exóticas ou frutíferas, em sistema agroflorestal, observados os seguintes parâmetros:

...." (NR)

"Art. 78-A. Após 5 (cinco) anos da data da publicação desta Lei, as instituições financeiras só concederão crédito agrícola, em qualquer de suas modalidades, para proprietários de imóveis rurais que estejam inscritos no CAR."

"Art. 83. (VETADO)."

Art. 2º Esta Lei entra em vigor na data de sua publicação.

MENSAGEM Nº 484, DE 17 DE OUTUBRO DE 2012

Senhor Presidente do Senado Federal,

Comunico a Vossa Excelência que, nos termos do § 1º do art. 66 da Constituição, decidi vetar parcialmente, por contrariedade ao interesse público, o Projeto de Lei de Conversão nº 21, de 2012 (MP nº 571/12), que "Altera a Lei nº 12.651, de 25 de maio de 2012, que dispõe sobre a proteção da vegetação nativa; altera as Leis nºs 6.938, de 31 de agosto de 1981, 9.393, de 19 de dezembro de 1996, e 11.428, de 22 de dezembro de 2006; e revoga as Leis nºs 4.771, de 15 de setembro de 1965, e 7.754, de 14 de abril de 1989, a Medida Provisória nº 2.166-67, de

24 de agosto de 2001, o item 22 do inciso II do art. 167 da Lei nº 6.015, de 31 de dezembro de 1973, e o § 2º do art. 4º da Lei nº 12.651, de 25 de maio de 2012".

Ouvidos, os Ministérios do Meio Ambiente, da Agricultura, Pecuária e Abastecimento, do Desenvolvimento Agrário e a Advocacia-Geral da União manifestaram-se pelo veto aos seguintes dispositivos:

§ 9º do art. 4º da Lei nº 12.651, de 25 de maio de 2012, alterado pelo art. 1º do projeto de lei de conversão

"§ 9º Não se considera Área de Preservação Permanente a várzea fora dos limites previstos no inciso I do *caput*, exceto quando ato do poder público dispuser em contrário nos termos do inciso III do art. 6º."

Razão do veto

"A leitura sistêmica do texto provoca dúvidas sobre o alcance deste dispositivo, podendo gerar controvérsia jurídica acerca da aplicação da norma."

Inciso II do § 4º do art. 15 da Lei nº 12.651, de 25 de maio de 2012, acrescido pelo art. 1º do projeto de lei de conversão

"II – 50% (cinquenta por cento) do imóvel rural nas demais situações, observada a legislação específica."

Razão do veto

"Ao contrário do previsto no inciso I do mesmo artigo, que regula uma situação extrema e excepcional, este dispositivo impõe uma limitação desarrazoada às regras de proteção ambiental, não encontrando abrigo no equilíbrio entre preservação ambiental e garantia das condições para o pleno desenvolvimento do potencial social e econômico dos imóveis rurais que inspirou a redação do art. 15, § 4º."

§ 1º do art. 35 da Lei nº 12.651, de 25 de maio de 2012, alterado pelo art. 1º do projeto de lei de conversão

"§ 1º O plantio ou o reflorestamento com espécies florestais nativas, exóticas e frutíferas independem de autorização prévia, desde que observadas as limitações e condições previstas nesta Lei, devendo ser informados ao órgão competente, no prazo de até 1 (um) ano, para fins de controle de origem."

Razão do veto

"O texto aprovado permite a interpretação de que passaria a ser exigido o controle de origem do plantio de espécies frutíferas pelos órgãos ambientais. Tal proposta burocratiza desnecessariamente a produção de alimentos, uma vez que o objetivo central do dispositivo é o controle da utilização de espécies florestais, seus produtos e subprodutos."

§ 6º do art. 59 da Lei nº 12.651, de 25 de maio de 2012, acrescido pelo art. 1º do projeto de lei de conversão

"§ 6º Após a disponibilização do PRA, o proprietário ou possuidor rural autuado por infrações cometidas antes de 22 de julho de 2008, relativas à supressão irregular de vegetação em Áreas de Preservação Permanente, de Reserva Legal e de uso restrito, poderá promover a regularização da situação por meio da adesão ao PRA, observado o prazo de 20 (vinte) dias contados da ciência da autuação."

Razão do veto

"Ao impor aos produtores rurais um prazo fatal de vinte dias para a adesão ao PRA, o dispositivo limita de forma injustificada a possibilidade de que eles promovam a regularização ambiental de seus imóveis rurais. A organização e os procedimentos para adesão ao PRA deverão ser objeto de regulamentação específica, como previsto no próprio art. 59."

Inciso I do § 4º do art. 61-A da Lei nº 12.651, de 25 de maio de 2012, alterado pelo art. 1º do projeto de lei de conversão

"I – em 15 (quinze) metros, contados da borda da calha do leito regular, para imóveis com área superior a 4 (quatro) e de até 15 (quinze) módulos fiscais, nos cursos d'água naturais com até 10 (dez) metros de largura;"

Razão do veto

"A redação adotada reduz a proteção mínima proposta originalmente e amplia excessivamente a área dos imóveis rurais alcançada pelo dispositivo, elevando o seu impacto ambiental e quebrando a lógica inicial do texto, que já contemplava adequadamente a diversidade da estrutura fundiária brasileira."

Inciso V do § 13 do art. 61-A da Lei nº 12.651, de 25 de maio de 2012, acrescido pelo art. 1º do projeto de lei de conversão

"V – plantio de árvores frutíferas."

Razão do veto

"Ao autorizar indiscriminadamente o uso isolado de frutíferas para a recomposição de APPs, independentemente do tamanho da propriedade ou posse, o dispositivo compromete a biodiversidade das APPs, reduzindo a capacidade dessas áreas desempenharem suas funções ambientais básicas. Vale lembrar que o inciso IV do mesmo artigo já prevê a possibilidade do uso de espécies nativas e exóticas, de forma intercalada, para recomposição de APPs em pequenos imóveis rurais, equilibrando adequadamente a necessidade de proteção ambiental com a diversidade da estrutura fundiária brasileira."

§ 18 do art. 61-A da Lei nº 12.651, de 25 de maio de 2012, acrescido pelo art. 1º do projeto de lei de conversão

"§ 18. Nos casos de áreas rurais consolidadas em Áreas de Preservação Permanente ao longo de cursos d'água naturais intermitentes com largura de até 2 (dois) metros, será admitida a manutenção de atividades agrossilvipastoris, de ecoturismo ou de turismo rural, sendo obrigatória a recomposição das respectivas faixas marginais em 5 (cinco) metros, contados da borda da calha do leito regular, independentemente da área do imóvel rural."

Razões do veto

"A redução excessiva do limite mínimo de proteção ambiental dos cursos d'água inviabiliza a sustentabilidade ambiental no meio rural, uma vez que impede o cumprimento das funções ambientais básicas das APPs. Além disso, a ausência de informações detalhadas sobre a situação dos rios intermitentes no país impede uma avaliação específica dos impactos deste dispositivo, impondo a necessidade do veto."

Inciso III do art. 61-B da Lei nº 12.651, de 25 de maio de 2012, acrescido pelo art. 1º do projeto de lei de conversão

"III – 25% (vinte e cinco por cento) da área total do imóvel, para imóveis rurais com área superior a 4 (quatro) e até 10 (dez) módulos fiscais, excetuados aqueles localizados em áreas de floresta na Amazônia Legal."

Razão do veto

"A proposta desrespeita o equilíbrio entre tamanho da propriedade e faixa de recomposição estabelecido na redação original do art. 61-B, que criava um benefício exclusivamente para os imóveis rurais de até quatro módulos fiscais, tendo em vista a sua importância social para a produção rural nacional. Ao propor a ampliação do alcance do dispositivo, o inciso III impacta diretamente a proteção ambiental de parcela significativa do território nacional."

Art. 83 da Lei nº 12.651, de 25 de maio de 2012, alterado pelo art. 1º do projeto de lei de conversão

"Art. 83. Revogam-se as Leis n°s 4.771, de 15 de setembro de 1965, e 7.754, de 14 de abril de 1989, e suas alterações posteriores, a Medida Provisória n° 2.166-67, de 24 de agosto de 2001, o item 22 do inciso II do art. 167 da Lei n° 6.015, de 31 de dezembro de 1973, e o § 2° do art. 4° da Lei n° 12.651, de 25 de maio de 2012."

Razões do veto

"O artigo introduz a revogação de um dispositivo pertencente ao próprio diploma legal no qual está contido, violando os princípios de boa técnica legislativa e dificultando a compreensão exata do seu alcance. Ademais, ao propor a revogação do item 22 do inciso II do art. 167 da Lei n° 6.015, de 31 de dezembro de 1973, dispensa a averbação da Reserva Legal sem que haja ainda um sistema substituto que permita ao poder público controlar o cumprimento das obrigações legais referentes ao tema, ao contrário do que ocorre no próprio art. 18, § 4°, da Lei n° 12.651."

Essas, Senhor Presidente, as razões que me levaram a vetar os dispositivos acima mencionados do projeto em causa, as quais ora submeto à elevada apreciação dos Senhores Membros do Congresso Nacional.

DECRETO Nº 7.830, DE 17 DE OUTUBRO DE 2012

> Dispõe sobre o Sistema de Cadastro Ambiental Rural, o Cadastro Ambiental Rural, estabelece normas de caráter geral aos Programas de Regularização Ambiental, de que trata a Lei nº 12.651, de 25 de maio de 2012, e dá outras providências.

A PRESIDENTA DA REPÚBLICA, no uso das atribuições que lhe confere o art. 84, **caput**, incisos IV e VI, alínea "a", da Constituição, e tendo em vista o disposto na Lei nº 12.651, de 25 de maio de 2012,

DECRETA:

CAPÍTULO I
DISPOSIÇÕES GERAIS

Art. 1º Este Decreto dispõe sobre o Sistema de Cadastro Ambiental Rural – SICAR, sobre o Cadastro Ambiental Rural – CAR, e estabelece normas de caráter geral aos Programas de Regularização Ambiental – PRA, de que trata a Lei nº 12.651, de 25 de maio de 2012.

Art. 2º Para os efeitos deste Decreto entende-se por:

I – Sistema de Cadastro Ambiental Rural – SICAR – sistema eletrônico de âmbito nacional destinado ao gerenciamento de informações ambientais dos imóveis rurais;

II – Cadastro Ambiental Rural – CAR – registro eletrônico de abrangência nacional junto ao órgão ambiental competente, no âmbito do Sistema Nacional de Informação sobre Meio Ambiente – SINIMA, obrigatório para todos os imóveis rurais, com a finalidade de integrar as informações ambientais das propriedades e posses rurais, compondo base de dados para controle, monitoramento, planejamento ambiental e econômico e combate ao desmatamento;

III – termo de compromisso – documento formal de adesão ao Programa de Regularização Ambiental – PRA, que contenha, no mínimo, os compromissos de manter, recuperar ou recompor as áreas de preservação permanente, de reserva legal e de uso restrito do imóvel rural, ou ainda de compensar áreas de reserva legal;

IV – área de remanescente de vegetação nativa – área com vegetação nativa em estágio primário ou secundário avançado de regeneração;

V – área degradada – área que se encontra alterada em função de impacto antrópico, sem capacidade de regeneração natural;

VI – área alterada – área que após o impacto ainda mantém capacidade de regeneração natural;

VII – área abandonada – espaço de produção convertido para o uso alternativo do solo sem nenhuma exploração produtiva há pelo menos trinta e seis meses e não formalmente caracterizado como área de pousio;

VIII – recomposição – restituição de ecossistema ou de comunidade biológica nativa degradada ou alterada a condição não degradada, que pode ser diferente de sua condição original;

IX – planta – representação gráfica plana, em escala mínima de 1:50.000, que contenha particularidades naturais e artificiais do imóvel rural;

X – croqui – representação gráfica simplificada da situação geográfica do imóvel rural, a partir de imagem de satélite georreferenciada disponibilizada via SICAR e que inclua os remanescentes de vegetação nativa, as servidões, as áreas de preservação permanente, as áreas de uso restrito, as áreas consolidadas e a localização das reservas legais;

XI – pousio – prática de interrupção temporária de atividades ou usos agrícolas, pecuários ou silviculturais, por no máximo cinco anos, para possibilitar a recuperação da capacidade de uso ou da estrutura física do solo;

XII – rio perene – corpo de água lótico que possui naturalmente escoamento superficial durante todo o período do ano;

XIII – rio intermitente – corpo de água lótico que naturalmente não apresenta escoamento superficial por períodos do ano;

XIV – rio efêmero – corpo de água lótico que possui escoamento superficial apenas durante ou imediatamente após períodos de precipitação;

XV – regularização ambiental – atividades desenvolvidas e implementadas no imóvel rural que visem a atender ao disposto na legislação ambiental e, de forma prioritária, à manutenção e recuperação de áreas de preservação permanente, de reserva legal e de uso restrito, e à compensação da reserva legal, quando couber;

XVI – sistema agroflorestal – sistema de uso e ocupação do solo em que plantas lenhosas perenes são manejadas em associação com plantas herbáceas, arbustivas, arbóreas, culturas agrícolas, forrageiras em uma mesma unidade de manejo, de acordo com arranjo espacial e temporal, com alta diversidade de espécies e interações entre estes componentes;

XVII – projeto de recomposição de área degradada e alterada – instrumento de planejamento das ações de recomposição contendo metodologias, cronograma e insumos; e

XVIII – Cota de Reserva Ambiental – CRA – título nominativo representativo de área com vegetação nativa existente ou em processo de recuperação conforme o disposto no art. 44 da Lei nº 12.651, de 2012.

CAPÍTULO II
DO SISTEMA DE CADASTRO AMBIENTAL RURAL E DO CADASTRO AMBIENTAL RURAL

Seção I
Do Sistema de Cadastro Ambiental Rural – SICAR

Art. 3º Fica criado o Sistema de Cadastro Ambiental Rural – SICAR, com os seguintes objetivos:

I – receber, gerenciar e integrar os dados do CAR de todos os entes federativos;

II – cadastrar e controlar as informações dos imóveis rurais, referentes a seu perímetro e localização, aos remanescentes de vegetação nativa, às áreas de interesse social, às áreas de utilidade pública, às Áreas de Preservação Permanente, às Áreas de Uso Restrito, às áreas consolidadas e às Reservas Legais;

III – monitorar a manutenção, a recomposição, a regeneração, a compensação e a supressão da vegetação nativa e da cobertura vegetal nas áreas de Preservação Permanente, de Uso Restrito, e de Reserva Legal, no interior dos imóveis rurais;

IV – promover o planejamento ambiental e econômico do uso do solo e conservação ambiental no território nacional; e

V – disponibilizar informações de natureza pública sobre a regularização ambiental dos imóveis rurais em território nacional, na Internet.

§ 1º Os órgãos integrantes do SINIMA disponibilizarão em sítio eletrônico localizado na Internet a interface de programa de cadastramento integrada ao SICAR destinado à inscrição, consulta e acompanhamento da situação da regularização ambiental dos imóveis rurais.

§ 2º Os entes federativos que não disponham de sistema para o cadastramento de imóveis rurais poderão utilizar o módulo de cadastro ambiental rural, disponível no SICAR, por meio de instrumento de cooperação com o Ministério do Meio Ambiente.

§ 3º Os órgãos competentes poderão desenvolver módulos complementares para atender a peculiaridades locais, desde que sejam compatíveis com o SICAR e observem os Padrões de Interoperabilidade de Governo Eletrônico – e-PING, em linguagem e mecanismos de gestão de dados.

§ 4º O Ministério do Meio Ambiente disponibilizará imagens destinadas ao mapeamento das propriedades e posses rurais para compor a base de dados do sistema de informações geográficas do SICAR, com vistas à implantação do CAR.

Art. 4º Os entes federativos que já disponham de sistema para o cadastramento de imóveis rurais deverão integrar sua base de dados ao SICAR, nos termos do inciso VIII do **caput** do art. 8º e do inciso VIII do **caput** do art. 9º da Lei Complementar nº 140, de 8 de dezembro de 2011.

Seção II
Do Cadastro Ambiental Rural

Art. 5º O Cadastro Ambiental Rural – CAR deverá contemplar os dados do proprietário, possuidor rural ou responsável direto pelo imóvel rural, a respectiva planta georreferenciada do perímetro do imóvel, das áreas de interesse social e das áreas de utilidade pública, com a informação da localização dos remanescentes de vegetação nativa, das Áreas de Preservação Permanente, das Áreas de Uso Restrito, das áreas consolidadas e da localização das Reservas Legais.

Art. 6º A inscrição no CAR, obrigatória para todas as propriedades e posses rurais, tem natureza declaratória e permanente, e conterá informações sobre o imóvel rural, conforme o disposto no art. 21.

§ 1º As informações são de responsabilidade do declarante, que incorrerá em sanções penais e administrativas, sem prejuízo de outras previstas na legislação, quando total ou parcialmente falsas, enganosas ou omissas.

§ 2º A inscrição no CAR deverá ser requerida no prazo de 1 (um) ano contado da sua implantação, preferencialmente junto ao órgão ambiental municipal ou estadual competente do Sistema Nacional do Meio Ambiente – SISNAMA.

§ 3º As informações serão atualizadas periodicamente ou sempre que houver alteração de natureza dominial ou possessória.

§ 4º A atualização ou alteração dos dados inseridos no CAR só poderão ser efetuadas pelo proprietário ou possuidor rural ou representante legalmente constituído.

Art. 7º Caso detectadas pendências ou inconsistências nas informações declaradas e nos documentos apresentados no CAR, o órgão responsável deverá notificar o requerente, de uma única vez, para que preste informações complementares ou promova a correção e adequação das informações prestadas.

§ 1º Na hipótese do **caput**, o requerente deverá fazer as alterações no prazo estabelecido pelo órgão ambiental competente, sob pena de cancelamento da sua inscrição no CAR.

§ 2º Enquanto não houver manifestação do órgão competente acerca de pendências ou inconsistências nas informações declaradas e nos documentos apresentados para a inscrição no CAR, será considerada efetivada a inscrição do imóvel rural no CAR, para todos os fins previstos em lei.

§ 3º O órgão ambiental competente poderá realizar vistorias de campo sempre que julgar necessário para verificação das informações declaradas e acompanhamento dos compromissos assumidos.

§ 4º Os documentos comprobatórios das informações declaradas poderão ser solicitados, a qualquer tempo, pelo órgão competente, e poderão ser fornecidos por meio digital.

Art. 8º Para o registro no CAR dos imóveis rurais referidos no inciso V do **caput** do art. 3º, da Lei nº 12.651, de 2012, será observado procedimento simplificado, nos termos de ato do Ministro de Estado do Meio Ambiente, no qual será obrigatória apenas a identificação do proprietário ou possuidor rural, a comprovação da propriedade ou posse e a apresentação de croqui que indique o perímetro do imóvel, as Áreas de Preservação Permanente e os remanescentes que formam a Reserva Legal.

§ 1º Caberá ao proprietário ou possuidor apresentar os dados com a identificação da área proposta de Reserva Legal.

§ 2º Caberá aos órgãos competentes integrantes do SISNAMA, ou instituição por ele habilitada, realizar a captação das respectivas coordenadas geográficas, devendo o poder público prestar apoio técnico e jurídico, assegurada a gratuidade de que trata o parágrafo único do art. 53 da Lei nº 12.651, de 2012, sendo facultado ao proprietário ou possuidor fazê-lo por seus próprios meios.

§ 3º Aplica-se o disposto neste artigo ao proprietário ou posseiro rural com até quatro módulos fiscais que desenvolvam atividades agrossilvipastoris, e aos povos e comunidades indígenas e tradicionais que façam uso coletivo do seu território.

CAPÍTULO III
DO PROGRAMA DE REGULARIZAÇÃO AMBIENTAL – PRA

Art. 9º   Serão instituídos, no âmbito da União, dos Estados e do Distrito Federal, Programas de Regularização Ambiental – PRAs, que compreenderão o conjunto de ações ou iniciativas a serem desenvolvidas por proprietários e posseiros rurais com o objetivo de adequar e promover a regularização ambiental com vistas ao cumprimento do disposto no Capítulo XIII da Lei nº 12.651, de 2012.

Parágrafo único. São instrumentos do Programa de Regularização Ambiental:

I – o Cadastro Ambiental Rural – CAR, conforme disposto no **caput** do art. 5º;

II – o termo de compromisso;

III – o Projeto de Recomposição de Áreas Degradadas e Alteradas; e,

IV – as Cotas de Reserva Ambiental – CRA, quando couber.

Art. 10. Os Programas de Regularização Ambiental – PRAs deverão ser implantados no prazo de um ano, contado da data da publicação da Lei nº 12.651, de 2012, prorrogável por uma única vez, por igual período, por ato do Chefe do Poder Executivo.

Art. 11. A inscrição do imóvel rural no CAR é condição obrigatória para a adesão ao PRA, a que deverá ser requerida pelo interessado no prazo de um ano, contado a partir da sua implantação, prorrogável por uma única vez, por igual período, por ato do Chefe do Poder Executivo.

Art. 12. No período entre a publicação da Lei nº 12.651, de 2012, e a implantação do PRA em cada Estado e no Distrito Federal, e após a adesão do interessado ao PRA e enquanto estiver sendo cumprido o termo de compromisso, o proprietário ou possuidor não poderá ser autuado por infrações cometidas antes de 22 de julho de 2008, relativas à supressão irregular de vegetação em Áreas de Preservação Permanente, de Reserva Legal e de uso restrito.

Art. 13. A partir da assinatura do termo de compromisso, serão suspensas as sanções decorrentes das infrações mencionadas no art. 12, e cumpridas as obrigações estabelecidas no PRA ou no termo de compromisso para a regularização ambiental das exigências previstas na Lei nº 12.651, de 2012, nos prazos e condições neles estabelecidos.

Parágrafo único. As multas decorrentes das infrações referidas no **caput** serão consideradas como convertidas em serviços de preservação, melhoria e recuperação da qualidade do meio ambiente, regularizando o uso de áreas rurais consolidadas conforme definido no PRA.

Art. 14. O proprietário ou possuidor rural inscrito no CAR que for autuado pelas infrações cometidas antes de 22 de julho de 2008, durante o prazo de que trata o art. 11, poderá promover a regularização da situação por meio da adesão ao PRA, aplicando-se-lhe o disposto no art. 13.

Art. 15. Os PRAs a serem instituídos pela União, Estados e Distrito Federal deverão incluir mecanismo que permita o acompanhamento de sua implementação, considerando os objetivos e metas nacionais para florestas, especialmente a implementação dos instrumentos previstos na Lei nº 12.651, de 2012, a adesão cadastral dos proprietários e possuidores de imóvel rural, a evolução da regularização das propriedades e posses rurais, o grau de regularidade do uso de matéria-prima florestal e o controle e prevenção de incêndios florestais.

Art. 16. As atividades contidas nos Projetos de Recomposição de Áreas Degradadas e Alteradas deverão ser concluídas de acordo com o cronograma previsto no Termo de Compromisso.

§ 1º A recomposição da Reserva Legal de que trata o art. 66 da Lei nº 12.651, de 2012, deverá atender os critérios estipulados pelo órgão competente do SISNAMA e ser concluída em até vinte anos, abrangendo, a cada dois anos, no mínimo um décimo da área total necessária à sua complementação.

§ 2º É facultado ao proprietário ou possuidor de imóvel rural, o uso alternativo do solo da área necessária à recomposição ou regeneração da Reserva Legal, resguardada a área da parcela mínima definida no Termo de Compromisso que já tenha sido ou que esteja sendo recomposta ou regenerada, devendo adotar boas práticas agronômicas com vistas à conservação do solo e água.

Art. 17. Os PRAs deverão prever as sanções a serem aplicadas pelo não cumprimento dos Termos de Compromisso firmados nos termos deste Decreto.

Art. 18. A recomposição das áreas de reserva legal poderá ser realizada mediante o plantio intercalado de espécies nativas e exóticas, em sistema agroflorestal, observados os seguintes parâmetros:

I – o plantio de espécies exóticas deverá ser combinado com as espécies nativas de ocorrência regional; e

II – a área recomposta com espécies exóticas não poderá exceder a cinquenta por cento da área total a ser recuperada.

Parágrafo único. O proprietário ou possuidor de imóvel rural que optar por recompor a reserva legal com utilização do plantio intercalado de espécies exóticas terá direito a sua exploração econômica.

Art. 19. A recomposição das Áreas de Preservação Permanente poderá ser feita, isolada ou conjuntamente, pelos seguintes métodos:

I – condução de regeneração natural de espécies nativas;

II – plantio de espécies nativas;

III – plantio de espécies nativas conjugado com a condução da regeneração natural de espécies nativas; e

IV – plantio intercalado de espécies lenhosas, perenes ou de ciclo longo, exóticas com nativas de ocorrência regional, em até cinquenta por cento da área total a ser recomposta, no caso dos imóveis a que se refere o inciso V do *caput* do art. 3º da Lei nº 12.651, de 2012.

§ 1º Para os imóveis rurais com área de até um módulo fiscal que possuam áreas consolidadas em Áreas de Preservação Permanente ao longo de cursos d'água naturais, será obrigatória a recomposição das respectivas faixas marginais em cinco metros, contados da borda da calha do leito regular, independentemente da largura do curso d'água.

§ 2º Para os imóveis rurais com área superior a um módulo fiscal e de até dois módulos fiscais que possuam áreas consolidadas em Áreas de Preservação Permanente ao longo de cursos d'água naturais, será obrigatória a recomposição das respectivas faixas marginais em oito metros, contados da borda da calha do leito regular, independentemente da largura do curso d´água.

§ 3º Para os imóveis rurais com área superior a dois módulos fiscais e de até quatro módulos fiscais que possuam áreas consolidadas em Áreas de Preservação Permanente ao longo de cursos d'água naturais, será obrigatória a recomposição das respectivas faixas marginais em quinze metros, contados da borda da calha do leito regular, independentemente da largura do curso d'água.

§ 4º Para fins do que dispõe o inciso II do § 4º do art. 61-A da Lei nº 12.651, de 2012, a recomposição das faixas marginais ao longo dos cursos d'água naturais será de, no mínimo:

I – vinte metros, contados da borda da calha do leito regular, para imóveis com área superior a quatro e de até dez módulos fiscais, nos cursos d'água com até dez metros de largura; e

II – nos demais casos, extensão correspondente à metade da largura do curso d'água, observado o mínimo de trinta e o máximo de cem metros, contados da borda da calha do leito regular.

§ 5º Nos casos de áreas rurais consolidadas em Áreas de Preservação Permanente no entorno de nascentes e olhos d'água perenes, será admitida a manutenção de atividades agrossilvipastoris, de ecoturismo ou de turismo rural, sendo obrigatória a recomposição do raio mínimo de quinze metros.

§ 6º Para os imóveis rurais que possuam áreas consolidadas em Áreas de Preservação Permanente no entorno de lagos e lagoas naturais, será admitida a manutenção de atividades agrossilvipastoris, de ecoturismo ou de turismo rural, sendo obrigatória a recomposição de faixa marginal com largura mínima de:

I – cinco metros, para imóveis rurais com área de até um módulo fiscal;

II – oito metros, para imóveis rurais com área superior a um módulo fiscal e de até dois módulos fiscais;

III – quinze metros, para imóveis rurais com área superior a dois módulos fiscais e de até quatro módulos fiscais; e

IV – trinta metros, para imóveis rurais com área superior a quatro módulos fiscais.

§ 7º Nos casos de áreas rurais consolidadas em veredas, será obrigatória a recomposição das faixas marginais, em projeção horizontal, delimitadas a partir do espaço brejoso e encharcado, de largura mínima de:

I – trinta metros, para imóveis rurais com área de até quatro módulos fiscais; e

II – cinquenta metros, para imóveis rurais com área superior a quatro módulos fiscais.

§ 8º Será considerada, para os fins do disposto neste artigo, a área detida pelo imóvel rural em 22 de julho de 2008.

CAPÍTULO IV
DISPOSIÇÕES FINAIS

Art. 20. Os proprietários ou possuidores de imóveis rurais que firmaram o Termo de Adesão e Compromisso que trata o inciso I do **caput** do art. 3º do Decreto nº 7.029, de 10 de dezembro de 2009, até a data de publicação deste Decreto, não serão autuados com base nos arts. 43, 48, 51 e 55 do Decreto nº 6.514, de 22 de julho de 2008.

Art. 21. Ato do Ministro de Estado do Meio Ambiente estabelecerá a data a partir da qual o CAR será considerado implantado para os fins do disposto neste Decreto e detalhará as informações e os documentos necessários à inscrição no CAR, ouvidos os Ministros de Estado da Agricultura, Pecuária e Abastecimento e do Desenvolvimento Agrário.

Art. 22. Este Decreto entra em vigor na data de sua publicação.

Art. 23. Fica revogado o Decreto nº 7.029, de 10 de dezembro de 2009.

Brasília, 17 de outubro de 2012; 191º da Independência e 124º da República.

DILMA ROUSSEFF

Mendes Ribeiro Filho

Izabella Mónica Vieira Teixeira

Laudemir André Müller

Luís Inácio Lucena Adams

REFERÊNCIAS BIBLIOGRÁFICAS

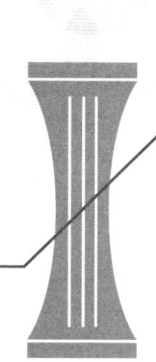

Livros e artigos

ALCÂNTARA, Maria Emilia Mendes de. *Responsabilidade do Estado por atos legislativos e judiciários*. São Paulo: Revista dos Tribunais, 1988.

ANTUNES, Paulo de Bessa. *Áreas protegidas e propriedade constitucional*. São Paulo: Atlas, 2011.

_____. *Direito ambiental*. 14. ed. São Paulo: Atlas, 2012.

_____. *Federalismo e competências ambientais no Brasil*. Rio de Janeiro: Lumen Juris, 2007.

AYALA, Patryck de Araújo. Áreas de uso restrito. In MILARÉ, Édis (Org.). *Novo Código Florestal*. 2. ed. São Paulo: RT, 2013.

BITTAR, Carlos Alberto. *Direito das obrigações*. Rio de Janeiro: Forense Universitária, 1990.

CÂMARA, José Gomes B. *Subsídios para a história do direito pátrio*: 1889 – 1930. Rio de Janeiro: Brasiliana, 1967. t. IV.

CAPELATO, Maria Helena. O Estado Novo: o que trouxe de novo? In: FERREIRA, Jorge; DELGADO, Lucília de Almeida Neves. *O Brasil Republicano*: o tempo de nacional-estatismo, Rio de Janeiro: Civilização Brasileira, 2003.

CARDOSO, Sônia Letícia de Mello. *Servidão ambiental no Brasil*: aspectos jurídicos e socioambientais. Curitiba: Juruá, 2010.

CENEVIVA, Walter. *Lei de Registros Públicos comentada*. 20. ed. São Paulo: Saraiva, 2010.

COELHO, Fábio Ulhoa. *Manual de direito comercial*. 21. ed. São Paulo: Saraiva, 2011.

COMISSÃO MUNDIAL SOBRE MEIO AMBIENTE E DESENVOLVIMENTO. *Nosso futuro comum*. Rio de Janeiro: Fundação Getúlio Vargas, 1988.

COSTA, Regina Helena. In: FREITAS, Vladimir Passos de. *Código Tributário Nacional comentado*. 5. ed. São Paulo: Revista dos Tribunais, 2004.

DINIZ, Maria Helena. *Curso de direito civil brasileiro*: teoria geral das obrigações. São Paulo: Saraiva, 1987. 2. v.

_____. *Dicionário jurídico*. São Paulo: Saraiva, 1998. v. 3.

FAUSTO, Bóris. *Getúlio Vargas*. São Paulo: Companhia das Letras, 2006.

FERREIRA, Sérgio de Andréa. *O direito de propriedade e as limitações e ingerências administrativas*. São Paulo: Revista dos Tribunais, 1980.

FIGUEIREDO, Guilherme José Purvin de. *A propriedade no direito ambiental*. 3. ed. São Paulo: Revista dos Tribunais, 2008.

GOMES, *Orlando. Obrigações*. 17. ed. Rio de Janeiro: Forense, 1998.

HOLMES, Stephen; SUNSTEIN, Cass R. *The cost of rights*: why liberty depends on taxes. New York: W.W. Norton, 1999.

LEHFELD, Lucas de Souza; CARVALHO, Nathan Castelo Branco de; BALBIM, Leonardo Isper Nassif. *Código Florestal*: comentado e anotado. 2. ed. São Paulo: Editora Método, 2013.

LIMA, Rafael Augusto de Mendonça. Critérios jurídicos no Brasil, para a utilização dos imóveis rurais. *Direito Agrário, Estudos*. Rio de Janeiro: Freitas Bastos, 1977.

LOBATO, Monteiro. O "Grilo". *A onda verde*. São Paulo: Globo, 2008.

LOUREIRO, Luiz Guilherme. *Direitos reais, à luz do Código Civil e do Direito Registral*. São Paulo: Método, 2004.

MACHADO de ASSIS. *Obra completa*. Rio de Janeiro: Nova Aguilar, 2008. v. 1.

MACHADO, Paulo Affonso Leme. *Direito ambiental brasileiro*. São Paulo: Revista dos Tribunais, 2008.

MAZOYER, Marcel; ROUDART, Laurence. *História das agriculturas no mundo – do neolítico à crise contemporânea*. (Tradução de Cláudia F. Falluh Balduíno Ferreira). São Paulo: Unesp, 2010.

_____; _____. *História das agriculturas no mundo*. (Tradução de Cláudia F. Falluh Balduino Ferreira). São Paulo: UNESP e Brasília: NEAD, 2010.

MEIRELES, Hely Lopes. *Direito administrativo brasileiro*. 18. ed. São Paulo: Malheiros, 1993.

_____. *Direito de construir*. 5. ed. São Paulo: Revista dos Tribunais, 1987.

MORAES, Luís Carlos Silva de. *Código florestal comentado*. São Paulo: Atlas, 2000.

NUNES, Antônio de Pádua. *Código de águas*. 2. ed. São Paulo: Revista dos Tribunais, 1980. v. I.

NUNES, Antônio de Pádua. Do terreno reservado de 1867 à faixa florestal de 1965. São Paulo: Revista dos Tribunais, 1976.

PÁDUA, José Augusto. *Um sopro de destruição* – pensamento político ambiental no Brasil escravista (1786 – 1888). Rio de Janeiro: Jorge Zahar Editor, 2002.

PAPP, Leonardo. *Comentários ao novo Código Florestal Brasileiro*. Campinas: Millennium Editora, 2012.

PEREIRA, Caio Mario da Silva. *Instituições de direito civil*: Obrigações. Rio de Janeiro: Forense, 1976. v. II.

PEREIRA. Osny Duarte. *Direito florestal brasileiro (ensaio)*. Rio de Janeiro: Borsoi, 1950.

PIVA, Rui Carvalho. *Bem ambiental*. São Paulo: Max Limonade, 2000.

PRIEUR, Michel. *Droit de l'environment*. 2. ed. Paris: Dalloz, 1991.

RÁO, Vicente. *O direito e a vida dos direitos*. São Paulo: Revista dos Tribunais, 1991.

SCHAEFFER-NOVELLI, Yara. *Grupo de ecossistemas*: Manguezal, Marisma e Apicum. Disponível em: <http://www.anp.gov.br/brnd/round5/round5/guias/sismica/refere/man guezal_marisma_apicum.pdf>. Acesso em: 16 de junho de 2012.

SILVA, Paulo Sérgio da. *A Constituição Brasileira de 10 de novembro de 1937*: um retrato com luz e sombra. São Paulo: Unesp, 2008.

SOUZA, Célia Regina de Gouveia et al. *"Restinga"*: conceitos e empregos do termo no Brasil e implicações na legislação ambiental. São Paulo: Instituto Geológico, 2008.

SOUZA, Washington Peluso Albino de. *Primeiras linhas de direito econômico*. São Paulo: Ltr, 1999.

STEINBERG, Paul F.; VEER, Van de. *Comparative environmental politics*. Building the environmental state: what the history of social welfare tells us about the future of environmental policy. Kindle edition.

SUGUIO, Kenitiro. Prefácio. In: SOUZA, Célia Regina de Gouveia et al. *"Restinga"*: conceitos e empregos do termo no Brasil e implicações na legislação ambiental. São Paulo: Instituto Geológico, 2008.

TUCHMAN, Barbara W. *A marcha da insensatez (de Troia ao Vietnã)*. 6. ed. (Tradução de Carlos Oliveira Gomes). Rio de Janeiro: José Olympio, 2003.

VILLA, Marco Antônio. *A história das constituições brasileiras* – 200 anos de luta contra o arbítrio. São Paulo: Leya, 2011.

WARREN, Dean. *A ferro e fogo, a história e a devastação da mata atlântica*. Tradução de Cid Knieppel Moreira. São Paulo: Companhia das Letras, 1996.

ZANETTI, Eder. *Meio ambiente, setor florestal*. Curitiba: Juruá, 2002.

_____. *Certificação e manejo de florestas nativas brasileiras*. Curitiba: Juruá, 2007.

Sítios da Internet

<http://pt.wikipedia.org/wiki/Silvicultura>. Acesso em: 28/5/2012.

<www.bracelpa.org.br/bra2/sites/default/files/estatisticas/booklet.pdf>. Acesso em: 28/5/2012.

<http://www.agricultura.gov.br/politica-agricola/credito-rural>. Acesso em: 28/5/2012.

<http://www.legifrance.gouv.fr/affichCode.do?cidTexte=LEGITEXT000006071514&dateTexte=20080505>. Acesso em: 28/5/2012.

<http://www.senado.gov.br/NOTICIAS/JORNAL/EMDISCUSSAO/codigo-florestal/organizacao-nacoes-unidas-para-agricultura-alimentacao-fao/codigo-florestal-de-po>. Acesso em: 28/5/2012.

<http://www.sindacucar.com.br/not_meio.html>. Acesso em: 28 de junho de 2012.

<http://www.ecodebate.com.br/2012/06/06/codigo-florestal-o-veto-desenvolvimentista/>. Acesso em: 28 de junho de 2012.

<http://pt.wikipedia.org/wiki/Zeitgeist>. Acesso em: 7 de julho de 2012.

<http://www.senado.gov.br/NOTICIAS/JORNAL/EMDISCUSSAO/codigo-florestal/organizacao-nacoes-unidas-para-agricultura-alimentacao-fao   http://www.senado.gov.br/NOTICIAS/JORNAL/EMDISCUSSAO/codigo-florestal/organizacao-nacoes-unidas-para-agricultura-alimentacao-fao/nao-ha-padrao-mundial-na-gestao-de-florestas.aspx>. Acesso em: 8 de julho de 2012.

<http://aquafluxus.com.br/wp-content/uploads/2011/12/leitos.jpg>. Acesso em: 27 de junho de 2012.

<http://www.exercito.gov.br/c/document_library/get_file?uuid=0af31205-da07-47ea-857d-92c52312a752&groupId=10138>. Acesso em: 11 de junho de 2012.

<http://pt.wikipedia.org/wiki/Ficheiro:Floresta_alterada_sp.jpg>. Acesso em: 13 de junho de 2012.

<http://www.ibama.gov.br/ecossistemas/pantanal.htm>. Acesso em: 14 de junho de 2012.

Schaeffer – Novelli, Yara. *Grupo de ecossistemas*: manguezal, marisma e apicum. Disponível em: <http://www.anp.gov.br/brnd/round5/round5/guias/sismica/refere/manguezal_marisma_apicum.pdf>. Acesso em: 16 de junho de 2012.

<http://dx.doi.org/10.1590/S0102-33062006000100002>. Acesso em: 16 de junho de 2012.

<http://www4.icmbio.gov.br/cemave/index.php?id_menu=117>. Acesso em: 26 de junho de 2012.

<http://sistemasweb.agricultura.gov.br/sislegis/action/detalhaAto.do?method=consultarLegislacaoFederal>. Acesso em: 25 de junho de 2012.

<http://www.dicio.com.br/costaneira>. Acesso em: 1º de julho de 2012.

<http://www.dicio.com.br/apara>. Acesso em: 1º de julho de 2012.

<http://www.dicio.com.br/cavaco>. Acesso em: 1º de julho de 2012.

<http://www.ambito-juridico.com.br/site/?n_link=revista_artigos_leitura&artigo_id=7156&revista_caderno=8>. Acesso em: 2 de julho de 2012.

<http://www.bbseguros.com.br/alianca/rural/bb-seguro-agricola-faturamento.html>. Acesso em: 3 de julho de 2012.

<http//:www.mudancasclimaticas.andi.org.br/content/mercado-brasileiro-de-reducao-de-emissoes-mbre>. Acesso em: 3 de julho de 2012.

<http://www.mudancasclimaticas.andi.org.br/content/adicionalidade>. Acesso em: 3 de julho de 2012.

<http://www.mudancasclimaticas.andi.org.br/content/certificado-de-reducao-de-emissao-ou-reducoes-certificadas-de-emissoes-rces>. Acesso em: 3 de julho de 2012.

<http://www.jbrj.gov.br/gloss.htm>. Acesso em: 7 de junho de 2012.

<http://www.jbrj.gov.br/gloss.htm>. Acesso em: 7 de junho de 2012. <http://pt.wikipedia.org/wiki/Esp%C3%A9cie_amea%C3%A7ada>. Acesso em: 7 de junho de 2012.

<http://pt.wikipedia.org/wiki/Silvicultura>. Acesso em: 28/5/2012.

<www.bracelpa.org.br/bra2/sites/default/files/estatisticas/booklet.pdf>. Acesso em: 28/5/2012.

<http://www.agricultura.gov.br/politica-agricola/credito-rural>. Acesso em: 28/5/2012.

<http://www.srbarros.com.br/pt/leis-autorizativas.cont>. Acesso em: 7 de junho de 2012.

<http://www.legifrance.gouv.fr/affichCode.do?cidTexte=LEGITEXT000006071514&dateTexte=20080505>. Acesso em: 28/5/2012.

<http://www.senado.gov.br/NOTICIAS/JORNAL/EMDISCUSSAO/codigo-florestal/organizacao-nacoes-unidas-para-agricultura-alimentacao-fao/codigo-florestal-de-po>. Acesso em: 28/5/2012.

<http://www.apremavi.org.br/cartilha-planejando/a-floresta-primaria-e-as-florestas-secundarias/>. Acesso em: 18/11/2013.

<http://www.mma.gov.br/legislacao/biomas/category/27-mata-atlantica>. Acesso em: 18/11/2013.

ÍNDICE REMISSIVO

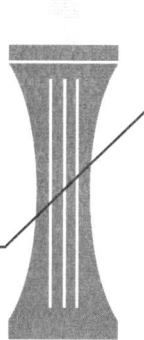

O

Obrigação *propter rem*, 207, 349

P

Pádua, José Augusto, 10
Parques nacionais, 13
Pereira, Caio Mário da Silva, 165
Pereira, Osny Duarte, 1, 9, 10, 48, 56, 58
Período de recorrência, 110
Piva, Rui Carvalho, 184
Plano de manejo florestal sustentável, 234
Política energética, 143
Política habitacional, 321
Política Nacional do Meio Ambiente, 354
Política Nacional sobre a Mudança do Clima –
  PNMC, 267
Prieur, Michel, 59
Programa Minha Casa, 321, 322
Propriedade Territorial Rural – ITR, 277
Protetoras, 16
Protocolo de Quioto, 268

Q

Queima controlada, 252

R

Ráo, Vicente, 184
Regime florestal, 13
Regime Florestal, 13
Regimento do Pau Brasil, 31
Registros de Imóveis, 282
Regularização fundiária de interesse específico,
  322
Remanescentes, 16
Rendimento, 16
Reposição florestal, 238
Reservas florestais, 13
Restinga, 121
Rigidez locacional, 143
Rio + 20, 50
Rios navegáveis, 106
Rodrigues, Nélson, 49
Roudart, Laurence, 50, 251

S

Seguro ambiental, 354
Serviço Florestal, 12
Serviço Florestal Brasileiro – SFB, 3
Serviço Florestal do Brasil, 11
Servidão ambiental, 354
Sistema intercalar, 287
Sistema Nacional de Cadastro Rural, 228
Sistema Nacional de Unidades de Conservação de
  SNUC, 3
Sistema Nacional de Unidades de Conservação –
  SNUC, 215
Situação consolidada pelo tempo, 309
Solo urbano, 4
Souza, Célia Regina de Gouveia, 120, 121
Souza, Washington Peluso Albino de, 49
Suguio, Kenitiro, 118
Súmula no 479, 106
Sunstein, Cass R., 262
Superior Tribunal de Justiça, 329

T

Termos de Ajustamento de Conduta, 208
Termos de Compromisso, 207
Terras devolutas, 30
Terremoto de Lisboa, 9
Terrenos marginais, 110
Títulos de crédito, 273
Tombamento, 262

U

União Internacional para a Conservação da
  Natureza (UICN), 57
Uso de fogo na agricultura, 251

V

Villa, Marco Antônio, 14, 40

Formato	17 x 24 cm
Tipografia	Charter 11/13
Papel	Offset Sun Paper 75 g/m^2 (miolo)
	Reciclato 250 g/m^2 (capa)
Número de páginas	416
Impressão	Geográfica Editora

Sim. Quero fazer parte do banco de dados seletivo da Editora Atlas para receber informações sobre lançamentos na(s) área(s) de meu interesse.

Nome: _____

_____ CPF: _____ Sexo: ○ Masc. ○ Fem.

Data de Nascimento: _____ Est. Civil: ○ Solteiro ○ Casado

End. Residencial: _____

Cidade: _____ CEP: _____

Tel. Res.: _____ Fax: _____ E-mail: _____

End. Comercial: _____

Cidade: _____ CEP: _____

Tel. Com.: _____ Fax: _____ E-mail: _____

De que forma tomou conhecimento deste livro?

☐ Jornal   ☐ Revista   ☐ Internet   ☐ Rádio   ☐ TV   ☐ Mala Direta

☐ Indicação de Professores   ☐ Outros: _____

Remeter correspondência para o endereço: ○ Residencial   ○ Comercial

Indique sua(s) área(s) de interesse:

○ Direito Civil / Processual Civil
○ Direito Penal / Processual Penal
○ Direito do Trabalho / Processual do Trabalho
○ Direito Financeiro Tributário / Processual Tributário
○ Direito Comercial
○ Direito Administrativo
○ Direito Constitucional
○ Direito Difusos e Coletivos
○ Outras Áreas _____

Comentários

_____
_____
_____